Teoria Geral do Delito
Primeiras Lições

CONSELHO EDITORIAL

Alexandre Catharina
Antonio Celso Alves Pereira
Carlos Eduardo Japiassú
Cleyson de Moraes Mello
Elena de Carvalho Gomes
Guilherme Sandoval Góes
João Eduardo de Alves Pereira
José Maria Pinheiro Madeira
Marcelo Pereira Almeida
Nuria Belloso Martín
Rafael Mário Iorio Filho
Sidney Guerra
Theresa Calvet de Magalhães
Vanderlei Martins

André Carlos
Delegado de Polícia Civil do Estado do Rio de Janeiro
Professor de Direito Penal da EMERJ
Professor de Direitos Humanos da Academia
de Polícia Militar D. João VI

Reis Friede
Desembargador Federal e ex-Membro do Ministério Público
Mestre e Doutor em Direito Público
Palestrante da Escola Superior de Guerra, da Escola de Comando e Estado-Maior
da Aeronáutica e da Escola de Comando e Estado-Maior do Exército

Teoria Geral do Delito

Primeiras Lições

2ª Edição

Freitas Bastos Editora

Copyright © 2015 by André Carlos e Reis Friede

Todos os direitos reservados e protegidos pela Lei 9.610, de 19.2.1998.
É proibida a reprodução total ou parcial, por quaisquer meios,
bem como a produção de apostilas, sem autorização prévia,
por escrito, da Editora.

Direitos exclusivos da edição e distribuição em língua portuguesa:

Maria Augusta Delgado Livraria, Distribuidora e Editora

Editor: *Isaac D. Abulafia*
Capa/Diagramação: *Neilton Lima*
Revisão de Texto: *Jota Teixeira*

DADOS INTERNACIONAIS PARA CATALOGAÇÃO
NA PUBLICAÇÃO (CIP)

C28t
   Carlos, André
      Teoria geral do delito : primeiras lições / André Carlos,
   Reis Friede. 2. ed. — Rio de Janeiro: Freitas Bastos Editora, 2015.
      370 p. ; 23cm.
      Inclui bibliografia.
      ISBN 978-85-7987-206-8
      1. Direito penal. 2. Delito. I. Friede , Reis. II. Título.
                                            CDD- 345.02

Freitas Bastos Editora

Tel./Fax: (21) 2276-4500
freitasbastos@freitasbastos.com
vendas@freitasbastos.com
www. freitasbastos.com

Apresentação

A obra *Teoria Geral do Delito – Primeiras Lições*, ora apresentada, emerge de uma demanda constatada pelos autores durante o exercício da docência: a necessidade de propiciar aos que se iniciam nas primeiras linhas do Direito Penal, bem como aos que, de um modo geral, militam na área, uma síntese do tema considerado a "pedra angular" do Direito Penal.

A fim de cumprir o objetivo a que se propõe, encontra-se estruturada de forma compacta, objetiva, clara e, sobretudo, exemplificada, de maneira que o leitor possa, a partir dos diversos casos hipotéticos apresentados, visualizar a aplicação prática do conteúdo teórico, funcionando, assim, como um instrumento de fácil manuseio e leitura. Nada obstante tal clareza, não se descuida a obra do indispensável alicerce científico referente à Teoria Geral do Delito, cujos institutos são absolutamente fundamentais para a perfeita compreensão dos momentos seguintes, notadamente o pertinente ao estudo da Parte Especial do Código Penal.

Trata-se, portanto, de uma obra introdutória, prática e imprescindível para o Direito Penal.

Os autores.

Sumário

Apresentação V

Capítulo I – Introdução ao Direito Penal

1. Definição de Direito Penal 1
2. Caracteres do Direito Penal 1
   2.1. Científico 1
   2.2. Positivo 2
   2.3. Sancionador/constitutivo 2
   2.4. Valorativo 3
   2.5. Cultural 3
   2.6. Finalista 4
   2.7. Dogmático 4
   2.8. Direito Público 4
3. Direito Penal Objetivo e Direito Penal Subjetivo 5
4. Direito Penal Comum e Direito Penal Especial 5
5. Direito Penal Substantivo e Direito Penal Adjetivo 5
6. Direito Penal Fundamental e Direito Penal Complementar 6
7. Direito Penal do Fato e Direito Penal do Autor 6
8. Direito Penal do Cidadão e Direito Penal do Inimigo 7
9. Funções do Direito Penal 9
   9.1. Função de proteção 9
   9.2. Função de garantia 10
   9.3. Função de controle 10
   9.4. Função motivadora 11
   9.5. Função simbólica 11

Capítulo II – Fontes do Direito Penal

1. Definição 13
2. Classificação 13
   2.1. Fonte de produção (material ou substancial) 13

2.2. Fonte formal (de cognição ou conhecimento) 13
2.2.1. Fonte formal imediata (primária ou direta) 13
2.2.2. Fontes formais mediatas (secundárias ou indiretas) 14
2.2.2.1. Costume jurídico 15
2.2.2.2. Princípios gerais do Direito 16
2.2.2.3. Analogia 16
2.2.2.4. Jurisprudência 18
2.2.2.5. Doutrina 18

Capítulo III – Norma Penal

1. Definição 19
2. Classificação 20
   2.1. Norma penal incriminadora 20
   2.2. Norma penal não incriminadora 21
   2.2.1. Norma penal permissiva 21
   2.2.1.1. Norma penal permissiva justificante 21
   2.2.1.2. Norma penal permissiva exculpante 21
   2.2.2. Norma penal explicativa 21
   2.2.3. Norma penal complementar 21
3. Norma penal em branco 22
   3.1. Definição 22
   3.2. Classificação 22
   3.2.1. Norma penal em branco em sentido lato (ou homogênea) 22
   3.2.2. Norma penal em branco em sentido estrito (ou heterogênea) 22
4. Conflito (ou concurso) aparente de normas penais 23
   4.1. Definição 23
   4.2. Princípios solucionadores 23
   4.2.1. Princípio da consunção (ou da absorção) 24
   4.2.2. Princípio da especialidade 25
   4.2.3. Princípio da subsidiariedade 26
   4.2.3.1. Princípio da subsidiariedade expressa (ou explícita) 27
   4.2.3.2. Princípio da subsidiariedade implícita (ou tácita) 27
   4.2.4. Princípio da alternatividade 28

Capítulo IV – Interpretação da Lei Penal

1. Definição e importância 29
2. Espécies 29
   2.1. Quanto ao sujeito 30
   2.1.1. Interpretação autêntica (ou legislativa) 30
   2.1.2. Interpretação doutrinária (ou científica) 31
   2.1.3. Interpretação judicial (ou jurisprudencial) 31
   2.2. Quanto aos meios 32
   2.2.1. Interpretação gramatical (literal ou filológica) 32

2.2.2. Interpretação lógica (ou racional) 32
2.2.3. Interpretação sistemática 33
2.2.4. Interpretação histórica 34
2.2.5. Interpretação teleológica (ou sociológica) 35
2.3. Quanto ao resultado 35
2.3.1. Interpretação declarativa (ou enunciativa) 35
2.3.2. Interpretação restritiva 36
2.3.3. Interpretação extensiva 36
3. Analogia, interpretação analógica e interpretação extensiva 36

Capítulo V – Princípios Fundamentais do Direito Penal

1. Princípio da legalidade penal 39
   1.1. Importância 39
   1.2. Aspectos históricos 40
   1.3. Implicações 41
   1.3.1. Lei penal precisa e certa 41
   1.3.2. Não cabimento de medida provisória 43
   1.3.3. Não cabimento de analogia *in malam partem* 43
   1.3.4. Não cabimento de infrações penais criadas por costume jurídico ... 43
   1.4. Legalidade penal e medida de segurança 44
   1.5. Legalidade penal e norma penal em branco 46
2. Princípio da anterioridade da lei penal 47
3. Princípio da intervenção mínima 47
4. Princípio da fragmentariedade 48
5. Princípio da subsidiariedade 49
6. Princípio da ofensividade 49
7. Princípio da lesividade 49
8. Princípio da insignificância (ou da bagatela) 50
9. Princípio da adequação social 51
10. Princípio da culpabilidade 52
11. Princípio da humanidade das penas 52
12. Princípio da proporcionalidade da pena 53
13. Princípio da personalidade da pena (ou da intranscendência) 54

Capítulo VI – Lei Penal no Tempo

1. Considerações iniciais 55
2. Conflitos de leis penais no tempo 56
   2.1. Definição 56
   2.2. Espécies 56
   2.2.1. *Novatio legis* incriminadora 56
   2.2.2. *Novatio legis in pejus* 56
   2.2.3. *Novatio legis in mellius* 58

2.2.4. *Abolitio criminis* 60
2.2.4.1. *Abolitio criminis* e continuidade normativo-típica 61
2.2.4.2. *Abolitio criminis* e norma penal em branco 61
3. Lei penal mais benéfica e *vacatio legis* 62
4. Apuração da maior benignidade de uma lei 63
5. Combinação de leis penais em conflito 64
6. Novo entendimento jurisprudencial e retroatividade 66
7. Lei excepcional e lei temporária 68
    7.1. Considerações iniciais 68
    7.2. Definições 69
    7.3. Características 69
    7.3.1. Ultratividade 69
    7.3.2. Autorrevogação 71
8. Tempo do crime 71
    8.1. Teoria da atividade 71
    8.2. Teoria da atividade e crimes plurissubsistentes, permanentes, omissivos e crime continuado 72

Capítulo VII – Lei Penal no Espaço

1. Considerações iniciais 75
2. Conceito de território 75
    2.1. Conceito jurídico 76
    2.2. Conceito geográfico 76
    2.3. Conceito ficto 76
3. Princípio da territorialidade temperada 77
4. Imunidades diplomáticas 78
    4.1. Definição 78
    4.2. Natureza jurídica 78
    4.3. Providências diante de fato delituoso praticado por diplomata 79
    4.4. Inviolabilidade da embaixada 81
5. Privilégios consulares 82
6. Lugar do crime 82
    6.1. Considerações iniciais e teorias 82
    6.2. Aplicabilidade da teoria da ubiquidade 83
7. Extraterritorialidade 85
    7.1. Definição 85
    7.2. Espécies 85
    7.2.1. Extraterritorialidade incondicionada 85
    7.2.1.1. Hipóteses e princípios inerentes 86
    7.2.2. Extraterritorialidade condicionada 88
    7.2.2.1. Hipóteses e princípios inerentes 88
    7.2.2.2. Condições 89
    7.3. Extraterritorialidade no Direito Penal Militar 90

7.4. Extraterritorialidade na Lei de Tortura 91
8. Pena cumprida no estrangeiro 92
   8.1. Considerações iniciais 92
   8.2. Diversidade quantitativa e diversidade qualitativa 92
9. Eficácia de sentença estrangeira 93
   9.1. Considerações iniciais 93
   9.2. Hipóteses de homologação de sentença estrangeira 94
   9.3. Homologação de sentença estrangeira e medida de segurança 94
   9.4. Competência para homologação de sentença estrangeira 95
   9.5. Desnecessidade de homologação de sentença estrangeira 95
10. Contagem do prazo 96
    10.1. Prazo penal 96
    10.2. Prazo processual penal 97
11. Frações não computáveis na pena 97
12. Legislação especial 98

Capítulo VIII – Conceito de Crime

1. Considerações iniciais 101
2. Distinção entre crime e contravenção penal 102
3. Conceito de crime 104
4. Sujeitos da infração penal 105
   4.1. Sujeito ativo 105
   4.2. Sujeito passivo 105
      4.2.1. Sujeito passivo constante (ou formal) 105
      4.2.2. Sujeito passivo eventual (ou material) 106
   4.3. Distinção entre sujeito passivo e prejudicado pelo crime 107
5. Objetos do delito 108
   5.1. Objeto jurídico 108
   5.2. Objeto material 108
6. Título do delito 108

Capítulo IX – Classificação Doutrinária dos Crimes

1. Crime comissivo, crime omissivo próprio (ou puro) e crime omissivo impróprio (impuro ou comissivo por omissão) 111
2. Crime instantâneo, crime permanente e crime instantâneo de efeito permanente 112
3. Crime material, crime formal (ou de consumação antecipada) e crime de mera conduta (ou de mera atividade) 113
4. Crime monossubjetivo (ou de concurso eventual) e crime plurissubjetivo (ou de concurso necessário) 114
5. Crime unissubsistente e crime plurissubsistente 114

6. Crime comum, crime próprio e crime de mão própria (ou de atuação pessoal) 115
7. Crime de ação única e crime de ação múltipla (de tipo misto alternativo ou de conteúdo variado) 115
8. Crime de única subjetividade passiva e crime de dupla subjetividade passiva 116
9. Crime de dano e crime de perigo 116
   9.1. Crime de dano 116
   9.2. Crime de perigo 116
      9.2.1. Crime de perigo abstrato (ou presumido) 116
      9.2.2. Crime de perigo concreto 117
      9.2.3. Crime de perigo individual 118
      9.2.4. Crime de perigo abstrato (ou presumido) 118
10. Crime consumado, crime tentado e crime exaurido 118
11. Crime principal e crime acessório 119
12. Crime simples, crime privilegiado e crime qualificado 119
13. Crime de ação livre e crime de ação vinculada 119
14. Crime mono-ofensivo e crime pluriofensivo 120
15. Crime à distância (ou de espaço máximo) e crime plurilocal 120
16. Crime preterdoloso (ou preterintencional) 120
17. Crime vago 121
18. Crime falho 121
19. Crime putativo (ou imaginário) 121
   19.1. Crime putativo por erro de tipo 121
   19.2. Crime putativo por erro de proibição 121
   19.3. Crime putativo por obra do agente provocador (crime de ensaio ou de experiência) 121
20. Crime habitual e crime profissional 122
21. Crime continuado 122
22. Crime subsidiário 123
23. Crime progressivo (ou de passagem) 123
24. Crime de opinião 123
25. Crime de ímpeto (ou de curto-circuito) 123
26. Crime de ação violenta 124
27. Crime de ação astuciosa 124
28. Crime hediondo 124
29. Crime equiparado ao hediondo 124
30. Crime falimentar 124
31. Crime político 125
32. Crime de responsabilidade 125
33. Crime multitudinário 127
34. Crime remetido 127
35. Crime de atentado (ou de empreendimento) 127

36. Crime a prazo 128
37. Crime de trânsito (ou de circulação) e crime em trânsito 128
38. Crime impossível (quase crime, tentativa inidônea ou tentativa inútil) 129
39. Crime de imprensa 129
40. Crime de ação penal pública e crime de ação penal privada 129
    40.1. Crime de ação penal pública 129
        40.1.1. Crime de ação penal pública incondicionada 129
        40.1.2. Crime de ação penal pública condicionada 129
    40.2. Crime de ação penal privada 130
        40.2.1. Crime de ação penal exclusivamente privada 130
        40.2.2. Crime de ação penal privada personalíssima 130
41. Crime transeunte e crime não transeunte 130
42. Crime gratuito e crime por motivo fútil 130
43. Crime militar 130
44. Crime organizado 131

Capítulo X – Fato Típico

1. Definição e elementos 133

Capítulo XI – Conduta

1. Considerações iniciais 135
2. Elementos 136
3. Ausência de conduta 136
    3.1. Estados de inconsciência 136
    3.2. Movimentos reflexos 136
    3.3. Coação física irresistível 137
4. Espécies de conduta 137
    4.1. Ação 137
    4.2. Omissão 138
5. O debate em torno da responsabilização penal da pessoa jurídica 138
    5.1. Argumentos favoráveis 138
    5.2. Argumentos contrários 139
6. Evolução do conceito de conduta 140
    6.1. Conceito pré-clássico de conduta 140
    6.2. Conceito de conduta no sistema clássico (ou causal-naturalista) 140
    6.3. Conceito de conduta no sistema neoclássico (ou neokantiano) 143
    6.4. Conceito de conduta no sistema finalista 144
    6.5. Conceito de conduta na teoria social da ação 146
    6.6. Conceito de conduta no sistema funcionalista 148
        6.6.1. Funcionalismo racional-teleológico 148
        6.6.2. Funcionalismo radical-sistêmico 150

Capítulo XII – Tipo Penal

1. Definição 153
2. Preceitos 154
3. Núcleo 154
4. Elementos estruturais 154
    4.1. Elementos objetivos 154
    4.2. Elemento subjetivo 155
    4.3. Elementos normativos 155
5. Evolução do conceito de tipo 155
    5.1. Fase do tipo independente 155
    5.2. Fase da *ratio cognoscendi* 156
    5.3. Fase da *ratio essendi* 157
    5.4. Fase atual 158
6. Classificação 158
    6.1. Tipo objetivo e tipo subjetivo 158
    6.2. Tipo normal e tipo anormal 159
    6.3. Tipo básico (ou fundamental) e tipo derivado 159
    6.4. Tipo fechado e tipo aberto 159
    6.5. Tipo congruente e tipo incongruente 160
    6.6. Tipo simples e tipo composto 161
    6.7. Tipo comissivo, tipo omissivo próprio e tipo omissivo impróprio ... 161
7. Distinção entre elementar e circunstância do tipo 162
8. Distinção entre circunstância qualificadora e causa de aumento de pena 163
9. Tipicidade 163
    9.1. Definição 163
    9.2. Espécies 164
    9.2.1. Tipicidade formal 164
    9.2.2. Tipicidade material 164
        9.2.2.1. Tipicidade material e princípio da insignificância (ou da bagatela) 165
        9.2.2.2. Tipicidade material e princípio da adequação social 167
    9.2.3. Tipicidade conglobante 168
    9.3. Adequação típica 169
    9.3.1. Adequação típica direta (ou imediata) 169
    9.3.2. Adequação típica indireta (ou mediata) 170

Capítulo XIII – Tipo Doloso

1. Dolo como elemento implícito do tipo 173
2. Definição 173
3. Elementos 173
    3.1. Consciência 173
    3.2. Vontade 176
4. Fases 176

4.1. Fase interna 176
4.2. Fase externa 176
5. Espécies 176
    5.1. Dolo direto (determinado ou imediato) 177
        5.1.1. Dolo direto de 1º grau 177
        5.1.2. Dolo direto de 2º grau 177
    5.2. Dolo indireto (indeterminado ou mediato) 177
        5.2.1. Dolo eventual 177
        5.2.2. Dolo alternativo 178
    5.3. Dolo de dano 178
    5.4. Dolo de perigo 179
    5.5. Dolo normativo 179
    5.6. Dolo natural 179
    5.7. Dolo geral (erro sucessivo ou *aberratio causae*) 179
6. Principais teorias a respeito do conteúdo do dolo 180
    6.1. Teoria da vontade 180
    6.2. Teoria da representação 180
    6.3. Teoria do consentimento (ou do assentimento) 181
    6.4. Teoria da probabilidade 181
7. Dolo e fixação de pena 181

Capítulo XIV – Tipo Culposo

1. Considerações iniciais 183
2. Excepcionalidade do tipo culposo 183
3. Tipicidade aberta 184
4. Definição de culpa 184
5. Elementos do tipo culposo 185
    5.1. Conduta 185
    5.2. Violação do dever objetivo de cuidado 185
    5.3. Resultado lesivo 185
    5.4. Nexo de causalidade 186
    5.5. Previsibilidade objetiva 186
6. Imprudência, negligência e imperícia 188
7. Espécies 188
    7.1. Culpa inconsciente 188
    7.2. Culpa consciente 188
    7.3. Culpa própria (ou propriamente dita) 189
    7.4. Culpa imprópria (por extensão ou assimilação) 189
8. Concorrência de culpas 189
9. Compensação de culpas 190

Capítulo XV – Crime Qualificado pelo Resultado

1. Definição 191
2. Espécies 191

2.1. Crime qualificado pelo resultado com dolo na conduta e no resultado 191
2.2. Crime qualificado pelo resultado com culpa na conduta e no resultado 192
2.3. Crime qualificado pelo resultado com dolo na conduta e culpa no resultado 192
3. Importância do art. 19 do CP à luz do princípio da culpabilidade 193

Capítulo XVI – Erro de Tipo

1. Definição de erro 195
2. Erro de tipo 195
   2.1. Definição 195
   2.2. Espécies 195
      2.2.1. Erro de tipo essencial 196
      2.2.1.1. Definição 196
      2.2.1.2. Espécies 196
      2.2.1.2.1. Erro de tipo vencível, inescusável ou evitável 196
      2.2.1.2.2. Erro de tipo invencível, escusável ou inevitável 197
      2.2.1.3. Consequências jurídicas 197
      2.2.2. Erro de tipo acidental 197
      2.2.2.1. Definição 197
      2.2.2.2. Espécies 197
      2.2.2.2.1. Erro sobre o objeto 197
      2.2.2.2.2. Erro sobre a pessoa 198
      2.2.2.2.3. Erro na execução (ou *aberratio ictus*) 198
      2.2.2.2.4. Resultado diverso do pretendido (ou *aberratio criminis*) 199
      2.2.2.2.5. *Aberratio causae* (dolo geral ou erro sucessivo) 199
3. Descriminantes putativas 200
   3.1. Definição 200
   3.2. Espécies e natureza jurídica do erro nas descriminantes putativas .. 200
      3.2.1. Descriminantes putativas por erro de tipo (ou erro de tipo permissivo) 200
      3.2.2. Descriminantes putativas por erro de proibição (ou erro de proibição indireto) 201
      3.2.3. A controvérsia sobre a natureza jurídica do erro nas descriminantes putativas 201
      3.2.3.1. Descriminante putativa como erro de proibição 202
      3.2.3.2. Descriminante putativa como erro de tipo ou erro de proibição .. 202
      3.2.3.3. Descriminante putativa como erro *sui generis* 202
4. Delito putativo (ou imaginário) 203
   4.1. Definição 203
   4.2. Espécies 203
      4.2.1. Delito putativo por erro de tipo 203
      4.2.2. Delito putativo por erro de proibição 203
      4.2.3. Delito putativo por obra do agente provocador 203

Capítulo XVII – Relação de Causalidade

1. Considerações iniciais 205
2. A teoria da equivalência dos antecedentes causais (ou da *conditio sine qua non*) 206
3. Críticas à teoria da equivalência dos antecedentes causais 208
4. Espécies de causas 209
    4.1. Causa absolutamente independente 209
        4.1.1. Causa preexistente absolutamente independente 209
        4.1.2. Causa concomitante absolutamente independente 210
        4.1.3. Causa superveniente absolutamente independente 210
    4.2. Causa relativamente independente 210
        4.2.1. Causa preexistente relativamente independente 210
        4.2.2. Causa concomitante relativamente independente 211
        4.2.3. Causa superveniente relativamente independente 211
5. Outras teorias 212
    5.1. Teoria da causalidade adequada 212
    5.2. Teoria da relevância 213
6. Teoria da imputação objetiva 213
    6.1. Considerações iniciais 213
    6.2. Teoria da imputação objetiva do resultado no âmbito dos crimes materiais 215
        6.2.1. Criação (ou aumento) do risco juridicamente proibido 215
        6.2.2. Realização do risco proibido no resultado 218
        6.2.3. Resultado abrangido pelo tipo 218
7. Relevância jurídico-penal da omissão 219
    7.1. Omissão própria e omissão imprópria 219
    7.2. Fontes geradoras da posição de agente garantidor 221
        7.2.1. Agente garantidor por dever legal 221
        7.2.2. Agente garantidor por fonte distinta da lei 222
        7.2.3. Agente garantidor por dever de ingerência 222
    7.3. Real possibilidade de agir 222
    7.4. Omissão imprópria e legalidade penal 224

Capítulo XVIII – Consumação e Tentativa

1. *Iter criminis* 227
    1.1. Definição 227
    1.2. Fases 227
        1.2.1. Cogitação (ou *cogitatio*) 227
        1.2.2. Preparação (ou *conatus remotus*) 227
        1.2.3. Execução (ou *conatus proximus*) 228
        1.2.4. Consumação (ou *meta optata*) 229
2. Crime consumado 229
    2.1. Definição 229

2.2. Momento consumativo dos crimes em geral 229
2.2.1. Consumação do crime material (ou de resultado) 229
2.2.2. Consumação do crime formal 229
2.2.3. Consumação do crime de mera conduta 230
2.2.4. Consumação do crime culposo 230
2.2.5. Consumação do crime permanente 230
2.2.6. Consumação do crime omissivo próprio 230
2.2.7. Consumação do crime omissivo impróprio 230
2.2.8. Consumação do crime qualificado pelo resultado 231
3. Tentativa 231
3.1. Definição e natureza jurídica 231
3.2. Requisitos 232
3.2.1. Início de execução 232
3.2.2. Não consumação por circunstâncias alheias à vontade do agente .232
3.3. Distinção entre ato preparatório e ato de execução 232
3.3.1. Teoria objetivo-formal (teoria formal objetiva ou da ação típica) .232
3.3.2. Teoria objetivo-material (ou teoria da unidade natural)................233
3.3.3. Teoria do plano do autor (ou teoria objetiva individual)...............233
3.3.4. Teoria do perigo concreto para o bem jurídico 233
3.4. Espécies 234
3.4.1. Tentativa perfeita (tentativa acabada ou crime falho) 234
3.4.2. Tentativa imperfeita (ou tentativa inacabada) 234
3.4.3. Tentativa branca (ou incruenta) 234
3.4.4. Tentativa vermelha (ou cruenta) 234
3.5. Infrações penais que não admitem tentativa 234
3.5.1. Contravenção penal 234
3.5.2. Crime culposo 235
3.5.3. Crime preterdoloso (ou preterintencional) 235
3.5.4. Crime omissivo próprio 235
3.5.5. Crime habitual 235
3.5.6. Crime unissubsistente 236
3.5.7. Crime condicionado à produção de um resultado 236
3.5.8. Crime de atentado (ou de empreendimento) 237
3.6. Punibilidade da tentativa no CP 237
3.7. Teorias relativas à punibilidade da tentativa 238
3.7.1. Teria objetiva 238
3.7.2. Teoria subjetiva 238
3.8. Tentativa e dolo eventual 239

Capítulo XIX – Desistência Voluntária e Arrependimento Eficaz

1. Considerações iniciais 241
2. Distinção e requisitos 242
3. Natureza jurídica 244
3.1. Causa de exclusão da adequação típica mediata 244
3.2. Causa de extinção da punibilidade 245

4. Consequência jurídica 245
5. Distinção entre desistência voluntária, arrependimento eficaz e
   tentativa 246
6. Desistência voluntária, arrependimento eficaz e concurso
   de pessoas 246
   6.1. Desistência voluntária ou arrependimento eficaz do autor 246
   6.2. Desistência voluntária ou arrependimento eficaz do partícipe 247

Capítulo XX – Arrependimento Posterior

1. Considerações iniciais 251
2. Natureza jurídica 251
3. Requisitos 252
   3.1. Crime cometido sem violência ou grave ameaça à pessoa 252
   3.2. Reparação do dano ou restituição da coisa 252
   3.3. Voluntariedade 252
   3.4. Limite temporal 253
4. Consequência jurídica 253
5. Relevância da reparação do dano 253
   5.1. Reparação do dano no peculato culposo 254
   5.2. Reparação do dano no peculato doloso 254
   5.3. Reparação do dano na emissão dolosa de cheque sem fundos 254
   5.4. Reparação do dano nas infrações penais de menor potencial
        ofensivo 255
   5.5. Reparação do dano para efeito de *sursis* penal 255
   5.6. Reparação do dano para efeito de livramento condicional 255
   5.7. Reparação do dano para efeito de reabilitação 255
6. Comunicabilidade do arrependimento posterior 256

Capítulo XXI – Crime Impossível

1. Considerações iniciais 257
2. Espécies 258
   2.1. Crime impossível por ineficácia absoluta do meio 258
   2.2. Crime impossível por impropriedade absoluta do objeto material ..259
   2.3. Crime impossível por obra do agente provocador (crime putativo
        por obra do agente provocador ou crime de ensaio ou de
        experiência) 259
3. Flagrante preparado (ou provocado), flagrante esperado e flagrante
   diferido 260
4. Teorias relativas à punibilidade do crime impossível 262
   4.1. Teoria sintomática 262
   4.2. Teoria subjetiva 262
   4.3. Teoria objetiva 262
   4.3.1. Teoria objetiva pura 262

4.3.2. Teoria objetiva temperada 262
5. Consequência jurídica 263

Capítulo XXII – Antijuridicidade

1. Considerações iniciais 265
2. Definição 265
3. Teoria dos elementos negativos do tipo 266
4. Antijuridicidade formal e antijuridicidade material 267
5. Causas excludentes da antijuridicidade 267
    5.1. Causas legais 267
    5.2. Consentimento do ofendido como causa supralegal 268
6. Requisitos 269
    6.1. Requisitos objetivos 269
    6.2. Requisito subjetivo 269
7. Estado de necessidade 269
    7.1. Definição e natureza jurídica 269
    7.2. Requisitos objetivos 270
    7.2.1. Perigo atual 270
    7.2.2. Ameaça a direito próprio ou alheio 270
    7.2.3. Inevitabilidade do sacrifício 270
    7.2.4. Inexigibilidade do sacrifício do bem ameaçado 271
    7.2.5. Perigo não provocado pela vontade do agente 271
    7.2.6. Inexistência de dever legal de enfrentar o perigo 271
    7.3. Requisito subjetivo 272
    7.4. Teorias referentes à natureza jurídica do estado de necessidade 272
    7.4.1. Teoria unitária 272
    7.4.2. Teoria diferenciadora 272
    7.5. Espécies de estado de necessidade 273
    7.5.1. Estado de necessidade real 273
    7.5.2. Estado de necessidade putativo 273
    7.5.3. Estado de necessidade próprio 274
    7.5.4. Estado de necessidade de terceiro 274
    7.5.5. Estado de necessidade agressivo 274
    7.5.6. Estado de necessidade defensivo 274
    7.6. Estado de necessidade na Parte Especial do CP 274
8. Legítima defesa 274
    8.1. Considerações iniciais 274
    8.2. Definição 275
    8.3. Requisitos objetivos 275
    8.3.1. Agressão injusta 275
    8.3.2. Agressão atual ou iminente 275
    8.3.3. Direito próprio ou alheio 276
    8.3.4. Meio necessário 276
    8.3.5. Uso moderado 276
    8.4. Requisito subjetivo 276

8.5. Desnecessidade de *commodus discessus* 276
8.6. Espécies de legítima defesa 277
8.6.1. Legítima defesa real 277
8.6.2. Legítima defesa putativa 277
8.6.3. Legítima defesa própria 277
8.6.4. Legítima defesa de terceiro 277
8.6.5. Legítima defesa sucessiva 278
8.7. Hipóteses diversas 278
8.7.1. Legítima defesa contra agressão injusta de inimputável 278
8.7.2. Legítima defesa real contra legítima defesa putativa 278
8.7.3. Legítima defesa putativa em favor de terceiro contra legítima defesa real 278
8.7.4. Legítima defesa contra excesso 279
8.7.5. Legítima defesa real contra legítima defesa real 279
8.7.6. Legítima defesa contra estado de necessidade, estrito cumprimento de dever legal, exercício regular de direito 279
8.7.7. Legítima defesa contra agressão passada ou futura 279
8.7.8. Provocação de legítima defesa 279
9. Estrito cumprimento de dever legal 280
9.1. Definição e natureza jurídica 280
9.2. Requisitos 280
9.2.1. Requisitos objetivos 280
9.2.2. Requisito subjetivo 280
9.3. Exemplos de estrito cumprimento de dever legal 280
10. Exercício regular de direito 282
10.1. Definição e natureza jurídica 282
10.2. Requisitos 282
10.2.1. Requisitos objetivos 282
10.2.2. Requisito subjetivo 282
10.2.3. Exemplos de exercício regular de direito 282
11. Ofendículos 283
12. Excesso punível 283

Capítulo XXIII – Culpabilidade

1. Definição 285
2. Elementos 285
    2.1. Imputabilidade 285
    2.2. Potencial consciência da ilicitude do fato 286
    2.3. Exigibilidade de conduta diversa 287
3. Evolução histórica da culpabilidade 288
    3.1. Teoria psicológica 288
    3.2. Teoria psicológico-normativa 288
    3.3. Teoria normativa pura 289
4. Causas legais de exclusão da culpabilidade 289
5. Causa supralegal de exclusão da culpabilidade 290

6. Imputabilidade 292
   6.1. Definição 292
   6.2. Critérios de aferição da inimputabilidade 293
   6.2.1. Sistema biológico (ou etiológico) 293
   6.2.2. Sistema psicológico (ou psiquiátrico) 293
   6.2.3. Sistema biopsicológico (ou misto) 293
   6.3. Causas de exclusão da imputabilidade 293
   6.3.1. Inimputabilidade por doença mental, desenvolvimento mental incompleto ou retardado 294
   6.3.1.1. Requisitos 294
   6.3.1.2. Prova da inimputabilidade 295
   6.3.1.3. Natureza jurídica da sentença 296
   6.3.1.4. Incapacidade civil e inimputabilidade penal 297
   6.3.2. Inimputabilidade por menoridade penal 297
   6.3.2.1. Definição 297
   6.3.2.2. Sistema biológico 298
   6.3.3. Inimputabilidade por embriaguez completa proveniente de caso fortuito ou força maior 298
   6.3.3.1. Definição de embriaguez 298
   6.3.3.2. Espécies 298
   6.3.3.2.1. Embriaguez não acidental 299
   6.3.3.2.2. Embriaguez acidental 299
   6.3.3.2.3. Embriaguez patológica 299
   6.3.3.2.4. Embriaguez preordenada 300
   6.3.3.3. Consequências jurídicas 300
   6.3.3.4. Teoria da *actio libera in causa* 301
   6.3.3.5. Embriaguez na Lei nº 11.343/06 303
   6.4. Semi-imputabilidade 304
   6.4.1. Definição 304
   6.4.2. Sistema vicariante 304
   6.4.3. Requisitos 305
   6.4.4. Natureza jurídica da sentença 305
   6.4.5. Consequências jurídicas 306
   6.5. Emoção e paixão 306
   6.5.1. Definição 306
   6.5.2. Emoção como fator de menor reprovação 307
   6.5.3. Emoção, paixão e doença mental 308
7. Erro de Proibição 308
   7.1. Definição 308
   7.2. Desconhecimento da lei *versus* ausência de consciência da ilicitude ...309
   7.3. Espécies 311
   7.3.1. Erro de proibição vencível, inescusável ou evitável 311
   7.3.2. Erro de proibição invencível, escusável ou inevitável 311
   7.3.3. Erro de proibição direto 312
   7.3.4. Erro de proibição indireto (ou erro de permissão) 312
   7.3.5. Erro mandamental 313
8. Coação moral irresistível 313

8.1. Definição 313
8.2. Natureza jurídica 314
9. Obediência hierárquica 314
   9.1. Definição e natureza jurídica 314
   9.2. Requisitos 315
      9.2.1. Relação de subordinação 315
      9.2.2. Relação decorrente de Direito Público 315
      9.2.3. Ordem não manifestamente ilegal 316
      9.2.4. Estrito cumprimento da ordem 317
   9.3. Obediência hierárquica *versus* relação de Direito Privado 318

Capítulo XXIV – Concurso de Pessoas

1. Considerações iniciais 319
2. Classificação dos crimes quanto ao concurso de pessoas 320
   2.1. Crime de concurso eventual (monossubjetivo ou unipessoal) 320
   2.2. Crime de concurso necessário (plurissubjetivo ou pluripessoal) 321
3. Teorias relativas ao concurso de pessoas 322
   3.1. Teoria unitária (ou monista) 322
   3.2. Teoria dualista 322
   3.3. Teoria pluralista 322
4. Requisitos para o concurso de pessoas 323
   4.1. Pluralidade de pessoas 323
   4.2. Relevância causal da colaboração de cada concorrente 323
   4.3. Liame subjetivo 324
   4.4. Homogeneidade de elemento subjetivo 324
   4.5. Unidade de infração penal 324
5. Autoria 325
   5.1. Definição e teorias 325
      5.1.1. Teoria restritiva 325
      5.1.2. Teoria extensiva 325
      5.1.3. Teoria do domínio final do fato 325
   5.2. Autor executor (ou direto) 326
   5.3. Autor intelectual 326
   5.4. Autor mediato (ou indireto) 326
6. Espécies de concurso de pessoas 328
   6.1. Coautoria 328
      6.1.1. Definição 328
      6.1.2. Coautoria executiva 328
      6.1.3. Coautoria funcional 328
      6.1.4. Coautoria sucessiva 328
   6.2. Participação 329
      6.2.1. Definição 329
      6.2.2. Natureza jurídica 329
      6.2.3. Momento da participação 329
      6.2.4. Espécies 330

6.2.4.1. Participação moral 330
6.2.4.1.1. Participação moral por induzimento 330
6.2.4.1.2. Participação moral por instigação 330
6.2.4.2. Participação material (ou auxílio material) 331
6.2.5. Teorias da acessoriedade 331
6.2.5.1. Teoria da acessoriedade mínima 331
6.2.5.2. Teoria da acessoriedade limitada 331
6.2.5.3. Teoria da acessoriedade máxima 332
6.2.5.4. Teoria da hiperacessoriedade 332
6.2.6. Participação sucessiva 332
6.2.7. Participação em cadeia 333
6.2.8. Participação de menor importância 333
6.2.9. Participação impunível 333
7. Cooperação dolosamente distinta (ou desvio subjetivo de condutas) 333
8. Concurso de pessoas em crime omissivo 334
　8.1. Participação por ação em crime omissivo próprio 335
　8.2. Participação por ação em crime omissivo impróprio 335
　8.3. Coautoria em crime omissivo próprio 335
　8.4. Coautoria por omissão imprópria 336
9. Concurso de pessoas em crime culposo 337
10. Concurso de pessoas, desistência voluntária e
　　arrependimento eficaz 338
11. Casos não caracterizadores de concurso de pessoas 338
　11.1. Participação negativa (ou conivência) 339
　11.2. Autoria colateral 339
　11.3. Autoria incerta 339
12. Circunstâncias incomunicáveis 339
　12.1. A regra do art. 30 do CP e o crime de infanticídio 341
Bibliografia 343

Capítulo I

Introdução ao Direito Penal

1. Definição de Direito Penal[1]:

Direito Penal é o ramo do ordenamento jurídico nacional que estabelece e define as diversas condutas (ações ou omissões) delituosas, cominando-lhes as respectivas sanções (penas ou medidas de segurança), regulando, ainda, as relações decorrentes do cometimento de uma infração penal (crime ou contravenção penal).

Ao mesmo tempo em que incrimina comportamentos danosos (ações ou omissões) ao convívio social, o Direito Penal prevê, como consectário lógico, penas (e medidas de segurança) aplicáveis aos que descumprirem o conteúdo normativo imposto.

O Direito Penal, igualmente, disciplina uma série de relações jurídicas existentes entre o fato delituoso e a imposição da pena (ou da medida de segurança). Trata, por exemplo, de questões inerentes à aplicação da lei penal (no tempo e no espaço), às penas e medidas de segurança, à punibilidade, etc.

2. Caracteres do Direito Penal:

O Direito Penal apresenta os seguintes caracteres:

2.1. Científico:

O Direito Penal é científico, tendo em vista possuir objeto de estudo próprio. Além disso, é regido por um conjunto sistematizado de regras, conceitos, princípios e classificações.

---

[1] A expressão "Direito Criminal", outrora consagrada no Brasil, encontra-se ultrapassada.

2.2. Positivo:

O Direito Penal é positivo. Significa dizer que as regras jurídicas que o integram encontram-se positivadas, isto é, são veiculadas através de uma série de diplomas legais estabelecidos pelo Congresso Nacional, nos termos do art. 22, I, da Constituição da República Federativa do Brasil (CRFB).

2.3. Sancionador/constitutivo:

Parte da doutrina afirma que o Direito Penal é meramente sancionador, cabendo-lhe reforçar a tutela jurídica promovida por outros ramos do Direito (Civil, Administrativo, Tributário, Processual, etc.). É a posição de MIRABETE (2011, p. 5) e DAMÁSIO (2012, p. 48). Assim, o Direito Penal, ao incriminar a ação de subtrair, para si ou para outrem, coisa alheia móvel (art. 155, *caput*, do CP), estaria, simplesmente, reafirmando a proteção conferida pela regra constitucional que assegura o direito à propriedade (art. 5º, XXII, da CRFB).

Nas palavras de QUEIROZ (2010, p. 38):

> *"O Direito Penal não constitui o ilícito, portanto, limitando-se a reforçar a proteção de interesses já protegidos, ao castigar mais gravemente condutas que já são sancionadas pelo direito como um todo".*

Noutro polo, afirma-se que o Direito Penal seria autônomo e constitutivo. É a opinião de TELES (2004, p. 43):

> *"(...) não só em razão da natureza da sanção, mas, principalmente, do conteúdo de seus preceitos, o Direito Penal não é meramente sancionador, mas autônomo, original e constitutivo".*

A posição que nos parece mais acertada é a que tenta conciliar as duas concepções acima, exatamente o que faz REGIS PRADO (2005, p. 54):

> *"Ademais, convém observar que o Direito Penal tem <u>natureza autônoma ou constitutiva</u> (função valorativa), <u>mas também sancionatória</u>, principalmente em determinadas áreas (v.g., tutela de bens ou interesses difusos ou coletivos)".* (grifo nosso)

Entendemos que as referidas manifestações, aparentemente opostas, podem perfeitamente conviver, desde que bem colocadas. Assim, embora o Direito Penal seja essencialmente sancionador, possui nuanças, finalidades e regras que lhe são próprias, não sendo possível subtrair-lhe autonomia. O conceitual particular do Direito Penal é uma evidência dessa independência em relação aos demais ramos do Direito.

Da mesma forma, apesar de o Direito Penal não criar o ilícito, pois, como veremos, a antijuridicidade (contrariedade do fato em relação ao ordenamento jurídico) é uma só, tal conclusão não nos permite reduzi-lo à simples condição de sancionador de ilícitos construídos em outras áreas do Direito (ASSIS TOLEDO, 2001, p. 14). É que a proteção jurídica conferida pelo Direito Penal não é encontrada em nenhum outro ramo do Direito. Somente ele, em alguns casos, é capaz de proteger bens jurídicos. Significa dizer que o legislador, ao invocar a legítima (e necessariamente constitucional) intervenção do Direito Penal, o faz reconhecendo que outros ramos do Direito não são suficientes para atender à demanda social.

Ora, o Direito Penal, ao tipificar condutas delituosas antes inexistentes, cominando-lhes as respectivas sanções penais, demonstra, sem sombra de dúvida, o seu caráter autônomo. Ademais, pode-se afirmar que determinados bens jurídicos, tendo em vista a importância constitucional da qual se revestem, nunca poderiam ficar de fora do âmbito de proteção do Direito Penal. Por exemplo, a proteção da vida humana extrauterina, realizada através do art. 121 do CP, nunca poderia deixar de ser afeta também ao Direito Penal. Tendo em vista a relevância da vida humana, uma lei que, por absurdo, descriminalizasse o homicídio, tornando-o um fato penalmente irrelevante, seria certamente inconstitucional. E assim pensamos com base na concepção segundo a qual a Constituição não funciona apenas como limite negativo à criminalização, mas, igualmente, como limite positivo. Nesse sentido, a Constituição impõe a proteção de determinados bens jurídicos.

2.4. Valorativo:

O Direito é um plexo sistêmico de valores. Para DOTTI (2005, p. 52):

> *"O Direito penal é valorativo, porque as suas normas são carregadas de valores humanos e sociais que devem ser respeitados pela coletividade de um modo geral e pelos indivíduos, singularmente considerados".*

Acerca dessa característica, COSTA JR. (1995, p. 4) afirma que a criminalização de comportamentos é precedida de uma análise valorativa acerca da conduta que se quer proibir. Sob tal enfoque, quanto mais grave e danosa for a conduta (matar alguém, por exemplo), maior será o desvalor que sobre ela recairá.

2.5. Cultural:

O Direito Penal é cultural, pois se encontra umbilicalmente relacionado a determinado contexto social. Não há como concebê-lo fora de uma particular realidade cultural. Por exemplo, o antigo delito de adultério (art. 240 do CP) não existe mais no ordenamento penal brasileiro. A sua previsão como crime não se coadunava com a realidade social do país, razão pela qual a Lei nº 11.106/05 o revogou.

2.6. Finalista:

O Direito Penal é, ainda, finalista, pois as regras que o integram apresentam uma finalidade primordial: a tutela de bens jurídicos penalmente relevantes, buscando, através da ameaça de sanção, evitar-lhes lesão ou perigo de lesão.

MAYRINK (2005, p. 25) afirma que o Direito Penal é finalista porque busca a tranquilidade e a segurança sociais mediante a proteção dos indivíduos e da sociedade.

2.7. Dogmático:

O Direito Penal, como ciência jurídica que é, possui caráter dogmático, uma vez que seu método de estudo (técnico-jurídico) baseia-se no que dispõe o Direito Positivo vigente, do qual são extraídos diversos institutos, conceitos, princípios e classificações próprios de um sistema normativo.

2.8. Direito Público:

Tal característica guarda relação com a tradicional divisão do Direito em dois ramos (Direito Público e Direito Privado) e seus respectivos critérios diferenciadores.

DAMÁSIO (2012, p. 48), considerando como fator preponderante para tal distinção a presença do Estado na relação jurídica decorrente do cometimento de uma infração penal, anota que o Direito Penal regula relações jurídicas em que o Estado atua com o denominado *jus puniendi*, o que lhe confere caráter público.

ZAFFARONI e PIERANGELI (2007, p. 82) também levam em conta a intervenção direta do Estado, como pessoa jurídica de Direito Público, para efeito de distinção entre os dois grandes ramos mencionados.

TELES (2004, p. 41), exaltando o critério do interesse, assevera que:

> "O Direito Penal tem natureza pública, uma vez que a proteção dos bens jurídicos colocados sob tutela interessa a toda a sociedade".

No mesmo sentido, argumentando que o Direito Penal tutela interesses da coletividade, temos ANÍBAL BRUNO (1978, p. 39). O caráter público do Direito Penal, para ROXIN (2003, p. 43), reside na subordinação do indivíduo ao poder do Estado.

Em suma, tendo em vista que o Estado é o detentor exclusivo do direito de punir, a inserção do Direito Penal enquanto ramo do Direito Público é algo inegável.

3. Direito Penal Objetivo e Direito Penal Subjetivo:

Direito Penal Objetivo é o conjunto ordenado de normas jurídicas que definem as infrações penais, cominando-lhes as respectivas sanções, bem como disciplinam a aplicação das demais normas de natureza penal.

A expressão "Direito Penal Subjetivo", por sua vez, identifica-se com o direito de punir (*jus puniendi*) o transgressor da norma penal, direito que se encontra enfeixado, de modo exclusivo, nas mãos do Estado.

4. Direito Penal Comum e Direito Penal Especial:

A distinção em relevo, conforme ensina DAMÁSIO (2012, p. 50), leva em consideração o campo de incidência do Direito Penal. Para o citado autor, o Direito Penal Comum aplica-se a todos os cidadãos, enquanto que o segundo incide apenas sobre um segmento de pessoas dotadas de particular condição ou qualidade.

BITENCOURT (2011, p. 35) oferece-nos outro fator de distinção, referente ao órgão jurisdicional constitucionalmente encarregado da aplicação do Direito Penal. Assim, a seu ver, Direito Penal Comum é aquele aplicado pela justiça comum. O Direito Penal Especial, por sua vez, é manejado por órgãos jurisdicionais especiais.

No mesmo sentido, NORONHA (1995, p. 9):

> "A nosso ver, o melhor critério que estrema (sic) o direito penal comum dos outros é o da consideração do órgão que os deve aplicar jurisdicionalmente".

Assim, à luz da distinção preconizada por BITENCOURT e NORONHA, pode-se afirmar que o Direito Penal Militar é um Direito Penal Especial, uma vez que as disposições contidas no Código Penal Militar – CPM (Decreto-lei nº 1.001/69) são aplicadas pela Justiça Militar da União ou dos Estados-membros, conforme o caso.

5. Direito Penal Substantivo e Direito Penal Adjetivo:

A distinção em tela encontra-se ultrapassada. A menção que ora se faz serve apenas para registrar a histórica negação da autonomia do Direito Processual Penal, o que não mais ocorre na quadra atual.

Assim, o Direito Penal Substantivo (ou material) seria o conjunto de normas jurídicas que definem as infrações penais, cominando-lhes as respectivas sanções, bem como estabelecendo os princípios e as normas gerais de Direito Penal (TELES, 2004, p. 45).

Em contrapartida, o Direito Penal Adjetivo (ou formal) seria o Direito Processual Penal. Este, enquanto adjetivo, dependeria do substantivo, implicando, em última análise, negação da sua autonomia, configurando mero instrumento de aplicação do Direito Penal. Mas, como dito, tal distinção encontra-se completamente superada.

6. Direito Penal Fundamental e Direito Penal Complementar:

O Código Penal brasileiro (Decreto-lei nº 2.848/40) consubstancia as regras penais básicas previstas na legislação penal nacional. Tais normas são aplicáveis não apenas aos delitos nele previstos, mas também aos estabelecidos nas leis penais extravagantes, desde que estas não disciplinem o assunto de modo diverso (art. 12 do CP). Versa o CP, assim, sobre o chamado Direito Penal Fundamental.

O Direito Penal Complementar, por sua vez, disciplina matérias que extrapolam o conteúdo básico previsto no CP. Como exemplo, temos a Lei nº 11.105/05, que, dentre outras providências, incrimina condutas relacionadas à manipulação genética.

7. Direito Penal do Fato e Direito Penal do Autor:

A dicotomia em destaque guarda relação com a seguinte questão: o agente deve ser responsabilizado pela conduta realizada, isto é, pelo que fez, dando ensejo ao chamado Direito Penal do Fato? Ou, ao contrário, pelo que é, ou seja, pelo seu modo de vida, dando azo ao denominado Direito Penal do Autor? Resposta: o sujeito deve responder pelo fato praticado (Direito Penal do Fato).

A moderna doutrina penal repudia com veemência o Direito Penal do Autor. E o faz com absoluta correção, pois há, na história, claros (e chocantes!) exemplos do que um sistema jurídico-penal assentado em bases teóricas do Direito Penal do Autor é capaz de fazer.

A Alemanha dos *Trinta* e *Quarenta* do século passado, em pleno regime nazista, era farta em leis cujas premissas estavam consolidadas numa culpabilidade pelo modo de ser. Basta invocar, por exemplo, a lei contra os sujeitos nocivos ao povo alemão, de 1939, ordenação que, enquanto integrante de um conjunto de leis draconianas, sustentou juridicamente parte das atrocidades cometidas contra os judeus.

A referência às leis nazistas serve apenas para realçar o potencial maléfico da adoção de um Direito Penal baseado em alicerces que levem em conta não o que o autor realizou, mas, sim, o seu modo de ser.

Sistemas jurídico-penais com tais características são incisivamente criticados pela moderna doutrina penal e, acreditamos firmemente, devem permanecer sepultados na história, pois, como ensinam ZAFFARONI e PIERANGELI (2007, p. 107):

> *"Não se pode penalizar um homem por ser como escolheu ser, sem que isso violente a sua esfera de autodeterminação".*

Nada obstante, forçoso reconhecer que o CP brasileiro não está totalmente livre da influência do Direito Penal do Autor. Regra como a prevista no seu art. 59, *caput*[2], ao determinar a consideração, quando da fixação da pena, da conduta social e da personalidade do agente, sinaliza que o CP pátrio não está complemente livre das suas orientações teóricas.

Tal perigoso contágio não é privilégio nacional. Aponta ASSIS TOLEDO (2001, p. 19) que o CP alemão (*Das Strafgesetzbuch*) também contém resquícios dessa vertente, notadamente ao prever punição para o crime impossível[3], o que, na ótica do insigne penalista, configura nítido exemplo de punição do ânimo (Direito Penal do Autor).

De qualquer forma, a configuração do Estado brasileiro enquanto Estado Democrático de Direito não nos permite outra ilação: o autor de uma infração penal há de ser punido pela conduta realizada, nunca pelo seu modo de ser. A inversão dessa lógica configura verdadeira negação ao princípio da dignidade da pessoa humana (art. 1º, III, da CRFB), um dos pilares da República Federativa do Brasil.

8. Direito Penal do Cidadão e Direito Penal do Inimigo:

A expressão "Direito Penal do Inimigo" foi cunhada por GÜNTHER JAKOBS, catedrático de Direito Penal e Filosofia do Direito da Universidade de Bonn, Alemanha, nos idos de 1985.

---

[2] Art. 59. O juiz, atendendo à culpabilidade, aos antecedentes, à conduta social, à personalidade do agente, aos motivos, às circunstâncias e consequências do crime, bem como ao comportamento da vítima, estabelecerá, conforme seja necessário e suficiente para reprovação e prevenção do crime: (...).

[3] O CP brasileiro (art. 17), diferentemente do alemão, não pune a tentativa de crime impossível.

Mas a repercussão bombástica de seu pensamento deu-se na quadra mais recente, quando JAKOBS retomou o tema inicialmente abordado, ocasião em que o viés que lhe fora emprestado provocou a indignação de boa parte da doutrina penalista (alemã e internacional).

Em síntese, JAKOBS parte da ideia de que alguns indivíduos, por romperem definitivamente com a ordem jurídica, dando mostras de que não se conduzirão como cidadãos, devem ser tratados como inimigos, contra os quais inúmeras medidas podem ser tomadas.

JAKOBS estabelece um tratamento jurídico-penal dicotômico para "cidadão" e "inimigo". Este, o inimigo, que, por motivos óbvios, o autor não consegue definir satisfatoriamente, é visto por ele como verdadeira fonte de perigo, devendo ser neutralizado (o termo é esse mesmo!) a todo custo, inclusive por meio da negação de direitos.

O penalista alemão chega ao cúmulo de rejeitar o *status* de pessoa ao, por ele, considerado inimigo, no que é veementemente criticado. Na ótica de JAKOBS, o inimigo, não sendo pessoa, não pode ser tratado enquanto tal.

Dentre tantos óbices que podem ser levantados contra a formulação teórica de JAKOBS, a possibilidade de se negar a condição de ser humano a uma pessoa parece-nos um tanto surreal. A sua construção teórica, se é que podemos conceber ao Direito Penal do Inimigo tal tratamento digno, não encontra alicerce algum que lhe dê suporte, perdendo-se num imenso mar de especulações insustentáveis, sob o ponto de vista ético, moral, jurídico, histórico, sociológico, etc.

Para nós, negar a condição de pessoa humana é algo impensável. A história está repleta de exemplos do que isso pode significar; e no que pode redundar. ADOLF HITLER, como se sabe, negou aos judeus o *status* de pessoa. Aconteceu o que todos sabemos; não há necessidade alguma de relembrar.

Diante do quadro concebido pelo autor alemão, extraem-se algumas características inerentes ao Direito Penal do Inimigo, todas absolutamente incompatíveis com um Estado Democrático de Direito, dentre as quais citamos: negação do *status* de pessoa ao suposto inimigo; antecipação do campo de incidência do Direito Penal, de forma a alcançar o inimigo pelo simples fato de ter cogitado cometer um delito, antecipação esta que viola o princípio segundo o qual não se pune o pensamento (*cogitationis poenam nemo patitur*); eliminação ou restrição de garantias processuais, tais como o direito ao contraditório, à ampla defesa, ao tratamento humano.

Enfim, o Direito Penal do Inimigo, se é que ele existe, deve permanecer exatamente como está: na memória da comunidade jurídica que, ao rejeitar a ideia central apregoada por JAKOBS, sinalizou entender que a essência humana é algo intocável.

9. Funções do Direito Penal:

A doutrina, de um modo geral, aponta as seguintes funções inerentes ao Direito Penal:

9.1. Função de proteção:

A função primordial do Direito Penal é proteger bens jurídicos considerados penalmente relevantes, ou seja, valores essenciais para o indivíduo particularmente considerado e para a própria vida comunitária. Trata-se da tarefa imediata do Direito Penal (ASSIS TOLEDO, 2001, p. 13; REGIS PRADO, 2003, p. 65). Por sua vez, CIRINO (2006, p. 4) afirma que a proteção de bens jurídicos penalmente relevantes é o objetivo declarado do Direito Penal.

Diante desta função afeta ao Direito Penal, cumpre definir, desde logo, o que se entende por bem jurídico, objeto de sua proteção. A doutrina (por todos, REGIS PRADO, 2003, p. 44) é quase unânime em reconhecer a dificuldade de se estabelecer um conceito seguro para a referida expressão. FIGUEIREDO DIAS (2001, p. 43), sinalizando tal problema, aduz que:

> "A noção de bem jurídico (...) não pôde, até o momento, ser determinada – e talvez jamais venha a ser – com uma nitidez e segurança que permitam convertê-la em conceito fechado e apto à subsunção, capaz de traçar, para além de toda a dúvida possível, a fronteira entre o que legitimamente pode e não pode ser criminalizado".

À mesma constatação chega BIANCHINI (2002, p. 42), para quem é impossível enclausurar o bem jurídico num conceito hermético, e que elimine qualquer dúvida quanto ao seu conteúdo.

Nada obstante a apontada dificuldade, extraímos das lições de ANÍBAL BRUNO (1978, p. 29) a seguinte noção a respeito do significado de bem jurídico:

> "São interesses fundamentais do indivíduo ou da sociedade, que, pelo seu valor social, a consciência comum do grupo ou das camadas sociais nele dominantes elevam à categoria de bens jurídicos,

julgando-os merecedores da tutela do Direito, ou, em particular, da tutela mais severa do Direito Penal".

Com efeito, ao Direito Penal cumpre tutelar bens jurídicos fundamentais, tais como a vida, a integridade física, o patrimônio, a dignidade sexual, a segurança pública, etc., cabendo ressaltar, por oportuno, que nem todo bem jurídico goza da proteção penal. Apenas um fragmento, ou seja, uma parcela do conjunto (de bens jurídicos) recebe a sua tutela. É o que se denomina caráter fragmentário do Direito Penal.

Não se nega que a noção de bem jurídico, questão central do Direito Penal, impõe-se como critério fundamental quando da formação do ilícito penal (ASSIS TOLEDO, 2001, p. 18), constituindo-se num verdadeiro limite à criminalização de condutas. Segundo a doutrina predominante, os bens dignos de proteção jurídico-penal devem possuir assento na Carta Fundamental, que funciona como limite a ser regiamente seguido pelo legislador ordinário quando da feitura da lei penal.

9.2. Função de garantia:

O Direito Penal, através dos sagrados princípios da legalidade penal e da anterioridade da lei penal[4], impede que o indivíduo possa ser penalmente responsabilizado por fato não previsto em lei penal anterior ao seu cometimento.

SILVA FRANCO (2007, p. 39) registra que tal garantia do cidadão pode ser constatada sob quatro enfoques diferentes, a saber: ***a)*** garantia criminal (necessidade de prévia e certa descrição da conduta incriminada), ***b)*** garantia penal (necessidade de explicitação da modalidade e da quantidade de pena), ***c)*** garantia processual (exige o reconhecimento do fato criminoso e a imposição individualizada e motivada da pena) e ***d)*** garantia executiva (reconhecimento de que o preso não pode ser manipulado pela administração prisional como se um objeto fosse).

9.3. Função de controle:

O Direito Penal é apenas um dos diversos instrumentos de controle social existentes. Não é o único meio utilizado pelo Estado, a fim de limitar o comportamento individual (SUXBERGER, 2006, p. 5). A vida em sociedade, dada a complexidade que lhe é inerente, recebe a incidência de uma pluralidade de instrumentos, com finalidades, características e reações distintas. No entanto, conforme adverte MUÑOZ CONDE (2005, p. 6):

---

[4] Art. 5º, XXXIX, da CRFB, e art. 1º do CP: não há crime sem lei anterior que o defina, não há pena sem prévia cominação legal.

> *"O que diferencia o direito penal de outras instituições de controle social é, simplesmente, a formalização do controle, liberando-o, dentro do possível, da espontaneidade, da surpresa, do conjunturalismo e da subjetividade própria de outros sistemas de controle social".*

Malgrado a existência desse multifacetado sistema de controle, o Direito Penal, como anota CIRINO (2006, p. 6), tem sido visto como o centro da estratégia de controle social das sociedades contemporâneas.

9.4. Função motivadora:

O Direito Penal, através de suas regras, procura motivar os indivíduos a agirem de acordo com a norma e a não infringirem o sistema jurídico-penal. Para tanto, estabelece um leque de sanções a serem impostas aos que não se comportarem de acordo com o preceito normativo.

9.5. Função simbólica:

O Direito Penal, frequente e infelizmente, tem sido manejado para cumprir função meramente simbólica. O adjetivo "simbólico" sinaliza que o legislador, ao incriminar determinados comportamentos, o que ocorre, geralmente, após momentos de grande consternação nacional, não objetiva atacar a causa do mal social diagnosticado, mas, sim, demonstrar para a sociedade que "algo" está sendo feito, ainda que simbolicamente, para saná-lo.

Retrato do que ora se afirma é a inflação legislativa com a qual convivemos, problema que enseja incriminações absolutamente supérfluas, atingindo precisamente o *status libertatis* do indivíduo.

Aliás, oportuna é a lição de TELES (2004, p. 46) a respeito desse incorreto emprego do Direito Penal:

> *"Querer combater a criminalidade com o Direito Penal é querer eliminar a infecção com analgésico. O crime há de ser combatido com educação, saúde, habitação, trabalho para todos, lazer, transportes, enfim, com condições de vida digna para os cidadãos. É, portanto, tarefa para toda a sociedade, para o Estado, para os organismos vivos da sociedade civil, e não para o Direito Penal".*

Capítulo II

Fontes do Direito Penal

1. Definição:

O termo "fonte", em sentido amplo, significa origem, procedência, nascente ou gênese de algo. Numa acepção jurídico-penal, fontes são as formas pelas quais são criadas, modificadas ou revogadas as normas jurídicas componentes de um determinado ordenamento jurídico.

2. Classificação:

As fontes do Direito Penal podem ser agrupadas em: *a)* fonte de produção (substancial ou material) e *b)* fontes formais (de cognição ou conhecimento).

2.1. Fonte de produção (material ou substancial):

O Estado é a fonte de produção do Direito Penal. Nos termos do art. 22, I, da CRFB, somente a União Federal pode legislar sobre Direito Penal, o que se dá através do Congresso Nacional. A fonte material, portanto, refere-se à gênese do Direito Penal.

2.2. Fonte formal (de cognição ou conhecimento):

Fonte formal é o meio pelo qual a norma penal é exteriorizada. FRAGOSO (2006, p. 94), numa posição minoritária, assevera que as fontes formais não são fontes do Direito, mas, sim, suas formas. A doutrina majoritária, no entanto, acolhe a expressão fonte formal assim classificada:

2.2.1. Fonte formal imediata (primária ou direta):

Como se sabe, no sistema jurídico pátrio a norma escrita possui primazia. Em matéria penal, no entanto, nem toda norma escrita pode disciplinar tema de Direito Penal. É necessário, conforme determina o art. 5º, XXXIX, da CRFB (e art. 1º do CP), que se trate de lei em sentido estrito, isto é, norma jurídica elaborada pelo Congresso Nacional, por meio do processo legislativo adequado (DINIZ, 2000, p. 285).

Portanto, à luz dos citados dispositivos, e tendo em vista a vedação contida no art. 62, § 1º, I, *b*, da CRFB, regra que proíbe o emprego de medida provisória para disciplinar Direito Penal, somente a lei em sentido estrito pode incriminar comportamentos, além de outras providências de índole penal.

A lei delegada, espécie normativa elaborada pelo presidente da República a partir de delegação do Congresso Nacional (art. 68 da CRFB), igualmente não pode disciplinar temática penal, ante a vedação constante do art. 68, § 1º, II, da CRFB, que proíbe o manejo desta espécie normativa para tratar de matérias afetas aos direitos individuais.

Em suma, a lei em sentido estrito é a única fonte formal imediata do Direito Penal brasileiro.

Convém advertir que não se deve confundir lei penal e norma penal. A lei penal descreve o comportamento incriminado pelo legislador. Este, ao materializá-la, deve atentar para a realidade reinante na sociedade. A norma penal, por sua vez, é o comando que se extrai a partir da interpretação realizada acerca do texto legal. Assim, vejamos:

O art. 121 do CP descreve a ação de "matar alguém". No caso, a norma, ou seja, o comportamento normal a ser extraído do referido dispositivo penal é "não mate alguém". Consequentemente, quando se mata alguém, viola-se não a lei penal, mas, sim, a norma penal.

2.2.2. Fontes formais mediatas (secundárias ou indiretas):

Não há consenso acerca do rol das fontes formais mediatas do Direito Penal. Estas, para DAMÁSIO (2012, p. 69/71), GRECO (2012, p. 14) e MIRABETE (2011, p. 29), abrangem os costumes e princípios gerais do Direito. REGIS PRADO (2005, p. 168) assevera que os costumes, a jurisprudência e a doutrina são fontes formais mediatas do Direito Penal. Numa concepção mais ampliada, NORONHA (1995, p. 49) insere os costumes, a equidade, os princípios gerais do Direito e a analogia. BITENCOURT (2011, p. 162), por sua vez, elenca, como fontes formais mediatas, os costumes, a doutrina, a jurisprudência e os princípios gerais do Direito.

2.2.2.1. Costume jurídico:

Trata-se o costume jurídico de um comportamento uniforme e constante, praticado com a convicção de sua obrigatoriedade e necessidade jurídica. Possui dois elementos constitutivos: *a)* elemento interno (ou espiritual) e *b)* elemento externo (ou material). O elemento interno forma-se a partir da convicção de que a prática costumeira é necessária. O segundo nasce com a constância da repetição dos mesmos atos, cuja formação é lenta e sedimentária. Ambos devem estar presentes. Por oportuno, adverte BITENCOURT (2011, p. 162) que a ausência de tal convicção reduz o costume a um mero uso social, sem o caráter de exigibilidade.

O costume é classificado da seguinte forma:

a) **Costume *secundum legem*:** é o costume conforme a lei, servindo como instrumento de interpretação. Está previsto na lei, que reconhece a sua eficácia e aplicabilidade. O costume *secundum legem*, por exemplo, reveste-se de grande importância quando da interpretação de determinados conceitos e expressões contidos em dispositivos penais, possibilitando, assim, que o intérprete possa ajustá-los à realidade social, razão pela qual é plenamente admitido pela doutrina.

Exemplo: o art. 155, §1º, do CP autoriza a aplicação de uma causa especial de aumento de pena (um terço) quando o furto é cometido durante o repouso noturno, expressão que, a toda evidência, demanda uma análise da ambiência e dos costumes locais.

b) **Costume *praeter legem*:** tal figura, nos termos do artigo 4º da Lei de Introdução às Normas do Direito Brasileiro (LINDB[5]), funciona como mecanismo de suprimento de eventual lacuna, tendo nítido caráter supletivo. Cumpre registrar, no entanto, a absoluta impossibilidade de se empregar tal espécie de costume a fim de suprir eventual deficiência da redação de um dispositivo penal incriminador, tendo em vista o dogma da legalidade penal.

c) **Costume *contra legem*:** é aquele que se forma de modo contrário à lei, razão pela qual não tem sido admitido pela doutrina (BITENCOURT, 2011, p. 163). De acordo com o art. 2º, *caput*, da LINDB, não se destinando à vigência temporária, a lei vigora até que outra a modifique ou revogue. Assim, em nenhuma hipótese, o costume pode ser empregado para efeito de criação ou revogação de infrações penais.

---

[5] De acordo com a nova denominação dada pela Lei nº 12.367, de 30 de dezembro de 2010.

Tendo em vista o princípio da legalidade penal, tal poder revogador é reservado à lei escrita.

2.2.2.2. Princípios gerais do Direito:

Princípios, para REALE (2002, p. 305):

> "(...) 'são verdades fundantes' de um sistema de conhecimento, como tais admitidas, por serem evidentes ou por terem sido comprovadas mas também por motivo de ordem prática de caráter operacional, isto é, como pressupostos exigidos pelas necessidades da pesquisa e da praxis".

Ensina NUCCI (2010, p. 45) que *"o conceito de princípio indica uma ordenação, que se irradia e imanta os sistemas de normas, servindo de base para a interpretação, integração, conhecimento e aplicação do direito positivo"*.

A doutrina classifica os princípios em:

a) **Princípios expressos:** aqueles que se encontram expressamente previstos no ordenamento jurídico.

Exemplo: o princípio da dignidade da pessoa humana (art. 1º, *caput*, III, da CRFB), tantas vezes invocado pelo Supremo Tribunal Federal (STF) para decidir questões jurídicas diversas.

b) **Princípios implícitos:** aqueles que, embora não previstos expressamente, podem ser extraídos a partir do sistema normativo, sendo admitidos pela doutrina e jurisprudência.

Exemplo: o princípio da insignificância (ou da bagatela). Embora não previsto expressamente na legislação penal brasileira, o STF constantemente aplica o princípio da insignificância para decidir, exatamente o que se deu no HC nº 112.505, julgado em 29.05.2012, afastando a existência de crime diante do caso concreto:

> "(...). Furto. Bem de pequeno valor (R$ 68,64). Mínimo grau de lesividade da conduta. 3. <u>Aplicação do princípio da insignificância.</u> Possibilidade. Precedentes. 4. Antecedentes criminais. Irrelevância de considerações de ordem subjetiva. 5. Ordem concedida". (grifo nosso)

2.2.2.3. Analogia:

Consiste em aplicar, a um caso não regulado pelo legislador, a solução legal existente para outro, havendo entre as duas hipóteses uma razão de semelhança.

Esquematicamente, o emprego da analogia pode ser assim explicado:

Caso X → disciplinado pela norma jurídica **Y** → <u>não</u> há lacuna

Caso Z → <u>não</u> disciplinado pelo Direito → há lacuna

Caso Z é <u>semelhante</u> ao **Caso X**

↓

Solução → aplica-se (<u>analogicamente</u>) a norma jurídica **Y** ao **Caso Z**

Nos termos do art. 4º da LINDB, a analogia configura um dos modos pelos quais as lacunas são supridas. O emprego da analogia exige, no entanto, a observância de alguns requisitos. É preciso, em primeiro lugar, verificar se o caso apresentado não foi disciplinado pelo Direito, ou seja, se há efetivamente uma lacuna. Em seguida, devemos analisar se as hipóteses (a disciplinada e a não disciplinada) são semelhantes. Assim, de acordo com o quadro acima, deve existir semelhança entre os casos **X** e **Z**. É necessário, ainda, que as mesmas razões que levaram o intérprete a decidir o caso **X**, aplicando, para tanto, a regra **Y**, estejam presentes na decisão a ser tomada quanto ao caso lacunoso (caso **Z**), que também deve receber a incidência da regra **Y**. Vale dizer: onde há a mesma razão legal, deve ser aplicada a mesma regra jurídica.

Assim, nada obsta que se empregue a analogia em matéria penal. No entanto, de acordo com o entendimento pacífico da doutrina e da jurisprudência, somente para beneficiar o réu. Trata-se da denominada analogia *in bonam partem* (analogia benéfica). Rejeita-se, portanto, a analogia *in malam partem* (analogia prejudicial).

Nada obstante, tendo em vista o princípio da legalidade penal, em nenhuma hipótese a analogia poderá ser aplicada para responsabilizar penalmente alguém que tenha cometido uma conduta que apenas se assemelha à prevista na legislação penal.

Confira-se, a propósito, o que decidiu a Segunda Turma do STF, no HC nº 97.261, julgado em 12.04.2011, quando a Corte Suprema entendeu pela impossibilidade de se aplicar o raciocínio analógico (prejudicial) em matéria penal e, por consequência, afastou a existência de crime no conhecido desvio de sinal de TV a cabo:

> "(...). O sinal de TV a cabo não é energia, e assim, não pode ser objeto material do delito previsto no art. 155, § 3º, do Código Penal. Daí, a impossibilidade de se equiparar o desvio de sinal de TV a cabo ao delito descrito no referido dispositivo. <u>Ademais, na esfera penal não se admite a aplicação da analogia para suprir lacunas, de modo a se criar penalidade não mencionada na lei (analogia in malam partem)</u>, sob pena de violação ao princípio constitucional da estrita legalidade. precedentes. Ordem concedida". (grifo nosso)

2.2.2.4. Jurisprudência:

Jurisprudência é a coletânea de decisões proferidas pelos juízes ou tribunais sobre determinada matéria jurídica. As espécies de jurisprudência são:

a) **Jurisprudência *secundum legem*:** limita-se a interpretar o texto legal.

b) **Jurisprudência *praeter legem*:** desenvolve-se na falta de regras específicas, preenchendo as lacunas existentes na lei.

c) **Jurisprudência *contra legem*:** forma-se contra as disposições legais.

Essa última espécie não é aceita por alguns juristas, sob o argumento de que o juiz não pode criar o Direito, mas somente interpretá-lo. Outros, no entanto, admitem-na como fonte do Direito, argumentando que o juiz não é um autômato, não estando preso às amarras da lei.

2.2.2.5. Doutrina:

O termo em tela advém de *doctrina*, que procede do verbo *doceo*, que significa ensinar, instruir. É comum encontrarmos, a fim de designar a palavra "doutrina", as seguintes expressões: "Direito dos Juristas" e "Direito Científico" (denominação adotada por SAVIGNY).

Consiste numa forma analítica, expositiva e esclarecedora do Direito, feita geralmente pelo jurista, a quem compete, de um modo geral, o estudo aprofundado da ciência, nada havendo que impeça que o material jurídico seja analisado por outras áreas do conhecimento humano, o que certamente contribui para o engrandecimento do Direito.

É a opinião comum dos jurisconsultos sobre determinada matéria jurídica (*communis opinio doctorum*), manifestada através das obras jurídicas (compêndios, livros, artigos, monografias, teses, etc.).

Capítulo III

Norma Penal

1. Definição:

NORBERTO BOBBIO, lembrado por SGARBI (2007, p. 114), afirma que:

> "A nossa vida se desenvolve em um mundo de normas. Acreditamos ser livres, mas na realidade, estamos envoltos em uma rede muito espessa de regras de conduta que, desde o nascimento até a morte, dirigem nesta ou naquela direção as nossas ações".

Realmente, a vida social encontra-se impregnada por normas. Cada passo do ser humano é disciplinado por regras de várias tonalidades. Pela manhã, ao dividirmos o elevador com outras pessoas, uma regra de trato social impõe o quase automático "bom dia". Na missa matinal, o católico, ao comungar, o faz em tom respeitoso e em obediência ao rito religioso. Ao fazermos uso das instalações do clube deparamo-nos, igualmente, com regras a serem observadas. Enfim, seja no ambiente social, na igreja ou no clube, há regramentos a serem seguidos, de modo que o fundamento das normas encontra-se justamente na exigência da natureza humana de viver em sociedade (DINIZ, 2000, p. 328).

O Direito, por meio das normas jurídicas, procura disciplinar o comportamento humano, conduzindo-o numa determinada direção, sempre com o intuito de alcançar alguma finalidade. Não é à toa que DEL VECCHIO afirmava ser a norma jurídica a coluna vertebral da sociedade. Mas o que se entende por norma jurídica?

Segundo REALE (2002, p. 95):

> *"O que efetivamente caracteriza uma norma jurídica, de qualquer espécie, é o fato de ser uma estrutura proposicional enunciativa de uma forma de organização ou conduta, que deve ser seguida de maneira objetiva e obrigatória".*

2. Classificação:

O Direito Penal, a fim de cumprir a sua principal tarefa (proteção subsidiária de bens jurídicos), é composto por um conjunto sistematizado de normas, assim classificadas:

2.1. Norma penal incriminadora:

Norma penal incriminadora é aquela que descreve a conduta incriminada, cominando uma sanção para o caso de violação de seu conteúdo. As normas penais incriminadoras proíbem (normas proibitivas) ou impõem comportamentos (normas mandamentais).

A estrutura de uma norma penal incriminadora é composta de dois preceitos. O primeiro, chamado de preceito primário, refere-se à descrição do comportamento criminoso. Tal descrição deve ser detalhada, certa, precisa e exata, sob pena de haver ofensa ao princípio da legalidade penal. O segundo, denominado preceito secundário, trata da cominação (em abstrato) da pena aplicável ao infrator.

Exemplo:

Preceito primário → art. 212. Vilipendiar cadáver ou suas cinzas.

Preceito secundário → Pena: detenção, de 1 (um) a 3 (três) anos, e multa.

Para haver infração penal, ambos os preceitos devem estar presentes, embora possam estar topograficamente separados, exatamente o que ocorre com as normas penais incriminadoras imperfeitas.

Exemplo: os crimes de abuso de autoridade encontram-se definidos nos arts. 3° e 4° da Lei n° 4.898/65 (Lei de Abuso de Autoridade), enquanto que a pena cominada está prevista no art. 6°.

Exemplo: o art. 1° da Lei n° 2.889/56, que define e pune o crime de genocídio, remete-nos, para efeito de sanção penal, ao Código Penal.

2.2. Norma penal não incriminadora:

As normas penais não incriminadoras cumprem, dentre outras, as seguintes tarefas: tornam lícitas certas condutas, afastam o juízo de culpabilidade (reprovação) que recai sobre o comportamento do agente, extinguem o direito de punir do Estado, definem e explicam conceitos jurídicos, etc. Subdividem-se em: norma penal permissiva, norma penal explicativa e norma penal complementar.

2.2.1. Norma penal permissiva:

A norma penal permissiva, por sua vez, pode ser:

2.2.1.1. Norma penal permissiva justificante:

Norma penal permissiva justificante é aquela cuja finalidade é excluir a ilicitude da conduta.

Exemplo: art. 23 do CP, regra que, diante dos requisitos legais, autoriza a prática de certas condutas em estado de necessidade, legítima defesa, estrito cumprimento de dever legal ou no exercício regular de direito.

2.2.1.2. Norma penal permissiva exculpante:

Norma penal permissiva exculpante é aquela que afasta o juízo de reprovação (culpabilidade) que recai sobre a conduta do agente.

Exemplo: arts. 22, 26, *caput*, 27, 28, § 1º, dentre outras, do CP, bem como que as que extinguem o direito de punir do Estado (arts. 107, 121, § 5º, dentre outras, do CP).

2.2.2. Norma penal explicativa:

Norma penal explicativa é aquela que define conceitos jurídicos importantes para a correta aplicação da lei penal.

Exemplo: art. 150, § 4º, do CP, que versa sobre o conceito de "casa", bem como art. 327 do CP, que define o significado, para efeito penal, da expressão "funcionário público".

2.2.3. Norma penal complementar:

Norma penal complementar é aquela que delimita o âmbito de aplicação de outra norma.

Exemplo: art. 5º do CP, que trata do princípio da territorialidade (aplicação da lei penal brasileira ao fato delituoso ocorrido dentro do território nacional, sem prejuízo de convenção, regras e tratados de Direito Internacional) e art. 7º do CP, que acolhe o princípio da extraterritorialidade (aplicação da lei penal brasileira ao fato delituoso ocorrido fora do território nacional).

3. Norma penal em branco:

3.1. Definição:

Norma penal em branco é aquela cujo preceito primário requer um complemento normativo, sem o qual é impossível compreender a situação típica descrita. De fato, a inexistência do devido complemento inviabiliza a sua aplicação. Logo, deve ser completada por outra norma, da mesma hierarquia ou de hierarquia inferior.

3.2. Classificação:

Dependendo da procedência do complemento, a doutrina classifica as normas penais em branco em:

3.2.1. Norma penal em branco em sentido lato (ou homogênea):

Na norma penal em branco homogênea o complemento é estabelecido através de lei, seja aquela na qual se insere a própria norma penal em branco, seja através de outra lei qualquer. Mas o complemento, em qualquer dos casos, advém de lei em sentido estrito.

Exemplo: art. 236 do CP, que incrimina a ação de contrair casamento, induzindo em erro essencial o outro contraente, ou ocultando-lhe impedimento que não seja casamento anterior. Nota-se que o art. 236 do CP não está completo, pois o seu texto não menciona as hipóteses que ensejam impedimentos para o casamento, os quais devem ser buscados no Código Civil (Lei nº 10.406/02), que funciona, assim, como complemento. Ambas (lei penal e lei civil) são oriundas da mesma instância legislativa: Congresso Nacional, art. 22, I, da CRFB.

3.2.2. Norma penal em branco em sentido estrito (ou heterogênea):

A norma penal em branco heterogênea é integrada por complemento oriundo de outra instância. Vale dizer: o complemento não se origina da atividade legislativa do Congresso Nacional.

Exemplo: art. 33, *caput*, da Lei nº 11.343/06, que tipifica o crime de tráfico ilícito de drogas. A redação contida no dispositivo faz referência ao termo "drogas", sem, no entanto, especificá-las. A compreensão da situação típica, bem como a aplicação do art. 33, requer, portanto, um complemento. O art. 66 da Lei nº 11.343/06, seguindo a mesma lógica da revogada Lei nº 6.368/76 (antiga Lei de Entorpecentes), estabelece que:

"Para fins do disposto no parágrafo único do art. 1º desta Lei, até que seja atualizada a terminologia da lista mencionada no preceito, denominam-se drogas substâncias entorpecentes, psicotrópicas, precursoras e outras sob controle especial, da <u>Portaria SVS/MS n. 344, de 12 de maio de 1998</u>". (grifo nosso)

Verifica-se que o complemento em questão deve ser buscado na Portaria SVS/MS nº 344/98, texto normativo que relaciona as drogas consideradas ilícitas.

4. Conflito (ou concurso) aparente de normas penais:

4.1. Definição:

Dá-se o denominado conflito aparente de normas penais quando um fato delituoso encontra aparente enquadramento (subsunção) em duas ou mais normas penais. Tal conflito, no entanto, é apenas superficial, aparente. Na realidade, apenas uma das normas envolvidas deve incidir. É que a coerência do sistema normativo torna impossível que um mesmo fato possa ser enquadrado em várias normas penais ao mesmo tempo. O princípio da segurança jurídica seria ofendido e haveria flagrante violação ao princípio da proibição da dupla punição (*ne bis in idem*).

Diante do problema, e considerando a coerência e harmonia que devem caracterizar um sistema de normas, cumpre apontar a norma penal realmente aplicável, excluindo-se aquela que, apenas na aparência, teria incidência (REGIS PRADO, 2005, p. 228). Do exposto, pode-se afirmar que todo e qualquer conflito aparente de normas penais apresenta as seguintes características: *a)* unidade de fato, *b)* pluralidade de normas penais (aparentemente) aplicáveis e *c)* incidência de apenas uma das normas envolvidas.

Cabe dizer, ainda, que o presente assunto não deve ser confundido com o chamado concurso real de crimes, tema tratado dentro da Teoria da Pena, notadamente nos arts. 69, 70 e 71 do CP (concurso material, concurso formal e crime continuado, respectivamente).

4.2. Princípios solucionadores:

O CP de 1940 não disciplinou o tema em questão[6]. A inexistência de regras legais fez com que a doutrina e a jurisprudência construíssem um conjunto de princípios (ou critérios) solucionadores das mais variadas situações, a saber:

---

[6] O art. 5º do anteprojeto de Código Penal, outrora elaborado por Nélson Hungria, previa regras para a solução dos conflitos aparente de normas penais.

4.2.1. Princípio da consunção (ou da absorção):

Pelo princípio da consunção o tipo penal mais abrangente absorve o menos, sendo que este funciona como fase (ou etapa) normal de realização do primeiro. Há, entre os tipos penais envolvidos, uma relação de meio-fim.

Exemplo: aquele que viola domicílio alheio para subtrair bens existentes no interior da residência deve responder por violação de domicílio, furto ou pelos dois delitos? Aparentemente, teríamos a incidência dos arts. 150 e 155 do CP (violação de domicílio e furto, respectivamente). Mas a violação de domicílio é absorvida pelo furto, uma vez que, de acordo com REGIS PRADO (2005, p. 233), aquela caracteriza regular forma de transição para o último.

Outro caso a ser resolvido pelo princípio da consunção refere-se ao chamado fato anterior impunível (*ante factum* impunível). Neste, o sujeito ativo, a fim de cometer uma determinada infração penal, geralmente mais grave, acaba por realizar, antes, outro comportamento delituoso, considerado como meio necessário para a realização do fato principal.

Exemplo: X, a fim de alcançar determinada vantagem patrimonial, causando prejuízo alheio, emite um cheque falsificado. Deve responder por estelionato (art. 171 do CP), falsificação de documento público por equiparação (art. 297, § 2º, do CP) ou pelos dois delitos?

Embora exista controvérsia sobre o tema, o Superior Tribunal de Justiça (STJ), através da súmula 17, entende da seguinte forma:

> "Quando o falso se exaure no estelionato, sem mais potencialidade lesiva, é por este absorvido".

Logo, prevalece o crime de estelionato, restando absorvido o falso.

Pode ocorrer, ainda, que o sujeito, após ter praticado determinado comportamento delituoso, cometa, posteriormente, outra conduta que constitua (pelo menos em tese) nova infração penal. A segunda conduta (*post factum*), sendo desdobramento da primeira, e havendo violação do mesmo bem jurídico envolvido, permanece impunível.

Exemplo: X furta o relógio de **Y**. Em seguida, danifica-o dolosamente. Não há dois crimes. Responde apenas por furto. O dano (art. 163 do CP) configura *post factum* impunível.

Cumpre, ainda, estabelecer a distinção entre crime progressivo e progressão criminosa, os quais também recebem a incidência do princípio da consunção. Pois bem. No crime progressivo o agente, para alcançar o objetivo traçado, ocasiona, antes, um resultado de menor gravidade, sem o qual não conseguiria atingir o seu fim.

Exemplo: X pretende matar Y. Para tanto, desfere-lhe golpes de faca na região abdominal. As lesões graves provocadas acarretam o óbito de Y. Deve X responder por homicídio doloso, lesão corporal grave ou pelos dois delitos? As lesões corporais ficam absorvidas pelo homicídio, surgindo aquilo que a doutrina convencionou chamar de crime progressivo.

Outra hipótese, diferente da anterior, mas que conduz a idêntico raciocínio e mesma solução, diz respeito à progressão criminosa. Tal figura surge quando o agente, após ter praticado uma infração penal (menos grave), delibera e resolve realizar outra (mais grave).

Exemplo: X, com um golpe no tórax, lesa a integridade física de Y. Em seguida, ainda no mesmo contexto, resolve eliminar-lhe a vida. Na hipótese, não há dois crimes (lesão corporal e homicídio), mas apenas um. Obviamente, o mais grave.

Embora semelhantes, o crime progressivo difere da progressão criminosa. O toque de distinção encontra-se no elemento anímico do agente. No primeiro, o resultado mais grave integra, desde o início, o dolo do sujeito ativo. E o agente o persegue até o final. Na progressão criminosa ocorre mudança da intenção inicialmente concebida.

4.2.2. Princípio da especialidade:

De acordo com tal princípio, a norma penal especial deve prevalecer em relação à geral. Por conseguinte, é imprescindível apontar a norma especial. E como saber se uma é especial em relação à outra? O raciocínio é simples: uma norma é especial quando, além de reunir todos os elementos contidos na geral, possui elementos especializantes.

Exemplo: o art. 123 é especial em relação ao art. 121 do CP. Aquele, além de conter todos os elementos típicos deste, faz referência a determinadas elementares especializantes, tais como: relação de parentesco entre o sujeito ativo (mãe) e o sujeito passivo (filho); o sujeito passivo deve estar nascendo ou ter recentemente nascido; o fato deve ser cometido durante o parto ou logo após; a mãe deve estar sob a influência do estado puerperal. Assim, é meramente aparente o conflito existente entre os arts. 121 e 123 do CP, pois as elementares previstas neste último formam uma conduta delituosa especial, razão pela qual deve prevalecer.

Cabe ressaltar que a característica especial de determinada norma penal incriminadora não pode ser afirmada apenas pela sua localização no ordenamento jurídico-penal. Não se pode garantir, de antemão, que todos os tipos penais definidos em leis extravagantes sejam especiais em relação aos definidos no CP. O descaminho (art. 334 do CP), por exemplo, é especial em relação ao crime de sonegação fiscal (Lei n° 8.137/90), tendo em vista que o primeiro versa sobre a sonegação de impostos específicos (importação e exportação).

No entanto, o art. 33, *caput*, da Lei n° 11.343/06, que trata do tráfico ilícito de drogas, é especial quando confrontado com o art. 334-A do CP, que descreve o crime de contrabando. Assim, aquele que importa da Colômbia cinco quilos de cocaína não responde pelo art. 334 do CP, mas pelo art. 33, *caput*, da Lei n° 11.343/06, pois cocaína é droga prevista na Portaria SVS/MS n° 344/98, a qual funciona como complemento.

Portanto, a ideia central contida no princípio da especialidade implica em analisar a presença de elementares especializantes num dos tipos penais envolvidos, de forma a identificar a regra especial e, por via de consequência, afastar a geral.

4.2.3. Princípio da subsidiariedade:

O ordenamento jurídico-penal, a fim de conferir a maior proteção possível aos bens jurídicos penalmente selecionados, prevê normas primárias (ou principais) e secundárias (ou subsidiárias), as quais guardam entre si uma relação de continente a conteúdo.

Por conseguinte, a incidência da norma secundária (menos ampla) depende sempre da impossibilidade de se aplicar a norma primária (mais ampla). Enquanto a norma principal puder ser aplicada, a subsidiária permanecerá aguardando uma oportunidade para incidir. O crime de ameaça, por exemplo, funciona como reserva de várias infrações penais. Uma delas é o estupro (art. 213 do CP), crime no qual o sujeito ativo (homem ou mulher) constrange alguém (homem ou mulher), mediante violência ou grave ameaça, a conjunção carnal ou ato libidinoso diverso dela.

A grave ameaça, como se vê, integra o art. 213 do CP como um dos meios de execução possíveis de serem utilizados. Assim, pergunta-se: aquele que estupra alguém deve responder por estupro e ameaça? A resposta é negativa. Aquele que constrange alguém ao ato sexual não incorre no crime do art. 147 do CP, tendo em vista o aludido caráter subsidiário. Responde apenas por estupro.

Como dizia HUNGRIA, o tipo subsidiário atua como "soldado de reserva", ou seja, somente pode ser manejado diante da absoluta impossibilidade de incidência da norma principal (tentada ou consumada).

O princípio da subsidiariedade pode se apresentar de duas formas: explícito ou implícito.

4.2.3.1. Princípio da subsidiariedade expressa (ou explícita):

Dá-se a subsidiariedade expressa quando a própria norma penal incriminadora assegura o seu caráter secundário.

Exemplo: o art. 132 do CP (crime de exposição a perigo para vida ou saúde de outrem) afirma que a sua incidência somente ocorrerá se o fato praticado não constituir crime mais grave.

O art. 307 do CP, que tipifica o crime de falsa identidade, também é expressamente subsidiário:

> "Art. 307. Atribuir-se ou atribuir a terceiro falsa identidade para obter vantagem, em proveito próprio ou alheio, ou para causar dano a outrem:
> Pena - detenção, de três meses a um ano, ou multa, <u>se o fato não constitui elemento de crime mais grave</u>". (grifo nosso)

Portanto, aquele que, falseando a própria identidade (meio fraudulento), induz ou mantém alguém em erro, vindo a obter vantagem ilícita, em prejuízo alheio, deve responder por crime de estelionato (delito mais grave). Não responde por falsa identidade.

4.2.3.2. Princípio da subsidiariedade implícita (ou tácita):

Vimos no item anterior que os arts. 132 e 307 do CP configuram tipos penais expressamente subsidiários, pois há expressa advertência legal nesse sentido. Na subsidiariedade implícita (ou tácita) nenhuma referência é sinalizada na lei penal. Nada obstante, dá-se a subsidiariedade implícita sempre que um tipo penal funcionar como elementar ou circunstância de outro.

Exemplo: o crime de constrangimento ilegal (art. 146 do CP) é subsidiário em relação ao estupro, dentre outros. Assim, vejamos o seguinte caso: **X**, com dolo de estuprar, e mediante ameaça de morte, ordena que

Y retire as roupas. Quando estava prestes a realizar atos libidinosos com a vítima, **X** desiste de prosseguir na execução. Nos termos do art. 15, 1ª parte, do CP, houve desistência voluntária, o que, como veremos, impede a sua responsabilização por tentativa de estupro. No entanto, o agente responde pelos atos já praticados. À luz da subsidiariedade implícita, a conduta narrada configura crime de constrangimento ilegal.

4.2.4. Princípio da alternatividade:

A lei, em várias ocasiões, através do mesmo dispositivo penal, incrimina diversos comportamentos (ações ou omissões). Para tanto, emprega dois ou mais verbos típicos. Tal pluralidade de condutas num tipo penal dá ensejo aos chamados crimes misto alternativo (de ação múltipla ou de conteúdo variado), cuja principal característica é a seguinte: a realização de dois ou mais comportamentos típicos, desde que no mesmo contexto fático, configura apenas um crime.

Exemplo: aquele que deteriora, inutiliza e, por fim, destrói coisa alheia, tudo dentro de um mesmo contexto, comete apenas um crime de dano (art. 163 do CP), não havendo pluralidade de infrações penais.

Capítulo IV

Interpretação da Lei Penal

1. Definição e importância:

Fruto de construção humana, o Direito é pertencente ao mundo da cultura. Enquanto ciência cultural, sua perfeita compreensão reclama a aplicação de métodos teóricos de interpretação jurídica (chamados de técnicas, processos ou procedimentos), os quais, devidamente sistematizados, deram origem à teoria da interpretação jurídica.

Interpretar é conhecer, saber, em essência, a consistência do texto jurídico (o objeto de interpretação); afirmar o seu significado, as suas finalidades e, associadas a estas, as razões do seu aparecimento e as causas de sua elaboração.

Consiste o ato de interpretar, como afirma SGARBI (2007, p. 428):

> "(...) na realização de uma atividade intelectual; atividade intelectual que tanto é concebida como 'descoberta', de 'atribuição', como da 'combinação' de ambas quanto ao 'sentido' de algo".

Se interpretar é conhecer algo, forçoso reconhecer que não há texto jurídico que possa escapar à interpretação. Alguns são facilmente conhecidos; outros, no entanto, o são com maior dificuldade. Esta é a razão que nos obriga a afastar a equivocada crença de que somente se interpretam os textos jurídicos cujo conhecimento envolva alguma dificuldade. Assim, a nosso ver, é totalmente falso o princípio segundo o qual as leis claras dispensam interpretação (*in claris cessat interpretatio*).

2. Espécies:

Soa evidente que a lei penal, como todo e qualquer texto jurídico, deve receber a incidência de uma teoria da interpretação. A doutrina, com alguma divergência terminológica, apresenta a seguinte classificação:

2.1. Quanto ao sujeito:

2.1.1. Interpretação autêntica (ou legislativa):

Interpretação autêntica é aquela procedente do próprio órgão do qual emana a lei, o que se dá através da edição de diplomas legais tendentes a interpretá-la. A interpretação autêntica parte daquele que elabora o objeto a ser interpretado (a lei).

Neste sentido, aduz REGIS PRADO (2005, p. 190) que na interpretação autêntica o *"Legislador edita uma nova lei com o objetivo de aclarar o sentido e o alcance de uma disposição já existente"*.

A interpretação autêntica pode ser realizada no próprio texto da lei (interpretação autêntica contextual) ou por meio de outro diploma legal (interpretação autêntica posterior). No primeiro caso, o legislador, a fim de clarear o significado do texto, apresenta, na mesma lei, conceitos acerca de vocábulos, termos ou expressões mencionados no corpo legal.

Exemplo: art. 327, *caput*, e § 1º, do CP, que define o conceito de funcionário público, para os efeitos penais:

> *"Art. 327. Considera-se funcionário público, para os efeitos penais, quem, embora transitoriamente ou sem remuneração, exerce cargo, emprego ou função pública.*
> *§ 1º. Equipara-se a funcionário público quem exerce cargo, emprego ou função em entidade paraestatal, e quem trabalha para empresa prestadora de serviço contratada ou conveniada para a execução de atividade típica da Administração Pública.*
> *(...)".*

Considerando a existência dos chamados crimes praticados por funcionário público contra a administração em geral (arts. 312 a 326 do CP), o legislador entendeu por bem fixar o significado da referida expressão, de modo a evitar dúvidas que pudessem comprometer a correta exegese.

Exemplo: art. 2º da Lei nº 8.069/90 (Estatuto da Criança e do Adolescente), que define os conceitos de criança e adolescente; art. 1º, § 1º, da Lei nº 9.503/97, que fornece a definição do termo "trânsito"; art. 2º, *caput*, da Lei nº 10.671/03 (Estatuto de Defesa do Torcedor), que apresenta o conceito de torcedor; art. 1º, parágrafo único, da Lei nº 11.343/06 (Lei de Drogas), que estabelece o que se entende por drogas.

2.1.2. Interpretação doutrinária (ou científica):

Tal espécie de interpretação é levada a efeito pela doutrina, ou seja, pelos autores de obras jurídicas. Mais do que o legislador, o jurista, na qualidade de cientista do Direito, encontra-se capacitado para interpretar as leis, o que se materializa através de escritos, tratados, compêndios, manuais, monografias, teses, pareceres, comentários à legislação, etc. Embora não seja vinculante, a interpretação doutrinária é comumente empregada pelos operadores do Direito, notadamente para fundamentar uma decisão a ser tomada.

Em matéria penal, por exemplo, os nomes de NÉLSON HUNGRIA, MAGALHÃES NORONHA, ROBERTO LYRA, ANÍBAL BRUNO, HELENO FRAGOSO, GALDINO SIQUEIRA, dentre outros autores clássicos não menos importantes, são até hoje lembrados. Ao invocá-los, procura-se demonstrar o acerto da decisão tomada, fundada que está em doutrinador de grande estirpe.

2.1.3. Interpretação judicial (ou jurisprudencial):

É evidente, por todos os motivos, que aquele quem tem por profissão aplicar as leis precisa, necessariamente, conhecê-las profundamente, considerando, em última análise, que é da interpretação judicial que resultarão os efeitos práticos, de caráter definitivo, para os jurisdicionados. Assim, a interpretação judicial, exposta em súmulas, sentenças e acórdãos, é obrigatória para as partes em litígio.

Em alguns casos, a interpretação conferida pelo STF, conforme anota GILMAR MENDES (2009, p. 1.009), *"terá o condão de vincular diretamente os órgãos judiciais e os órgãos da Administração Pública"*. Trata-se da denominada súmula vinculante, introduzida pela Emenda Constitucional nº 45/04, cujos contornos estão delineados no art. 103-A, da CRFB. Com esteio neste dispositivo constitucional o STF editou, por exemplo, a súmula vinculante nº 11:

"Só é lícito o uso de algemas em casos de resistência e de fundado receio de fuga ou de perigo à integridade física própria ou alheia, por parte do preso ou de terceiros, justificada a excepcionalidade por escrito, sob pena de responsabilidade disciplinar, civil e penal do agente ou da autoridade e de nulidade da prisão ou do ato processual a que se refere, sem prejuízo da responsabilidade civil do Estado".

2.2. Quanto aos meios:

2.2.1. Interpretação gramatical (literal ou filológica):

Tendo em vista a precariedade desta espécie de interpretação, a doutrina majoritária (por todos, FRAGOSO, 2006, p. 100) sustenta que a interpretação gramatical configura apenas o primeiro passo a ser dado pelo intérprete na busca do significado do texto jurídico.

No entanto, em nenhuma hipótese pode ser considerada como o único (ou mesmo o mais importante), meio a ser empregado. Afinal, como cediço, é necessário considerar, além da literalidade do texto examinado, fatores de ordem histórica, sociológica, ideológica, filosófica, política, etc.

A interpretação gramatical, portanto, funda-se na análise dos significados semânticos possíveis para vocábulos existentes (isoladamente ou no conjunto da frase) no material jurídico interpretado. Até mesmo regras gramaticais e de sintaxe devem ser ponderadas.

Cumpre advertir, ainda, que alguns termos podem possuir significados técnico-jurídico e vulgar. Se tal ocorrer, deve o intérprete levar em conta o primeiro, sob pena de incorrer em gravíssimo erro e distorcer por completo a correta mensagem normativa a ser extraída.

Por exemplo, o art. 100, § 2º, do CP, estabelece que:

> "A ação de iniciativa privada é promovida mediante queixa do ofendido ou de quem tenha qualidade para representá-lo". (grifo nosso)

Assim, pergunta-se: que significado deve ser atribuído à palavra "queixa"? Resposta: o termo em destaque, quando tecnicamente considerado, não pode ser confundido com o significado que lhe é vulgarmente emprestado. Destarte, aquele que procura uma delegacia de polícia, a fim de registrar "queixa", não está deflagrando ação penal privada. Está, apenas, levando uma notícia (a prática de um delito, em tese) ao conhecimento da autoridade policial, a fim de serem tomadas as providências previstas na legislação pertinente.

Enfim, a palavra "queixa", conforme assentada no art. 100, § 2º, do CP, traduz a peça técnica que inicia (deflagra) a ação penal privada.

2.2.2. Interpretação lógica (ou racional):

A doutrina diverge quanto ao foco desta espécie de interpretação. O debate gira em torno da seguinte questão: deve o intérprete buscar a vontade do legislador (*mens legislatoris*) ou a vontade da lei (*mens legis*)?

Para LIMONGI FRANÇA (1999, p. 9), procura-se, através da interpretação lógica, conhecer a *mens legislatoris*, *"pois constitui o principal meio para a descoberta do exato mandamento que o poder estatal prescreveu ao estabelecer a norma jurídica".*

Não se trata, no entanto, da opinião predominante. Prevalece a inteligência segundo a qual a interpretação lógica deve se firmar na busca da vontade da lei (*mens legis*), uma vez que esta, ao se desatar das entranhas do Legislativo, adquire vida autônoma, completamente desvinculada da intenção que permeou as ideias do órgão legiferante.

Assim, consoante orientação majoritária, consiste a interpretação lógica na investigação da vontade da lei. No entanto, conforme adverte REGIS PRADO (2005, p. 187), *"não se trata de uma vontade do passado, mas de uma vontade que se atualiza sempre enquanto a lei não deixa de vigorar".*

Cabe destacar, por fim, que eventual contradição entre as inferências sacadas da interpretação gramatical e da interpretação lógica deve ser resolvida pela prevalência desta última, uma vez que atenda às exigências do bem comum e aos fins sociais a que a lei se destina, conforme preconiza o art. 5º da LINDB[7].

2.2.3. Interpretação sistemática:

As leis, em sua grande maioria, encontram-se organizadas e, até mesmo, codificadas. Formam um leque ordenado de regras jurídicas. As leis não se apresentam de modo isolado, mas fazem parte de um arcabouço normativo que se encontra inserido dentro de um sistema jurídico que, por definição, congrega diversos diplomas legislativos. Elas, as leis, convivem umas com as outras. A ideia central contida na denominada interpretação sistemática leva em consideração essa ordenação conjunta e ampla que caracteriza um dado sistema, requerendo, assim, que o texto legal seja examinado sob o prisma global e harmônico.

Exemplo: o art. 128, I, do CP preconiza que o aborto praticado por médico, quando inexistir outro meio de salvar a vida da gestante, não deve ser punido. É o chamado aborto necessário (ou terapêutico), figura que exclui a ilicitude da conduta, notadamente por configurar um específico caso de estado de necessidade em favor de terceiro.

O exame isolado (e não sistemático) do referido dispositivo pode induzir o intérprete a concluir que o abortamento necessário, quando

---

[7] Art. 5º. Na aplicação da lei, o juiz atenderá aos fins sociais a que ela se dirige e às exigências do bem comum.

realizado por pessoa desprovida da qualidade médica, configura crime. No entanto, tal equivocada compreensão desconsidera que o art. 128, I, do CP convive sistematicamente com o disposto no art. 24, *caput*, do CP:

> *"Considera-se em estado de necessidade quem pratica o fato para salvar de perigo atual, que não provocou por sua vontade, nem podia de outro modo evitar, direito próprio ou alheio, cujo sacrifício, nas circunstâncias, não era razoável exigir-se".*

Assim, imaginemos a seguinte hipótese: **X**, experiente parteira de uma região do interior do país, localidade na qual não há médico, examina **Y**, mulher grávida e em iminente risco de vida. Por ter realizado mais de mil partos, **X** faz preciso e contundente "diagnóstico": é preciso interromper a gravidez. E imediatamente! Caso contrário, a mulher morrerá.

Diante do complicado e urgentíssimo quadro, **X** interrompe a gestação e salva a vida da gestante. Uma vez fora de perigo, **Y** é levada ao hospital da cidade mais próxima. Os médicos locais, ao tomarem conhecimento da iniciativa da parteira, ratificam, de forma unânime, as providências tomadas, sem as quais a mulher certamente teria morrido.

A interpretação isolada do art. 128, I, do CP nos levaria a uma solução errada para o caso: concluiríamos simplesmente pela não aplicação da regra permissiva do aborto. E nos contentaríamos, perigosa e confortavelmente, com o resultado proclamado: crime de aborto cometido pela parteira.

Mas, como dito, as regras jurídicas convivem umas com as outras. Assim, embora não seja possível aplicar ao caso hipotético o disposto no art. 128, I, do CP, há que se reconhecer a perfeita incidência do art. 24, *caput*, do CP. É o que pensava, por exemplo, o insigne NORONHA (1995, p. 60):

> *"Como deixa bem claro o Código, só o médico pode praticar o aborto, o que não impede seja auxiliado por terceiros. Não é impossível – tendo em vista as condições do nosso meio – que ele seja, entretanto, praticado por parteira ou outra pessoa. Se o risco de vida para a mulher for atual e inamovível por outro meio, <u>cremos que o agente poderá invocar o estado de necessidade de terceiro (art. 24)</u>".* (grifo nosso)

2.2.4. Interpretação histórica:

Consiste, basicamente, em investigar as razões históricas que motivaram a edição de uma lei ou que levaram o legislador a criar certo instituto jurídico, bem como a política criminal que o orientou na condução dos trabalhos legislativos.

Para tanto, deve o intérprete recorrer ao material existente a respeito da elaboração da lei, tais como: mensagem presidencial, exposição de motivos, debates parlamentares, emendas apresentadas, notas taquigráficas referentes a eventuais audiências públicas realizadas, dentre outros documentos que consolidam informações históricas fundamentais para a compreensão do texto jurídico.

DINIZ (2000, p. 426), ao discorrer sobre a interpretação histórica, apresenta-lhe as seguintes características:

> *"Refere-se ao histórico do processo legislativo, desde o projeto de lei, sua justificativa ou exposição de motivos, emendas, aprovação e promulgação, ou às circunstâncias fáticas que a precederam e que lhe deram origem, às causas ou necessidades que induziram o órgão a elaborá-la, ou seja, às condições culturais ou psicológicas sob as quais o preceito normativo surgiu (occasio legis)".*

Vê-se, portanto, que a análise do cenário anterior à edição da lei, bem como das fases percorridas pelo projeto, é de suma importância para o intérprete entender o texto jurídico, extraindo-lhes o respectivo conteúdo normativo.

2.2.5. Interpretação teleológica (ou sociológica):

Este meio de interpretação busca, em última análise, interpretar as leis, objetivando sua melhor aplicação na sociedade a que estão voltadas.

Por esta razão, deve ser sempre observado em último lugar, evitando os elevados riscos de que o intérprete acabe por se confundir com o próprio legislador, criando normas jurídicas onde não existam ou, no mínimo, deturpando o verdadeiro significado das existentes.

2.3. Quanto ao resultado:

A interpretação, finalmente, pode ser considerada sob a ótica do resultado obtido, quando teremos, então, as seguintes espécies:

2.3.1. Interpretação declarativa (ou enunciativa):

Dá-se a interpretação declarativa quando há perfeita correspondência entre o texto jurídico e a vontade da lei, não havendo necessidade de se proceder a uma restrição ou ampliação do teor literal. Vale dizer: a *verba legis* está em sintonia com a *mens legis*. Trata-se, evidentemente, do resultado mais comumente obtido.

Exemplo: art. 288 do CP, que tipifica o crime de associação criminosa, consistente em associarem-se três ou mais pessoas, para o fim específico de cometer crimes.

Quando se interpreta o significado da expressão "três ou mais pessoas" conclui-se, de imediato, que o crime em tela exige, no mínimo, a associação de três pessoas. Tal interpretação, como se vê, apenas declara a vontade da lei, não havendo qualquer raciocínio restritivo ou ampliativo.

2.3.2. Interpretação restritiva:

Esta espécie de interpretação, como a própria denominação sugere, impõe a restrição do alcance das palavras da lei. A vontade da lei não está em sintonia com o que narra o texto jurídico. Este diz mais do que devia, sendo necessário, portanto, empreender interpretação que o restrinja.

2.3.3. Interpretação extensiva:

Na interpretação extensiva, ao contrário da anterior, as palavras da lei dizem menos do que deviam, motivo pelo qual é preciso ampliar-lhes o alcance, de modo a corresponderem a *mens legis*.

3. Analogia, interpretação analógica e interpretação extensiva:

Cumpre estabelecer a distinção entre analogia, interpretação analógica e interpretação extensiva. Conforme vimos, consiste a analogia na aplicação de uma regra jurídica existente (e criada para regular determinada hipótese) a um caso semelhante, para o qual não há previsão legal. Havendo semelhança entre as duas situações (a regulada e a não disciplinada pelo Direito), bem como razão que autorize a tomada da mesma decisão, supre-se a lacuna detectada através da aplicação da norma existente. Trata-se a analogia, portanto, de um dos modos de integração (ou de suprimento) das lacunas. Nas precisas palavras de DAMÁSIO (2012, p. 94), por meio do recurso analógico estende-se *"a aplicação da lei a casos que ela não regula e de que não cogita"*.

A chamada interpretação analógica ocorre quando a própria norma determina a sua incidência a hipóteses semelhantes, nisto residindo a substancial diferença entre a interpretação analógica e a analogia. A técnica geralmente empregada pela lei vale-se de situações casuisticamente fornecidas pelo legislador, seguidas por fórmulas genéricas.

Exemplo: o art. 121, § 2º, III, do CP relaciona casuisticamente os meios de execução que qualificam o crime de homicídio. Após citar que veneno, fogo, explosivo, asfixia e tortura são meios qualificadores do delito, a lei penal emprega uma fórmula genérica (*"ou outro meio insidioso ou cruel, ou de que possa causar perigo comum"*), indicando, assim, que outros aspectos, embora não expressamente citados, mas que tenham as mesmas características (insídia, crueldade, periculosidade para a coletividade), devem ensejar a aplicação do mesmo dispositivo penal.

Assim, o agente que emprega outro meio cruel para matar alguém deve responder por homicídio qualificado, sem que isso configure ofensa ao princípio da legalidade penal, posto que permitido pelo próprio art. 121, § 2º, III, do CP. Se não houvesse tal expressão genérica a abrangência da norma penal incriminadora estaria invariavelmente comprometida.

Por fim, a interpretação extensiva amplia o alcance do texto jurídico, de modo a fazer com que as palavras da lei sejam equivalentes a *mens legis*. O operador do Direito, verificando que o texto legal disse menos do que devia, estende o campo de incidência normativa, abarcando situações efetivamente contidas na *mens legis*, mas que, por um defeito do material jurídico examinado, aparentemente não estavam inseridas na vontade da lei.

Capítulo V

Princípios Fundamentais do Direito Penal

O Direito Penal pátrio é regido por diversos princípios, os quais serão abordados no presente capítulo.

1. Princípio da legalidade penal:

1.1. Importância:

Segundo o princípio da legalidade penal, não há crime sem lei anterior que o defina, não há pena sem prévia cominação legal. É o que preceituam o art. 5º, XXXIX, da CRFB, e o art. 1º do CP.

Com efeito, o princípio da legalidade penal preconiza que somente a lei ordinária (espécie normativa primária[8] elaborada de acordo com o rito constitucional e regimentalmente previsto) pode definir crimes e contravenções penais no Brasil.

A competência legislativa para tratar de Direito Penal é privativa da União Federal, concretizada através de lei ordinária elaborada pelo Congresso Nacional, nos termos do art. 22, I, da CRFB, com incidência sobre toda a Federação.

Diferentemente do que ocorre no federalismo norte-americano, cujo poder, por questões históricas, apresenta-se de forma menos concentrada, o atual quadro constitucional brasileiro, em nenhuma hipótese, permite que determinado comportamento seja incriminado apenas em alguns Estados-membros. A nosso ver, nem mesmo o disposto no art.

---

[8] O art. 59 da CRFB elenca as denominadas espécies normativas primárias, a saber: emendas à Constituição, leis complementares, leis ordinárias, leis delegadas, medidas provisórias, decretos legislativos e resoluções.

22, parágrafo único, da CRFB[9] pode autorizar incriminações somente no âmbito de alguns entes federados, vez que tal situação, a toda evidência, não se enquadra na expressão "questões específicas", um dos requisitos exigidos pelo referido dispositivo da Lei Maior.

Sem dúvida, o princípio da legalidade penal é o mais célebre dos princípios que regem o Direito Penal moderno. Não é por acaso que o CP em vigor dele trata logo no início. Como garantia política em face do poder punitivo do Estado, o princípio da legalidade penal foi inserido, ao longo do tempo, no rol dos direitos e das garantias fundamentais.

Com efeito, a configuração da República Federativa do Brasil, enquanto Estado Democrático de Direito, cuja atuação está atrelada aos ditames legais, impõe a adoção do princípio da legalidade penal como limite intransponível ao poder punitivo estatal.

Assim, afirma ROXIN (2006, p. 138) que um Estado de Direito deve proteger o indivíduo não apenas através do Direito Penal, mas também do Direito Penal ("*ein Rechtsstaat den Einzelnen nicht nur **durch** das Strafrecht, sondern auch **vor** dem Strafrecht shutzen soll*").

Diante desse panorama, o princípio da legalidade penal assume importante função: o direito de punir estatal somente pode ser exercido de acordo com o que estiver legalmente estabelecido no ordenamento jurídico, seja no que tange à conduta incriminada, seja no que se refere à cominação penal.

1.2. Aspectos históricos:

A doutrina, de modo amplamente majoritário (MIRABETE, 2011, p. 39; NUCCI, 2010, p. 52), assevera que o art. 39 da *Magna Charta Libertatum*, de JOÃO SEM TERRA, datada de 1215, seria a origem mais remota do princípio da legalidade penal.

Além desse precioso documento, houve, no decorrer histórico, outras demonstrações de apreço à legalidade penal, sendo oportuno citar, sem qualquer pretensão de exauri-las, a Declaração de Direitos da Virgínia, datada de 1776.

Ainda no século XVIII, cabe mencionar o texto do art. 8º da Declaração dos Direitos do Homem e do Cidadão, de 1789:

---

[9] O art. 22, parágrafo único, da CRFB prevê que lei complementar poderá autorizar os Estados a legislar sobre questões específicas das matérias nele relacionadas, dentre as quais está incluído o Direito Penal (art. 22, I).

"Ninguém pode ser punido senão em virtude de uma lei estabelecida e promulgada anteriormente ao delito e legalmente aplicada".

No plano das Nações Unidas, o art. XI, 2, da Declaração Universal dos Direitos do Homem, de 1948, estabelece que:

> *"Ninguém poderá ser culpado por qualquer ação ou omissão que, no momento, não constituíam delito perante o direito nacional ou internacional. Também não será imposta pena mais forte do que aquela que, no momento da prática, era aplicável ao ato delituoso".*

Segundo GÜNTER STRATENWERTH (2000, p. 71), coube a ANSELM VON FEUERBACH vincular o princípio da legalidade diretamente ao Direito Penal, para quem somente a pena cominada antes do fato tem o poder de intimidar. Também a FEUERBACH é conferida a autoria do consagrado brocardo latino: *nullum crimen, nulla poena sine lege.*

No âmbito do ordenamento pátrio, nas fases imperial e republicana, todas as Constituições brasileiras consolidaram tal conquista.

1.3. Implicações:

Da adoção do princípio da legalidade penal decorrem algumas implicações, a saber:

1.3.1. Lei penal precisa e certa:

Em obediência ao princípio da legalidade penal, e para que o comportamento incriminado possa ser devidamente identificado e conhecido, a lei penal vale-se de uma técnica descritiva. Para tanto, opera através de modelos penais incriminadores (tipos penais).

A construção dos tipos penais, obra levada a efeito pelo legislador, deve ser precisa e certa. Significa dizer que o modelo incriminador deve indicar com precisão as balizas da conduta delituosa, de modo a permitir que o destinatário da norma penal tenha a possibilidade de conhecer a ilicitude do fato. Conforme assevera NUCCI (2010, p. 54), o preceito incriminador genérico fere o princípio da legalidade penal.

Também atento ao problema, NILO BATISTA (1990, p. 78) observa que:

> *"A função de garantia individual exercida pelo princípio da legalidade estaria seriamente comprometida se as normas que definem os crimes não dispusessem de clareza denotativa na significação de seus elementos, inteligível por todos os cidadãos".*

Mesmo diante de tal exigência de absoluta clareza, não raro o Legislativo elabora leis completamente divorciadas do princípio da legalidade penal. Referimo-nos aos diplomas legais cujo conteúdo, extremamente impreciso e incerto, acaba por contrariar o dogma constitucional previsto no art. 5º, XXXIX, da CRFB, prejudicando sobremaneira a compreensão da proibição (CIRINO, 2006, p. 23).

Trata-se de um dos grandes problemas enfrentados pelo Direito Penal, sendo responsável por gerar insegurança jurídica, tendo em vista que a imprecisão da moldura legal possibilita especulações de toda a sorte acerca do alcance e do sentido da norma penal incriminadora.

Por exemplo, até o advento da Lei nº 11.106/05, a antiga redação do art. 215 do CP[10] fazia referência à expressão "mulher honesta". O tipo penal, na ocasião, estava assim redigido: *"ter conjunção carnal com <u>mulher honesta</u>, mediante fraude"*. (grifo nosso)

Com o devido respeito ao sexo feminino, e sem qualquer trocadilho, questiona-se: qual o significado a ser atribuído à expressão? Em resposta, NORONHA (1995, p.137) afirmava: *"mulher honesta é a honrada, de decoro, decência e compostura"*. E, com a devida vênia, o que se entende por "mulher honrada, de decoro, decência e compostura"? Nota-se a grande imprecisão do conceito formulado por NORONHA, um dos maiores penalistas que o Brasil já conheceu. Ainda hoje, se fizermos a mesma pergunta a cem pessoas, talvez tenhamos cem respostas diferentes.

O defeito da imprecisão acaba por desaguar na função judicante, ocasionando outro grave problema, também de índole constitucional. Na tentativa de desvendar (o verbo é esse mesmo!) o conteúdo da norma penal defeituosa, imprecisa e incerta, o magistrado imiscui-se, em última análise, numa função que não lhe compete.

Sem alternativa, o julgador extrapola a tarefa interpretativa que lhe é inerente e passa a agir como se legislador fosse. Nesse caso, dada a

---

[10] Atualmente, com o advento da Lei nº 12.015/09, o art. 215 do CP está assim redigido:

Art. 215. Ter conjunção carnal ou praticar outro ato libidinoso com alguém, mediante fraude ou outro meio que impeça ou dificulte a livre manifestação de vontade da vítima:

Pena - reclusão, de 2 (dois) a 6 (seis) anos.

Parágrafo único. Se o crime é cometido com o fim de obter vantagem econômica, aplica-se também multa.

incerteza a respeito dos caracteres do tipo penal, a existência ou não de crime passa a depender da interpretação a ser realizada pelo próprio juiz.

Acerca de tal problemática, RODRÍGUEZ MOURULLO, citado por SILVA FRANCO (2007, p. 56), adverte que:

> *"O princípio da legalidade implica que o fato constitutivo de delito apareça descrito na própria lei de um modo exaustivo. (...). Do contrário, o legislador nada mais faria do que transferir sua missão ao juiz, sobrecarregando-o com tarefas próprias do poder legislativo"*.

Em suma, o entendimento do juiz passa a ser a fonte primária, básica e imediata do Direito Penal, procedimento que, sem sombra de dúvida, fere o princípio da legalidade penal, bem como o da separação das funções (art. 2º da CRFB).

1.3.2. Não cabimento de medida provisória:

O art. 62, § 1º, I, *b*, da CRFB, com a redação conferida pela EC nº 32/01, veda a edição de medida provisória para tratar sobre Direito Penal. Ainda que tal impossibilidade já pudesse ser extraída da redação do próprio art. 5º, XXXIX, da CRFB, a EC nº 32/01 jogou por terra qualquer discussão a respeito da possibilidade de se manejar a medida provisória para disciplinar matéria de conteúdo penal.

1.3.3. Não cabimento de analogia *in malam partem*:

Prevista no art. 4º da LINDB, a analogia configura meio de integração (ou de suprimento) das lacunas. Em se tratando de lacuna na lei penal, doutrina e jurisprudência admitem o emprego de analogia *in bonam partem*, ou seja, para beneficiar o agente. Rejeitam, no entanto, a analogia *in malam partem* (ou prejudicial), notadamente quando usada como fonte criadora de infrações penais.

1.3.4. Não cabimento de infrações penais criadas por costume jurídico:

Outra implicação decorrente do princípio da legalidade penal é a impossibilidade de se utilizar o costume jurídico como fonte criadora de infrações penais. Como dito antes, a fonte formal imediata do Direito Penal brasileiro é a lei em sentido estrito, donde se extrai a vedação do costume jurídico como fonte principal. Nada obstante, conforme vimos, o costume jurídico é considerado fonte mediata do Direito Penal.

1.4. Legalidade penal e medida de segurança:

Embora o art. 5°, XXXIX, da CRFB, e o art. 1° do CP, somente façam referência ao termo "pena" (aplicável, como veremos, ao imputável ou ao semi-imputável), o entendimento predominante preconiza que os princípios da legalidade penal e da anterioridade são também pertinentes à medida segurança (aplicável ao inimputável e, excepcionalmente, ao semi-imputável[11]).

Com a mesma posição, REALE JR. (2004, p. 105):

> "*Entendendo que a medida de segurança constitui uma sanção, e que o disposto no antigo art. 75 do Código Penal de 1940 foi eliminado, concluo que a medida de segurança por força do princípio da legalidade que rege todas as sanções penais aplica-se, também, à medida de segurança, como também o seu corolário obrigatório e logicamente inafastável, o princípio da anterioridade. <u>Assim, deve se aplicar a disciplina relativa à medida de segurança vigente ao tempo do fato, e a lei nova retroage se mais benéfica ao agente</u>*". (grifo nosso)

Portanto, nos termos do art. 62, § 1°, I, *b*, da CRFB, não se admite o emprego de medida provisória para disciplinar medidas de segurança. Veda-se também a utilização do recurso analógico (prejudicial) para suprir eventual lacuna que esteja a elas relacionada. Da mesma forma, é impossível criar (ou modificar) medidas de segurança através do costume jurídico.

E não poderia ser diferente, vez que as medidas de segurança, enquanto espécies do gênero sanção penal, podem atingir o inimputável (ou, na hipótese do art. 98 do CP, o semi-imputável) no que se refere ao seu direito de ir e vir. A medida de segurança detentiva (art. 96, I, do CP), por exemplo, sujeita o inimputável à internação em hospital de custódia e tratamento psiquiátrico. Atinge, portanto, o seu *status libertatis*, ainda que com propósito curativo.

Por conseguinte, a medida de segurança aplicável deve ser a prevista ao tempo da ação ou omissão (art. 4° do CP). Havendo posterior

---

[11] Dispõe o art. 98: na hipótese do parágrafo único do art. 26 deste Código e necessitando o condenado de especial tratamento curativo, a pena privativa de liberdade pode ser substituída pela internação, ou tratamento ambulatorial, pelo prazo mínimo de 1 (um) a 3 (três) anos, nos termos do artigo anterior e respectivos §§ 1º a 4º.

Dispõe o art. 26, parágrafo único, do CP: a pena pode ser reduzida de um a dois terços, se o agente, em virtude de perturbação de saúde mental ou por desenvolvimento mental incompleto ou retardado não era inteiramente capaz de entender o caráter ilícito do fato ou de determinar-se de acordo com esse entendimento.

alteração do quadro legal relativo às medidas de segurança, e desde que se traduza em benefício para o agente, deve o novo regramento ser aplicado retroativamente, tudo por força do art. 5º, XL, da CRFB, segundo o qual a lei penal somente retroage para beneficiar o réu.

Inobstante o que foi dito, cabe ressaltar que o art. 3º do CPM, ao tratar do tema, o faz de forma distinta. Segundo tal dispositivo:

> "As medidas de segurança regem-se pela lei vigente ao tempo da sentença, prevalecendo, entretanto, se diversa, a lei vigente ao tempo da execução".

O CPM, ao elencar as diversas espécies de medidas de segurança, estabelece o seguinte:

> "Art. 110. As medidas de segurança são _pessoais_ ou _patrimoniais_. As da primeira espécie subdividem-se em _detentivas_ e _não detentivas_. As detentivas são a internação em manicômio judiciário e a internação em estabelecimento psiquiátrico anexo ao manicômio judiciário ou ao estabelecimento penal, ou em seção especial de um ou de outro. As não detentivas são a cassação de licença para direção de veículos motorizados, o exílio local e a proibição de frequentar determinados lugares. As patrimoniais são a interdição de estabelecimento ou sede de sociedade ou associação, e o confisco". (grifo nosso)

O art. 3º do CPM, como se vê, determina que se aplique a medida de segurança vigente ao tempo da sentença, prevalecendo, entretanto, se diversa, a lei vigente ao tempo da execução. Diante de tal regra, questiona-se: e se a medida de segurança vigente ao tempo da sentença (ou da execução) for mais severa do que a prevista por ocasião do fato? Qual deve prevalecer? A anterior, mais benéfica? Ou a posterior, mais severa, conforme determina o dispositivo transcrito?

À luz do princípio da irretroatividade da lei penal mais severa (art. 5º, XL, da CRFB), entendemos que a medida de segurança mais grave não poderá ser aplicada, devendo incidir a mais benéfica, existente ao tempo do fato. É que, conforme previsto no citado art. 110 do CPM, a medida de segurança, embora não se constitua em pena, pode, inclusive, atingir o _status libertatis_ do inimputável.

Por tal razão, defendemos que a lei penal (militar ou comum) que vier a estabelecer medida de segurança mais severa do que a existente quando do cometimento do fato não poderá retroagir, sendo certo afirmar que o art. 3º do CPM não foi recepcionado pelo art. 5º, XL, da CRFB.

1.5. Legalidade penal e norma penal em branco:

Norma penal em branco, conforme vimos, é a que necessita de um complemento que lhe dê essência e sentido. Vale dizer: o complemento a ser editado é fundamental para a compreensão do conteúdo da norma penal incriminadora, sem o qual esta permanece incompleta e inaplicável.

Vimos, ainda, que a doutrina classifica as normas penais em branco em homogênea e heterogênea. Como nesta última o complemento editado (resolução, portaria, etc.) não passa pelo crivo do Legislativo, parte da doutrina afirma que a norma penal em branco heterogênea seria inconstitucional, notadamente por ofender o princípio da legalidade penal.

Tomemos, como exemplo, o crime de tráfico ilícito de drogas (art. 33, *caput*, da Lei n° 11.343/06), norma penal em branco. Afirmamos em outra ocasião que o seu complemento advém de ato baixado pelo Ministério da Saúde (Portaria SVS/MS n° 344/98). Com efeito, o entendimento que pugna pela inconstitucionalidade da norma penal em branco heterogênea aduz que a tipificação do crime de tráfico ilícito de drogas estaria competindo, em última análise, ao Poder Executivo Federal (através do Ministério da Saúde), e não, como deveria, ao Congresso Nacional.

Acreditamos que a presente tese não merece prosperar. Ainda que o complemento não esteja realmente previsto em lei, tal fato não nos autoriza a vislumbrar alguma ofensa ao princípio da legalidade penal, tendo em vista que a norma penal em branco é estabelecida por meio de lei descritiva do núcleo essencial da proibição. Portanto, há, efetivamente, lei, ainda que pendente de complemento a ser baixado pelo Executivo. Como se vê, o Parlamento não delega ao Executivo a tarefa de descrever o cerne da proibição, ou seja, a própria norma penal em branco. Cabe-lhe, apenas, a edição do complemento.

Por conseguinte, pode-se afirmar que as normas penais em branco completadas por atos normativos editados pelo Poder Executivo são constitucionais, desde que observados certos requisitos, conforme nos aponta LUIZ FLÁVIO (2007, p. 632):

> "(...) é válida e correta a 'colaboração regulamentar na normativa sancionadora', ou seja, a remissão da norma penal (em branco) a disposições regulamentares <u>quando isso é 'obrigatório pela natureza das coisas' e sempre que se cumpram certos requisitos</u>: que o reenvio seja expresso e esteja justificado em razão do bem jurídico protegido; que a própria disposição penal já contenha o 'núcleo essencial da proibição', quer dizer, que seja a 'lei descritiva da tipicidade' e não a norma de

inferior categoria hierárquica ou da mesma categoria a que determine a matéria de proibição; que se satisfaçam as exigências de certeza na delimitação da conduta delituosa, salvaguardando, assim, a função de garantia do tipo, com a possibilidade de que o cidadão conheça o comportamento que se incrimina penalmente, de sorte que 'só sejam infrações (penais) as ações e omissões subsumíveis na norma com categoria de lei'". (grifo nosso)

2. Princípio da anterioridade da lei penal:

O princípio da anterioridade, que guarda estreita ligação com o princípio da legalidade penal, informa que a lei penal incriminadora de determinada conduta deve ser anterior ao fato cometido. Trata-se de corolário do princípio da segurança jurídica, pois ninguém pode ser penalmente responsabilizado sem que o comportamento praticado esteja previamente definido em lei (em sentido estrito). Com efeito, o princípio da anterioridade consubstancia importante garantia para a liberdade do cidadão, que estaria comprometida caso o Estado pudesse lhe alcançar através de uma nova lei penal incriminadora editada após a realização da conduta.

Assim, em perfeita sintonia com o princípio da anterioridade, veda-se a retroatividade da lei penal, salvo para beneficiar o réu (art. 5º, XL, da CRFB e art. 2º do CP). Da mesma forma, o art. 4º do CP, ao tratar do tempo do crime, adota a teoria da atividade, que considera praticada a infração penal no momento da ação ou omissão, ainda que outro seja o do resultado.

3. Princípio da intervenção mínima:

Trata-se de princípio absolutamente sintonizado com as bases de um Estado Democrático de Direito, justamente por considerar que toda e qualquer intervenção jurídico-penal, tendo em vista as características que lhe são inerentes, não pode ultrapassar o minimamente imprescindível para a tutela de bens jurídicos e controle social, sob pena de transformar o Direito Penal em instrumento de incriminação de bagatelas.

Portanto, deve o Direito Penal conceber apenas o mínimo interventivo, nunca o máximo (Direito Penal Mínimo *versus* Direito Penal Máximo). Destarte, atua o princípio da intervenção mínima como limite ao poder punitivo estatal, o qual não está legitimado a ultrapassar as barreiras impostas pela Constituição.

BIANCHINI (2002, p. 28) afirma que o princípio da intervenção mínima pode ser analisado a partir de três princípios distintos, a saber: ***a)*** da necessidade (a intervenção do Direito Penal deve ser indispensável), ***b)*** da exclusiva proteção de bens jurídicos (o Direito Penal somente deve ser chamado a intervir quando se tratar de bem jurídico imprescindível para a vida social) e ***c)*** da ofensividade (o Direito Penal somente deve abarcar e punir condutas que obstam o satisfatório convívio social).

4. Princípio da fragmentariedade:

Vige, de forma predominante, a concepção segundo a qual o Direito Penal resguarda bens jurídicos vitais para o indivíduo e para a sociedade, tais como: vida, liberdade, dignidade sexual, honra, probidade administrativa, etc. É a chamada função de proteção exercida pelo Direito Penal.

No entanto, o conjunto de bens jurídicos a serem tutelados pelo Direito é bastante amplo. O Direito Penal, como se sabe, enseja reações jurídico-penais que nenhum outro ramo do Direito provoca. O cometimento de uma infração penal pode dar margem a severas sanções aplicáveis aos transgressores, tal como a privação da liberdade, quiçá a morte (art. 5º, XLVII, *a*, da CRFB).

Ante esse quadro de severidade, conclui-se que nem todos os bens jurídicos devem ingressar na órbita de atuação protetiva do Direito Penal. Apenas um fragmento, uma parcela do todo, deve ser por ele abarcada. Concebe-se, então, uma ideia seletiva, isto é, o Direito Penal somente deve tutelar bens jurídicos que não possam ser resguardados por outros ramos do Direito (Direito Civil, Direito Administrativo, Direito do Trabalho, Direito Tributário, etc.).

Neste sentido, SILVA FRANCO (2007, p. 49):

> "(...) o princípio da subsidiariedade põe em destaque o fato de que <u>o Direito Penal não é o único controle social formal dotado de recursos coativos</u>, embora seja o que disponha, nessa matéria, dos instrumentos mais enérgicos e traumáticos". (grifo nosso)

E quais são esses bens? Como defini-los? Resposta: os bens jurídicos dignos e merecedores da intervenção do Direito Penal encontram-se na Constituição. Por exemplo, a norma penal que proíbe a ação de matar alguém encontra respaldo constitucional, pois a Carta da República confere extrema importância à vida humana (art. 5º, *caput*, da CRFB), donde se extrai que a incriminação do homicídio, na ótica fragmentária, é constitucionalmente legítima e necessária.

5. Princípio da subsidiariedade:

O Direito Penal é subsidiário; não é remédio para todas as mazelas presentes na sociedade. Por consequência, sempre que a proteção do bem jurídico puder ser realizada por outros ramos do Direito (o Direito Civil, por exemplo), ou por outras instâncias de controle social, a incidência do Direito Penal não se legitima constitucionalmente.

6. Princípio da ofensividade:

O princípio da ofensividade também ostenta feição constitucional. Trata-se de princípio implícito, norteador da atuação do legislador. Significa que o comportamento a ser incriminado deve possuir idoneidade para, no plano abstrato, lesar ou expor a perigo de lesão um bem jurídico penalmente protegido. Assim, a função legislativa deve se orientar pelo princípio da ofensividade, de modo a não incriminar comportamentos sem qualquer potencialidade ofensiva.

Exemplo: o art. 10, § 1º, II, da revogada Lei nº 9.437/97 (antiga Lei de Armas de Fogo) previa o seguinte crime: *"utilizar arma de brinquedo, simulacro de arma capaz de atemorizar outrem, para o fim de cometer crimes"*.

Doutrina e jurisprudência criticavam o citado dispositivo penal, por entendê-lo completamente desvinculado do princípio da ofensividade. Afirmava-se que a conduta nele prevista não era capaz de causar, no plano abstrato, dano ou perigo de dano ao bem jurídico selecionado.

Predominava o entendimento segundo o qual o legislador havia incriminado um comportamento completamente inofensivo, sob a ótica do bem jurídico que se pretendia proteger. A Lei nº 10.826/03 (Estatuto do Desarmamento), acolhendo as críticas então lançadas pela doutrina e pela jurisprudência, não reproduziu tal modelo proibitivo.

7. Princípio da lesividade:

Foi dito no item anterior que o princípio da ofensividade orienta o legislador quando da incriminação de condutas, o que se passa, obviamente, no plano abstrato. Ocorre que a observância do princípio da ofensividade não é suficiente para a responsabilização penal de alguém. A conduta há de se mostrar lesiva ao bem jurídico resguardado, agora sob o prisma concreto.

Ofensividade e lesividade, com efeito, são princípios independentes, mas que se completam. O primeiro norteia o legislador na tarefa de elaboração abstrata dos modelos delituosos; o segundo, por sua vez, orienta o julgador quando da análise do fato, a fim de verificar se, concretamente, o bem jurídico foi efetivamente lesado ou exposto a perigo de lesão.

Exemplo: quanto ao crime de furto, verifica-se o seguinte: o bem jurídico penalmente protegido é o patrimônio, que realmente deve ser tutelado pelo Direito Penal, motivo pelo qual se incrimina a ação de furtar. Numa concepção abstrata, é possível afirmar que o comportamento criminoso descrito no art. 155 do CP apresenta ofensividade. Cumpre-se, então, o princípio da ofensividade. Nada obstante, pergunta-se: a subtração de uma folha de papel **A4** merece receber a resposta penal prevista no art. 155 do CP? Tal ação causa alguma lesão (ou perigo de lesão) ao patrimônio de alguém? A resposta, a toda evidência, é negativa, tendo em vista a inexistência de lesividade concreta ao patrimônio alheio.

8. Princípio da insignificância (ou da bagatela):

O princípio da insignificância assevera que o Direito Penal não deve ser chamado a intervir quando a lesão produzida no bem jurídico for de pequeníssima monta, insignificante mesmo. O raciocínio é o seguinte: o Direito Penal, como já mencionado, objetiva proteger bens jurídicos. Sendo assim, deve-se ocupar de condutas capazes de causar uma lesão igualmente digna de relevância penal. Consequentemente, conclui-se que o Direito Penal não deve intervir quando o comportamento do agente, embora formalmente previsto como fato delituoso, não provocar alguma lesão minimamente relevante.

Exemplo: X, dolosamente, subtrai o lápis de seu colega de classe, incorrendo (formalmente) no art. 155, *caput*, do CP, uma vez que se trata de subtração de coisa alheia móvel. Mas, conforme veremos no momento oportuno (capítulo XII, item 9.2.2), a tipicidade sob o prisma formal (mero enquadramento da conduta no modelo incriminador) é apenas um dos aspectos a serem considerados pelo intérprete. É preciso avaliar, ainda, se a lesão provocada no bem jurídico (no caso, o patrimônio) ostenta alguma relevância jurídico-penal. Ora, a subtração de um lápis não legitima a intervenção do Direito Penal, pois nenhuma repercussão acarreta na seara patrimonial do sujeito passivo.

O STF[12], objetivando nortear a aplicação do princípio da insignificância, exige os seguintes requisitos: *a)* mínima ofensividade da conduta, *b)* ausência de periculosidade social da ação, *c)* reduzidíssimo grau

---

[12] Conferir o teor da decisão proferida quando do julgamento do HC nº 84.412, da relatoria do Min. Celso de Mello, julgado em 19.10.2004.

de reprovação do comportamento e *d)* inexpressividade da lesão jurídica provocada.

Por conseguinte, tendo em vista os requisitos estabelecidos pela jurisprudência do STF, rejeita-se, de modo amplamente majoritário, a aplicação do princípio da insignificância em crime de roubo, conforme restou decidido no HC nº 97.190, relatoria do Min. Dias Toffoli, julgado em 10.08.2010.

Cumpre destacar, ainda, que o princípio em tela não tem sido manejado apenas nos casos que envolvem questões patrimoniais. A Segunda Turma do STF, quando do julgamento do HC nº 96.376, em 31.08.10, assim decidiu:

> "(...). *A importação de mercadoria, iludindo o pagamento do imposto em valor inferior ao definido no art. 20 da Lei nº 10.522/02, consubstancia conduta atípica, dada a incidência do princípio da insignificância.* O montante de impostos supostamente devido pelo paciente (R$ 189,06) é inferior ao mínimo legalmente estabelecido para a execução fiscal (...). Princípios da subsidiariedade, da fragmentariedade, da necessidade e da intervenção mínima que regem o Direito Penal. *Inexistência de lesão ao bem jurídico penalmente tutelado.* (...)". (grifo nosso)

Da mesma forma, admite-se a incidência do princípio da bagatela nos seguintes casos, dentre outros:

a) Atos infracionais (STF, 1ª Turma, HC nº 98.381, relatoria do Min. Ricardo Lewandowski, julgado em 20.10.2009).

b) Crimes ambientais (STF, Tribunal Pleno, Ação Penal nº 439, relatoria do Min. Marco Aurélio, julgado em 12.06.2008).

c) Crime de descaminho e demais crimes de sonegação fiscal (STF, 2ª Turma, HC nº 96.852, relatoria do Min. Joaquim Barbosa, julgado em 01.02.2011).

d) Crimes contra a administração pública (STF, 2ª Turma, HC nº 104.286, relatoria do Min. Gilmar Mendes, julgado em 03.05.2011). Ressalte-se, no entanto, a existência de posição contrária no âmbito do STJ (5ª Turma, HC nº 167.515, relatoria da Min. Laurita Vaz, julgado em 16.11.2010).

9. Princípio da adequação social:

De acordo com o princípio da adequação social, o Direito Penal não deve se ocupar de condutas socialmente adequadas. Assim, comportamentos socialmente adequados, apesar de formalmente emoldurados no tipo penal, não devem ser considerados delituosos. Quando do estudo da tipicidade (capítulo XII, item 9.2.2.2), veremos que tal princípio atua como excludente da tipicidade material.

Exemplo: a lesão corporal proveniente da ação de furar a orelha da recém-nascida, a toda evidência, não constitui crime, pois tal conduta, dentre outros aspectos possíveis de serem considerados, encontra-se socialmente adequada.

10. Princípio da culpabilidade:

O princípio da culpabilidade também encontra acolhimento no Texto Constitucional. Através dele evita-se que algum resultado possa ser atribuído a alguém pelo simples nexo causal físico (relação de causa e efeito) existente entre a conduta e o evento.

Exemplo: X, após adquirir um veículo zero quilômetro, resolve testá-lo na via pública. Ao dirigir com todas as cautelas exigidas pela legislação de trânsito, o condutor, de repente, ouve um barulho oriundo do mecanismo de direção. Uma das peças havia se soltado, fazendo com que o veículo ficasse desgovernado, vindo a atropelar e matar um pedestre que se encontrava na calçada.

Apesar de ter feito tudo aquilo que podia para evitar o acidente, demonstrando, inclusive, extrema perícia, a rapidez e a imprevisibilidade do evento impediram qualquer manobra que pudesse evitar o episódio trágico. Como veremos no momento oportuno, tal resultado (morte) não poderá ser imputado ao condutor, pois não agiu com dolo ou culpa.

Com efeito, o princípio da culpabilidade não se compatibiliza com a ideia de responsabilidade objetiva, ou seja, aquela que se configura independentemente de dolo ou culpa. O Direito Penal moderno, ao contrário, afina-se com a noção de responsabilidade subjetiva, cuja caracterização requer que o agente tenha atuado com dolo ou culpa, conclusão se extrai da conjugação do art. 1º, III, da CRFB (princípio da dignidade da pessoa humana) e do art. 19 do CP[13].

11. Princípio da humanidade das penas:

Estabelece o art. 5º, XLVII, da CRFB que não se admite penas de morte (salvo em caso de guerra declarada, nos termos do art. 84, XIX), caráter perpétuo, trabalhos forçados, banimento e cruéis. O art. 5º, XLIX, da CRFB, por sua vez, assegura aos presos o respeito à integridade física e moral.

---

[13] Art. 19. Pelo resultado que agrava especialmente a pena, só responde o agente que o tenha causado ao menos culposamente.

Portanto, de acordo com o Texto Constitucional, nenhuma pena (abstrata ou concreta) pode se mostrar ofensiva à dignidade da pessoa humana, razão pela qual a Suprema Corte, invocando o princípio da humanidade das penas, declarou a inconstitucionalidade do (antigo) art. 2º, § 1º, da Lei nº 8.072/90, regra que vedava a progressão de regime para condenados por crimes hediondos ou assemelhados.

Da mesma forma, também com base nesse princípio, o Plenário do STF, na Extradição nº 855, julgada em 26.08.2004, exigiu, para efeito de deferimento de extradição requerida ao Estado brasileiro, que o Estado requerente assumisse o compromisso de comutar a pena de prisão perpétua, prevista na lei estrangeira, por pena não superior à duração máxima admitida na lei penal do Brasil:

> "Extradição e prisão perpétua: necessidade de prévia comutação, em pena temporária (máximo de 30 anos), da pena de prisão perpétua – (...), em obediência à Declaração Constitucional de Direitos (CF, art. 5º, XLVII, b). A extradição somente será deferida pelo STF, tratando-se de fatos delituosos puníveis com prisão perpétua, se o Estado requerente assumir, formalmente, quanto a ela, perante o Governo brasileiro, o compromisso de comutá-la em pena não superior à duração máxima admitida na lei penal do Brasil (CP, art. 75), <u>eis que os pedidos extradicionais – considerado o que dispõe o art. 5º, XLVII, b, da CF, que veda as sanções penais de caráter perpétuo – estão necessariamente sujeitos à autoridade hierárquico-normativa da Lei Fundamental brasileira.</u> Doutrina. Novo entendimento derivado da revisão, pelo STF, de sua jurisprudência em tema de extradição passiva". (grifo nosso)

Igualmente, com fundamento no princípio da humanidade das penas, a Primeira Turma do STF, no HC nº 84.219, julgado em 16.08.2005, entendeu que a duração das medidas de segurança (art. 96 do CP) não pode ser superior a 30 (trinta) anos.

12. Princípio da proporcionalidade da pena:

O princípio em tela, também de *status* constitucional, estabelece que a pena a ser cominada, fixada ou executada não poderá ser superior à gravidade do fato delituoso. Dele trata o art. 5º, XLVI, da CRFB, cujo teor prevê que a lei regulará a individualização da pena e adotará, entre outras, as seguintes: privação ou restrição da liberdade, perda de bens, multa, prestação social alternativa e suspensão ou interdição de direitos. Da mesma forma, o art. 5º, XLVIII, da CRFB assevera que a pena deverá ser cumprida em estabelecimentos distintos, de acordo com a natureza do delito, a idade e o sexo do apenado.

Sobre o princípio da proporcionalidade da pena, preceitua o CP:

> *"Art. 59. O juiz, atendendo à culpabilidade, aos antecedentes, à conduta social, à personalidade do agente, aos motivos, às circunstâncias e consequências do crime, bem como ao comportamento da vítima, estabelecerá, <u>conforme seja necessário e suficiente para reprovação e prevenção do crime:</u>*
> *I - as penas aplicáveis dentre as cominadas;*
> *II - a quantidade de pena aplicável, dentro dos limites previstos;*
> *III - o regime inicial de cumprimento da pena privativa de liberdade;*
> *IV - a substituição da pena privativa da liberdade aplicada, por outra espécie de pena, se cabível".* (grifo nosso)

Os citados dispositivos demonstram a preocupação da Carta Constitucional e do Código Penal com a questão da proporcionalidade da pena, a ser analisada em três etapas distintas:

a) **Na fase legislativa:** quando da construção dos tipos penais e da respectiva cominação (abstrata) da pena, que deve refletir a gravidade da conduta incriminada pelo legislador.

b) **Na fase judicial:** no momento da concretização da pena, deve o juiz atentar para o norte apontado pelo art. 5°, XLVI, da CRFB, c/c art. 59 do CP, de forma que a pena a ser imposta seja proporcional à gravidade concreta da conduta delituosa.

c) **Na fase de execução penal:** nos termos do art. 5°, XLVIII, da CRFB, a pena deve ser cumprida em estabelecimentos distintos, de acordo com a natureza do delito, a idade e o sexo do apenado.

Portanto, segundo as três vertentes acima, é possível afirmar que o princípio da proporcionalidade da pena deve ser observado pelo Legislativo (quando da cominação abstrata da pena), pelo Judiciário (quando da sua fixação concreta) e pelo Executivo/Judiciário (quando da execução penal).

13. Princípio da personalidade da pena (ou da intranscendência):

Este princípio encontra-se previsto no art. 5°, XLV, da CRFB, segundo o qual nenhuma pena passará da pessoa do condenado, podendo a obrigação de reparar o dano e a decretação do perdimento de bens ser, nos termos da lei, estendidas aos sucessores e contra eles executadas, até o limite do valor do patrimônio transferido.

Capítulo VI

Lei Penal no Tempo

1. Considerações iniciais:

A lei, uma vez percorridas as etapas do rito regimental e constitucionalmente previsto, ingressa no ordenamento jurídico, vigorando até que outro diploma legal a modifique ou a revogue. É o que está dito, a propósito, no art. 2º, *caput*, da LINDB, regra que consagra o princípio da continuidade das leis:

> *"Não se destinando à vigência temporária, a lei terá vigor até que outra a modifique ou a revogue".*

De um modo geral, o fenômeno delituoso nasce sob a vigência de determinada lei, sendo por ela regulado em todas as suas etapas jurídicas. Nada obstante, dado o dinamismo do Direito, é possível que um fato surja sob a vigência de uma lei, passando a ser regulado por outra, posteriormente editada com o propósito de promover mudanças na legislação vigente, situação que pode ensejar dúvida acerca da norma aplicável, dando margem ao denominado conflito de leis penais no tempo.

Exemplo: o magistrado, ao sentenciar, verifica que as penas cominadas para certa infração penal são mais severas do que as previstas por ocasião do cometimento da conduta. Detecta o julgador, então, sob a ótica temporal, um conflito de leis, uma vez que o surgimento do fato deu-se quando vigorava o regramento jurídico **X**, passando a receber, posteriormente, a disciplina de outro (**Y**).

Um sólido arcabouço jurídico foi criado para solucionar os mais variados casos de conflitos de leis penais no tempo, sendo certo que o art. 5º, XL, da CRFB, ao expressar que a lei penal não retroagirá, salvo para beneficiar o réu, aponta-nos o principal norte a ser seguido: a irretroatividade da lei penal. Com efeito, conforme se extrai do mencionado dispositivo constitucional, prevalece, em regra, a legislação vigente ao tempo do fato (*tempus regit actum*), conclusão que procura consagrar os princípios da legalidade e da anterioridade da lei penal.

No entanto, a ressalva contida na parte final do art. 5º, XL, da CRFB demonstra que tal regra (irretroatividade da lei penal) cede diante da superveniência de lei considerada mais benéfica para o réu.

2. Conflitos de leis penais no tempo:

2.1. Definição:

Dá-se o conflito de leis penais no tempo quando o fato, surgido sob a vigência de uma lei, passa a ser regido por outra, sendo necessário, então, decidir acerca da legislação penal incidente. São várias as espécies de conflito de leis penais no tempo, a saber:

2.2. Espécies:

2.2.1. *Novatio legis* incriminadora:

Novatio legis incriminadora (ou lei nova incriminadora) é aquela que passa a incriminar fato que, antes de sua vigência, configurava conduta penalmente irrelevante, indiferente. A legislação penal posterior, ao proceder assim, apresenta-se, nitidamente, mais severa. Por conseguinte, a solução do conflito passa pela aplicação da regra da irretroatividade. Significa dizer que a nova lei incriminadora não retroagirá, regendo apenas os fatos praticados a partir de sua vigência.

Vários óbices constitucionais impedem a incidência da *novatio legis* incriminadora sobre fatos pretéritos, cabendo destacar os princípios da legalidade e da anterioridade penal, da irretroatividade da lei penal mais severa e da dignidade da pessoa humana.

Exemplo: a Lei nº 10.224/01, diploma legal que acrescentou o art. 216-A ao CP, tipificando o crime de assédio sexual. Antes da vigência da lei em questão, tal conduta era irrelevante para o Direito Penal. A Lei nº 10.224/01, por ser mais grave, não ostenta poder retroativo.

2.2.2. *Novatio legis in pejus*:

Novatio legis in pejus (ou *lex gravior*) é a que, mantendo a incriminação existente, agrava de algum modo a condição do agente. No caso, convém atentar, o fato cometido já era previsto como infração penal.

Entretanto, tendo em vista fatores diversos, posterior alteração na legislação penal passa a agravar a situação do réu.

Com efeito, importante notar que a *novatio legis in pejus* não cria uma nova infração penal. Apenas torna mais grave a condição do agente, por exemplo: *a)* aumentando penas, *b)* impedindo (ou dificultando) o acesso a benefícios legais (suspensão condicional da pena, livramento condicional, progressão de regime, etc.), *c)* estabelecendo novas circunstâncias qualificadoras, causas de aumento de pena ou circunstâncias agravantes, *d)* fixando regime de cumprimento de pena mais rigoroso, etc.

A *lex gravior*, tendo em vista o art. 5°, XL, da CRFB, não retroage. Assim, a impossibilidade de se aplicar a lei nova (mais severa) impõe a incidência da anterior (mais benéfica). Portanto, a lei anterior continuará a incidir sobre o fato cometido durante a sua vigência, mesmo tendo sido revogada. É a chamada ultratividade da lei penal mais benigna, ou seja, o diploma legal perde a vigência, mas continua a ser aplicado aos fatos acontecidos enquanto vigorava.

Exemplo: o crime de tráfico ilícito de drogas, anteriormente previsto no art. 12 da Lei n° 6.368/76, possuía penas que variavam de 3 (três) a 12 (doze) anos de reclusão. A Lei n° 11.343/06 (Lei de Drogas) expressamente revogou a Lei n° 6.368/76. E fixou, para o referido crime, penas de 5 (cinco) a 15 (quinze) anos de reclusão. A lei antiga, por ser mais benéfica, continua a incidir sobre fatos cometidos durante a sua vigência. Para tanto, confere-se poder ultrativo à Lei n° 6.368/76.

Nada obstante, cumpre destacar o teor da súmula 711 do STF:

> "A lei penal mais grave aplica-se ao crime continuado ou ao crime permanente, se a sua vigência é anterior à cessação da continuidade ou da permanência".

Crime permanente é aquele cuja consumação alonga-se no tempo. Como exemplos, citamos o sequestro, o cárcere privado e a extorsão mediante sequestro (arts. 148 e 159 do CP, respectivamente). Nos delitos assim classificados a lesão ao bem jurídico estende-se no tempo. Por tal razão, a lei nova, ainda que mais grave, deve ser aplicada, desde que a sua vigência seja anterior à cessação da permanência.

Exemplo: X foi privado de sua liberdade em novembro de 2012. Posteriormente, em janeiro de 2013, quando ainda se encontrava sequestrado, surge lei nova aumentando as penas cominadas para o delito do art. 148 do CP. Por configurar crime permanente, a conduta perpetrada estendeu-se e ingressou nos ditames do novo regramento (mais grave). A lei nova, nos termos da súmula 711, deve incidir, sem que isso caracterize retroatividade prejudicial. Em suma, tratando-se de crime permanente, aplica-se a lei em vigor no momento da cessação da permanência, independentemente de ser mais grave ou não. Quanto ao crime continuado (art. 71 do CP), aplica-se o mesmo raciocínio sumulado.

2.2.3. *Novatio legis in mellius*:

Novatio legis in mellius (ou *lex mitior*) é a que, mantendo a incriminação existente, melhora de algum modo a condição do agente. A incidência da lei posterior (mais favorável) harmoniza-se com a ressalva inserta na parte final do art. 5°, XL, da CRFB, c/c art. 2°, parágrafo único, do CP. Assim, deve ser aplicado o princípio da retroatividade da lei penal mais benigna. Embora a conduta delituosa tenha sido praticada sob a vigência da lei antiga, a alteração legislativa mais favorável promovida pelo Estado deve incidir sobre o fato pretérito.

As hipóteses caracterizadoras da maior benignidade de uma lei penal são inúmeras, embora seja conferido maior destaque ao clássico exemplo da lei fixadora de pena menos rigorosa. Ao cominar pena menos grave, demonstra o legislador que a reprimenda adequada ao fato é a nova, o que impõe, por conseguinte, a regra da retroatividade.

Mas há outras possibilidades, todas dignas do mesmo tratamento constitucional. Vejamos algumas delas, sem qualquer pretensão exaustiva: *a)* lei que introduz novas causas de diminuição de pena, bem como circunstâncias atenuantes antes não existentes, *b)* lei que cria novas causas excludentes de tipicidade, ilicitude, culpabilidade ou punibilidade, *c)* lei que autoriza (ou facilita) a obtenção de determinados benefícios (livramento condicional, suspensão condicional da pena, etc.), *d)* lei que reduz o prazo prescricional ou decadencial, etc.

Cabe ressaltar que a relação acima não esgota as hipóteses de maior benignidade que uma lei posterior pode apresentar. Cada caso demanda uma análise particular, a fim de decidir se a nova legislação revela-se, realmente, mais benéfica.

Vejamos o seguinte caso concreto: a Lei nº 12.015/09, dentre outras providências, fundiu as redações do art. 213 (estupro) e do art. 214 (atentado violento ao pudor) do CP, tendo revogado este último. Assim, o antigo crime de atentado violento ao pudor não existe mais. Tal conduta passou a configurar estupro, cujo tipo está assim redigido:

> *"Art. 213. Constranger alguém, mediante violência ou grave ameaça, a ter conjunção carnal ou a praticar ou permitir que com ele se pratique outro ato libidinoso:*
> *Pena - reclusão, de 6 (seis) a 10 (dez) anos.*
> *(...)".*

Quando da vigência do art. 214 do CP, doutrina e jurisprudência vacilavam quanto à possibilidade de haver crime continuado (art. 71 do CP[14]) envolvendo crimes de estupro e atentado violento ao pudor. O segmento majoritário entendia pela impossibilidade, sob o argumento de que tais delitos não eram da mesma espécie, justamente um dos requisitos exigidos para a incidência da norma (benéfica) prevista no art. 71 do CP, cuja essência determina a aplicação da pena de um só dos crimes, se idênticas, ou a mais grave, se diversas, aumentada, em qualquer caso, de um sexto a dois terços.

Com efeito, predominava, quanto ao debate em questão, que tal hipótese configurava concurso material de crimes (art. 69 do CP), cuja sistemática, diferentemente da prevista no art. 71 do CP, impõe o somatório das penas relativas aos delitos cometidos. Vejamos:

> *"Art. 71. Quando o agente, mediante mais de uma ação ou omissão, pratica dois ou mais crimes, idênticos ou não, <u>aplicam-se cumulativamente as penas privativas de liberdade em que haja incorrido</u>. No caso de aplicação cumulativa de penas de reclusão e de detenção, executa--se primeiro aquela.*
> *(...)".* (grifo nosso)

Com a vigência da Lei nº 12.015/09, a questão encontra-se esvaziada. O debate perdeu o objeto, pois o art. 213 do CP passou a abarcar as condutas que, antes da alteração legal, configuravam atentado violento

---

[14] Art. 71. Quando o agente, mediante mais de uma ação ou omissão, pratica dois ou mais crimes da mesma espécie e, pelas condições de tempo, lugar, maneira de execução e outras semelhantes, devem os subsequentes ser havidos como continuação do primeiro, aplica-se-lhe a pena de um só dos crimes, se idênticas, ou a mais grave, se diversas, aumentada, em qualquer caso, de um sexto a dois terços.

Parágrafo único. Nos crimes dolosos, contra vítimas diferentes, cometidos com violência ou grave ameaça à pessoa, poderá o juiz, considerando a culpabilidade, os antecedentes, a conduta social e a personalidade do agente, bem como os motivos e as circunstâncias, aumentar a pena de um só dos crimes, se idênticas, ou a mais grave, se diversas, até o triplo, observadas as regras do parágrafo único do art. 70 e do art. 75 deste Código.

ao pudor. De acordo com a redação atual do art. 213 do CP, não há mais dúvida de que ambos os comportamentos são da mesma espécie, não havendo mais óbice para a aplicação da regra prevista no art. 71 do CP.

Assim, os condenados por crimes de estupro e atentado violento ao pudor, ambos em concurso material (art. 69 do CP), podem pleitear a aplicação do art. 71 do CP. É que a regra do art. 69 do CP, ao determinar o somatório das penas dos delitos praticados, é nitidamente mais severa do que a prevista no art. 71 do CP, que apenas preconiza um *quantum* exasperador.

Com efeito, nem sempre a maior benignidade de uma lei penal é tão visível assim, motivo pelo qual a tarefa interpretativa realizada pela doutrina e jurisprudência é de grande importância para o deslinde da questão.

2.2.4. *Abolitio criminis*:

Abolitio criminis é a supressão da incriminação existente. O fato, que antes configurava infração penal, passa a ser penalmente irrelevante. Tal figura encontra previsão no art. 2°, *caput*, do CP. O Estado, por vários motivos, resolve eliminar o caráter criminoso da conduta. Foi o que aconteceu, por exemplo, com os crimes de sedução e adultério (arts. 217 e 240 do CP, respectivamente), ambos revogados pela Lei n° 11.106/05. A lei supressiva de incriminação, por ser mais benéfica, retroage e alcança situações anteriores, independentemente do estágio em que estiverem. Várias são as possibilidades com as quais a nova lei pode se deparar. Vejamos algumas delas.

Imaginemos que alguém tivesse praticado o crime de sedução, razão pela qual a autoridade policial havia determinado a lavratura do termo circunstanciado (art. 69 da Lei n° 9.099/95). A edição da Lei n°11.106/05 ensejou *abolitio criminis*, devendo o citado procedimento ser remetido ao JECRIM para o fim de arquivamento. O mesmo raciocínio deve ser empregado quando se tratar de inquérito policial ou de auto de prisão em flagrante ainda em tramitação. Ambos, não havendo mais fato delituoso a ser apurado, devem ser enviados à Justiça.

Pode ser, no entanto, que o procedimento instaurado em sede policial tenha sido concluído e encaminhado ao juízo competente. Havendo *abolitio criminis*, compete ao magistrado aplicar a causa de extinção da punibilidade mencionada no art. 107, III, do CP.

Se forem opostos embargos de declaração em virtude de sentença penal condenatória e, em seguida, houver *abolitio criminis*, cumpre ao juiz sentenciante aplicá-la, decretando, igualmente, a extinção da punibilidade.

Entretanto, se a lei nova surge em sede de apelação, cabe ao Relator do recurso decidir.

Por fim, existindo sentença penal condenatória em definitivo, a aplicação do disposto no art. 2°, *caput*, do CP cabe, em regra, ao juízo da Vara de Execuções Penais, nos termos do art. 66, I e II, da Lei n° 7.210/84 (Lei de Execução Penal), conjugado com a súmula 611 do STF:

> *"Transitada em julgado a sentença condenatória, compete ao juízo das execuções a aplicação de lei mais benigna".*

2.2.4.1. Abolitio criminis e continuidade normativo-típica:

Ocorre a chamada continuidade normativo-típica quando, a despeito de ter havido revogação de um tipo penal, a incriminação nele existente não desaparece, sendo apenas deslocada para outro dispositivo legal, não havendo que se falar, portanto, em *abolitio criminis* (e suas respectivas consequências jurídicas). Portanto, deve o intérprete empreender criteriosa análise, a fim de verificar se a nova lei manteve ou não a incriminação da conduta através de outra norma penal. Foi o que aconteceu, por exemplo, com o crime de atentado violento ao pudor. A Lei n° 12.015/09 revogou o art. 214 do CP, mas inseriu o respectivo comportamento criminoso no texto do art. 213 do CP, passando a denominá-lo de estupro, inexistindo, assim, *abolitio criminis*.

2.2.4.2. Abolitio criminis e norma penal em branco:

Cumpre analisar, agora, se eventual alteração no complemento da norma penal em branco produz *abolitio criminis*. A resposta para tal questão exige uma análise a respeito da natureza do complemento da norma penal em branco. Se ele, o complemento, apresentar característica temporária, eventual alteração posterior nele promovida em nada aproveitará ao agente. Vale dizer: não haverá *abolitio criminis*. Tal raciocínio decorre da aplicação do princípio da ultratividade, conforme preceitua o art. 3° do CP[15].

---

[15] Art. 3º. A lei excepcional ou temporária, embora decorrido o período de sua duração ou cessadas as circunstâncias que a determinaram, aplica-se ao fato praticado durante sua vigência.

Ao contrário, se o complemento não possuir caráter temporário, impõe-se a retroatividade benéfica.

Exemplo: suponhamos que a substância **X** esteja relacionada, como droga psicotrópica, na Portaria SVS/MS nº 344/98, ato administrativo que aprova o regulamento técnico sobre substâncias e medicamentos sujeitos a controle especial, e que, conforme estabelece o art. 66 da Lei de Drogas, funciona como complemento de alguns de seus tipos penais. Questiona-se: eventual exclusão da droga **X** do rol da portaria gera *abolitio criminis*? Nesse caso, o agente que estiver sendo processado por tráfico ilícito de drogas (art. 33, *caput*, da Lei de Drogas) pode ser beneficiado? A resposta é afirmativa.

A Segunda Turma do STF, no HC nº 94.397, julgado em 09.03.2010, analisando a questão relativa à exclusão do cloreto de etila ("lança-perfume") do rol das drogas ilícitas, decidiu:

> "*Tráfico de entorpecentes. Comercialização de 'lança-perfume'. Edição válida da Resolução ANVISA 104/2000. (...) Abolitio criminis. Republicação da Resolução. Irrelevância. Retroatividade da lei penal mais benéfica. (...) A edição, por autoridade competente e de acordo com as disposições regimentais, da Resolução ANVISA 104, de 07/12/2000, retirou o cloreto de etila da lista de substâncias psicotrópicas de uso proscrito durante a sua vigência, tornando atípicos o uso e tráfico da substância até a nova edição da Resolução, e extinguindo a punibilidade dos fatos ocorridos antes da primeira portaria, nos termos do art. 5º, XL, da CF*". (grifo nosso)

O Supremo Tribunal Federal, na ocasião, afirmou que o complemento da norma penal em branco que define o crime de tráfico ilícito de drogas não apresenta característica temporária. Assim, entendeu a Corte que a exclusão do cloreto de etila da relação de drogas ilícitas deve ocasionar *abolitio criminis*, retroagindo para beneficiar o réu.

3. Lei penal mais benéfica e *vacatio legis*:

Discute-se a respeito da possibilidade de se aplicar uma lei penal mais benéfica durante o período de *vacatio legis*. A situação hipotética é a seguinte: imaginemos que determinada causa especial de diminuição de pena tenha sido introduzida no CP pela Lei **X**, que somente entrará em vigor 180 (cento e oitenta) dias após a data de sua publicação. Há, portanto, período de vacância a ser cumprido.

Ocorre que **Y**, réu num processo penal, postula, em alegações finais, a imediata aplicação da nova causa de diminuição, argumentando que o fato por ele cometido enquadra-se perfeitamente na regra mais benéfica. Afirma, ainda, não ser necessário aguardar o transcurso do mencionado prazo, tendo em vista a maior benignidade da Lei **X**. Os autos do processo estão conclusos para o magistrado proferir sentença. O que fazer? Prolatar o *decisum*, desconsiderando o benefício introduzido pela lei que ainda se encontra em *vacatio*? Ou, ao contrário, considerá-la, a fim de reduzir a resposta estatal para o fato delituoso?

DOTTI (2005, p. 267), COSTA JR. (1995, p. 32) e QUEIROZ (2010, p. 138) argumentam que a lei que se encontra em vacância é posterior e, portanto, existe. Para eles, é o que basta para a lei mais benéfica incidir. Para HUNGRIA (1958, p. 111), no entanto, lei posterior é aquela que passa a vigorar em substituição a outra. Assim, o notável penalista brasileiro não admitia a retroatividade da lei mais benéfica antes do fim do período de vacância.

A melhor posição, ao que nos parece, é a defendida por HUNGRIA. Não estamos convencidos de que o Judiciário possa aplicar uma lei que ainda se encontra em vacância determinada pelo Legislativo. Tal situação, a nosso ver, configura flagrante ofensa ao princípio da separação das funções (art. 2º da CRFB), tendo em vista a expressa previsão legal que impõe a necessidade de se cumprir o lapso temporal indicado.

Acreditamos que o disposto no art. 5º, XL, da CRFB não pode ser invocado em defesa da imediata incidência da lei vacante mais benéfica, pois é a própria Carta Magna que impõe, por outro lado, o devido respeito ao princípio da separação das funções. Se o legislador estabeleceu um prazo a ser percorrido é porque há algum objetivo a ser alcançado. Logo, deve o julgador observá-lo.

Aliás, cumpre ressaltar que a lei que se encontra em *vacatio* pode ser modificada (ou até mesmo revogada) durante tal período. Da mesma forma, nada obsta que o prazo de vacância seja dilatado, exatamente o que aconteceu com o CP de 1969 (Decreto-lei nº 1.004/69), o qual, após ter permanecido por um longo período em *vacatio legis*, não entrou em vigor, pois veio a ser revogado por outro diploma legal.

4. Apuração da maior benignidade de uma lei:

Diante de um cenário legal conflitante, nem sempre é fácil decidir acerca da legislação aplicável. Por exemplo, a lei penal que promove a redução de pena, numa análise superficial, é, evidentemente, mais favorável. No entanto, pode ser que tal lei, abstratamente mais benéfica, não o seja no plano concreto. Pode ser que os contornos do novo diploma legal requeiram uma apuração mais profunda, de modo a verificar, com absoluta certeza, qual das leis envolvidas afigura-se melhor para o agente. Assim, cumpre ao intérprete esmiuçar todos os detalhes do novo regramento, analisando-o com profundidade. Havendo dúvida, diz a doutrina majoritária (por todos, HUNGRIA, 1958, p. 125/126), deve o magistrado questionar ao réu a respeito do que considera mais benéfico.

5. Combinação de leis penais em conflito:

Cumpre analisar, outrossim, a possibilidade de haver combinação de leis penais em conflito. Quanto ao assunto, doutrina e jurisprudência divergem, havendo duas correntes antagônicas, a saber:

a) **Pela impossibilidade de combinação:** um dos posicionamentos assevera que ao juiz não é permitido combinar leis penais em conflito, pois, se assim agir, estará exercendo poder inerente à função legislativa, ou seja, criando uma terceira lei, o que afronta o princípio constitucional da separação das funções. É a opinião, por exemplo, de FRAGOSO (2006, p. 126) e ANÍBAL BRUNO (1978, p. 270).

b) **Pela possibilidade de combinação:** parte da doutrina, no entanto, admite a combinação, notadamente a partir do seguinte argumento: se o juiz pode aplicar o todo de uma lei, igualmente pode aplicar partes de uma e de outra, sempre com o propósito de beneficiar o réu. Para tanto, transita dentro do conteúdo das duas leis conflitantes, buscando extrair delas os comandos normativos mais benéficos, cumprindo, assim, a vontade exteriorizada pelo Constituinte no art. 5º, XL, da CRFB. Nessa linha doutrinária, temos DAMÁSIO (2012, p. 135), MIRABETE (2011, p. 50) e NORONHA (1995, p. 78), dentre outros. ASSIS TOLEDO (2001, p. 37), partidário do mesmo entendimento, sintetiza:

> *"A norma do caso concreto é construída em função de um princípio constitucional, com o próprio material fornecido pelo legislador. Se ele pode escolher, para aplicar o mandamento constitucional da Lei Magna, entre duas séries de disposições legais, a que lhe pareça mais benigna, não vemos porque se lhe vede a combinação de ambas, para assim aplicar, mas retamente, a Constituição".*

Estamos com a segunda posição, porquanto mais coerente com a essência constitucional relativa ao tema. Se o art. 5°, XL, da CRFB autoriza até mesmo a retroatividade da lei penal diante do instituto da coisa julgada, sempre com a finalidade de beneficiar o réu, não nos parece plausível que o princípio da separação das funções possa ser invocado como argumento para se obstar a extração dos melhores parâmetros existentes nas leis em conflito.

Na realidade, se analisarmos cuidadosamente, não há criação de uma terceira lei, como afirma a doutrina contrária. O que existe, a bem da verdade, é mero trânsito, simples incursão no material jurídico envolvido, sempre com o propósito de alcançar a melhor solução para o caso. Portanto, o juiz não edita uma terceira lei (*lex tertia*), nem invade o campo de atuação constitucionalmente reservado ao legislador. Apenas busca os comandos normativos mais benéficos, ainda que, para tanto, tenha que destacá-los de uma e de outra lei.

O STF, quando do julgamento do HC n° 105.282, em 13.12.2011, seguiu tal orientação doutrinária:

> "(...). 2. Pedido de aplicação da causa especial de diminuição de pena prevista no § 4° do art. 33 da Lei n. 11.343/2006 à pena cominada no art. 12 da Lei n. 6.368/76. Precedente do Plenário (RE 596152/SP). 4. Ordem parcialmente concedida para que Juízo das Execuções Penais analise a fixação da pena, observando a <u>possibilidade de aplicação do redutor previsto no § 4° do art. 33 da Lei 11.343/2006 à pena cominada no art. 12 da Lei 6.368/76.</u>" (grifo nosso)

Cabe ressaltar que, diferentemente do CP, o art. 2°, § 2°, do CPM, possui regra específica sobre a questão da combinação de leis penais em conflito, vedando-a expressamente:

> "Para se reconhecer qual a mais favorável, a lei posterior e a anterior devem ser consideradas <u>separadamente</u>, cada qual no conjunto de suas normas aplicáveis ao fato". (grifo nosso)

Nada obstante, pelas razões expostas, entendemos que o art. 2°, § 2°, do CPM, ao afastar a combinação de leis penais em conflito, atenta contra o art. 5°, XL, da CRFB, motivo pelo qual, a nosso ver, não foi recepcionado pela nova ordem constitucional.

6. Novo entendimento jurisprudencial e retroatividade:

Por meio da produção jurisprudencial o Poder Judiciário consolida o pensamento reinante sobre determinado tema jurídico. Tal conjunto de decisões judiciais, no entanto, é mutável. Vários fatores podem interferir no rumo da sua orientação. Até mesmo a simples alteração da composição de uma Corte pode promover mudanças substanciais no caminho predominantemente trilhado. Não nos cabe aqui tecer maiores comentários a respeito dos fatores que influenciam no sentido da jurisprudência. O objetivo da pequena introdução é realçar a problemática, sinalizando que a jurisprudência é inovadora, viva e dinâmica, conforme afirmava REALE (2002, p. 168):

> "A jurisprudência, muitas vezes, inova em matéria jurídica, estabelecendo normas que não se contêm estritamente na lei, mas resultam de uma construção obtida graças à conexão de dispositivos, até então considerados separadamente, ou, ao contrário, mediante a separação de preceitos por largo tempo unidos entre si".

Com efeito, analisemos o seguinte caso: o STJ, até outubro de 2001, entendia que o emprego de arma de brinquedo, quando do cometimento do crime de roubo, autorizava a incidência da causa especial de aumento da pena prevista no art. 157, § 2º, I, do CP, motivo pelo qual editou a súmula 174:

> "O emprego de arma de brinquedo no crime de roubo autoriza o aumento de pena".

Pesadas críticas foram dirigidas à orientação da Corte, principalmente sob o argumento de ser ofensiva ao princípio da legalidade penal. Afinal, diziam os críticos: "arma não é brinquedo; brinquedo não é arma". O fato é que muitos réus foram condenados a uma pena sensivelmente maior por terem empregado "arma de brinquedo", majoração fundamentada na dita súmula. Hipoteticamente, vejamos o seguinte cálculo: considerando a pena mínima (quatro anos de reclusão) prevista no art. 157, *caput*, do CP, e acrescentando a causa de aumento (um terço) prevista no parágrafo 2º, I, chegamos a uma pena final de 5 (cinco) anos e 4 (quatro) meses de reclusão.

Imaginemos, agora, que **X**, definitivamente condenado, e ciente do cancelamento da súmula 174, justamente o que fundamentou a sua condenação em 1 (um) ano e 4 (quatro) meses a mais, pleiteie a exclusão de tal *quantum* exasperador. Para tanto, invoca o disposto no art. 5º, XL, da CRFB, o princípio da retroatividade da lei penal mais benéfica. Como decidir o pleito? A jurisprudência mais benéfica, que cancelou a antiga orientação contida na súmula 174 do STJ, deve retroagir? O tema é bastante controvertido.

Enfrentando a questão, GRECO (2009, p. 11) acena positivamente:

> *"Nos termos da nova orientação, deverá o agente ingressar com a necessária revisão criminal, a fim de ver afastada a mencionada causa especial de aumento de pena".*

No mesmo sentido, QUEIROZ (2010, p. 128):

> *"Pela mesma razão, alterações da jurisprudência que favoreçam ao réu devem retroagir, de sorte a admitir a revisão criminal inclusive".*

ESTEFAM (2010, p. 136) posiciona-se favoravelmente à retroatividade do entendimento jurisprudencial mais benéfico, mas em caráter excepcional:

> *"Há, contudo, exceções (súmula vinculante e controle concentrado de constitucionalidade pelo STF) e, somente nestes casos, é que terá relevância verificar se, caso surja novo entendimento mais brando por parte da jurisprudência, este deve alcançar fatos já protegidos pelo manto da coisa julgada".*

O autor, para chegar a tal conclusão, ampara-se nos princípios da isonomia (art. 5º, *caput*, da CRFB) e da proporcionalidade. Mas não o faz com base no art. 5º, XL, da CRFB.

A nosso ver, a posição de primazia ocupada pela lei no sistema normativo pátrio não permite que se equipare a jurisprudência à lei. Assim, acreditamos que a resposta para a presente questão não pode ser extraída do art. 5º, XL, da CRFB, uma vez que tal dispositivo, ao tratar dos princípios da irretroatividade da lei penal mais severa (e da retroatividade da lei mais benigna, como exceção), faz expressa referência à lei penal. Inaplicável, portanto, quando se tratar de jurisprudência. ROXIN (2003, p. 166), avaliando a mesma problemática, entende que não se deve equipar a jurisprudência à lei, sendo esta a única que deve orientar o comportamento do cidadão.

A questão, ao que nos parece, não pode ser solucionada sem que se proceda a uma análise da essência da jurisprudência modificada. Há, como se sabe, aquela que se limita a interpretar os ditames legais, extraindo-lhes os respectivos comandos. Mas há também a chamada jurisprudência inovadora, isto é, aquela que acaba por dar "corpo e alma" ao tipo penal. Recorrendo, novamente, ao que disse o grande REALE (2002, p. 168):

> "A jurisprudência, muitas vezes, inova em matéria jurídica, estabelecendo normas que não se contêm estritamente na lei".

Em se tratando de jurisprudência que se limita a interpretar o teor do texto legal, declarando-lhe o sentido e o alcance, não aceitamos com bons olhos a tese da retroatividade. É que eventuais mudanças na orientação preconizada pela jurisprudência fazem parte da natureza das coisas. Mudanças sempre existiram e hão de existir, tendo em vista a mutabilidade da sociedade e, por conseguinte, do Direito. Nesse caso, não concordamos com qualquer possibilidade de retroatividade benéfica do novo entendimento. Nada obstante, como disse REALE, a jurisprudência pode apresentar um viés extremamente inovador, não se limitando a declarar a vontade da lei.

Retornando ao exemplo envolvendo a súmula 174, não se pode negar que o STJ, ao editar aquela criticada orientação, equiparou duas situações inteiramente distintas: arma e brinquedo. Tal equiparação não se limitou a declarar a vontade da lei penal, pois, a nosso ver, nunca foi sua intenção majorar a pena do roubo quando houvesse empregado de "arma de brinquedo". Ao equiparar brinquedo à arma o STJ inovou, criando uma causa de aumento de pena não cogitada pela lei.

Com base nos princípios da isonomia (art. 1º, *caput*, da CRFB) e da dignidade da pessoa humana (art. 1º, III, da CRFB), cremos ser possível ingressar com a revisão criminal (art. 621, I, do CPP[16]), a fim de extrair do título penal condenatório o aumento imposto com fundamento em jurisprudência expressamente contrária ao art. 157, § 2º, I, do CP.

7. Lei excepcional e lei temporária:

7.1. Considerações iniciais:

De acordo com DINIZ (2000, p. 388/389) a lei, quanto à vigência, pode ser classificada da seguinte forma: *a)* lei de vigência indeterminada e *b)* lei de vigência determinada.

---

[16] Art. 621. A revisão dos processos findos será admitida: I – quando a sentença penal condenatória for contrária ao texto expresso da lei penal ou à evidência dos autos (...).

A primeira, nos termos do art. 2°, *caput*, da LINDB, vigora até que outra a modifique ou a revogue; a segunda, por sua vez, vige até determinado momento por ela estabelecido.

De um modo geral, as leis possuem vigência indeterminada. Por exemplo, o CP atual vigora desde o dia 1° de janeiro de 1942. E poderá viger por mais algum tempo, não sendo possível prever quando sua vigência cessará. Pode ocorrer, entretanto, que o legislador, tendo em vista algum objetivo a ser atingido, edite uma lei com prazo de vigência determinado, vinculando-a a certo período de tempo ou a alguma circunstância excepcional.

Em síntese, as leis de vigência determinada estipulam a própria cláusula revogadora. Com o advento do termo fatal (fator tempo ou circunstância excepcional), são automaticamente retiradas do ordenamento jurídico. Portanto, não necessitam de lei revogadora, característica típica das leis de vigência indeterminada.

7.2. Definições:

Prevê o CP:

> *"Art. 3°. A lei excepcional ou temporária, embora decorrido o período de sua duração ou cessadas as circunstâncias que a determinaram, aplica-se ao fato praticado durante sua vigência".*

Do dispositivo supra é possível extrair as seguintes definições:

a) **Lei temporária:** é aquela estabelecida para vigorar por um determinado período de tempo previamente fixado pelo legislador.

b) **Lei excepcional:** é aquela que vige enquanto durar certa circunstância excepcional motivadora de sua edição, tais como: guerras, catástrofes, epidemias, etc.

7.3. Características:

As leis temporárias e excepcionais possuem as seguintes características fundamentais: ultratividade e autorrevogação.

7.3.1. Ultratividade:

Assevera o art. 3° do CP que, embora decorrido o fator tempo, ou cessada a circunstância excepcional determinante, as leis temporárias e excepcionais terão incidência sobre os fatos cometidos durante a sua vigência. Significa dizer que tais leis são dotadas de ultratividade, isto é, continuam aplicáveis, ainda que revogadas. Discorrendo sobre tal característica, bem como acerca do objetivo a ser alcançado, afirma SILVA FRANCO (2001, p. 83):

> "A ultratividade dessas leis visa a frustrar o emprego de expedientes tendentes a impedir a imposição de suas sanções a fatos praticados nas proximidades de seu termo final de vigência ou da cessação das circunstâncias excepcionais que a justificam".

Mesmo diante dessa esclarecedora finalidade, parte minoritária da doutrina (COSTA JR., 1995, p. 32; GRECO, 2012, p. 114) pugna pela retroatividade benigna do ordenamento jurídico que deixa de punir o comportamento que antes era incriminado por uma lei temporária ou excepcional. Afirma-se, inclusive, que o art. 3º do CP não teria sido recepcionado pelo art. 5º, XL, da Carta Constitucional.

O raciocínio esposado sustenta o seguinte: a automática revogação da lei penal temporária ou excepcional implicaria no ressurgimento do ordenamento jurídico-penal anterior. A conduta, temporária ou excepcionalmente criminosa, voltaria a ser indiferente para o Direito Penal. Ao "renascer", o ordenamento jurídico-penal anterior, por ser mais benéfico, deveria retroagir e alcançar o fato praticado durante a égide da legislação penal temporária ou excepcional. Não deveria existir, nessa linha de raciocínio, ultratividade. O art. 3º do CP não poderia, então, prevalecer diante do art. 5º, XL, da CRFB. Como dito, trata-se de tese bem construída, mas que não deve ser acolhida.

A doutrina dominante (por todos, BITENCOURT, 2011, p. 192), partindo de uma leitura do próprio Texto Magno, afirma que nenhuma inconstitucionalidade paira sobre o art. 3º do CP, plenamente recepcionado pela CRFB. É o entendimento que nos afigura mais correto, tendo em vista que a proteção de certos bens jurídicos realmente demanda normas penais incriminadoras dotadas de tal feição. Por exemplo, se o objetivo é proteger o meio ambiente durante determinado período, a incriminação da conduta ambientalmente nociva, obviamente, deve levar em conta o aspecto temporal. No caso, o fator tempo há de ser observado pelo legislador infraconstitucional ao editar a lei ambiental. Lei que, em última análise, objetiva cumprir o que a própria Carta da República determina: a preservação do meio ambiente.

Com efeito, ao mesmo tempo em que o art. 225, § 3º, da CRFB previu que as condutas lesivas ao meio ambiente sujeitam os infratores, pessoas físicas e jurídicas, a sanções penais e administrativas, independentemente da obrigação de reparar o dano, também autorizou, por pura coerência constitucional, a construção de modelos incriminadores com caráter temporário ou excepcional, dotando-os da correspondente ultratividade. Enfim, o manejo, a nosso ver sempre excepcional, de normas penais de vigência determinada encontra alicerce na própria Carta Magna.

7.3.2. Autorrevogação:

As leis de vigência determinada são autorrevogáveis, isto é, prescindem de um novo diploma legal que lhes retire a vigência. Percorrido o período fixado, ou cessado o motivo excepcional, opera-se, de imediato, a revogação da lei.

8. Tempo do crime:

8.1. Teoria da atividade:

Dispõe o CP:

> *"Art. 4º. considera-se praticado o crime no momento da ação ou omissão, ainda que outro seja o momento do resultado".*

Adotou-se, quanto ao tempo do crime, a teoria da atividade, que considera praticado o delito no momento da ação ou omissão, ainda que outro seja o do resultado. O CP vigente, corretamente, rejeitou outras teorias existentes sobre o tema, tais como:

a) **Teoria do resultado:** considera praticado o crime no momento do resultado.

b) **Teoria mista ou da ubiquidade:** considera praticado o crime tanto no momento da conduta quanto no do resultado.

BITENCOURT (2011, p. 196) sintetiza a coerência demonstrada pelo legislador ao adotar a teoria da atividade:

> *"Adota-se, assim, a teoria da atividade, <u>pois é nesse momento que o indivíduo exterioriza a sua vontade violando o preceito proibitivo</u>. Isso evita o absurdo de uma conduta, praticada licitamente sob o império de uma lei, poder ser considerada crime, em razão de o resultado vir a produzir-se sob o império de outra lei incriminadora".* (grifo nosso)

Assim, a teoria da atividade aponta o norte a ser seguido: há de se considerar a legislação penal existente ao tempo da ação ou omissão. A importância da presente teoria pode ser observada na sua capacidade de solucionar situações concretas, tal como a relativa à imputabilidade penal. De acordo com o art. 4º do CP, a capacidade penal do agente há de ser medida por ocasião do cometimento da conduta delituosa.

Exemplo: **X**, inimputável por menoridade penal (art. 27 do CP), atenta contra a vida de **Y**. A vítima falece quando o autor já havia completado 18 (dezoito) anos. Por ser inimputável por ocasião da ação, **X** deve responder de acordo com o disposto no ECA.

8.2. Teoria da atividade e crimes plurissubsistentes, permanentes, omissivos e crime continuado:

Analisaremos, agora, as consequências da adoção da teoria da atividade nos crimes plurissubsistentes, permanentes, omissivos e no crime continuado.

Crime plurissubsistente é aquele cuja conduta pode ser fracionada, desdobrada através de vários atos. A ação de matar alguém, por exemplo, pode ser praticada mediante um golpe fatal. Pode ser, no entanto, que o homicida resolva matar a vítima por meio de contínuo envenenamento, como no caso do agente que, durante 10 (dez) dias seguidos, coloca doses de veneno na bebida da vítima, vindo esta a falecer no décimo primeiro dia. Qual seria o momento do crime? Resposta: a doutrina (por todos, COSTA JR., 2000, p. 10) considera o dia do derradeiro ato.

Crime permanente, por sua vez, é aquele cujo momento consumativo alonga-se, estende-se no tempo.

Exemplo: sequestro e cárcere privado (art. 148 do CP). Vejamos o seguinte caso: **X** é privado de sua liberdade no dia 10 janeiro de 2013. No dia 30 do mesmo mês, quando a vítima ainda se encontrava presa, surge uma nova lei alterando as penas cominadas para o delito, sendo que o agente manteve o encarceramento mesmo após a lei mais grave ter entrado em vigor. Portanto, a ofensa ao bem jurídico perdurou e ingressou já sob os ditames do novo regramento, razão pela qual este deve incidir, ainda que mais grave.

Quanto ao tempo do crime omissivo, vejamos o seguinte caso hipotético: **X**, durante 10 (dez) dias seguidos, deixa de prestar socorro a uma vítima gravemente enferma. Quando o omitente (**X**) encontrava-se no nono dia de abstenção do comportamento devido, surge uma lei nova alterando as penas cominadas para o delito de omissão de socorro (art. 135 do CP). As novas penas, mais graves, poderão ser aplicadas? A resposta é positiva, pois, quanto ao tempo do crime omissivo, deve ser considerado o instante final em que o agente ainda podia realizar o comportamento imposto pela norma penal; no caso, a prestação de socorro.

Por fim, cumpre analisar a aplicação da teoria da atividade em relação ao crime continuado (art. 71 do CP). Vejamos: **X**, num intervalo de 20 (vinte) dias, pratica uma série de 4 (quatro) crimes, todos unidos pela regra da continuidade delitiva. Os dois primeiros delitos foram cometidos quando vigorava a **Lei 1**, mais benéfica. Posteriormente, já sob a vigência de uma lei mais grave (a **Lei 2**), **X**, valendo-se das mesmas condições de tempo, lugar, maneira de execução e outras semelhantes, pratica os dois últimos delitos da série. Diante da sucessão de leis penais, qual é o tempo do crime e, portanto, a lei (**1** ou **2**) que deve incidir sobre os quatro delitos que integram a série criminosa? Acerca do tema, o STF editou a súmula 711:

> "A lei penal mais grave aplica-se ao crime continuado ou ao crime permanente, se a sua vigência é anterior à cessação da continuidade ou da permanência".

Assim, no caso acima, e nos termos da orientação sumular, a **Lei 2** (mais grave) deve reger toda a sequência de delitos, ainda que os dois primeiros tenham sido cometidos quando vigorava a lei mais branda (**Lei 1**).

Para SILVA FRANCO (2007, p. 80) a **Lei 2**, por ser mais grave, não pode alcançar os crimes (da série delitiva) cometidos sob a vigência da lei anterior (mais benéfica):

> "A questão provoca discussão acirrada na doutrina e na jurisprudência (...). No entanto, como assevera Antonio García Pablos Molina, 'o momento do cometimento do fato não resolve o problema da determinação da lei aplicável, no caso da sucessão de leis penais, que se rege por outros princípios, especialmente o da irretroatividade das disposições desfavoráveis ao réu e o da retroatividade'. Destarte, 'a lei desfavorável ao réu somente poderia ser aplicada se a totalidade de seu pressuposto tenha sido realizado plenamente na sua vigência'. Em consequência, não cabe 'estender a lei posterior desfavorável à parte das ações típicas realizadas com anterioridade à sua entrada em vigor, sob o império da lei anterior mais benigna'". (grifo nosso)

QUEIROZ (2010, p. 140) afirma que a súmula 711 do STF, particularmente quanto ao tratamento dispensado ao crime continuado, é inconstitucional, por ofender o princípio da legalidade penal:

> "A súmula, portanto, contraria claramente o princípio da legalidade em prejuízo do réu, conferindo à continuação tratamento

jurídico-penal diverso mais gravoso, além de lógica e cronologicamente insustentável".

Ainda no segmento discordante, alega BITENCOURT (2011, p. 197) que a referida súmula configura uma violação ao princípio da irretroatividade da lei penal mais grave:

> *"Admitir, como pretende a Súmula 711 do STF, a retroatividade de lei penal mais grave para atingir fatos praticados antes de sua vigência, não só viola o secular princípio da irretroatividade da lei penal, como ignora o fundamento da origem do instituto do crime continuado, construído pelos glosadores e pós-glosadores, qual seja, o de permitir que os autores do terceiro furto pudessem escapar da pena de morte. Com efeito, a longa elaboração dos glosadores e pós-glosadores teve a finalidade exclusiva de beneficiar o infrator e jamais prejudicá-lo. E foi exatamente esse mesmo fundamento que justificou o disposto no art. 5º, XL, da Constituição Federal: a lei penal não retroagirá, salvo para beneficiar o infrator. Não se pretenderá, certamente, insinuar que o enunciado da Súmula 711 do STF relativamente ao crime continuado beneficia o infrator!".*

Noutro polo, DAMÁSIO (2012, p. 146) assevera que a lei nova deve ser aplicada, *"tendo em vista a que o delinquente já estava advertido da maior gravidade da* sanctio juris, *caso 'continuasse' a conduta delituosa"*. No mesmo sentido, NORONHA (1995, p. 81), ANÍBAL BRUNO (1978, p. 272), MAYRINK (2005, p. 465), FRAGOSO (2006, p. 127), REGIS PRADO (2005, p. 204) e GRECO (2012, p. 109).

Capítulo VII

Lei Penal no Espaço

1. Considerações iniciais:

De acordo com a concepção doutrinária dominante, o conceito de Estado abrange os elementos território, povo e soberania. O CP em vigor, nos arts. 5º a 9º, elenca regras que tratam da aplicação da lei penal no espaço, assunto que possui profunda relação com a noção de Estado, a quem compete fixar o âmbito espacial de incidência do respectivo ordenamento jurídico. Assim, refletindo a soberania do Estado brasileiro, assevera o art. 5º, *caput*, do CP:

> *"Aplica-se a lei brasileira, sem prejuízo de convenções, tratados e regras de direito internacional, ao crime cometido no território nacional".*

A regra acima, ao impor a aplicação da lei brasileira ao fato delituoso ocorrido dentro do território nacional, acolheu o denominado princípio da territorialidade, o qual, no entanto, não ostenta caráter absoluto, vez que estabelece a possibilidade de a lei pátria não incidir diante de previsão contida em tratados, regras e convenções internacionais. Trata-se, portanto, de territorialidade relativa (temperada ou mitigada).

Assim, ressalvada a existência de tratados, regras e convenções internacionais, todos aqueles que vierem a praticar uma infração penal em território brasileiro estarão sujeitos à nossa lei penal.

2. Conceito de território:

O legislador não se preocupou em fornecer um conceito de território, tarefa levada a efeito pela doutrina, a partir de três enfoques distintos:

2.1. Conceito jurídico:

Segundo FRAGOSO (2006, p. 133), território, juridicamente, é o espaço onde se exerce a soberania estatal.

2.2. Conceito geográfico:

Sob o enfoque geográfico, o conceito de território abrange os seguintes elementos: solo, subsolo, rios, lagos, baías, golfos, ilhas, mar territorial, plataforma continental, bem como o espaço aéreo sobrejacente.

A porção terrestre do território brasileiro é delimitada pelas fronteiras geográficas devidamente reconhecidas. O mar territorial brasileiro, nos termos do art. 1º da Lei nº 8.617/93, compreende uma faixa de 12 (doze) milhas marítima de largura, medidas a partir da linha de baixa--mar do litoral continental e insular, tal como indicada nas cartas náuticas de grande escala, reconhecidas oficialmente no Brasil.

Por sua vez, o espaço aéreo abrange toda a camada sobrejacente ao território brasileiro, inclusive a existente sobre o mar territorial nacional. É o que está dito, a propósito, na Lei nº 7.565/86 (Código Brasileiro de Aeronáutica):

> "Art. 11. O Brasil exerce completa e exclusiva soberania sobre o espaço aéreo acima de seu território e mar territorial".

De acordo com MIRABETE (2011, p. 58) e BITENCOURT (2011, p. 202) o art. 11 do Código Brasileiro de Aeronáutica adota a chamada teoria da soberania sobre a coluna atmosférica, segundo a qual o país subjacente possui domínio total sobre o espaço aéreo situado acima do território físico e do mar territorial.

2.3. Conceito ficto:

Nos termos do art. 5º, § 1º, do CP, as embarcações e aeronaves brasileiras (de natureza pública ou a serviço do governo brasileiro) são consideradas território nacional, onde quer que se encontrem. Também o são as embarcações e aeronaves brasileiras (mercantes ou de propriedade privada) que se encontrem, respectivamente, em alto-mar ou no espaço aéreo correspondente (ao alto-mar). Trata-se daquilo que se convencionou chamar de território por extensão.

Com efeito, a regra extensiva prevista no art. 5º, § 1º, do CP não requer maior preocupação, bastando verificar a natureza da embarcação ou da aeronave. Se pública, ou a serviço do governo brasileiro, em qualquer lugar; se mercante ou privada, apenas se estiver em alto-mar ou no espaço aéreo correspondente.

Tais espaços, como se nota, são considerados, por uma ficção legal, territórios por extensão. Assim, por exemplo, a lei penal brasileira proclamou-se competente para incidir sobre um fato delituoso ocorrido dentro de um navio da Marinha do Brasil, quando ancorado em (ou navegando por) mar territorial estrangeiro. Na hipótese, a aplicação da legislação penal nacional dá-se pelo princípio da territorialidade, notadamente através do art. 5º, § 1º, do CP. O mesmo raciocínio deve ser empregado em se tratando de navio privado a serviço do governo brasileiro.

Quanto às aeronaves e embarcações estrangeiras de propriedade privada, cumpre verificar o que dispõe o art. 5º, § 2º, do CP:

> "É também aplicável a lei brasileira aos crimes praticados a bordo de aeronaves ou embarcações estrangeiras de propriedade privada, achando-se aquelas em pouso no território nacional ou em voo no espaço aéreo correspondente, e estas em porto ou mar territorial do Brasil".

A doutrina tece críticas quanto ao referido dispositivo. Diz-se que seria flagrantemente desnecessário, tendo em vista que os espaços geográficos mencionados (território nacional, espaço aéreo correspondente, porto ou mar territorial do Brasil) integram o conceito físico de território nacional, sendo o art. 5º, § 2º, do CP completamente supérfluo.

3. Princípio da territorialidade temperada:

A análise da regra mencionada no art. 5º, *caput*, do CP permite concluir que a lei penal brasileira não incide sobre todas as infrações penais ocorridas dentro do território nacional. Portanto, o princípio da territorialidade, segundo a nossa legislação, admite ressalva, motivo pelo qual é definido como relativo (temperado ou mitigado), em contraposição ao adjetivo absoluto. Não se apresenta, portanto, como algo rígido, inflexível.

Ao contrário, a expressão "sem prejuízo de convenções, tratados e regras de direito internacional" indica bem o seu caráter relativo. Assim, nem sempre a lei penal brasileira incidirá por aqui, bastando, para tanto, que existam regras jurídicas internacionais, das quais o Brasil seja signatário, que lhe afaste a aplicação.

Convém frisar, por oportuno, que tal ressalva contida no art. 5º, *caput*, do CP não viola o poder soberano estatal. Ao contrário, reafirma-o. Ao celebrar convenções e tratados internacionais, a República Federativa do Brasil o faz no pleno exercício de sua soberania, cujo conteúdo não é alterado nem enfraquecido pela restrição internacionalmente aceita.

Como exemplo de regras de Direito Internacional que afastam a incidência da lei pátria a fatos ocorridos em solo brasileiro, citamos as pertinentes às imunidades diplomáticas, assunto a ser tratado em seguida.

4. Imunidades diplomáticas:

4.1. Definição:

Vimos no item anterior que o CP acolhe o princípio da territorialidade relativa. Por conseguinte, tratados e convenções internacionais subscritos pelo Estado brasileiro podem perfeitamente afastar a incidência da nossa lei penal sobre fatos delituosos cometidos em solo nacional.

É o que se dá, por exemplo, com a Convenção de Viena Sobre Relações Diplomáticas, de 1961, aprovada pelo Decreto Legislativo nº 103/64, e promulgada pelo Decreto nº 56.435/65, e com a Convenção de Viena Sobre Relações Consulares, aprovada pelo Decreto Legislativo nº 6/67, e promulgada pelo Decreto nº 61.078/67.

Por imunidade diplomática entende-se o conjunto de regras, previstas no Direito Internacional, cujo objetivo é garantir o livre e pleno exercício da missão diplomática no exterior. Diferentemente do que pode parecer, a imunidade diplomática não configura privilégio desarrazoado e injustificado, pois, de acordo com o art. 31, nº 4, da Convenção de Viena, a imunidade perante o Estado acreditado (aquele que recebe a missão diplomática) não isenta o diplomata da jurisdição do Estado acreditante (aquele que envia a missão diplomática).

4.2. Natureza jurídica:

A respeito da natureza jurídica da imunidade diplomática, há as seguintes posições:

Segundo NUCCI (2010, p. 83), a imunidade diplomática é causa de exclusão da jurisdição local, possibilitando, por conseguinte, a incidência da jurisdição estrangeira.

Parte da doutrina, no entanto, assevera que a imunidade diplomática configura causa de exclusão da tipicidade.

Outro segmento doutrinário entende que a imunidade diplomática retrata uma causa pessoal de exclusão (ou isenção) de pena, tendo em vista que, ao excluir a incidência da lei penal do Estado acreditado, afasta, por consequência, a punibilidade decorrente do cometimento do delito. É a opinião de BITENCOURT (2011, p. 206), REGIS PRADO (2005, p. 210) e FRAGOSO (2006, p. 152).

Embora exista debate quanto à natureza jurídica do instituto, a doutrina é unânime em afirmar que a imunidade diplomática não se estende aos concorrentes (coautores e/ou partícipes) desprovidos da prerrogativa. Logo, um homicídio praticado por diplomata estrangeiro em missão no Brasil, em coautoria com pessoa não dotada da mesma imunidade, exclui a incidência da lei brasileira apenas quanto ao representante do Estado.

4.3. Providências diante de fato delituoso praticado por diplomata:

Conforme visto, a imunidade diplomática não se presta à impunidade. A lógica não é essa. O instituto jurídico em tela não foi concebido com o fim de livrar o diplomata da ação da Justiça. Tanto que a responsabilização penal perante a sua lei nacional (art. 31, nº 4, da Convenção de Viena Sobre Relações Diplomáticas) é perfeitamente possível. O alerta pretende evitar eventual compreensão equivocada, segundo a qual o diplomata seria absolutamente intocável e que, portanto, nenhuma providência do Estado brasileiro poderia ser tomada diante de um episódio criminoso que o envolvesse. Não é bem assim.

Existe a real possibilidade de um diplomata envolver-se, por exemplo, num crime de trânsito. Basta, por exemplo, que desobedeça à sinalização pertinente (com a respectiva morte de alguém) para se cogitar de crime de homicídio culposo na direção de veículo automotor (art. 302 da Lei nº 9.503/97).

Assim, pergunta-se: a imunidade diplomática impede a tomada de providências pertinentes à atividade de polícia judiciária? Obviamente, não. Como bem explica REZEK (2002, p. 163):

> *"A imunidade não impede a polícia local de investigar o crime, preparando a informação sobre a qual se presume que a Justiça do Estado de origem processará o agente beneficiado pelo privilégio diplomático".*

A afirmação de REZEK revela a importância da apuração e materialização do ocorrido. O registro do fato é absolutamente necessário, até mesmo para que as informações pertinentes possam chegar ao conhecimento das autoridades diplomáticas brasileiras, as quais, através do canal competente (Ministério das Relações Exteriores), comunicarão o incidente ao país de origem do diplomata, tudo em atenção à regra internacional prevista no art. 31, nº 4, da Convenção de Viena Sobre Relações Diplomáticas, segundo a qual a imunidade de jurisdição de um agente diplomático no Estado acreditado não o isenta da jurisdição do Estado acreditante.

Assim, a Convenção de Viena, ao mesmo tempo em que lhe confere imunidade perante a Justiça local, assegura a possibilidade de o diplomata ser penalmente responsabilizado pela Justiça do Estado de origem. Por consectário lógico, entendemos que o conjunto de procedimentos próprios (socorro à vítima, preservação do local, identificação do autor, registro da ocorrência, etc.) deve ser fielmente observado. Se necessário, nada obsta que o diplomata seja encaminhado à delegacia policial para que tais providências sejam tomadas.

A realização de perícias (de local de acidente de trânsito, por exemplo) pela Polícia Judiciária brasileira também não configura qualquer violação às prerrogativas diplomáticas, razão pela qual o veículo diplomático utilizado no crime pode e deve ser periciado. Nada além do estritamente necessário, sempre atentando para a dignidade do cargo ostentado pelo diplomata. Ao agir assim, a Polícia Judiciária apenas cumpre as providências impostas pela legislação brasileira.

Nada obstante, em nenhuma hipótese poderá o diplomata ser preso (em flagrante delito ou em decorrência de ordem judicial), conforme vedação contida no art. 29 da Convenção de Viena:

> *"A pessoa do agente diplomático é inviolável. Não poderá ser objeto de nenhuma forma de detenção ou prisão. O Estado acreditado tratá-lo--á com o devido respeito e adotará todas as medidas adequadas para impedir qualquer ofensa à sua pessoa, liberdade ou dignidade".*

No entanto, a nosso ver, nada obsta que o diplomata seja encaminhado ao órgão encarregado dos registros pertinentes à ocorrência policial, uma vez que a Convenção de Viena não impede as providências administrativas imprescindíveis para a elucidação do acontecimento. O que o Estado brasileiro não pode realizar é a lavratura do auto de prisão em flagrante em desfavor do diplomata, privando-o de sua liberdade.

Da mesma forma, o diplomata, em hipóteses excepcionais, pode ser submetido à revista pessoal, independentemente de mandado judicial. Logicamente, desde que tal providência seja indispensável e esteja de acordo com o art. 244 do CPP[17]. Afinal, não acreditamos que a Convenção de Viena tenha pretendido impedir a revista pessoal de um diplomata flagrado, por exemplo, efetuando disparos de arma de fogo na via pública. Aos que negam tal possibilidade, questionamos: o que deve fazer a Polícia? Permitir a continuidade dos disparos? Ou desarmar o diplomata? Vê-se, portanto, que algumas providências, desde que necessárias, poderão ser realizadas pelas autoridades locais.

Com efeito, como não há muitos exemplos concretos sobre o assunto, entendemos que as providências a serem tomadas pelas autoridades brasileiras em vista de um crime praticado em flagrante delito por diplomata devem ser pautadas pelo princípio da razoabilidade, além, é óbvio, pelo que dispuser a Convenção de Viena.

Partindo dessa ideia, a nosso ver não seria correto revistar um diplomata envolvido num homicídio culposo na direção de veículo automotor, vez que tal situação, numa análise preliminar, não reclama o manejo do disposto no art. 244 do CPP. Diferentemente seria se o crime fosse um homicídio doloso cometido mediante disparos de arma de fogo. Nesse caso, em nome da incolumidade pública e da segurança da própria equipe policial, a revista pessoal do diplomata seria perfeitamente razoável.

4.4. Inviolabilidade da embaixada:

Durante muito tempo entendeu-se que as sedes das embaixadas diplomáticas seriam território do Estado acreditante (Estado estrangeiro). Consequentemente, a sede da nossa embaixada em Washington/EUA seria território brasileiro por extensão. Nada mais equivocado. Na realidade, a embaixada caracteriza território do Estado acreditado (Estado local), sendo que tais espaços, por força do art. 22 da Convenção de Viena, são invioláveis:

> "*1. Os locais da Missão são invioláveis. Os agentes do Estado acreditado não poderão neles penetrar sem o consentimento do Chefe da Missão.*
> *2. O Estado acreditado tem a obrigação especial de adotar todas as medidas apropriadas para proteger os locais da Missão contra qualquer instrução ou dano e evitar perturbações à tranquilidade da Missão ou ofensas à sua dignidade.*

---

[17] Art. 244. A busca pessoal independerá de mandado, no caso de prisão ou quando houver fundada suspeita de que a pessoa esteja na posse de arma proibida ou de objetos ou papéis que constituam corpo de delito, ou quando a medida for determinada no curso de busca domiciliar.

> 3. Os locais da Missão, seu mobiliário e demais bens neles situados, assim como os meios de transporte da Missão, não poderão ser objeto de busca, requisição, embargo ou medida de execução". (grifo nosso)

5. Privilégios consulares:

Os privilégios consulares, por sua vez, encontram-se previstos na Convenção de Viena Sobre Relações Consulares. REZEK (2002, p. 160) aponta a seguinte distinção entre o diplomata e o cônsul:

> "O _diplomata_ representa o Estado de origem junto à soberania local, e para o trato bilateral dos assuntos de Estado. Já o _cônsul_ representa o Estado de origem para o fim de cuidar, no território onde atue, de interesses privados – os de seus compatriotas que ali se encontrem a qualquer título, e os elementos locais que tencionem, por exemplo, visitar aquele país, de lá importar bens, ou para lá exportar". (grifo nosso)

Com efeito, os privilégios consulares são limitados ao exercício da função consular. Gozam os cônsules de imunidade apenas no que toca aos atos de ofício. Os prédios consulares, da mesma forma, são invioláveis na estrita utilização funcional. Arquivos e documentos consulares são igualmente invioláveis.

Nos termos do art. 41 da Convenção de Viena Sobre Relações Consulares, os funcionários consulares não podem ser detidos ou presos preventivamente, exceto em caso de crime grave e em decorrência de decisão de autoridade judiciária competente. Excetuando-se tal possibilidade, não podem ser presos nem submetidos a qualquer outra forma de limitação de sua liberdade pessoal, senão em decorrência de sentença judiciária definitiva.

Pode haver instauração de processo penal contra um funcionário consular, estando este obrigado a comparecer perante as autoridades judiciárias locais, o que não ocorre em relação aos diplomatas.

6. Lugar do crime:

6.1. Considerações iniciais e teorias:

Preceitua o CP:

> "Art. 6º. Considera-se praticado o crime no lugar em que ocorreu a ação ou omissão, no todo ou em parte, bem como onde se produziu ou deveria produzir-se o resultado".

Dispõe a mencionada regra acerca do lugar do crime (*locus comissi delicti*), sendo particularmente aplicável ao chamado crime à distância, isto é, aquele em que a conduta é executada no Brasil, vindo o resultado a ocorrer em território de outro Estado (ou vice-versa). Nesse caso, surge a questão: o Brasil é lugar do crime? A respeito do tema, três teorias disputam a preferência das legislações penais modernas, a saber:

a) **Teoria da atividade:** considera praticado o crime no lugar em que ocorreu a ação ou omissão, no todo ou em parte.

b) **Teoria do resultado:** considera perpetrado o crime no lugar onde se produziu ou deveria produzir-se o resultado.

c) **Teoria da ubiquidade (ou mista):** adotada pelo art. 6º do CP, que considera cometido o crime no lugar em que ocorreu a ação ou omissão, no todo ou em parte, bem como onde se produziu ou deveria produzir-se o resultado. Como se vê, o caráter misto da teoria da ubiquidade reside na conjugação das teorias da atividade e do resultado, nisso residindo a sua importância.

Cumpre não confundir crime à distância e crime plurilocal, uma vez que este, diferentemente daquele, percorre várias localidades, mas sempre dentro do mesmo país. Por conseguinte, o art. 6º do CP não se presta a resolver situações em que a conduta e o resultado ocorrem dentro das fronteiras nacionais, ainda que em locais diferentes. Nesses casos, há simples incidência das regras processuais relativas à fixação da competência no âmbito interno, assunto disciplinado não pelo CP, mas, sim, pelo CPP, cujo art. 70, *caput*, estabelece:

> "A competência será, de regra, determinada pelo lugar em que se consumar a infração, ou, no caso de tentativa, pelo lugar em que for praticado o último ato de execução".

6.2. Aplicabilidade da teoria da ubiquidade:

Conforme dito, a incidência do art. 6º do CP é reservada aos crimes à distância.

Exemplo: X, estando no Brasil, resolve matar Y, que se encontra na Alemanha. Para tanto, envia-lhe uma encomenda explosiva. Este, ao abrir o pacote, morre em virtude das lesões provocadas pela explosão. Nota-se que a conduta foi perpetrada em solo brasileiro, ao passo que o resultado ocorreu em território estrangeiro. Nos termos do art. 6º do CP, o Brasil é considerado lugar do crime, pois a conduta deu-se no território nacional. Se, hipoteticamente, o CP tivesse adotado a teoria do resultado, o Brasil não seria *locus comissi delicti*. Da mesma forma, se o CP alemão tivesse acolhido a teoria da atividade, a Alemanha também não seria lugar do crime. Haveria, então, um vácuo legal. Portanto, andou bem a lei brasileira ao acolher a regra da ubiquidade, evitando o referido problema e, em última análise, qualquer sentimento de impunidade. Neste sentido, leciona BITENCOURT (2011, p. 203):

> "Com a doutrina mista <u>evita-se o inconveniente dos conflitos negativos de jurisdição</u> (o Estado em que ocorreu o resultado adota a teoria da ação e vice-versa) e soluciona-se a questão do crime à distância, em que a ação e o resultado realizam-se em lugares diversos". (grifo nosso)

Cumpre ressaltar, ainda, que a redação do art. 6º do CP alcança até mesmo os casos de tentativa, ou seja, quando o resultado não é produzido por circunstâncias alheias à vontade do agente (art. 14, II, do CP).

Exemplo: X, com intenção de matar, estando no lado venezuelano da fronteira Venezuela-Brasil, efetua disparos de arma de fogo contra Y, que se encontra em solo brasileiro. A vítima, embora atingida no tórax, sobrevive às lesões. O resultado morte não ocorreu; porém, caso ocorresse, aqui seria produzido. Logo, é possível afirmar que o Brasil é lugar do crime, interpretação que se extrai da expressão "ou deveria produzir-se o resultado".

Questão interessante surge quando apenas uma parte do resultado é produzida no Brasil. Segundo BITENCOURT (2007, p. 19), como o CP refere-se à parte da ação ou omissão, não fazendo alusão à parte do resultado, o art. 6º do CP, na presente hipótese, não poderia ser aplicado para definir o Brasil como lugar do crime.

DAMÁSIO (2009, p. 23), por sua vez, afirma que:

> "O legislador referiu-se à ação ou omissão, no todo ou em parte (grifo nosso). Silenciou, porém, quanto à produção, em parte, do resultado. A omissão não prejudica a aplicação de nossa lei, uma vez que parte do resultado ainda é resultado".

A opinião correta, a nosso ver, está com DAMÁSIO. Se o legislador almejou alcançar, por meio da regra da ubiquidade, até mesmo os casos em que o resultado não se produz em solo brasileiro, embora nele devesse ser produzido, certamente o pretendeu quando apenas uma parte do resultado é produzida no Brasil.

No entanto, nos termos do art. 6º do CP, a teoria da ubiquidade não alcança os meros atos preparatórios realizados no Brasil.

Exemplo: **X** adquire veneno em solo brasileiro. Em seguida, viaja para a Alemanha e mata **Y**. Tal fato não se enquadra na previsão contida no art. 6º do CP, uma vez que a execução não foi realizada no Brasil. A aquisição da substância configura preparação do delito de homicídio perpetrado em solo alemão. E, conforme veremos no capítulo XVIII, a fase preparatória, nos termos do art. 14, II, do CP, é impunível.

Da mesma forma, o art. 6º do CP não se aplica aos casos de conexão delitiva.

Exemplo: **X** comete um crime de furto no estrangeiro. Já em solo brasileiro, pede que **Y** transporte a coisa, estando este ciente da origem criminosa da *res furtivae*. A lei penal nacional alcança apenas o fato cometido por **Y** (crime de receptação própria, art. 180, *caput*, 1ª parte, do CP).

7. Extraterritorialidade:

7.1. Definição:

Embora a lei penal incida, em regra, sobre fatos delituosos ocorridos dentro do território nacional (princípio da territorialidade, art. 5º, *caput*, do CP), os Estados, soberanamente, costumam estender o alcance da respectiva ordem jurídica a episódios sucedidos fora de suas fronteiras. É a chamada extraterritorialidade da lei penal, isto é, aplicação da lei penal a um delito ocorrido no estrangeiro.

7.2. Espécies:

O art. 7º do CP classifica o instituto da extraterritorialidade em duas categorias:

a) **Extraterritorialidade incondicionada:** quando a aplicação da lei brasileira não se submete a qualquer condição.

b) **Extraterritorialidade condicionada:** quando a incidência da lei brasileira, ao contrário, depende do preenchimento de certos requisitos legais.

7.2.1. Extraterritorialidade incondicionada:

A incidência da lei brasileira, nos casos de extraterritorialidade incondicionada, não se subordina a qualquer condição. Tais hipóteses encontram-se previstas no art. 7º, I, do CP. Assim, em nome de alguns interesses, tidos pelo Estado brasileiro como de suma importância, possibilita-se a aplicação da lei nacional ao fato criminoso ocorrido no estrangeiro. Conforme prevê o art. 7°, § 1°, do CP, nem mesmo a existência de um provimento jurisdicional de outro Estado afasta tal incidência. A nosso ver, essa postura rigorosa do CP brasileiro é justificada, não havendo qualquer violação a preceito de Direito Interno ou Internacional.

Ousamos discordar, portanto, de BITENCOURT (2011, p. 204), para quem a previsão contida no parágrafo 1° do art. 7° do CP configura injustificável dupla punição. A nosso ver, tendo em vista a magnitude do interesse que se procura tutelar, justifica-se a incondicionalidade das hipóteses do art. 7°, I, do CP. Ademais, o art. 8° do CP impede que o agente enquadrado num dos casos de extraterritorialidade incondicionada possa ser duplamente punido pelo mesmo fato, não havendo qualquer violação do princípio do *ne bis in idem*, o qual veda a dupla punição pelo mesmo fato.

7.2.1.1. Hipóteses e princípios inerentes:

As hipóteses de extraterritorialidade incondicionada estão arroladas no art. 7°, I, alíneas *a*, *b*, *c* e *d*, do CP. Vejamos cada uma delas, bem como os princípios adotados:

a) **Art. 7°, I, *a*, do CP:** preceitua que a lei penal brasileira alcança o crime praticado no estrangeiro contra a vida ou liberdade do presidente da República. Trata-se do princípio da defesa, real ou de proteção, cuja essência leva em consideração a nacionalidade do bem jurídico lesado ou exposto a perigo de lesão, independentemente do local da infração penal ou da nacionalidade do sujeito ativo.

Nos termos do art. 7°, I, *a*, do CP, a investida contra a vida ou liberdade do presidente da República autoriza a aplicação incondicional da lei brasileira. Nem mesmo a denominada dupla tipicidade (previsão do fato como crime na lei nacional e na estrangeira) é requisito para a sua incidência. Assim, o homicídio praticado contra o presidente da República (art. 121 do CP, ou, conforme o caso, art. 29 da Lei n° 7.170/83 – Lei de Segurança Nacional) possibilita a aplicação da lei brasileira. O mesmo acontecerá se alguém induzir, instigar ou auxiliar o presidente da República a cometer suicídio (art. 122 do CP). Igualmente se for crime contra a liberdade individual (arts. 146 a 154 do CP, ou, conforme o caso, art. 28 da Lei n° 7.170/83).

Discute-se, no entanto, se o crime de roubo seguido de morte (latrocínio, art. 157, § 3°, parte final, do CP) estaria incluído na regra do art. 7°, I, *a*, do CP. Sobre a questão, aduz MIRABETE (2011, p. 62):

"Como a lei se utiliza de expressões técnicas, a redação do dispositivo faz com que não se possam incluir crimes graves como latrocínio, extorsão mediante sequestro etc., que são considerados como crimes contra o patrimônio".

Discordamos da posição de MIRABETE. Explicamos. Em primeiro lugar, não se discute que o latrocínio, sistematicamente, não é crime contra a vida. Tanto que a competência para julgá-lo não é afeta ao Tribunal do Júri (art. 5º, XXXVIII, *d*, da CRFB), mas ao juízo comum. No entanto, também não se olvida que o delito em tela protege, além do patrimônio, a vida humana. Assim, entendemos que a expressão "crime contra a vida do Presidente da República" não deve ser interpretada de modo a abarcar apenas os delitos previstos no capítulo I do Título I da Parte Especial do CP (arts. 121 e 122), mas, igualmente, qualquer infração penal que tenha a morte como resultado agravador, exatamente o que acontece com o latrocínio e a extorsão qualificada pelo resultado morte (art. 158, § 2º, do CP), dentre outros. E, pelas mesmas razões, defendemos que a extorsão mediante sequestro (art. 159 do CP), embora sistematicamente relacionada dentre os crimes patrimoniais (capítulo II do Título II da Parte Especial do CP), também autoriza a aplicação incondicional da lei penal brasileira quando cometida contra o presidente da República.

***b*) Art. 7º, I, *b*, do CP:** versa sobre o princípio da defesa, real ou de proteção. Refere-se o dispositivo aos crimes contra o patrimônio (arts. 155 a 180 do CP) ou contra a fé pública (arts. 289 a 311 do CP) da União, do Distrito Federal, de Estado, de Território, de Município, de empresa pública, sociedade de economia mista, autarquia ou fundação instituída pelo Poder Público, quando praticados no estrangeiro.

Exemplo: falsificação de Real (art. 289 do CP) e falsificação de documento público brasileiro (art. 297 do CP).

***c*) Art. 7º, I, *c*, do CP:** trata-se da extraterritorialidade relativa a crimes cometidos contra a administração pública (arts. 312 a 326 do CP), por quem está a seu serviço. Adotou-se, igualmente, o princípio da defesa, real ou de proteção.

Exemplo: um servidor público federal, exercendo as suas funções no exterior, solicita vantagem indevida em razão do cargo, a fim de realizar ato de ofício. Incorre no crime de corrupção passiva (art. 317 do CP).

***d*) Art. 7º, I, *d*, do CP:** dispõe sobre a extraterritorialidade do crime de genocídio, quando o agente for brasileiro ou domiciliado no Brasil.

O genocídio está tipificado nos arts. 1º a 3º da Lei nº 2.889/56, sendo considerado crime hediondo pelo art. 1º, parágrafo único, da Lei nº 8.072/90. No plano internacional, o genocídio está definido nos arts. 1º, a, e 6º do Estatuto de Roma, internamente aprovado pelo Decreto Legislativo nº 112/02, e promulgado pelo Decreto nº 4.388/02.

A doutrina diverge quanto ao princípio consagrado na alínea d. Para NORONHA (1995, p. 88), DOTTI (2005, p. 280), FRAGOSO (2006, p. 141), REGIS PRADO (2005, p. 206), MAYRINK (2005, p. 505) e SILVA FRANCO (2001, p. 98), o art. 7º, I, d, do CP, consagra o princípio da defesa, real ou da proteção.

BITENCOURT (2011, p. 204), DAMÁSIO (2012, p. 172), CIRINO (2006, p. 43), QUEIROZ (2010, p. 145), MIRABETE (2011, p. 63), CAPEZ (2006, p. 92), REALE JR. (2004, p. 111), DELMANTO (2007, p. 34) e NUCCI (2010, p. 100) afirmam que o princípio acolhido é o da justiça universal, cosmopolita ou da competência penal universal, pois a punição do genocida interessa a toda comunidade internacional.

Em todos os casos de extraterritorialidade incondicionada o agente é punido segundo a lei penal brasileira, ainda que absolvido ou condenado no estrangeiro (art. 7º, § 1º, do CP).

7.2.2. Extraterritorialidade condicionada:

Diferentemente, nas hipóteses elencadas no art. 7º, II, do CP, a incidência da lei penal brasileira depende do preenchimento de alguns requisitos. É o que está dito no parágrafo 2º do mesmo artigo. Logo, eventual ação estatal a ser desencadeada exigirá prévia análise das condições legais.

7.2.2.1. Hipóteses e princípios inerentes:

As hipóteses de extraterritorialidade condicionada estão arroladas no art. 7º, II, alíneas a, b e c, do CP, bem como no parágrafo 3º do mesmo artigo. Vejamos cada uma delas, bem como os princípios adotados:

a) **Art. 7º, II, *a*, do CP:** adota-se o princípio da justiça universal, cosmopolita ou da competência penal universal. Em síntese, tal princípio consagra a noção de universalidade, de forma que determinados delitos possam ser reprimidos pela comunidade internacional, não importando o lugar do fato, a nacionalidade do agente ou do sujeito passivo, o bem jurídico envolvido, dentre outros aspectos.

Por conseguinte, através do princípio da justiça universal alargam-se as possibilidades de aplicação da lei brasileira a fatos delituosos ocorridos no estrangeiro. Para tanto, é preciso que o Brasil tenha assumido o compromisso de reprimi-los, o que se dá por meio da celebração de tratados, convenções ou regras de Direito Internacional (devidamente resolvidos pelo Congresso Nacional, conforme art. 49, I, da CRFB) e desde que presentes as condições legais pertinentes (art. 7°, § 2°, do CP). É o que acontece, por exemplo, com os crimes de tráfico ilícito de drogas e de pessoas, dentre outros.

b) **Art. 7°, II, *b*, do CP:** acolhe-se o princípio da nacionalidade ou personalidade ativa, segundo o qual os Estados possuem nítido interesse em punir seu respectivo nacional, pois a norma penal o acompanha, tornando-o responsável pelos fatos praticados no estrangeiro.

c) **Art. 7°, II, *c*, do CP:** versa sobre o princípio da representação ou da bandeira, o qual permite a aplicação da lei brasileira a fatos cometidos a bordo de aeronaves ou embarcações brasileiras, mercantes ou de propriedade privadas, quando em território estrangeiro e aí não sejam julgados.

Assim, o delito praticado a bordo de navio privado brasileiro navegando em mar territorial estrangeiro poderá ser julgado de acordo com a lei pátria, desde que não o seja conforme a lei local. Igual raciocínio deve ser empregado quando se tratar de aeronave privada brasileira sobrevoando território estrangeiro.

d) **Art. 7°, § 3°, do CP:** trata-se do princípio da defesa, real ou de proteção. O dispositivo contempla a extraterritorialidade da lei penal brasileira diante de crime cometido por estrangeiro contra brasileiro fora do Brasil.

7.2.2.2. Condições:

No caso de extraterritorialidade condicionada, a aplicação da lei penal brasileira, nos termos do art. 7°, § 2°, do CP, depende da reunião das seguintes condições:

a) **Entrar o agente no território nacional:**

A entrada pode ser voluntária ou forçada. Basta que se comprove a entrada do agente em solo pátrio, ainda que dele se afaste posteriormente. Contudo, conforme lembra NUCCI (2010, p. 101), se o réu, citado por edital, tornar-se revel, há suspensão do processo e da prescrição.

b) **Ser o fato punível também no país em que foi praticado:**

Exige-se, como uma das condições, a dupla tipicidade, ainda que as denominações dadas ao crime sejam diferentes em cada um dos países envolvidos.

c) **Estar o crime incluído entre aqueles pelos quais a lei brasileira autoriza a extradição:**

Os arts. 76 a 94 da Lei n° 6.815/80 disciplina o instituto da extradição, instrumento pelo qual o Estado entrega a outro país uma pessoa acusada ou condenada para que possa ser julgada ou submetida à execução penal. Nos termos do art. 102, I, *g*, da CRFB, compete ao STF decidir a respeito do pedido de extradição formulado por Estado estrangeiro.

d) **Não ter sido o agente absolvido no estrangeiro ou não ter aí cumprido a pena:**

A absolvição do agente no estrangeiro afasta a incidência da lei brasileira, o mesmo acontecendo se já tiver cumprido a pena imposta pelo Estado estrangeiro.

e) **Não ter sido o agente perdoado no estrangeiro ou, por outro motivo, não estar extinta a punibilidade, segundo a lei mais favorável:**

As causas extintivas da punibilidade (extintivas do poder de punir do Estado), de um modo geral, estão arroladas no art. 107 do CP, a saber: morte do agente, anistia, graça, indulto, *abolitio criminis*, prescrição, decadência, perempção, renúncia do direito de queixa, perdão, retratação e perdão judicial.

A extinção da punibilidade, sempre sob a ótica da lei mais favorável, impede a aplicação da lei brasileira sobre o fato ocorrido no estrangeiro.

Exemplo: se o delito estiver prescrito de acordo com a lei nacional ou estrangeira.

7.3. Extraterritorialidade no Direito Penal Militar:

O art. 7° do CPM[18], diversamente da legislação penal comum, acolheu, em relação aos fatos delituosos ocorridos no estrangeiro, a cha-

---

[18] Art. 7º. Aplica-se a lei penal militar, sem prejuízo de convenções, tratados e regras de direito internacional, ao crime cometido, no todo ou em parte no território nacional, ou fora dele, ainda que, neste caso, o agente esteja sendo processado ou tenha sido julgado pela justiça estrangeira.
1°. Para os efeitos da lei penal militar consideram-se como extensão do território nacional as aeronaves e os navios brasileiros, onde quer que se encontrem, sob comando militar ou militarmente utilizados ou ocupados por ordem legal de autoridade competente, ainda que de propriedade privada.
2º. É também aplicável a lei penal militar ao crime praticado a bordo de aeronaves ou navios estrangeiros, desde que em lugar sujeito à administração militar, e o crime atente contra as instituições militares.
3º. Para efeito da aplicação deste Código, considera-se navio toda embarcação sob comando militar.

mada extraterritorialidade incondicionada. Não há, portanto, qualquer condição a ser preenchida para efeito de incidência da lei penal militar a crimes militares ocorridos no estrangeiro. Analisando as razões de tal diversidade de tratamento, SARAIVA (2009, p. 42) explica que:

> "Porém, enquanto no Direito Penal comum reina discussão sobre quais teorias ou critérios legitimam cada uma das hipóteses de aplicação extraterritorial da lei penal (art. 7º, I e II, do CP), no Direito Penal Militar não há espaço para nenhuma controvérsia, pois, como dito, é da própria natureza do jus bellum sua aplicação extraterritorial, sob o manto solitário e suficiente do Princípio da Soberania (p. da Defesa), isto é, a peregrinação das Forças Armadas e os interesses das Instituições Militares (aqui ou alhures) representam a própria soberania do Estado, merecendo, portanto, a máxima e onipresente tutela legal".

7.4. Extraterritorialidade na Lei de Tortura:

A Lei nº 9.455/97 incriminou a prática da tortura. Por meio dela, uma nova hipótese de extraterritorialidade foi introduzida na legislação penal brasileira. Com efeito, dispõe o art. 2º da Lei de Tortura:

> "O disposto nesta Lei aplica-se ainda quando o crime não tenha sido cometido em território nacional, sendo a vítima brasileira ou encontrando-se o agente em local sob jurisdição brasileira".

Tal previsão decorre de compromisso assumido pelo Estado brasileiro perante a comunidade internacional. Ao ratificar a Convenção contra a Tortura e Outros Tratamentos ou Penas Cruéis, Desumanos ou Degradantes, aprovada pelo Decreto Legislativo nº 04/89, e promulgada pelo Decreto nº 40/91, o Brasil aceitou a norma internacional contida no art. 5º da Convenção:

> "1. Cada Estado Parte tomará as medidas necessárias para estabelecer sua jurisdição sobre os crimes previstos no Artigo 4º nos seguintes casos:
> a) quando os crimes tenham sido cometidos em qualquer território sob sua jurisdição ou a bordo de navio ou aeronave registrada no Estado em questão;
> b) quando o suposto autor for nacional do Estado em questão;
> c) quando a vítima for nacional do Estado em questão e este o considerar apropriado.
> (...)".

Como não se exige qualquer condição de procedibilidade, é possível afirmar que a extraterritorialidade contida no art. 2º da Lei de Tortura é de natureza incondicional (NUCCI, 2006, p. 745).

8. Pena cumprida no estrangeiro:

8.1. Considerações iniciais:

Dispõe o CP:

> "Art. 8º. A pena cumprida no estrangeiro atenua a pena imposta no Brasil pelo mesmo crime, quando diversas, ou nela é computada, quando idênticas".

Quando do estudo do art. 7º do CP, vimos que a adoção do princípio da extraterritorialidade incondicionada permite haver duplo processo pelo mesmo fato delituoso. Tal aparente rigor da lei penal pátria é devidamente amenizado pela regra do art. 8º do CP, evitando-se a dupla punição, sob o prisma penal, do mesmo fato. O dispositivo em tela ratifica o princípio do *ne bis in idem*, motivo pelo qual não pode ser taxado de inconstitucional. Não concordamos, assim, com o entendimento de NUCCI (2010, p. 110):

> "Essa previsão legislativa não se coaduna com a garantia constitucional de que ninguém pode ser punido ou processado duas vezes pelo mesmo fato – consagrada na Convenção Americana dos Direitos Humanos, em vigor no Brasil, e cuja porta de entrada no sistema constitucional brasileiro dá-se pela previsão feita no art. 5º, § 2º, da Constituição Federal". (grifo nosso)

A nosso ver, haveria inconstitucionalidade se a legislação penal brasileira desconsiderasse o *quantum* de pena cumprido no estrangeiro, o que, no entanto, não acontece.

8.2. Diversidade quantitativa e diversidade qualitativa:

A regra do art. 8º do CP impõe, necessariamente, que se proceda a uma análise comparativa das penas (nacional e estrangeira) aplicáveis. Pode ser que as sanções (no estrangeiro e no Brasil) sejam absolutamente idênticas (quantitativa e qualitativamente). Nesse caso, a pena efetivamente cumprida no estrangeiro será, simplesmente, computada naquela a ser cumprida no Brasil. Nada restará a ser executado por aqui. Para tanto, será preciso trazer aos autos informação do *quantum* efetivamente executado no estrangeiro. Se o agente, embora condenado, fugiu e obstou a execução, deverá cumprir a totalidade da sanção imposta no Brasil.

Pode ser, no entanto, que sejam diversas, quantitativa ou qualitativamente. A diversidade quantitativa não causa problema. Basta comparar as sanções impostas. Se a pena estrangeira (dez anos de reclusão, por exemplo) for mais severa do que a brasileira (oito anos de reclusão, por exemplo), dar-se-á a pena imposta no Brasil por cumprida. Contudo, se a nossa reprimenda for mais severa, a estrangeira apenas atenuará aquela a ser cumprida aqui. Invertendo-se os parâmetros anteriores, restariam 2 (dois) anos a serem executados.

Nada obstante tal facilidade, havendo diversidade qualitativa, por falta de critérios legais, o raciocínio a respeito da atenuação da pena a ser imposta no Brasil exigirá uma análise mais acurada.

Exemplo: imaginemos que a pena cumprida no estrangeiro tenha natureza corporal. Como se sabe, alguns países ainda possuem sanções assim. No Brasil, pelo mesmo fato, o agente foi condenado a uma pena privativa de liberdade (vinte anos de reclusão, por exemplo). Dependendo das características da pena corporal cumprida no estrangeiro, a atenuação poderá ser maior ou menor. Mas de quanto seria a atenuação? Resposta: impossível dizer de antemão, pois o CP não fixou parâmetros seguros para tal raciocínio. Será necessário analisar cada caso, sempre levando em conta os fins e princípios norteadores da teoria da pena, notadamente o da proporcionalidade.

Em suma, nas hipóteses de extraterritorialidade incondicionada (art. 7º, I, do CP), o Brasil proclamou-se competente para julgar o fato praticado no estrangeiro, podendo haver dois processos penais sobre a mesma hipótese, sendo certo afirmar que a decisão judicial a ser proferida em solo pátrio não está vinculada a qualquer medida adotada pelo país onde se deu o fato criminoso (e vice-versa). Portanto, o agente pode ser condenado ou absolvido nos dois países, bem como condenado num e absolvido noutro.

9. Eficácia de sentença estrangeira:

9.1. Considerações iniciais:

Preconiza o CP:

> "Art. 9º. A sentença estrangeira, quando a aplicação da lei brasileira produz na espécie as mesmas consequências, pode ser homologada no Brasil para:

I - obrigar o condenado à reparação do dano, a restituições e a outros efeitos civis;
II - sujeitá-lo a medida de segurança.
Parágrafo único. A homologação depende:
a) para os efeitos previstos no inciso I, de pedido da parte interessada;
b) para os outros efeitos, da existência de tratado de extradição com o país de cuja autoridade judiciária emanou a sentença, ou, na falta de tratado, de requisição do Ministro da Justiça".

O Estado, ao prolatar uma sentença penal condenatória, atua de forma soberana. Por conseguinte, somente as sanções penais impostas por autoridades judiciárias do Brasil poderão ser executadas por aqui. PACELLI (2008, p. 774), através de um exemplo bem esclarecedor, aponta as consequências que poderiam advir caso uma sanção penal estrangeira pudesse ser executada no Brasil:

> *"Assim, atos executórios partindo de autoridade estrangeira confrontariam o princípio da soberania nacional, podendo, em tese, ultrapassar limites materiais constitucionais. Por exemplo: a prisão de nacional por sentença estrangeira equivaleria à violação da norma constitucional que veda a extradição do brasileiro nato".*

No entanto, segundo o art. 9º do CP, o ordenamento jurídico brasileiro, em hipóteses específicas, permite que uma decisão estrangeira possa produzir efeitos no Brasil, desde que devidamente homologada.

9.2. Hipóteses de homologação de sentença estrangeira:

Prevê o art. 9º, I e II, do CP a possibilidade de uma sentença estrangeira ser homologada no Brasil, especificamente para o fim de obrigar o condenado à reparação do dano, a restituições e a outros efeitos civis, bem como para sujeitá-lo à medida de segurança, donde se extrai a seguinte conclusão: em nenhuma hipótese uma sentença penal condenatória estrangeira poderá ser homologada, a fim de obrigar o agente, que aqui se encontra, a cumprir pena imposta por outro Estado. Diante de tal impossibilidade, o Estado estrangeiro, se estiver interessado, deverá requerer a sua extradição.

9.3. Homologação de sentença estrangeira e medida de segurança:

De acordo com o art. 9º, II, do CP, a sentença estrangeira pode ser homologada para o fim de imposição de medida de segurança. Esta, segundo REGIS PRADO (2005, p. 743) e QUEIROZ (2010, p. 437), configura espécie do gênero sanção penal.

Com efeito, trata-se a medida de segurança de sanção penal aplicável aos inimputáveis (art. 26, *caput*, do CP), isto é, pessoas desprovidas de capacidade de entendimento ou de autodeterminação, bem como, excepcionalmente, aos semi-imputáveis (art. 26, parágrafo único, c/c art. 98 do CP), ou seja, indivíduos com capacidade de entendimento ou de autodeterminação diminuída e que, por conseguinte, necessitem de especial tratamento curativo.

De acordo com a legislação brasileira, a imposição de uma medida de segurança depende da constatação, por meio de um processo penal, de que o inimputável praticou um fato típico e ilícito, ou seja, um injusto penal. Tendo em vista que os Estados são soberanos para decidir a respeito do tratamento a ser conferido aos imputáveis e inimputáveis, questiona-se: pode haver homologação de sentença estrangeira para sujeitar um imputável a uma medida de segurança? A resposta é negativa, uma vez que, nos termos da lei brasileira, a medida de segurança não se destina ao imputável.

9.4. Competência para homologação de sentença estrangeira:

Tendo em vista o disposto no art. 105, I, *i*, da CRFB, com a redação estabelecida pela EC nº 45/04, a homologação de sentença estrangeira, para os fins do art. 9º do CP, compete ao Superior Tribunal de Justiça, incumbindo-lhe realizar uma análise comparativa das legislações envolvidas. Assim, cabe à Corte verificar, dentre outros aspectos, se o fato tratado na sentença penal condenatória estrangeira também configura crime no Brasil (dupla tipicidade).

9.5. Desnecessidade de homologação de sentença estrangeira:

Em alguns casos, não haverá necessidade de homologação. Por exemplo, a condenação estabelecida no estrangeiro pode ser considerada no Brasil para efeito de reincidência, instituto previsto no art. 63 do CP:

> "Verifica-se a reincidência quando o agente comete novo crime, depois de transitar em julgado a sentença que, no País ou <u>no estrangeiro</u>, o tenha condenado por crime anterior". (grifo nosso)

A condição de reincidente enseja uma circunstância agravante genérica (art. 61, I, do CP). Assim, surge a seguinte questão: considerando que o agente praticou um dos delitos no estrangeiro, tendo sido definitivamente condenado, vindo, 3 (três) anos depois, a cometer novo crime no Brasil, a aplicação da referida agravante depende de homologação, pelo STJ, da sentença penal condenatória estrangeira? A resposta é negativa, tendo em vista que a reincidência decorre da simples existência de uma sentença penal condenatória que, no País ou no estrangeiro, tenha condenado o agente por crime anterior. Nenhuma homologação precisa ser deflagrada junto ao STJ. A juntada da sentença penal condenatória (devidamente traduzida) aos autos do processo que tramita no Brasil é suficiente para que o magistrado possa aplicar a agravante genérica em questão.

O mesmo raciocínio deve ser empregado quanto o objetivo for impedir a suspensão condicional do processo, benefício que, dentre outros requisitos, exige que o agente não tenha sido condenado por outro crime (art. 89, *caput*, da Lei n° 9.099/95).

Da mesma forma, a sentença penal condenatória estrangeira, independentemente de homologação, acarreta as seguintes consequências jurídicas, dentre outras: *a)* gera maus antecedentes (art. 59, *caput*, do CP), *b)* obsta a suspensão condicional da pena (art. 77, I, do CP) ou determina a sua revogação (art. 81, I, do CP), *c)* prorroga o prazo do livramento condicional (art. 83, II, do CP).

10. Contagem do prazo:

10.1. Prazo penal:

Preceitua o CP:

> "Art. 10. O dia do começo inclui-se no cômputo do prazo. Contam-se os dias, os meses e os anos pelo calendário comum".

Trata o art. 10 do CP do denominado prazo penal. De acordo com a regra acima, o dia do começo deve ser incluído no cômputo do prazo. Por conseguinte, a fração de dia (hora) deve ser contada como se fosse um dia inteiro. Prazos relativos ao tempo do crime, ao cumprimento da pena, à prescrição, à decadência, à prisão temporária, dentre outros, são de natureza penal. Enfim, qualquer prazo relativo ao direito de punir do Estado submete-se à regra em comento.

Exemplo: se um mandado de prisão temporária de 5 (cinco) dias (Lei nº 7.960/89) for cumprido às 23h20 do dia 10 de determinado mês, a soltura do preso deverá ocorrer às 24h do dia 14, tendo em vista que a fração do dia inicial será computada como um dia inteiro.

Exemplo: uma pena de um mês de detenção, iniciada às 22h do dia 02 de abril, extinguir-se-á às 24h do dia 1º de maio do mesmo ano. O dia 02 de abril será o primeiro dia de cumprimento de pena, independentemente de o agente ter ficado preso apenas por duas horas.

O art. 10 do CP prevê, ainda, que os dias, meses e anos devem ser contados de acordo com o calendário comum, isto é, o gregoriano. Consequentemente, os meses não são contados pelo exato número de dias que possuem. Independentemente do número de dias (28, 29, 30 ou 31) previsto no calendário, o mês deve ser sempre contado a partir de determinado dia, até a véspera do mesmo dia no mês seguinte.

Exemplo: no dia 14 de março, às 24h, dar-se-á por cumprido o primeiro mês de uma pena privativa de liberdade iniciada no dia 15 de fevereiro, independentemente de se tratar de ano bissexto ou não.

Cabe ressaltar, outrossim, que os prazos penais são improrrogáveis. Logo, se uma infração penal prescrever num sábado ou domingo, o prazo prescricional, por ser de natureza penal, não se estenderá até a segunda-feira.

10.2. Prazo processual penal:

Diferentemente, em se tratando de prazo processual penal, o dia do começo deve ser excluído do cômputo do prazo, devendo ser incluído o do vencimento. Os prazos recursais, isto é, aqueles que regulam a interposição de recursos previstos no Estatuto Processual Penal, são de natureza processual penal, razão pela qual sofrem a incidência da regra prevista no art. 798, § 1º, do CPP. O prazo processual penal, ao contrário, é prorrogável.

11. Frações não computáveis na pena:

Prevê o CP:

> "Art. 11. Desprezam-se, nas penas privativas de liberdade e nas restritivas de direitos, as frações de dia, e, na pena de multa, as frações de cruzeiro".

De acordo com o dispositivo em tela, devem-se desprezar as frações de dia, isto é, as horas, bem como as frações de Real, ou seja, os centavos.

Exemplo: o juiz, ao condenar o réu, fixa a pena-base em 8 (oito) meses e 15 (quinze) dias. Em seguida, tendo em vista a existência de uma causa legal de aumento de pena, majora a reprimenda de metade, resultando num aumento de 4 (quatro) meses, 7 (sete) dias e 12 (doze) horas. Somando-se a pena-base e o *quantum* exasperador, temos: 1 (um) ano, 22 (vinte e dois) dias e 12 (doze) horas. Por força do art. 11 do CP, as frações de dia não serão consideradas. A pena final de do réu, então, será: 1(um) ano e 22 (vinte e dois) dias.

O mesmo raciocínio deve ser empregado quanto à pena de multa. Com efeito, as frações da moeda vigente, ou seja, do Real, não são levadas em conta. Assim, se o cálculo final pertinente à pena de multa resultar em R$ 56.347,87, os centavos serão desprezados.

12. Legislação especial:

Estabelece o CP:

> "Art. 12. As regras gerais deste Código aplicam-se aos fatos incriminados por lei especial, se esta não dispuser de modo diverso".

O CP em vigor (Decreto-lei nº 2.848/40) é, efetivamente, o documento penal básico, o mais importante da legislação penal brasileira. Na sua Parte Geral (arts. 1º ao 120) estão previstas as regras gerais de aplicação da legislação penal como um todo. A Parte Especial (arts. 121 ao 361), por sua vez, consolida os principais crimes previstos no ordenamento jurídico. Obviamente, o CP não esgota as infrações penais existentes no Brasil. Também não exaure a disciplina normativa pertinente. Há, ainda, a chamada legislação penal extravagante, tais como a Lei de Drogas (Lei nº 11.343/06), o Estatuto do Desarmamento (Lei nº 10.826/03), a Lei de Tortura (Lei nº 9.455/97), o Código de Trânsito Brasileiro (Lei nº 9.503/97), a Lei dos Crimes Hediondos (Lei nº 8.072/90), a Lei dos Crimes Ambientais (Lei nº 9.605/98), apenas para citar algumas.

De acordo com o art. 11 do CP, a lei especial, caso venha a disciplinar determinado tema de forma diversa daquela prevista no CP, deve prevalecer.

Exemplo: a Lei de Tortura prevê uma hipótese de extraterritorialidade incondicionada distinta das existentes no art. 7º do CP. Vejamos o que estabelece o art. 2º da Lei de Tortura:

> *"O disposto nesta Lei aplica-se ainda quando o crime não tenha sido cometido em território nacional, sendo a vítima brasileira ou encontrando-se o agente em local sob jurisdição brasileira".*

Com base nesse dispositivo, integrante da legislação penal extravagante, a Lei nº 9.455/97 alcança o crime de tortura praticado contra brasileiro no exterior, independentemente de qualquer condição. Consequentemente, a extraterritorialidade incondicionada prevista na Lei nº 9.455/97 prevalece diante das regras contidas no art. 7º, II, *a*, e § 3º, do CP, que versam sobre casos de extraterritorialidade condicionada.

Capítulo VIII

Conceito de Crime

1. Considerações iniciais:

Iniciamos, no presente capítulo, o estudo daquele que acreditamos ser o mais importante e apaixonante tema do Direito Penal. É exatamente a partir da teoria do delito (teoria do crime ou teoria do injusto penal) que identificamos os conceitos necessários para que um comportamento possa ser rotulado como criminoso.

Por envolver uma série de institutos jurídicos formadores de um sistema penal, era preciso mesmo sistematizar um arcabouço teórico que os englobasse cientificamente, possibilitando concluir, com a maior segurança, a respeito da existência ou não de infração penal.

Portanto, o assunto em voga reveste-se de especial importância para o operador do Direito Penal, sendo certo afirmar que a base de todo o pensamento jurídico-penal encontra-se alicerçado sob as vigas da teoria do delito. Pode-se mesmo afirmar que as estruturas jurídicas a serem estudadas nos capítulos seguintes envolvem conceitos e classificações imprescindíveis para o progresso daquele que se inicia nas primeiras linhas do Direito Penal, razão pela qual é impossível compreender adequadamente a Parte Especial do CP (na qual estão elencados os crimes em espécie, arts. 121 a 361) sem o prévio domínio da teoria do delito.

Cabe registrar, ainda, que a construção dogmática da teoria do delito cumpre função de garantia e de segurança para o cidadão, pois, ao estabelecer o caminho a ser percorrido pelo operador do Direito para solucionar questões jurídicas referentes à existência ou não de crime, os seus aportes teóricos possibilitam o desenvolvimento de um raciocínio científico a respeito do tema, evitando arbítrios por parte dos órgãos encarregados da aplicação do Direito Penal.

2. Distinção entre crime e contravenção penal:

O Brasil, nos termos do art. 1º do Decreto-lei nº 3.914/41 (LICP - Lei de Introdução ao Código Penal e à Lei das Contravenções Penais), adota o chamado sistema bipartido[19], dividindo as infrações penais em duas espécies: *a)* crimes (ou delitos) e *b)* contravenções penais.

Trata-se o crime de uma infração penal de maior gravidade, sujeitando os infratores, de um modo geral, à pena de reclusão ou de detenção (art. 33, *caput*, do CP), quer isoladamente, quer alternativa ou cumulativamente com a pena de multa (art. 1º da LICP). Apesar do que dispõe tal dispositivo, nada obsta que o legislador ordinário estabeleça penas que não sejam privativas de liberdade. Foi o que aconteceu, por exemplo, com o crime de porte de drogas para consumo próprio[20] (art. 28, *caput*,

---

[19] O art. 111-1 do Código Penal francês de 1994, por exemplo, adota o denominado sistema tripartido, prevendo que as infrações penais são classificadas, segundo sua gravidade, em crimes, delitos e contravenções: *"Article 111-1. Les infractions pénales sont classées, suivant leur gravité, en crimes, délits et contraventions".*

[20] A Primeira Turma do Supremo Tribunal Federal, no RE nº 430.105, julgado em 13.02.2007, assim se decidiu: "Posse de droga para consumo pessoal: (art. 28 da Lei 11.343/2006 – nova lei de drogas): natureza jurídica de crime. O art. 1º da LICP – que se limita a estabelecer um critério que permite distinguir quando se está diante de um crime ou de uma contravenção – não obsta a que lei ordinária superveniente adote outros critérios gerais de distinção, ou estabeleça para determinado crime – como o fez o art. 28 da Lei 11.343/2006 – pena diversa da privação ou restrição da liberdade, a qual constitui somente uma das opções constitucionais passíveis de adoção pela lei incriminadora (CF/88, art. 5º, XLVI e XLVII). Não se pode, na interpretação da Lei 11.343/2006, partir de um pressuposto desapreço do legislador pelo 'rigor técnico', que o teria levado inadvertidamente a incluir as infrações relativas ao usuário de drogas em um capítulo denominado 'Dos Crimes e das Penas', só a ele referentes. (Lei 11.343/2006, Título III, Capítulo III, arts. 27/30). Ao uso da expressão 'reincidência', também não se pode emprestar um sentido 'popular', especialmente porque, em linha de princípio, somente disposição expressa em contrário na Lei 11.343/2006 afastaria a regra geral do CP (CP, art. 12). Soma-se a tudo a previsão, como regra geral, ao processo de infrações atribuídas ao usuário de drogas, do rito estabelecido para os crimes de menor potencial ofensivo, possibilitando até mesmo a proposta de aplicação imediata da pena de que trata o art. 76 da Lei 9.099/1995 (art. 48, §1º e § 5º), bem como a disciplina da prescrição segundo as regras do art. 107 e seguintes do CP (Lei 11.343, art. 30). Ocorrência, pois, de 'despenalização', entendida como exclusão, para o tipo, das penas privativas de liberdade. Questão de ordem resolvida no sentido de que a Lei 11.343/2006 não implicou *abolitio criminis* (CP, art. 107)".

I, II e III, da Lei nº 11.343/06), cujo preceito secundário prevê as seguintes penas: advertência sobre os efeitos das drogas, prestação de serviços à comunidade e medida educativa de comparecimento a programa ou curso educativo.

Apesar da controvérsia em torno da questão, predomina o entendimento segundo o qual o art. 28 da Lei de Drogas configura crime. É o posicionamento de MARCÃO (2010, p. 58), com o qual estamos de acordo:

> "A CF, em seu art. 5º, XLVI, estabelece que a lei regulará a individualização da pena e adotará, entre outras, as seguintes: a) privação ou restrição da liberdade; b) perda de bens; c) multa; d) prestação social alternativa; e) suspensão ou interdição de direitos. No inciso XLVII do mesmo art. 5º encontramos restrições a determinados tipos de penas, havendo proibição expressa à adoção das seguintes: a) de morte, salvo em caso de guerra declarada, nos termos do art. 84, XIX; b) de caráter perpétuo; c) de trabalhos forçados; d) de banimento; e) cruéis.
>
> Foi permitido ao legislador estabelecer outras penas, além daquelas previstas no inciso XLVI, desde que observadas as restrições acima indicadas.
>
> De tal sorte que, as penas previstas nos incisos I, II e III do caput do art. 28 contam com respaldo na Carta Constitucional".

Por sua vez, as contravenções penais, previstas, substancialmente, no Decreto-lei nº 3.688/41 (LCP - Lei das Contravenções Penais), caracterizam-se por apresentar menor gravidade, sendo-lhes cominada pena de prisão simples (art. 6º da LCP), quer isoladamente, quer alternativa ou cumulativamente com a pena de multa (art. 1º da LICP).

Cumpre advertir, no entanto, que uma conduta, antes considerada contravencional, pode perfeitamente passar à condição de crime. Foi exatamente o que sucedeu com o porte ilegal de arma de fogo, fato que, antes do advento da Lei nº 9.437/97, posteriormente revogada pela Lei nº 10.826/03, configurava mera contravenção penal (art. 19 da LCP).

Mas há outras distinções possíveis de serem apontadas entre o crime e a contravenção penal:

a) A ação penal, nos crimes, pode ser de natureza pública ou privada; nas contravenções penais, é sempre de natureza pública.

b) O instituto da tentativa (art. 14, II, do CP), de um modo geral, é admitido nos crimes; todavia, por força do art. 4º da LCP, não se pune a tentativa de contravenção penal.

c) O art. 7º do CP admite, desde que se trate de crime, diversas hipóteses de extraterritorialidade da lei penal brasileira; o art. 2º da LCP, por sua vez, somente acolhe o princípio da territorialidade, de forma que uma contravenção penal praticada no estrangeiro não recebe a incidência da lei penal pátria.

d) Quanto às penas privativas de liberdade aplicáveis aos crimes e às contravenções penais, além da distinção qualitativa acima mencionada, há diferença no que tange à duração da reprimenda. Nos termos do art. 10 da LCP, a duração da pena de prisão simples não pode ser superior a 5 (cinco) anos. Em se tratando de crime, o tempo de cumprimento de uma pena privativa de liberdade não pode ser superior a 30 (trinta) anos (art. 75, *caput*, do CP).

3. Conceito de crime:

A doutrina conceitua o crime a partir de três enfoques distintos, a saber: ***a)*** formal, ***b)*** material e ***c)*** analítico, donde se extraem os respectivos conceitos, explicados a seguir.

Formalmente, crime é toda ação ou omissão vedada pela lei penal, sob ameaça de imposição de uma sanção.

Para ASSIS TOLEDO (2001, p. 80), sob o aspecto material, crime é um fato humano que lesa (ou expõe a perigo de lesão) bens jurídicos penalmente protegidos. Nota-se que tal conceito confere relevância à razão que levou o legislador a considerar determinado comportamento como criminoso. O ilustre penalista lembra, com precisão, que os conceitos formal e material não são suficientes para se decidir acerca da existência ou não de crime, uma vez que não proporcionam a devida compreensão a respeito das estruturas jurídico-penais imprescindíveis para que um comportamento possa ser considerado criminoso. BIERRENBACH (2009, p. 6), levando em conta o mesmo problema detectado por ASSIS TOLEDO, qual seja, a insuficiência dos conceitos formal e material, assevera:

> "A nosso sentir, <u>o estudo da teoria do crime deve originar-se de um conceito dogmático</u>, que envolva a conduta humana em si e as categorias da tipicidade, antijuridicidade (ou ilicitude) e da culpabilidade".
> (grifo nosso)

Tal conceito dogmático referido por BIERRENBACH é exatamente aquele que se convencionou chamar de analítico, operacional ou estratificado (expressão adotada por ZAFFARONI), o qual tem sido invocado como um verdadeiro ponto de partida para o estudo da teoria do delito.

Mas, afinal, o que vem a ser crime, sob o prisma analítico? Segundo a doutrina amplamente majoritária, crime é toda conduta (ação ou omissão) típica, antijurídica (ou ilícita) e culpável.

Sobre tal conceito, oportuno registrar a posição capitaneada por DAMÁSIO (2012, p. 193), para quem a existência de crime demanda apenas dois requisitos: tipicidade e ilicitude. O instituto da culpabilidade, a seu ver, é mero pressuposto de aplicação da pena. O conceito damasiano, no entanto, não é aceito pela doutrina penalista (nacional e estrangeira) predominante.

Feito o devido registro da divergência, eis o conceito analítico a ser desenvolvido na presente obra: crime é toda conduta (ação ou omissão) típica, antijurídica (ou ilícita) e culpável.

4. Sujeitos da infração penal:

4.1. Sujeito ativo:

Sujeito ativo, comumente chamado de agente, é aquele que pratica a infração penal. De um modo geral, trata-se de uma pessoa humana. Nos termos do art. 103 da Lei nº 8.069/90, o menor de 18 (dezoito) anos não comete infração penal, mas, sim, ato infracional análogo à infração penal.

Apesar de haver controvérsia, admite-se a pessoa jurídica como sujeito ativo de crime, particularmente do delito ambiental (art. 225, § 3º, da CRFB, c/c Lei nº 9.605/98).

4.2. Sujeito passivo:

Sujeito passivo é o titular do bem jurídico lesado (ou ameaçado de lesão) pela conduta criminosa, podendo ser classificado: *a)* em sujeito passivo constante (ou formal) e *b)* sujeito passivo eventual (ou material).

4.2.1. Sujeito passivo constante (ou formal):

O sujeito passivo constante de uma infração penal é sempre o Estado. Tal afirmação leva em consideração o fato de a conduta criminosa violar a norma penal editada pelo ente estatal. Por conseguinte, o sujeito ativo, ao descumprir o conteúdo normativo estabelecido pelo Estado, acaba por atingi-lo e transformá-lo, de forma constante, em sujeito passivo do delito perpetrado.

Cumpre advertir, no entanto, que o Estado, em alguns casos, também pode figurar como sujeito passivo eventual. É o que acontece, por exemplo, nos crimes contra a administração pública (arts. 312 a 359-H do CP).

4.2.2. Sujeito passivo eventual (ou material):

Além da existência de um sujeito passivo formal (o Estado) há, ainda, aquilo que se convencionou chamar de sujeito passivo eventual, justamente o titular do bem jurídico penalmente protegido.

A pessoa humana, independentemente de qualquer condição, aparece como sujeito passivo eventual da maioria das infrações penais (homicídio, lesão corporal, ameaça, injúria, sequestro, etc.), *status*, obviamente, negado aos animais e às coisas. Assim, por exemplo, no crime de maus-tratos de animais (art. 32 da Lei nº 9.605/98), o sujeito passivo eventual é a coletividade, titular do direito ao meio ambiente ecologicamente preservado. O animal, no caso, figura como objeto material do crime ambiental.

A pessoa jurídica, em menor número, também pode ocupar a posição de sujeito passivo eventual. Nada impede, por exemplo, que a lesão decorrente da ação de furtar possa recair sobre bens jurídicos integrantes do patrimônio de uma pessoa jurídica.

Quanto à possibilidade de uma pessoa jurídica vir a ser sujeito passivo de crime contra honra (arts. 138 a 140 do CP), há divergência. No que tange à calúnia, predomina o entendimento segundo o qual a pessoa jurídica pode ser sujeito passivo, posição que entendemos correta, pois, de acordo com o art. 138 do CP, caluniar alguém é imputar-lhe, falsamente, fato definido como crime. Por conseguinte, tendo em vista o disposto no art. 225, § 3º, da CRFB, e desde que a imputação falsa seja relativa à prática de crime ambiental, entendemos perfeitamente possível que uma pessoa jurídica possa ser caluniada.

Também se discute, mas com menos intensidade, se a pessoa jurídica, além da pessoa natural, pode ser sujeito passivo do delito de difamação (art. 139 do CP). A nosso ver, tal hipótese é plenamente possível, uma vez que difamar é imputar fato ofensivo à reputação (honra objetiva, conceito social) da pessoa. A pessoa jurídica, inquestionavelmente, goza de reputação, justamente o bem jurídico resguardado através da incriminação da conduta difamatória.

Diferentemente do que acontece com relação à calúnia e à difamação, nega-se a possibilidade de uma pessoa jurídica figurar como sujeito passivo de injúria (art. 140 do CP). E o motivo é simples: a pessoa jurídica não possui sentimento próprio de dignidade ou decoro (honra subjetiva), exatamente o bem jurídico protegido pela norma penal.

Também se debate a respeito do feto enquanto sujeito passivo do crime de aborto (arts. 124 a 126 do CP). Parte da doutrina, por entender que o feto não é titular do direito à vida, nega-lhe tal condição. Com efeito, segundo tal concepção, o sujeito passivo é o Estado ou a coletividade (MIRABETE, 2011, p. 63; TELES, 2004, p. 175). Entretanto, prevalece a corrente doutrinária (NORONHA, 1995, p. 111) que admite a subjetividade passiva do feto, por ser ele titular do direito à vida intrauterina.

O cadáver, por não ser titular de direitos, não figura como sujeito passivo de crime algum, nem mesmo dos delitos contra o sentimento de respeito aos mortos (arts. 209 a 212 do CP), dos quais é apenas o objeto material (coisa sobre a qual recai a conduta do agente).

A coletividade e a família também podem ser sujeitos passivos de alguns crimes, denominados de crimes vagos, dos quais os arts. 209 (impedimento ou perturbação de cerimônia funerária), 210 (violação de sepultura) e 211 (destruição, subtração e ocultação de cadáver) são exemplos típicos.

Por fim, cumpre advertir que o ser humano nunca poderá ocupar, simultaneamente, a condição de sujeito ativo e passivo de um mesmo crime, impossibilidade que decorre do princípio da alteridade, segundo o qual a conduta delituosa deve sempre atingir interesse jurídico alheio. Portanto, aquele que lesa o próprio corpo, a fim de ser considerado inapto para o serviço militar não comete o delito de lesão corporal, mas, sim, o crime militar previsto no art. 184 do Código Penal Militar (criação ou simulação de incapacidade física), cujo sujeito passivo é o Estado.

4.3. Distinção entre sujeito passivo e prejudicado pelo crime:

Interessa estabelecer a devida distinção entre sujeito passivo e prejudicado pelo crime. Este é a pessoa a quem o delito acarreta algum prejuízo, de ordem patrimonial ou não; aquele é o titular do interesse jurídico-penal ofendido. As duas figuras (sujeito passivo e prejudicado) podem estar ou não reunidas numa só pessoa.

Exemplo: X, mediante emprego de violência contra a pessoa, subtrai o relógio de Y. Este é, ao mesmo tempo, sujeito passivo e prejudicado pelo crime (roubo, art. 157 do CP). Diferentemente, no crime de moeda falsa (art. 289 do CP), sujeito passivo é o Estado, ao passo que aquele que recebe a moeda, posteriormente identificada como falsa e apreendida pela autoridade policial, é o prejudicado pelo crime.

5. Objetos do delito:

Há dois enfoques a serem realizados quanto ao objeto do delito, a saber: ***a)*** objeto jurídico e ***b)*** objeto material.

5.1. Objeto jurídico:

Trata-se do bem jurídico que a norma penal incriminadora procura resguardar, proteger e tutelar.

Exemplo: vida humana (protegida através dos arts. 121, 122 e 123 do CP), patrimônio (tutelado por meio dos arts. 155, 157, 158 e 159 do CP), fé pública (resguardada através dos arts. 289, 297 e 298 do CP), dentre outros.

5.2. Objeto material:

Objeto material é a pessoa ou coisa sobre a qual recai a conduta do agente.

Exemplo: o ser humano, a coisa alheia móvel e o cadáver são, respectivamente, os objetos materiais dos crimes de homicídio, furto e destruição, subtração ou ocultação de cadáver (arts. 121, 155 e 211 do CP, respectivamente).

Alguns crimes não possuem objeto material, tais como o ato obsceno (art. 233 do CP) e o falso testemunho (art. 342 do CP).

É preciso não confundir os conceitos de objeto material e sujeito passivo. O primeiro refere-se à pessoa ou coisa sobre a qual recai a conduta do sujeito ativo; o segundo é o titular do interesse jurídico-penal. Por exemplo, no furto o sujeito passivo é o titular do direito patrimonial inerente à coisa; a coisa subtraída é o objeto material. Logo, a frase "fui furtado" não é juridicamente correta, uma vez que o ser humano não pode ser objeto material do furto. O correto é dizer, por exemplo, "meu carro foi furtado". Mas dizer "fui sequestrado" é correto, uma vez que a conduta criminosa prevista no art. 148 do CP recai sobre a pessoa humana, titular do direito de liberdade atingido. Neste último caso, como em tantos outros, as noções de sujeito passivo e objeto material coincidem e recaem sobre a pessoa.

6. Título do delito:

Título do delito é a denominação jurídica dada pela lei penal à infração penal, isto é, o seu *nomen juris*.

Exemplo: roubo (art. 157 do CP) e estupro (art. 213 do CP).

Quanto ao título das infrações penais, DAMÁSIO (2012, p. 223) anota as seguintes espécies:

> "Há _título genérico_ quando a incriminação se refere a um gênero de fatos, os quais recebem títulos particulares. Ex.: o fato de matar alguém constitui crime contra a vida (rubrica do art. 121), que é o seu título genérico; o nomen juris 'homicídio' é o seu _título específico_". (grifo nosso)

Há crimes, contudo, que não possuem *nomen juris*. Nesse caso, geralmente, a doutrina encarrega-se de lhes atribuir uma denominação, como ocorre com os crimes da Lei de Drogas (Lei nº 11.343/06).

Interessante notar que determinados *nomen juris* são decorrentes de construção da mídia, sendo posteriormente positivados pelo legislador. Foi o que se deu com a Lei nº 11.923/09, cuja ementa está assim redigida:

> "Acrescenta parágrafo ao art. 158 do Decreto-Lei nº 2.848, de 07 de dezembro de 1940 – Código Penal, para tipificar o chamado '_sequestro relâmpago_' ". (grifo nosso)

Outro exemplo foi introduzido no CP pela Lei nº 12.720/12, que criou o delito de constituição de milícia privada, previsto no art. 288-A do CP. Nota-se que o legislador acolheu o termo "milícia", outrora criado pela mídia.

Capítulo IX

Classificação Doutrinária dos Crimes

1. Crime comissivo, crime omissivo próprio (ou puro) e crime omissivo impróprio (impuro ou comissivo por omissão):

a) **Crime comissivo** é aquele que decorre de uma ação indicada na descrição típica. O agente realiza algo. A grande maioria dos crimes possui verbo caracterizador de um comportamento positivo (fazer algo); ao agir, o sujeito viola a norma penal, cujo conteúdo é proibitivo.

Exemplo: art. 140 do CP, cuja ação é injuriar alguém.

b) **Crime omissivo próprio** é aquele que incrimina a abstenção de um comportamento. Ocorre quando o agente deixa de realizar determinada conduta imposta genericamente pela norma penal. Diferentemente da hipótese anterior, o crime omissivo próprio possui verbo caracterizador de um comportamento negativo (não fazer algo); deixando de agir, o sujeito infringe a norma penal, cujo conteúdo é mandamental.

Exemplo: art. 135 do CP, cujo comportamento é não prestar socorro.

c) **Crime omissivo impróprio** é aquele que decorre de uma conduta negativa (não fazer algo que era devido). No entanto, diferentemente do que acontece no crime omissivo próprio, o verbo caracterizador de um crime omissivo impróprio indica ação. No entanto, o agente responde por ter deixado de agir para evitar o resultado, quando devia e podia fazê-lo, pois se encontrava na posição de agente garantidor (art. 13, § 2º, *a*, *b* e *c*, do CP).

Exemplo: Um bombeiro militar, dolosamente, cruza os braços e não realiza o salvamento de uma pessoa que se afogava nas águas do mar, tendo plena condição de fazê-lo. Deve o omitente responder por homicídio qualificado por asfixia (afogamento), nos termos do art. 121, § 2º, III, 4ª figura, c/c art. 13, § 2º, *a*, do CP. Nesse caso, importante notar que o omitente responde por um crime cujo verbo indica ação (matar). Entretanto, sua conduta é omissiva, tendo em vista que nada fez para evitar o resultado (morte), quando devia e podia agir para impedi-lo.

2. Crime instantâneo, crime permanente e crime instantâneo de efeito permanente:

a) **Crime instantâneo** é aquele que se consuma num dado instante, conforme previsto no tipo penal. Nos crimes instantâneos não há prolongamento da fase consumativa. O bem jurídico penalmente protegido, portanto, não é ofendido de forma prolongada.

Exemplo: o crime de lesão corporal leve (art. 129, *caput*, do CP) consuma-se instantaneamente, isto é, no exato momento em que o agente ofende a saúde ou a integridade corporal do sujeito passivo. O resultado produzido na vítima até pode ser permanente, mas a ação (de ofender) não se prolonga no tempo.

b) **Crime permanente** é aquele cuja consumação, que também tem início num determinado instante, prolonga-se no tempo por força da conduta do agente. Diferentemente do que acontece com os crimes instantâneos, nos permanentes o bem jurídico protegido é ofendido de forma continuada, protraindo-se, alongando-se no tempo.

Exemplo: nos crimes de sequestro e cárcere privado (art. 148 do CP) a consumação ocorre com a privação da liberdade da vítima, estendendo-se enquanto ela permanecer presa. Há, portanto, prolongamento da fase consumativa, tendo em vista que a liberdade de locomoção é permanentemente afetada.

A classificação de um crime como permanente gera algumas consequências. Por exemplo, nos termos do art. 303 do CPP[21], em se tratando de crime permanente, entende-se o agente em flagrante delito enquanto não cessar a permanência. Assim, no crime de cárcere privado, o estado de flagrância (art. 302 do CPP[22]) dura enquanto a vítima estiver sendo

---

[21] Art. 303. Nas infrações permanentes, entende-se o agente em flagrante delito enquanto não cessar a permanência.

[22] Art. 302. Considera-se em flagrante delito quem:
I - está cometendo a infração penal;
II - acaba de cometê-la;

encarcerada. A prisão do sujeito ativo, nesse caso, independe de ordem judicial. Cumpre notar, ainda, o seguinte detalhe inerente aos crimes permanentes: a possibilidade de o agente, através de sua conduta, fazer cessar a permanência; no caso do crime de cárcere privado, por exemplo, basta, para tanto, que liberte a vítima.

c) **Crime instantâneo de efeito permanente** é aquele que se consuma num dado instante, sem que haja prolongamento da conduta delituosa, mas cujos efeitos são permanentes. Convém notar que a permanência é apenas quanto aos efeitos e independe da continuidade da conduta do agente.

Exemplo: homicídio, cujo resultado morte (efeito) é permanente e independe da conduta do agente.

3. Crime material, crime formal (ou de consumação antecipada) e crime de mera conduta (ou de mera atividade):

a) **Crime material** é aquele cujo tipo penal descreve uma conduta e um resultado natural, sem o qual a consumação não é atingida. Resultado natural (ou naturalístico) é a modificação provocada no mundo exterior pela conduta do agente.

Exemplo: aborto provocado por terceiro sem o consentimento da gestante (art. 125 do CP). A consumação é alcançada com a produção do resultado natural, ou seja, com a morte do produto da concepção.

b) **Crime formal** é aquele cujo tipo penal descreve uma conduta e um resultado natural, cuja produção é irrelevante para a fase consumativa. A lei penal, assim, antecipa o momento da consumação.

Exemplo: extorsão (art. 158, *caput*, do CP). Conforme entendimento predominante (súmula 96 do STJ[23]), a consumação da extorsão independe de o sujeito obter a vantagem econômica pretendida. Se tal for alcançada, há mero exaurimento (esgotamento) do crime.

c) **Crime de mera conduta** é aquele cujo tipo penal somente descreve a conduta incriminada, não fazendo alusão a qualquer resultado

---

III - é perseguido, logo após, pela autoridade, pelo ofendido ou por qualquer pessoa, em situação que faça presumir ser autor da infração;

IV - é encontrado, logo depois, com instrumentos, armas, objetos ou papéis que façam presumir ser ele autor da infração.

[23] De acordo com a súmula 96 do STJ, o crime de extorsão consuma-se independentemente da obtenção da vantagem indevida.

naturalístico a ser produzido por ela. A lei penal contenta-se, para efeito de consumação, com a simples atividade do agente. É o que basta para se alcançar a fase consumativa.

Exemplo: violação de domicílio (art. 150, *caput*, do CP), na qual não há qualquer referência a um resultado natural passível de ser produzido.

4. Crime monossubjetivo (ou de concurso eventual) e crime plurissubjetivo (ou de concurso necessário):

a) **Crime monossubjetivo** é aquele que pode ser praticado por uma só pessoa. O tipo penal não exige pluralidade de sujeitos, podendo existir ou não. A maioria dos crimes é de concurso eventual.

Exemplo: estelionato (art. 171 do CP), que pode ser praticado por uma só pessoa e, eventualmente, por várias em concurso (art. 29, *caput*, do CP).

b) **Crime plurissubjetivo** é aquele cujo tipo penal requer pluralidade de pessoas, ou seja, que somente pode ser praticado por dois ou mais sujeitos, conforme previsto no tipo penal.

Exemplo: rixa (art. 137 do CP), que exige 03 (três) agentes, no mínimo, e associação criminosa (art. 288 do CP), que requer, pelo menos, 03 (três) pessoas.

5. Crime unissubsistente e crime plurissubsistente:

a) **Crime unissubsistente** é aquele que se aperfeiçoa com a prática de um único ato. A conduta típica não admite fracionamento, não podendo ser desdobrada. Consequentemente, a realização de um único ato leva à consumação.

Exemplo: injúria (art. 140, *caput*, do CP), quando praticada através da forma verbal. Nesse caso, ou o agente profere a expressão ofensiva à honra subjetiva do sujeito passivo, consumando o delito, ou nada diz, não havendo crime. Os crimes unissubsistentes não admitem tentativa.

b) **Crime plurissubsistente** é aquele cuja conduta pode ser fracionada durante a fase executória. Portanto, o comportamento delituoso pode ser desdobrado em vários atos. Por conseguinte, a fase de execução pode ser interrompida por circunstâncias alheias à vontade do agente, admitindo-se a tentativa.

Exemplo: homicídio, cuja ação pode ser dividida em vários atos. O homicida, por exemplo, mata a vítima com cinco punhaladas. A conduta é uma só (matar), mas foi desdobrada em vários atos (cinco punhaladas).

6. Crime comum, crime próprio e crime de mão própria (ou de atuação pessoal):

a) **Crime comum** é aquele cujo tipo penal não exige qualquer condição ou qualidade especial do sujeito ativo, podendo, assim, ser praticado por qualquer pessoa.

Exemplo: lesão corporal, extorsão e incêndio (arts. 129, 158 e 250, respectivamente, do CP).

b) **Crime próprio** é aquele cujo tipo penal exige determinada condição ou qualidade especial do sujeito ativo.

Exemplo: infanticídio (art. 123 do CP), que requer seja o sujeito ativo mãe do passivo. Mas atenção: embora o delito seja classificado como próprio, nada impede que haja concurso de pessoa não portadora da condição exigida.

c) **Crime de mão própria** é aquele cujo tipo requer uma atuação pessoal do sujeito ativo, o qual deve praticar o delito pessoalmente. A divisão de tarefas, no presente caso, é impossível de acontecer, inviabilizando, portanto, a denominada coautoria.

Exemplo: falso testemunho (art. 342 do CP), que requer uma atuação pessoal do agente (a testemunha), inexistindo qualquer possibilidade de haver coautoria, embora a participação seja perfeitamente viável. Assim, aquele que induz ou instiga a testemunha a mentir em juízo responde como partícipe do crime (art. 342 c/c art. 29, *caput*, do CP), nunca como coautor, por ser impossível a divisão de tarefas que caracteriza a essência da coautoria.

7. Crime de ação única e crime de ação múltipla (de tipo misto alternativo ou de conteúdo variado):

a) **Crime de ação única** é aquele cujo tipo penal prevê apenas um verbo reitor. Incrimina-se apenas um comportamento típico.

Exemplo: lesão corporal leve (art. 129, *caput*, do CP), que incrimina apenas a ação de ofender a integridade corporal ou a saúde de outrem.

b) **Crime de ação múltipla** é aquele cujo tipo penal faz referência a vários verbos reitores. Incrimina, portanto, diversos comportamentos. Todavia, apesar da pluralidade de verbos, o agente que, no mesmo contexto fático, pratica duas ou mais condutas típicas, responde apenas uma vez pelo delito.

Exemplo: dano (art. 163 do CP), cujos comportamentos incriminados são destruir, deteriorar e inutilizar coisa alheia. Assim, aquele que, no mesmo contexto de fato, deteriora, inutiliza e, em seguida, destrói o relógio de alguém, comete apenas um crime de dano, não havendo que se falar em concurso de crimes (arts. 69, 70 e 71 do CP).

8. Crime de única subjetividade passiva e crime de dupla subjetividade passiva:

a) **Crime de única subjetividade passiva** é aquele que possui apenas um sujeito passivo material, ou seja, o titular do bem jurídico protegido.

Exemplo: homicídio, cujo sujeito passivo material é o ser humano.

b) **Crime de dupla subjetividade passiva** é aquele que possui dois ou mais sujeitos passivos materiais distintos.

Exemplo: aborto provocado sem o consentimento da gestante (art. 125 do CP), cujos sujeitos passivos materiais são a gestante e o produto da concepção.

9. Crime de dano e crime de perigo:

9.1. Crime de dano é aquele cujo tipo penal descreve uma lesão ao bem jurídico.

Exemplo: aborto (arts. 124 a 126 do CP), que descreve uma lesão (a morte do produto da concepção) ao bem jurídico tutelado.

9.2. Crime de perigo é aquele cujo tipo penal não descreve uma lesão, mas, sim, uma exposição do bem jurídico a uma situação de perigo.

Exemplo: abandono de incapaz (art. 133 do CP), que se aperfeiçoa quando a vida ou a saúde do incapaz é exposta a uma situação de perigo, ainda que nenhuma lesão efetiva aconteça.

Os crimes de perigo podem ser: de perigo abstrato (ou presumido) e de perigo concreto (ou real), de perigo individual e de perigo comum (ou coletivo). Vejamos cada um deles:

9.2.1. Crime de perigo abstrato (ou presumido) é aquele cujo tipo penal descreve uma conduta presumidamente perigosa para o bem jurídico. A lei penal, portanto, presume que o comportamento incriminado gera uma situação de perigo para o bem jurídico tutelado, não havendo necessidade de comprová-la. Nota-se, assim, que a presunção de perigo é absoluta. Significa dizer: uma vez realizada a conduta, aperfeiçoa-se o tipo penal.

Exemplo: rixa (art. 137 do CP).

Cabe registrar, por oportuno, que parte da doutrina (LUIZ FLÁVIO, 2006, p. 339) entende que o crime de perigo abstrato, ao presumir a situação de perigo, ofende o princípio da lesividade, sendo, portanto, inconstitucional. A opinião dominante, todavia, assevera que tal categoria é perfeitamente constitucional. Neste sentido, QUEIROZ (2010, p. 200):

> "No entanto, força é convir que nem sempre a sua adoção é inconstitucional (como já o sustentei, inclusive), por ofensa ao princípio da lesividade, <u>pois casos há em que o perigo de lesão é de tal modo grave que a sua criminalização se justifica plenamente</u>, tal como ocorre com a falsificação de moeda, por exemplo, razão pela qual cumpre verificar cada caso concretamente, de modo a verificar se sua tipificação é ou não legítima". (grifo nosso)

A nosso ver, a razão está com QUEIROZ. À luz do ordenamento constitucional, todo e qualquer tipo penal objetiva proteger determinado bem jurídico. Nos crimes de perigo, como não poderia deixar de ser, também se observa a mesma preocupação. Assim, entendemos incorreto rotular o delito de perigo abstrato de inconstitucional. O legislador, motivado por questões de política criminal, pode, sim, construir tipos dessa natureza, não sendo dado ao julgador, desconsiderando a função legislativa, exigir prova da ocorrência concreta do perigo.

Exemplo: o art. 28, *caput*, da Lei nº 11.343/06. Ao incriminar a conduta de adquirir, guardar, ter em depósito, transportar, trazer consigo, para consumo pessoal, drogas sem autorização ou em desacordo com determinação legal ou regulamentar, o legislador o fez com o fim de proteger a saúde pública, justamente a objetividade jurídica do crime em tela.

Ao presumir o perigo, a nosso ver inquestionável, causado por tais comportamentos, o art. 28, *caput*, da Lei nº 11.343/06 mostra-se constitucionalmente coerente. Trata-se de legítima opção legislativa, que encontra razão no próprio Texto Magno, cujo art. 196, ao mesmo tempo em que consagra o direito da coletividade à saúde, impõe ao Estado o dever de prestá-lo. Sob pena de haver ofensa ao princípio da separação das funções, entendemos que não se pode exigir aquilo que o legislador não exigiu: a comprovação do perigo produzido.

9.2.2. Crime de perigo concreto é aquele cujo tipo penal requer a demonstração concreta do perigo causado ao bem jurídico. O perigo configura elemento do tipo objetivo. Consequentemente, o crime de perigo concreto não se perfaz com a simples prática da conduta perigosa.

Cabe ao julgador, diante de cada caso, analisar se tal perigo ocorreu ou não, gerando um dano potencial.

Exemplo: abandono de incapaz (art. 133 do CP).

9.2.3. Crime de perigo individual é aquele cuja situação de perigo atinge interesse de uma pessoa determinada (ou de um grupo restrito de indivíduos).

Exemplo: maus-tratos (art. 136 do CP).

9.2.4. Crime de perigo comum é aquele cuja conduta expõe a perigo de lesão o bem jurídico de um número indeterminado de pessoas.

Exemplo: incêndio (art. 250 do CP), cujo tipo penal tutela a incolumidade pública.

10. Crime consumado, crime tentado e crime exaurido:

a) **Crime consumado** é aquele que reúne todos os elementos de sua definição legal (art. 14, I, do CP), encontrada no respectivo tipo penal. Assim, a fim de saber se determinado delito atingiu ou não a consumação, é necessário analisá-lo em concreto.

Exemplo: a consumação do crime de lesão corporal leve, de acordo com a definição contida no art. 129, *caput*, do CP, ocorre com a ofensa à saúde ou à integridade física do sujeito passivo.

b) **Crime tentado** é aquele que, iniciada a execução, não se consuma por circunstâncias alheias à vontade do agente (art. 14, II, do CP). O crime tentado, evidentemente, não reúne todos os elementos de sua definição legal, o que decorre de circunstâncias alheias à vontade do agente. Da mesma forma, para saber se um delito permaneceu na esfera tentada é necessário analisar o respectivo tipo penal.

Exemplo: a consumação do homicídio ocorre com a produção do resultado morte. Se o agente, malgrado a sua intenção, não consegue matar a vítima, há crime tentado (art. 121 c/c art. 14, II, do CP).

c) **Crime exaurido** é aquele cujo tipo penal prevê a ocorrência de um resultado natural, o qual, no entanto, não precisa ocorrer para que se opere a consumação. Surgindo o resultado típico, há aquilo que a doutrina convencionou chamar de crime exaurido.

Exemplo: nos termos da súmula 96 do STJ, a extorsão (crime formal) consuma-se independentemente de o agente obter a vantagem econômica pretendida. O recebimento desta configura mero exaurimento, em nada interferindo na consumação.

11. Crime principal e crime acessório:

a) **Crime principal** é aquele cuja existência independe de qualquer outra infração penal.

Exemplo: estupro (art. 213 do CP).

b) **Crime acessório** é aquele que pressupõe a ocorrência de outro delito.

Exemplo: receptação (art. 180 do CP), cujo tipo penal exige que a coisa receptada seja produto de crime anterior (furto, roubo, estelionato, apropriação indébita, peculato, concussão, contrabando, etc.).

12. Crime simples, crime privilegiado e crime qualificado:

a) **Crime simples** é aquele que incrimina a forma básica, fundamental, de uma determinada conduta.

Exemplo: furto simples (art. 155, *caput*, do CP), que prevê o modo fundamental de se praticar o delito.

b) **Crime privilegiado** é aquele cujo tipo penal, após descrever a conduta fundamental, adiciona-lhe uma circunstância, chamada de privilegiadora, com o objetivo de diminuir a pena.

Exemplo: bigamia privilegiada (art. 235, § 1°, do CP). Após descrever o tipo fundamental (art. 235, *caput*, do CP), a lei penal, a fim de minorar a pena prevista no tipo básico, menciona certa circunstância.

c) **Crime qualificado** é aquele cujo tipo penal, após descrever a conduta fundamental, acrescenta-lhe determinada circunstância com o objetivo de majorar a pena.

Exemplo: furto qualificado (art. 155, § 4°, do CP). Após descrever o furto simples (art. 155, *caput*, do CP), o legislador inseriu circunstâncias que qualificam o delito.

13. Crime de ação livre e crime de ação vinculada:

a) **Crime de ação livre** é aquele cujo tipo penal não vincula o agente a uma determinada ação, podendo ser praticado de forma livre. O tipo não exige um *modus operandi* específico.

Exemplo: estelionato (art. 171 do CP).

b) **Crime de ação vinculada** é aquele cujo tipo penal menciona, de forma vinculada, como o delito deve ser cometido. Por conseguinte, o sujeito ativo deve realizar a ação delituosa exatamente como se encontra descrita.

Exemplo: maus-tratos (art. 136 do CP).

14. Crime mono-ofensivo e crime pluriofensivo:

a) **Crime mono-ofensivo** é aquele cuja conduta delituosa ofende apenas um bem jurídico.

Exemplo: homicídio, no qual o bem jurídico ofendido é a vida humana.

b) **Crime pluriofensivo** é aquele cuja conduta delituosa ofende mais de um bem jurídico.

Exemplo: extorsão mediante sequestro (art. 159 do CP), cujos bens jurídicos atingidos são o patrimônio e a liberdade individual.

15. Crime à distância (ou de espaço máximo) e crime plurilocal:

a) **Crime à distância** é aquele em que a conduta delituosa ocorre num país, sendo o resultado produzido em outro. A teoria da ubiquidade, adotada pelo art. 6º do CP, objetiva evitar que os crimes praticados à distância permaneçam impunes, razão pela qual considera praticado o crime no lugar em que ocorreu a ação ou omissão, no todo ou em parte, bem como onde se produziu ou deveria produzir-se o resultado.

Exemplo: X, em solo brasileiro, com dolo de matar, dispara sua arma de fogo contra Y, que se encontra em território paraguaio.

b) **Crime plurilocal** é aquele em que a conduta delituosa é realizada num lugar, sendo o resultado produzido em outro, ambos dentro do mesmo país.

Exemplo: X, em Belo Horizonte, com dolo de matar, dispara sua arma de fogo contra Y. A vítima é socorrida, mas falece num hospital da cidade de São Paulo.

16. Crime preterdoloso (ou preterintencional) é aquele em que há dolo na conduta e culpa quanto ao resultado agravador. Significa dizer que este vai além do que o agente pretendia. Trata-se, assim, de um misto de dolo (quanto à conduta) e culpa (em relação ao resultado).

Exemplo: lesão corporal seguida de morte (art. 129, § 3º, do CP), na qual o sujeito apenas pretende lesionar a vítima, mas acaba ocasionando a sua morte. Nos termos do art. 19 do CP, para que tal resultado (mais grave) seja imputado ao agente é necessário decorrer de sua culpa (em sentido estrito).

17. Crime vago é aquele cujo sujeito passivo é uma entidade sem personalidade jurídica, como, por exemplo, a coletividade, a família e a sociedade.

Exemplo: ato obsceno (art. 233 do CP), cujo sujeito passivo é a coletividade.

18. Crime falho é aquele em que o agente percorre toda a fase de execução da trajetória delituosa (*iter criminis*), não consumando o crime por circunstâncias alheias à sua vontade. Com efeito, o sujeito realiza tudo aquilo que podia para atingir a consumação, mas não a alcança. Trata-se da denominada tentativa perfeita (ou acabada).

Exemplo: X, pretendendo matar, dispara contra Y. A vítima, embora atingida pelos projéteis de arma de fogo, é salva pela rápida e precisa intervenção médica.

19. Crime putativo (ou imaginário) é aquele em que o indivíduo imagina estar cometendo um crime; na verdade, realiza uma conduta indiferente para o Direito Penal. Vale dizer, não há qualquer tipo penal incriminando o comportamento praticado. Trata-se, em essência, de fato atípico. O crime putativo pode ser classificado em: crime putativo por erro de tipo, crime putativo por erro de proibição e crime putativo por obra do agente provocador.

19.1. Crime putativo por erro de tipo é aquele em que o agente, por uma falsa percepção da realidade (erro), acredita realizar uma conduta penalmente típica. Na realidade, em virtude da ausência de alguma elementar do tipo, comete um fato atípico.

Exemplo: X, querendo matar Y, aplica-lhe um golpe de punhal no tórax. Y falecera momentos antes, aspecto que X desconhecia. A despeito de sua intenção, X não responde por homicídio.

19.2. Crime putativo por erro de proibição é aquele em que o agente, por erro, imagina praticar um comportamento penalmente proibido, o que, no entanto, não corresponde à realidade.

Exemplo: X, casado com a mulher Y, pretendendo cometer adultério (antigo art. 240 do CP, revogado pela Lei nº 11.106/05), mas desconhecendo que tal fato não mais configura crime, mantém relação sexual com Z.

19.3. Crime putativo por obra do agente provocador (crime de ensaio ou de experiência) é aquele em que alguém é instigado pela vítima, pela Polícia ou por terceiros a praticar uma infração penal, ao mesmo tempo em que o provocador, a fim de tornar a consumação impossível, adota diversas providências para flagrar o provocado. Este, na verdade, participa de uma "peça de teatro" montada pelo agente indutor.

Tendo em vista a impossibilidade de haver consumação, a jurisprudência considera tal hipótese como espécie de crime impossível, motivo pelo qual o STF consolidou a súmula 145, segundo a qual não há crime, quando a preparação do flagrante pela Polícia torna impossível a sua consumação. Embora a súmula somente faça referência à Polícia, a doutrina é pacífica em afirmar que a preparação do flagrante, pelo particular, conduz à mesma consequência prevista no art. 17 do CP, qual seja, a inexistência de crime, o que se dá por atipicidade. Como não há crime, o flagrante realizado nessas circunstâncias deve ser considerado ilegal, e a prisão relaxada pela autoridade judiciária (art. 5º, LXV, da CRFB).

20. Crime habitual e crime profissional:

a) **Crime habitual** é aquele cuja existência exige a prática reiterada do comportamento incriminado. Exige-se, portanto, uma conduta habitual. Por conseguinte, o cometimento de um ato isolado configura fato atípico.

Exemplo: exercício ilegal de medicina, arte dentária ou farmacêutica (art. 282 do CP) e curandeirismo (art. 284 do CP).

b) **Crime profissional** é espécie de crime habitual, quando realizado com intenção de lucro.

Exemplo: rufianismo (art. 230 do CP).

21. Crime continuado:

Acerca do crime continuado, dispõe o CP:

> *"Art. 71. Quando o agente, mediante mais de uma ação ou omissão, pratica dois ou mais crimes da mesma espécie e, pelas condições de tempo, lugar, maneira de execução e outras semelhantes, devem os subsequentes ser havidos como continuação do primeiro, aplica-se-lhe a pena de um só dos crimes, se idênticas, ou a mais grave, se diversas, aumentada, em qualquer caso, de um sexto a dois terços.*
>
> *Parágrafo único. Nos crimes dolosos, contra vítimas diferentes, cometidos com violência ou grave ameaça à pessoa, poderá o juiz, considerando a culpabilidade, os antecedentes, a conduta social e a personalidade do agente, bem como os motivos e as circunstâncias, aumentar a pena de um só dos crimes, se idênticas, ou a mais grave, se diversas, até o triplo, observadas as regras do parágrafo único do art. 70 e do art. 75 deste Código".*

O crime continuado, na realidade, configura uma ficção jurídica. Neste sentido, explica GRECO (2012, p. 593/594):

> "A teoria da ficção jurídica entende que as várias ações levadas a efeito pelo agente que, analisadas individualmente, já consistam em infrações penais, são reunidas e consideradas como um delito único".

Assim, aquele que, valendo-se das mesmas condições de tempo, lugar, modo de execução e outras semelhantes, comete duas ou mais subtrações patrimoniais, sendo as posteriores havidas como continuação da primeira, responde pelo art. 155 c/c art. 71 do CP.

22. Crime subsidiário é aquele que somente se configura diante da inexistência de um delito mais grave. Trata-se, na expressão de HUNGRIA, de um "soldado de reserva". Assim, a configuração do crime mais grave afasta a incidência da infração penal subsidiária.

Exemplo: o constrangimento ilegal (art. 146 do CP) é subsidiário em relação ao roubo (art. 157 do CP) e ao estupro (art. 213 do CP). Estes, uma vez caracterizados, por serem mais graves, obstam a incidência daquele.

23. Crime progressivo (ou de passagem) é aquele em que o agente, a fim de cometer um crime mais grave, passa, necessariamente, por outro menos grave, que resta absorvido.

Exemplo: X, querendo matar Y, provoca-lhe, antes, uma lesão corporal, que é absorvida pelo homicídio.

Cumpre relembrar, como dito alhures, que o crime progressivo difere da denominada progressão criminosa, que se caracteriza pela existência de elementos subjetivos distintos.

Exemplo: o agente, inicialmente, pretende apenas ofender a integridade física da vítima. Contudo, depois de lesioná-la, decide matá-la. Trata-se, nesse caso, de progressão criminosa.

24. Crime de opinião é aquele caracterizado por um abuso da liberdade de expressão.

Exemplo: calúnia, difamação e injúria (arts. 138 a 140, respectivamente, do CP).

25. Crime de ímpeto (ou de curto-circuito) é aquele praticado em momento de impulso, repentinamente, sem qualquer premeditação.

Exemplo: X discute com Y; de impulso, saca uma arma de fogo e o mata.

26. Crime de ação violenta é aquele praticado através de violência física (violência real) ou grave ameaça (violência moral).

Exemplo: roubo (art. 157 do CP) e extorsão (art. 158 do CP).

27. Crime de ação astuciosa é aquele praticado mediante emprego de fraude (artifício, ardil, estratagema, perfídia, etc.).

Exemplo: estelionato (art. 171 do CP).

28. Crime hediondo é aquele taxativamente catalogado no art. 1º da Lei nº 8.072/90 (Lei dos Crimes Hediondos). Trata-se de delito causador de repugnância social, sendo, portanto, merecedor de consequências jurídicas dotadas de especial gravidade, conforme previsto no o art. 2º da referida lei.

Os crimes hediondos (tentados ou consumados) são os seguintes: *a)* homicídio simples, quando praticado em atividade típica de extermínio, ainda que cometido por um só agente, e homicídio qualificado (art. 121, *caput*, e § 2º, do CP), *b)* roubo seguido de morte (art. 157, § 3º, parte final, do CP), *c)* extorsão qualificada pela morte (art. 158, § 2º, do CP), *d)* extorsão mediante sequestro simples e suas formas qualificadas (art. 159, *caput*, e §§ 1º, 2º e 3º, do CP), *e)* estupro (art. 213, *caput*, e §§ 1º e 2º, do CP), *f)* estupro de vulnerável (art. 217-A, *caput*, e §§ 1º, 2º, 3º e 4º, do CP), *g)* epidemia com resultado morte (art. 267, § 1º, do CP), *h)* falsificação, corrupção, adulteração ou alteração de produto destinado a fins terapêuticos ou medicinais (art. 273, *caput*, e §§ 1º, 1º-A, 1º-B, do CP), *i)* genocídio (arts. 1º, 2º e 3º da Lei nº 2.889/56) e favorecimento de prostituição ou de outra forma de exploração sexual de criança ou adolescente ou de vulnerável (art. 218-B, *caput*, e §§ 1º e 2º, do CP). Salvo o genocídio, todos os demais crimes hediondos encontram-se previstos no CP.

29. Crime equiparado ao hediondo é aquele taxativamente catalogado no art. 5º, XLIII, da CRFB, c/c art. 2º, *caput*, da Lei nº 8.072/90. Também causa repugnância social, motivo pelo qual recebe as mesmas consequências jurídicas previstas para os hediondos. São os seguintes: *a)* tráfico ilícito de drogas (arts. 33, *caput*, § 1º, e 34 da Lei nº 11.343/06), *b)* tortura (art. 1º da Lei nº 9.455/97, salvo o parágrafo 2º) e *c)* terrorismo (o qual, segundo parte da doutrina, encontra-se previsto no art. 20 da Lei nº 7.170/83).

30. Crime falimentar é aquele previsto nos arts. 168 a 178 da Lei nº 11.101/05, que regula a recuperação judicial, extrajudicial e a falência do empresário e da sociedade empresária. São os seguintes: *a)* fraude a credores, *b)* violação de sigilo empresarial, *c)* divulgação de informações falsas, *d)* indução a erro, *e)* favorecimento de credores, *f)* desvio, ocultação ou apropriação de bens, *g)* aquisição, recebimento ou uso ilegal de bens, *h)* habilitação ilegal de crédito, *i)* exercício ilegal de atividade, *j)* violação de impedimento e *l)* omissão de documentos contábeis obrigatórios.

31. Crime político:

O ordenamento jurídico nacional não define o que se entende por crime político, embora a ele faça diversas referências. Por exemplo, o art. 109, IV, da CRFB fixa a competência da Justiça Federal para o julgamento dos crimes políticos; o art. 64, II, do CP não considera, para efeito de reincidência, a anterior condenação por crime político.

Tal ausência de norte conceitual é suprida pela doutrina, segundo a qual o conceito de crime político pode ser analisado a partir de três critérios: objetivo, subjetivo e misto. Objetivamente, crime político é aquele que atenta contra o Estado enquanto instituição política, ou seja, que lesa ou expõe a perigo de lesão a integridade do território brasileiro e a soberania nacional, a forma federativa, o regime representativo e democrático, o Estado de Direito, bem como a pessoa dos chefes dos Poderes da União. Subjetivamente, crime político é aquele revestido de motivação política. O conceito misto de crime político resulta da conjugação dos dois critérios anteriores.

A legislação penal brasileira adotou o critério misto. É a ilação que se extrai da Lei nº 7.170/83 - Lei de Segurança Nacional:

> *"Art. 2º Quando o fato estiver também previsto como crime no Código Penal, no Código Penal Militar ou em leis especiais, levar-se-ão em conta, para a aplicação desta Lei:*
>
> *I - a motivação e os objetivos do agente;*
>
> *II - a lesão real ou potencial aos bens jurídicos mencionados no artigo anterior".*

Exemplo: o art. 17 da Lei nº 7.170/83, que incrimina a ação consistente em tentar mudar, com emprego de violência ou grave ameaça, a ordem, o regime vigente ou o Estado de Direito.

32. Crime de responsabilidade:

A Lei nº 1.079/50 define os crimes de responsabilidade praticados por diversos agentes políticos, bem como regula o respectivo processo de julgamento. De observar que os denominados crimes de responsabilidade não são infrações penais, embora a terminologia empregada assim esteja a indicar. Na verdade, configuram infrações de natureza político-administrativa (BROSSARD, 1992, p. 56/57), sujeitando os agentes políticos infratores à perda do cargo, com inabilitação, por determinado período, para o exercício de qualquer função pública, sem prejuízo das demais sanções cabíveis. Tal afirmação é reforçada pelo art. 3º da Lei nº 1.079/50, segundo o qual a referida pena (de caráter político) não exclui o processo e julgamento do acusado por crime comum, nos termos da legislação processual penal.

Os crimes de responsabilidade podem ser cometidos por diversas autoridades, a saber:

a) Crimes de responsabilidade do presidente da República: art. 85 da CRFB e art. 4º da Lei nº 1.079/50.

b) Crimes de responsabilidade dos ministros de Estado: art. 13 da Lei nº 1.079/50.

c) Crimes de responsabilidade dos ministros do STF: art. 39 da Lei nº 1.079/50.

d) Crimes de responsabilidade do presidente do Supremo Tribunal Federal ou de seu substituto quando no exercício da Presidência: art. 39-A da Lei nº 1.079/50.

e) Crimes de responsabilidade dos presidentes, e respectivos substitutos quando no exercício da Presidência, dos Tribunais Superiores, dos Tribunais de Contas, dos Tribunais Regionais Federais, do Trabalho e Eleitorais, dos Tribunais de Justiça e de Alçada dos Estados e do Distrito Federal, e dos Juízes Diretores de Foro ou função equivalente no primeiro grau de jurisdição: art. 39-A, parágrafo único, da Lei nº 1.079/50.

f) Crimes de responsabilidade do procurador-geral da República: art. 40 da Lei nº 1.079/50. Outrossim, nos termos do art. 40-A da Lei nº 1.079/50, incluído pela Lei nº 10.028/00, também constituem crimes de responsabilidade do procurador-geral da República, ou de seu substituto quando no exercício da chefia do Ministério Público da União, as condutas previstas no art. 10 da citada Lei (crimes de responsabilidade contra a lei orçamentária), quando por eles ordenadas ou praticadas.

g) Crimes de responsabilidade do advogado-geral da União, dos procuradores-gerais do Trabalho, Eleitoral e Militar, dos procuradores-gerais de Justiça dos Estados e do Distrito Federal, dos procuradores-gerais dos Estados e do Distrito Federal, dos membros do Ministério Público da União e dos Estados, da Advocacia-Geral da União, das

Procuradorias dos Estados e do Distrito Federal, quando no exercício de função de chefia das unidades regionais ou locais das respectivas instituições: art. 40-A, parágrafo único, I e II, da Lei nº 1.079/50.

h) Crimes de responsabilidade dos governadores dos Estados ou dos seus secretários: art. 74 da Lei nº 1.079/50.

i) Crimes de responsabilidade dos prefeitos: art. 29-A, § 2º, da CRFB. Igualmente, o art. 4º do Decreto-lei nº 201/67 prevê infrações político-administrativas passíveis de serem cometidas por prefeitos, todas sancionadas com a perda do mandato eletivo.

j) Crime de responsabilidade dos presidentes de Câmara Municipal: art. 29-A, § 3º, da CRFB.

l) Crime de responsabilidade dos vereadores: art. 7º do Decreto-lei nº 201/67.

33. Crime multitudinário é aquele cometido sob a influência de multidão em tumulto. Tal hipótese faz incidir a circunstância atenuante genérica do art. 65, III, *e*, do CP, desde que o agente não o tenha provocado. A menor reprovação que recai sobre o crime multitudinário decorre da constatação de que a massa em tumulto pode desencadear, no indivíduo, os sentimentos mais primitivos, levando-o a praticar comportamentos que não realizaria, caso não estivesse sob tal influência.

Exemplo: multidão de pessoas promove o linchamento do estuprador de uma menina de seis anos de idade. Respondem por crime de lesão corporal (art. 129 do CP), podendo incidir a atenuante genérica do art. 65, III, *e*, do CP.

34. Crime remetido é aquele cuja definição faz referência a outro delito, que passa, então, a integrá-lo.

Exemplo: uso de documento falso (art. 304 do CP), que incrimina a ação de fazer uso de qualquer dos papéis falsificados ou alterados, a que se referem os arts. 297 a 302 do CP.

35. Crime de atentado (ou de empreendimento) é aquele em que, abstratamente, a forma tentada do delito é sancionada com as mesmas penas correspondentes à sua modalidade consumada.

Exemplo: evasão mediante violência contra pessoa (art. 352 do CP), cuja consumação acontece quando o preso ou a pessoa sujeita à medida de segurança evade-se ou tenta evadir-se, usando, para tanto, de violência contra a pessoa. Com efeito, a simples tentativa de evasão conduz à consumação, não havendo, portanto, tentativa.

36. Crime a prazo é aquele cuja descrição típica faz referência a um prazo indispensável para a existência do delito ou para a configuração de determinada circunstância.

Exemplo: apropriação de coisa achada (art. 169, parágrafo único, II, do CP), que consiste em achar coisa alheia perdida e dela se apropriar, total ou parcialmente, deixando de restituí-la ao dono ou legítimo possuidor ou de entregá-la à autoridade competente, dentro do prazo de 15 (quinze) dias. A existência do delito, como se vê, está subordinada ao decurso do prazo fixado no tipo penal.

Há casos em que o prazo diz respeito à incidência de uma qualificadora. É o que acontece, por exemplo, com a lesão corporal de natureza grave prevista no art. 129, § 1º, I, do CP, que exige que o sujeito passivo permaneça incapaz para as suas ocupações habituais por mais de 30 (trinta) dias.

37. Crime de trânsito (ou de circulação) e crime em trânsito:

a) **Crime de trânsito** é aquele cometido no trânsito e por meio da utilização de veículo automotor. Segundo o art. 1º, § 1º, do CTB, considera-se trânsito a utilização das vias por pessoas, veículos e animais, isolados ou em grupos, conduzidos ou não, para fins de circulação, parada, estacionamento e operação de carga ou descarga.

Exemplo: homicídio culposo na direção de veículo automotor (art. 302 do CTB) e lesão corporal culposa na direção de veículo automotor (art. 303 do CTB).

b) **Crime em trânsito** é aquele que, embora ocorrido em determinado território estatal, neste não repercute, isto é, nenhum interesse jurídico do país é atingido, não se justificando, portanto, a aplicação da lei local.

Exemplo: X mata Y, ambos uruguaios, fato ocorrido no interior de uma aeronave privada, e da mesma nacionalidade, que sobrevoava, de passagem, o território brasileiro.

No caso acima, a lei brasileira deve ser aplicada? Mesmo diante da regra do art. 5º, *caput*, do CP, a resposta é negativa, uma vez que nenhuma repercussão houve por aqui. Neste sentido, BASILEU GARCIA, citado por NORONHA (1995, p. 87):

> *"Observa Basileu Garcia que, se o fato, ocorrido no espaço aéreo nacional, não tem relação alguma com o País ou seus habitantes, nem perturba a sua tranquilidade – o que acontece se o avião de caráter privado sobrevoa o território nacional, sem pousar nele – não há razão para aplicar-se a lei local".*

38. Crime impossível (quase crime, tentativa inidônea ou tentativa inútil):

Na realidade, o crime impossível configura fato penalmente atípico. Nos termos do art. 17 do CP, não se pune a tentativa quando, por ineficácia absoluta do meio empregado ou por absoluta impropriedade do objeto material, é impossível consumar-se o crime.

39. Crime de imprensa:

Em 30 de abril de 2009, o Plenário do STF, na Ação Declaratória de Preceito Fundamental (ADPF nº 130), decidiu que a Lei nº 5.250/67, que estabelecia os chamados crimes de imprensa, não fora recepcionada pela CRFB de 1988.

Com efeito, diante da referida decisão, os crimes contra a honra incriminados pela antiga Lei nº 5.250/67 encontram, agora, previsão no CP (arts. 138 a 140), ainda que cometidos por meio da imprensa.

40. Crime de ação penal pública e crime de ação penal privada:

40.1. Crime de ação penal pública é aquele cuja titularidade do direito de ação encontra-se nas mãos do Estado, que o exerce por meio de um órgão constitucionalmente encarregado de promovê-la, com exclusividade: o Ministério Público, conforme preceitua o art. 129, I, da CRFB. Os crimes de ação penal pública são assim classificados:

40.1.1. Crime de ação penal pública incondicionada é aquele cujo exercício do direito de ação não depende de qualquer manifestação de vontade do ofendido (ou de seu representante legal) ou de requisição do ministro da Justiça.

Exemplo: o CP, ao tratar do crime de receptação (art. 180), nada menciona a respeito da ação penal. Logo, trata-se de ação penal pública incondicionada.

40.1.2. Crime de ação penal pública condicionada é aquele cujo exercício do direito de ação depende da manifestação de vontade do ofendido (ou de seu representante legal) ou de requisição do ministro da Justiça.

Exemplo: o crime de ameaça, segundo o art. 147, parágrafo único, do CP, somente se procede mediante representação. Trata-se de crime de ação penal pública condicionada à representação.

Exemplo: o art. 141, I, c/c art. 145, parágrafo único, do CP (crimes contra a honra do presidente da República ou de chefe de governo estrangeiro), contempla um caso cuja ação penal depende de requisição do ministro da Justiça.

40.2. Crime de ação penal privada é aquele cuja titularidade do direito de ação encontra-se nas mãos do ofendido ou, quando incapaz, de seu representante legal (art. 30 do CPP).

Exemplo: crime de dano simples (art. 163, *caput*, c/c art. 167 do CP).

Os crimes de ação penal privada são assim classificados:

40.2.1. Crime de ação penal exclusivamente privada é aquele cuja ação pode ser deflagrada pelo ofendido ou, quando incapaz, por seu representante legal, bem como, no caso de morte ou declaração de ausência do ofendido, pelas pessoas mencionadas no art. 31 do CPP (cônjuge, ascendente, descendente ou irmão).

40.2.2. Crime de ação penal privada personalíssima é aquele cuja titularidade do direito de ação é privativa do ofendido. Não se admite, assim, a chamada sucessão processual (art. 31 do CPP).

Exemplo: o crime de induzimento a erro essencial e ocultação de impedimento (art. 236 do CP), cujo parágrafo único preceitua que a ação penal depende de queixa do contraente enganado, não podendo ser intentada senão depois de transitar em julgado a sentença que, por motivo de erro ou impedimento, anule o casamento.

41. Crime transeunte e crime não transeunte:

a) **Crime transeunte** é aquele que não deixa vestígios.

Exemplo: calúnia, difamação e injúria (arts. 138 a 140, respectivamente, do CP), quando cometidas por meio verbal.

b) **Crime não transeunte** é aquele que deixa vestígios.

Exemplo: aborto (arts. 124 a 127 do CP). Nos termos do art. 158 do CPP, o exame de corpo de delito, quando a infração penal deixa vestígios, é indispensável.

42. Crime gratuito e crime por motivo fútil:

a) **Crime gratuito** é aquele desprovido de qualquer motivo.

b) **Crime por motivo fútil** é aquele que possui alguma motivação, embora insignificante, desarrazoada. Nesse caso, conforme prevê o art. 61, II, *a*, do CP, agrava-se a pena do agente.

43. Crime militar:

Conforme vimos, o conceito analítico de crime majoritariamente aceito demanda que a conduta realizada seja típica, antijurídica e culpável. Em se tratando de crime militar, tais requisitos devem igualmente ser preenchidos. Mas a caracterização de um crime militar requer, ainda, que a conduta encontre previsão junto à Parte Especial (arts. 136 a 408) do Código Penal Militar (Decreto-lei nº 1.001/69), além de se enquadrar numa das hipóteses elencadas nos seus arts. 9º e 10, os quais tratam, respectivamente, dos crimes militares em tempo de paz e dos crimes militares em tempo de guerra. Quanto à classificação dos crimes militares, CRUZ e AMIN (2009, p. 23/24) apresentam a seguinte:

> *"**Crime propriamente militar** – (...). Assim, entendemos que crime propriamente militar é aquele que só pode ser praticado pelo militar. Exemplos: deserção (artigo 187), recusa de obediência (artigo 163) e abandono de posto (artigo 195);*
> ***Crime tipicamente militar** – é aquele que só está previsto no Código Penal Militar. Exemplos: insubmissão (artigo 183) é praticado por civil, porém só está previsto no CPM; deserção (artigo 187), além de ser propriamente militar, também é tipicamente militar.*
> ***Crime impropriamente militar** – encontra-se previsto tanto no CPM como no CP, com igual definição. Exemplos: homicídio, roubo e apropriação indébita".*

44. Crime organizado:

A Lei nº 9.034/95 (antiga Lei do Crime Organizado) dispunha sobre a utilização de meios operacionais para a prevenção e repressão de ações praticadas por organização criminosa, expressão sobre a qual pairava controvérsia, uma vez que não havia, na dita lei, qualquer definição a respeito. Cumpre registrar que o art. 2º do Projeto de Lei nº 3.516/89, do qual se originou a Lei nº 9.034/95, até pretendeu defini-la, mas a iniciativa não prosperou. Da mesma forma, posterior alteração promovida na Lei do Crime Organizado pela Lei nº 10.217/01 nada acrescentou ao deslinde da questão.

Tal lacuna era um tanto quanto inexplicável, mormente se consideramos o fato de que o art. 2º da antiga Lei do Crime Organizado previa uma série de medidas a serem empregadas para a prevenção e repressão de ações praticadas por quadrilha ou bando ou organizações ou associações criminosas, a saber: ***a)*** a ação controlada, que consiste em retardar a interdição policial do que se supõe ação praticada por organizações criminosas ou a ela vinculado, desde que mantida sob observação e acompanhamento para que a medida legal se concretize no momento mais eficaz do ponto de vista da formação de provas e fornecimento de informações; ***b)*** o acesso a dados, documentos e informações fiscais, bancárias, financeiras e eleitorais; *c)* a captação e a interceptação ambiental de sinais eletromagnéticos, óticos ou acústicos, e o seu registro e análise, mediante circunstanciada autorização judicial; e *d)* a infiltração por agentes de polícia ou de inteligência, em tarefas de investigação, constituída pelos órgãos especializados pertinentes, mediante circunstanciada autorização judicial.

Posteriormente, o art. 2º da Lei nº 12.694/12, que, dentre outras providências, dispõe sobre o processo e o julgamento colegiado em primeiro grau de jurisdição de crimes praticados por organizações criminosas, assim define organização criminosa:

> *"Para os efeitos desta Lei, <u>considera-se organização criminosa a associação</u>, de 3 (três) ou mais pessoas, estruturalmente ordenada e caracterizada pela divisão de tarefas, ainda que informalmente, com objetivo de obter, direta ou indiretamente, vantagem de qualquer natureza, mediante a prática de crimes cuja pena máxima seja igual ou superior a 4 (quatro) anos ou que sejam de caráter transnacional".* (grifo nosso)

Nada obstante, a presente questão conceitual encontra-se ultrapassada, uma vez que o art. 1º, § 1º, da Lei nº 12.850/13, nova Lei do Crime Orgazinado, prevê a seguinte definição, tendo revogado tacitamente o art. 2º da Lei nº 12.694/12.

> *"<u>Considera-se organização criminosa a associação</u> de 4 (quatro) ou mais pessoas estruturalmente ordenada e caracterizada pela divisão de tarefas, ainda que informalmente, com objetivo de obter, direta ou indiretamente, vantagem de qualquer natureza, mediante a prática de infrações penais cujas penas máximas sejam superiores a 4 (quatro) anos, ou que sejam de caráter transnacional".* (grifo nosso)

Capítulo X

Fato Típico

1. Definição e elementos:

Fato típico é aquele que se enquadra perfeitamente numa norma penal incriminadora, possuindo os seguintes elementos: *a)* conduta, *b)* resultado, *c)* relação de causalidade e *d)* tipicidade.

O primeiro elemento é a conduta, assunto a ser tratado, de forma aprofundada, no capítulo XI, para onde remetemos o leitor.

Mas o Direito Penal não se limita a punir condutas, isoladamente consideradas. Não se concebe possa um Estado Democrático de Direito incriminar o modo de ser do indivíduo, independentemente do resultado produzido em relação ao bem jurídico tutelado. Assim, o fato típico, além da conduta, requer também um resultado, que pode ser analisado sob dois prismas:

a) **Resultado natural:** é a modificação acarretada no mundo exterior pela conduta do agente.

Exemplo: o resultado morte, no crime homicídio; a ofensa à integridade física, no delito de lesão corporal; a destruição da coisa alheia, no crime de dano, etc. Ressalte-se, todavia, que o resultado natural poder ou não existir. Vale dizer, não se apresenta como elemento inerente a todo e qualquer delito. Nos crimes de mera conduta (violação de domicílio, art. 150 do CP, por exemplo) o tipo penal não faz referência a nenhum resultado natural, limitando-se a descrever a conduta incriminada.

b) **Resultado jurídico:** é a lesão ou perigo de lesão a um bem jurídico penalmente tutelado. Diferentemente do que sucede com a categoria anterior, o resultado jurídico, tendo em vista o princípio da lesividade, está presente em todos os delitos.

Ademais, entre a conduta praticada e o resultado natural produzido é preciso que se identifique uma relação de causa e efeito (ou relação de causalidade), assunto abordado no capítulo XVII.

Além da conduta, do resultado e da relação de causa e efeito, a definição de fato típico exige, ainda, a chamada tipicidade, tema a ser tratado no capítulo XII, item 9.

Capítulo XI

Conduta

1. Considerações iniciais:

Cumpre dizer, desde logo, que inexiste, no ordenamento normativo brasileiro, qualquer definição a respeito do significado jurídico-penal do vocábulo "conduta", verdadeira "pedra angular do delito", na precisa expressão de BIERRENBACH (2009, p. 29). Tal tarefa coube à doutrina, cujo farto material teórico deixa evidente a importância conferida ao tema, ora resumida por GUARAGNI (2005, p. 38):

> *"Em síntese, a existência de uma concepção de conduta humana em direito penal e sua colocação como primeiro extrato analítico no conceito escalonado de crime facilita e simplifica a análise do caso penal, uniformiza o tratamento da conduta, permite distinguir grupos de casos (como ação e omissão), serve como guia para criação de novas normas (incriminadoras ou não) e para exegese dos dispositivos positivados em lei".*

Trata-se a conduta, portanto, de assunto extremamente teorizado pela doutrina, sendo certo que a existência de qualquer infração penal depende sempre da constatação, como ponto de partida, de uma ação ou omissão. Por conseguinte, não há possibilidade de o Direito Penal incidir sobre algo que não se traduza numa conduta, daí a necessidade de se defini-la.

Assim, como dito por GUARAGNI, o conceito de conduta deve ser capaz de abranger as duas espécies (ação e omissão) do gênero, unificando-as sob o mesmo paradigma conceitual. Da mesma forma, deve possuir aptidão para funcionar como alicerce da teoria do delito, sobre o qual são estabelecidas as categorias componentes do conceito analítico de crime (tipicidade, antijuridicidade e culpabilidade). E, ainda, deve possuir idoneidade para afastar, da sua órbita conceitual, tudo aquilo que não puder ser inserido nos parâmetros conceituais formulados.

2. Elementos:

Por mais medonho que possa ser o pensamento humano, a simples vontade criminosa é insuficiente para que alguém possa ser penalmente responsabilizado. Significa dizer que o Direito Penal não sanciona o simples pensar, por mais reprovável que possa ser. Neste sentido, observa REGIS PRADO (2005, p. 314):

> "(...) o simples querer ou pensar, sem qualquer exteriorização, sequer pode ser objeto de consideração no campo penal: cogitationis poenam nemo patitur".

Portanto, para haver responsabilização penal, é preciso que o sujeito inicie a execução do comportamento incriminado pelo Direito Penal. Exige-se, ademais, que haja consciência. A presença desta, no entanto, não é suficiente para marcar a existência de conduta penalmente relevante. Deve haver, ainda, voluntariedade, isto é, a ação ou omissão deve decorrer de um ato de vontade do agente. Com efeito, consciência e voluntariedade são elementos indispensáveis para a caracterização de uma conduta dotada de relevância penal.

3. Ausência de conduta:

Cada um dos elementos mencionados (consciência e voluntariedade) pode, eventualmente, ser afastado por algumas causas excludentes, a saber:

3.1. Estados de inconsciência:

A consciência, conforme vimos, é um dos elementos da conduta. Logo, a *contrario sensu*, nos chamados estados de inconsciência (sonambulismo e hipnose) não se identifica uma ação ou omissão consciente. Por conseguinte, aquele que, estando sob hipnose, lesa a integridade física de alguém, não comete crime de lesão corporal (art. 129 do CP).

3.2. Movimentos reflexos:

A voluntariedade é o segundo elemento da conduta. Consequentemente, nos denominados movimentos reflexos, tendo em vista não serem comandados pela vontade, não se detecta uma conduta.

Exemplo: X, desconhecendo a elevadíssima temperatura do objeto, encosta a mão num ferro elétrico. Por puro reflexo, ao retirar a mão, acerta o rosto de Y, ferindo-o. No caso, não há conduta de lesão corporal.

3.3. Coação física irresistível:

Ocorre a coação física irresistível quando alguém (o coator) coage (física e irresistivelmente) uma pessoa (o coacto) a praticar uma infração penal. Na coação física irresistível há uma força atuando sobre o corpo do coacto.

Exemplo: X, pessoa dotada de extrema força física, obriga Y a segurar uma faca. Em seguida, de forma brutal e irresistível, empurra a mão de Y contra o tórax de Z, atingindo-o mortalmente. Não houve, por parte do coagido, uma ação (de matar) voluntária. Y, na realidade, não passou de um instrumento da vontade criminosa de X, que deve responder por homicídio.

Exemplo: X, quando se preparava para prestar socorro a uma pessoa gravemente enferma, é contido (física e irresistivelmente) por Y e Z. O coacto até reage, mas não consegue se desvencilhar da força descomunal de ambos, motivo pelo qual não presta socorro à vítima. Não houve, por parte de X, um comportamento omissivo voluntário, pois estava sob coação física irresistível. Y e Z devem responder por omissão de socorro.

Cumpre advertir que somente a coação física irresistível atua como causa excludente da conduta. Se o coagido podia resistir, mas não o fez, responde, juntamente com o coator, pelo crime cometido.

4. Espécies de conduta:

O legislador, ao descrever os tipos penais, emprega verbos (geralmente no infinitivo) indicadores de uma ação ou omissão, espécies do gênero conduta.

Assim, inevitavelmente, as condutas incriminadas pelo Direito Penal versam sempre sobre um "fazer" ou "deixar de fazer algo"; enfim, sobre um comportamento positivo (matar, ofender, subtrair, etc.) ou negativo (deixar de prestar, deixar de prover, deixar de denunciar, etc.).

4.1. Ação:

Trata-se de um movimento corpóreo, um fazer algo, um comportamento positivo. Matar, ofender e subtrair, por exemplo, são verbos que indicam ação. Analisando a legislação penal pátria, pode-se afirmar que a ampla maioria dos delitos possui verbos com tal matiz. Nos crimes praticados mediante ação, chamados de comissivos, o sujeito responde por ter agido, quando, segundo a norma penal, devia abster-se de praticar o comportamento proibido.

4.2. Omissão:

A omissão, por sua vez, é caracterizada por um não fazer algo, uma conduta negativa. É a abstenção de um comportamento devido. As locuções "deixar de prestar", "deixar de prover" e "deixar de repassar" evidenciam uma omissão. O agente responde por não ter agido, ou seja, por não cumprir o dever imposto pela norma penal, dotada, no caso, de conteúdo mandamental.

5. O debate em torno da responsabilização penal da pessoa jurídica:

Antes do advento da Carta Constitucional de 1988 era pacífico, pelo menos para a doutrina nacional, que o Direito Penal cuidava apenas de comportamentos humanos. Na ocasião, não se concebia a pessoa jurídica figurando como sujeito ativo de condutas delituosas. Atualmente, tendo em vista o disposto nos arts. 173, § 5º, e 225, § 3º, da CRFB[24], o assunto comporta controvérsia, motivo pelo qual entendemos pertinente apresentar os principais argumentos favoráveis e contrários à pessoa jurídica enquanto sujeito ativo de infrações penais.

5.1. Argumentos favoráveis:

O segmento doutrinário favorável a tal responsabilização afirma que o princípio da culpabilidade, quando inerente à pessoa jurídica, não apresenta os mesmos contornos exigidos para a pessoa física. Nessa ótica, em se tratando de pessoa jurídica, a culpabilidade deve ser analisada sob o prisma social. Assim, por exemplo, ao descumprir regras relativas à preservação ambiental, gerando resultados lesivos à sociedade, a culpabilidade social do ente coletivo resta configurada, podendo, então, ser penalmente responsabilizado, conforme dispõe o art. 225, § 3º, da CRFB, regulamentado pela Lei dos Crimes Ambientais (Lei nº 9.605/98).

---

[24] Art. 173, § 5º, da CRFB: a lei, sem prejuízo da responsabilidade individual dos dirigentes da pessoa jurídica, estabelecerá a responsabilidade desta, sujeitando-a às punições compatíveis com sua natureza, nos atos praticados contra a ordem econômica e financeira e contra a economia popular.

Art. 225, § 3º, da CRFB: as condutas e atividades consideradas lesivas ao meio ambiente sujeitarão os infratores, pessoas físicas ou jurídicas, a sanções penais e administrativas, independentemente da obrigação de reparar os danos causados.

Com efeito, segundo tal raciocínio, uma indústria química pode ser penalmente responsabilizada por ter poluído um rio, uma vez que a exploração da atividade econômica impõe a observância dos princípios estabelecidos pela Carta Constitucional.

Ademais, argumenta-se que a previsão contida no art. 225, § 3º, da CRFB reflete uma tendência observada nos ordenamentos modernos, qual seja, a extensão da responsabilização penal às pessoas jurídicas, não raro utilizadas como forma de encobrir práticas delituosas.

5.2. Argumentos contrários:

Nada obstante a tese favorável, defende-se a impossibilidade de uma pessoa jurídica vir a delinquir (*societas delinquere non potest*). Dentre outros, um dos argumentos invocados guarda relação com a vedação da responsabilidade penal objetiva, cuja premissa básica preconiza que o Direito Penal não admite possa alguém vir a ser penalmente responsabilizado sem que tenha atuado dolosa ou culposamente. Tendo em vista a impossibilidade de uma pessoa jurídica agir (ou deixar de agir) com dolo ou culpa, parte da doutrina rejeita-lhe a condição de sujeito ativo.

Argumenta-se, ainda, que o Direito Penal somente deve intervir quando outros ramos do Direito forem insuficientes para a proteção do bem jurídico. Com efeito, em se tratando de pessoa jurídica, aduz-se que o Direito Administrativo já possui instrumentos capazes de regular e coibir eventuais lesões ao meio ambiente. Afirma-se, ademais, que as sanções penais[25] aplicáveis às pessoas jurídicas são, na sua grande

---

[25] Art. 21. As penas aplicáveis isolada, cumulativa ou alternativamente às pessoas jurídicas, de acordo com o disposto no art. 3º, são:
I - multa;
II - restritivas de direitos;
III - prestação de serviços à comunidade.
Art. 22. As penas restritivas de direitos da pessoa jurídica são:
I - suspensão parcial ou total de atividades;
II - interdição temporária de estabelecimento, obra ou atividade;
III - proibição de contratar com o Poder Público, bem como dele obter subsídios, subvenções ou doações.
§ 1º A suspensão de atividades será aplicada quando estas não estiverem obedecendo às disposições legais ou regulamentares, relativas à proteção do meio ambiente.
§ 2º A interdição será aplicada quando o estabelecimento, obra ou atividade estiver funcionando sem a devida autorização, ou em desacordo com a concedida, ou com violação de disposição legal ou regulamentar.
§ 3º A proibição de contratar com o Poder Público e dele obter subsídios, subvenções ou doações não poderá exceder o prazo de dez anos.

maioria, de caráter administrativo, evidenciando a desnecessidade de se lançar mão do Direito Penal, ramo sabidamente subsidiário.

6. Evolução do conceito de conduta:

A evolução do conceito de conduta está ligada às diversas teorias surgidas durante os séculos XIX e XX acerca do tema, a seguir sintetizadas.

6.1. Conceito pré-clássico de conduta:

Segundo HEGEL (*Princípios da Filosofia do Direito*, de 1821), qualquer ato somente pode ser imputado ao agente como culpabilidade de vontade, motivo pelo se qual afirma que o conceito hegeliano de conduta guarda absoluta identidade com a categoria da culpabilidade.

Apesar do pensamento de HEGEL ser considerado o ponto de partida da evolução histórica do conceito de conduta, a sua formulação apresentava alguns problemas, assim resumidos pela doutrina: *a)* ausência de distinção, gerando indiscutível confusão, entre conduta e culpabilidade, *b)* a conduta identificava-se totalmente com a própria imputação do fato em si, e *c)* reconhecimento apenas da conduta dolosa, nada sendo cogitado por HEGEL a respeito da culpa (em sentido estrito).

Diante dos óbices apontados, é possível afirmar que a teoria de HEGEL não forneceu qualquer definição de conduta, motivo pelo qual GUARAGNI (2005, p. 58) afirma:

> "Verdadeiramente, a teoria da ação de linha Hegeliana não foi mais do que uma teoria da imputação. Portanto, não visou definir ação. Quis – sim – definir como se imputavam acontecimentos a alguém".

Por conta disso, por volta de 1880, abandona-se a teoria de HEGEL, abrindo-se espaço para a teoria causal-naturalista da ação.

6.2. Conceito de conduta no sistema clássico (ou causal-naturalista):

O desenvolvimento de tal formulação teórica deu-se durante o final do século XIX, mais precisamente a partir de 1880, perdurando por cerca de três décadas. Para a teoria em destaque, construção levada a efeito

---

Art. 23. A prestação de serviços à comunidade pela pessoa jurídica consistirá em:
I - custeio de programas e de projetos ambientais;
II - execução de obras de recuperação de áreas degradadas;
III - manutenção de espaços públicos;
IV - contribuições a entidades ambientais ou culturais públicas.

por VON LISZT e ERNST BELING, com forte contribuição de GUSTAV RADBRUCH, e extremamente inspirada no positivismo naturalista típico da segunda metade do século XIX, a ação, enquanto conduta, era definida como um movimento corporal voluntário causador de um resultado no mundo exterior, tudo ligado por um nexo de causalidade (relação de causa e efeito). Bastava, para haver conduta, que se comprovasse que o resultado produzido era decorrente de um movimento corporal voluntário. Tratava-se, assim, de conceito que se contentava com um processo puramente mecânico de causação. Por conseguinte, o que o agente pretendia realizar era algo completamente irrelevante para a configuração da conduta, segundo tal sistema. O dolo e a culpa não integravam o conceito natural de conduta.

O modelo causal clássico teve como principal característica o fato de ter aderido às premissas positivistas naturalistas de outrora, as quais afirmavam que todo e qualquer conhecimento humano, para ostentar o adjetivo "científico", devia comprovar a verdade de seus conceitos, categorias e classificações a partir de critérios estabelecidos pelas ciências da natureza, cujo método adotado era, fundamentalmente, observar e descrever. Nessa linha de raciocínio, ciência era somente aquilo que podia ser mensurado através dos sentidos.

Com efeito, o Direito Penal, ao incorporar as leis da natureza às suas bases teóricas, buscou resguardar o seu *status* científico. Mas tal incorporação teve um custo dogmático, qual seja, a demasiada relevância conferida ao aspecto causal e ao resultado, sendo certo afirmar que, nessa fase, o Direito Penal passou a girar em torno de uma órbita puramente mecanicista. Obviamente, como não podia deixar de ser, a discussão em torno do conceito de conduta (o mesmo acontecendo em relação às demais categorias) foi tragada pelas mesmas ideias naturalistas, resultando num quadro muito bem delineado por GUARAGNI (2005, p. 71):

> *"Assim, na teoria causal, fazia-se necessário um movimento corpóreo voluntário, causador de modificação no mundo exterior, para haver conduta humana. O objeto da voluntariedade não era a modificação no mundo, mas o movimento em si. Na relação causal, a causa deveria ser voluntária – mas não o efeito. A voluntariedade, por seu turno, devia ser livre (...)".*

Fácil perceber que, para o conceito causal de conduta, a finalidade do agente, ao realizar o movimento corporal, este definido por VON LISZT como simples contração voluntária da musculatura, era absolutamente irrelevante. Importava, apenas, a vontade de realizar o movimento. A teoria causal desprezava totalmente a finalidade da ação. O conceito de ação era, assim, absolutamente neutro, acromático e desvalorado.

Ressalte-se, contudo, que a sistemática estabelecida pela concepção causal não baniu a finalidade da conduta da estrutura global do conceito analítico de crime. A finalidade do agente, dado o seu caráter indiscutivelmente subjetivo, era apreciada noutro momento, precisamente no terreno da culpabilidade, considerada como simples nexo psíquico entre o sujeito e o resultado produzido.

Como explica REGIS PRADO (2005, p. 315):

> "O sentido ou conteúdo da vontade é deslocado para a culpabilidade (dolo ou culpa, formas de culpabilidade). A culpabilidade expressa um juízo valorativo sobre a parte interna (espiritual ou subjetiva da ação): reprova-se a ação do autor por não ter atuado segundo as exigências do ordenamento jurídico. Faz-se necessária a presença da imputabilidade e dolo e culpa (disposição anímica ao tempo da ação). Em sentido estrito, a culpabilidade é tão somente a relação subjetiva ou psicológica entre a ação e o seu autor".

Nos termos da orientação causalista, o conceito de crime era apresentado da seguinte forma: *a)* o lado externo (a parte objetiva) englobava os requisitos objetivos do fato punível: o tipo penal compreendia os elementos de ordem objetiva e descritiva; a antijuridicidade, por sua vez, funcionava como singela relação de contrariedade existente entre a conduta típica e a norma jurídica, ausente alguma causa que a justificasse (legítima defesa, estado de necessidade, etc.) e *b)* o lado interno (a parte subjetiva), no qual se localizava a culpabilidade, abarcava os elementos subjetivos (dolo e culpa).

Dentro desse quadro, a relação psíquica entre o agente e o resultado causado era questão a ser verificada em sede de culpabilidade, de cunho eminentemente psicológico.

Dentre tantas críticas dirigidas à concepção causalista, podemos citar: *a)* o grande destaque conferido ao desvalor do resultado, *b)* a incompatibilidade existente entre os pressupostos da teoria causal e o crime omissivo, uma vez que neste, evidentemente, não há movimento corpóreo voluntário; ao contrário, na omissão, não se realiza movimento algum, *c)* a incompatibilidade entre a teoria causal e a tentativa, uma vez que esta demanda seja verificado o elemento anímico do agente; assim, por exemplo, somente a análise do dolo permite afirmar se houve crime tentado (de homicídio) ou consumado (de lesão corporal) e **d)** a inexistência de relação de causalidade entre a omissão e o resultado físico, crítica que teve o poder de nocautear e sepultar a teoria causal.

Exemplo da impropriedade da teoria causal: numa tentativa branca de homicídio, ou seja, aquela na qual a vítima sequer é atingida, o delegado de polícia, ao apreciar o fato segundo a orientação do conceito causal de conduta, teria muita dificuldade para encontrar a correta solução, uma vez que nenhum resultado natural foi produzido. No caso, para realizar o devido juízo de adequação típica, a autoridade policial precisa investigar o conteúdo da vontade daquele que tentou matar.

Por fim, por conta desses óbices, tal teoria encontra-se completamente superada, sendo mencionada apenas por questões histórico-evolutivas.

6.3. Conceito de conduta no sistema neoclássico (ou neokantiano):

Enquanto o sistema clássico tinha como referencial o positivismo, o neoclássico fundava-se na filosofia de valores de matiz neokantiana. De acordo com BITENCOURT (2011, p. 234/235), o neokantismo, movimento surgido no final do século XIX, buscou distinguir as ciências pelo método empregado.

Para GUARAGNI (2005, p. 94):

> "O neokantismo, neste diapasão, representou um resgate do valor científico das ciências do espírito. Reintroduz a noção de que o direito penal, como, aliás, os demais ramos do direito, não estavam situados dentre as ciências do ser, mas perfilhavam-se como ciência cultural, ciência do dever-ser, sem que isso implicasse degeneração ou perda de sua qualidade científica".

Com efeito, as palavras de ordem ditadas pelo modelo clássico (observar e descrever) cederam lugar aos verbos compreender e valorar. A tônica deixou de ser, única e exclusivamente, a constatação de uma relação de causalidade (física) existente entre o movimento corporal voluntário e o resultado. Deixou-se de lado o ser (típico das ciências da natureza) e se conferiu primazia ao dever ser (próprio das ciências culturais).

Os pressupostos da teoria neokantiana significaram uma verdadeira insurgência contra a concepção causal-naturalista, ancorada que estava numa espécie de monismo científico. A partir do neokantismo, mudou-se o foco da questão: o Direito Penal não devia receber as influências metodológicas próprias das ciências naturais. Ao contrário, precisava ser regido por métodos que lhe fossem pertinentes.

Nesse diapasão, o conceito de conduta, antes absolutamente neutro, passa a incorporar elementos de índole valorativa. Deixa, então, de ser concebida com um fenômeno próprio da natureza, passando a receber a influência de valores.

As mudanças teóricas promovidas, em síntese, foram as seguintes: no que tange ao tipo penal, considerou-se que o viés estritamente objetivo (como mera descrição exterior do comportamento humano) não era mais condizente com a nova ordem de ideias. Noutras palavras, abriu-se caminho para a introdução dos atuais elementos normativos e subjetivos do tipo (CIRINO, 2006, p. 83), algo impensável no pensamento causal clássico. Dessa forma, o tipo (antes objetivo, neutro e avalorado) transformou-se em tipo de injusto (tipo descritivo de uma ação socialmente lesiva, antijurídica).

Da mesma forma, novidades foram vistas no campo da antijuridicidade, sobretudo pelas mãos de MAYER, de cujo pensamento herdou-se o enfoque material da antijuridicidade, ou seja, somente os fatos socialmente danosos (que contrastam com as concepções éticas, sociais e políticas dominantes) merecem receber a etiqueta da ilicitude (GUARAGNI, 2005, p. 90). Assim, o conceito de antijuridicidade deixa de ser meramente formal (simples relação de contradição entre a conduta e a norma jurídica) tornando-se, ainda, de natureza material (lesividade social).

Também na culpabilidade o neokantismo marcou presença. E a principal contribuição consistiu em torná-la sensível a juízos de valor. Abandonou-se, então, a feição meramente psicológica da culpabilidade, característica do sistema clássico. Assim, FRANK estabeleceu um conteúdo normativo de culpabilidade, estruturado na ideia de reprovação, censura (culpabilidade como juízo de reprovação), passando a culpabilidade a apresentar conteúdos psicológico e normativo.

6.4. Conceito de conduta no sistema finalista:

A doutrina finalista da ação, da qual HANS WELZEL é o grande expoente, surgiu na Alemanha em torno dos *Trinta* do século passado. WELZEL (2001, p. 27) inicia sua célebre obra (*O Novo Sistema Jurídico-Penal - Uma Introdução à Doutrina Finalista da Ação*) afirmando que:

> "*A ação humana é exercício de uma atividade final*. A ação é, portanto, um acontecimento final e não puramente causal. A finalidade, o caráter final da ação, baseia-se no fato de que o homem, graças ao seu saber causal, pode prever, dentro de certos limites, as possíveis consequências de sua conduta, designar-lhes fins diversos e dirigir sua atividade, conforme um plano, à consecução desses fins. Graças ao seu saber causal prévio, pode dirigir seus diversos atos de modo que oriente o suceder causal externo a um fim e o domine finalisticamente. A atividade final é uma atividade dirigida conscientemente em razão de um fim, enquanto o acontecer causal não está dirigido em razão de um fim, mas é a resultante causal da constelação de causas existente em cada momento. A finalidade é, por isso – dito de forma gráfica – 'vidente', e a causalidade, 'cega'". (grifo nosso)

Nota-se, pelas linhas acima, que o conceito de ação formulado por WELZEL incorporou a noção de finalidade, colocando-a no centro do injusto. Vale dizer, a conduta humana, na ótica welzeliana, é sempre orientada por um fim. Para WELZEL, a ação (em sentido amplo) não é a simples e mecânica causação de um resultado no mundo exterior, uma vez que o ser humano possui uma essência finalista, ou seja, age movido por uma finalidade, fato que não pode ser desconsiderado pelo Direito Penal.

Como leciona FIGUEIREDO DIAS (2001, p. 200 e 201):

> "*A verdadeira 'essência' da acção humana foi encontrada por Welzel na verificação de que o homem dirige finalisticamente os processos causais naturais em direção a fins mentalmente antecipados, escolhendo para o efeito os meios correspondentes: toda acção humana é assim supradeterminação final de um processo causal*".

Refere-se o professor de Coimbra à natureza ontológica da ação, a partir da qual WELZEL fincou suas bases doutrinárias, justamente o ponto sobre o qual se concentraram as críticas dirigidas à teoria finalista da ação.

Como não podia deixar de ser, a inserção da finalidade no conceito de conduta implicou em modificações na estrutura do conceito analítico de crime. Pois bem. As teorias anteriores (clássica e neoclássica) tratavam do dolo e da culpa no âmbito da culpabilidade. A concepção teórica formulada por WELZEL deslocou-os para o campo da tipicidade. Com efeito, o tipo penal, anteriormente concebido de forma exclusivamente neutra, passou a ostentar, também, uma feição subjetiva. Nesse aspecto, é possível estabelecer uma distinção entre o sistema neoclássico, cujas premissas aceitavam, como possíveis, os elementos subjetivos do tipo, e o sistema final, segundo o qual o tipo sempre possui um componente subjetivo, isto é, o dolo. Além disso, o tipo foi concebido formalmente, funcionando como indício da antijuridicidade.

A culpabilidade, na ótica de WELZEL, passou a figurar como juízo de reprovação fundado no livre arbítrio e na possibilidade de agir conforme a norma (possibilidade de atuar de modo diverso). A culpabilidade, então, restou vazia de qualquer requisito de cunho psicológico, funcionando como juízo de censura inerente à conduta, sendo composta apenas por elementos de natureza normativa, isto é, criados pela norma jurídica, a saber: *a)* imputabilidade, *b)* potencial consciência da ilicitude do fato e *c)* exigibilidade de atuação conforme o Direito.

Malgrado o generalizado reconhecimento do mérito da teoria finalista da ação, responsável pela derrocada cabal do modelo causal (clássico e neoclássico), WELZEL também sofreu um bombardeio de críticas, assim resumidas: *a)* impossibilidade de inserção da ação e da omissão sob o mesmo conceito, uma vez que esta, diferentemente daquela, não seria uma categoria ontológica, mas normativa, vez que a conduta omissiva penalmente relevante não existe em si mesma; ao contrário, depende sempre da norma. Segundo essa crítica, o conceito finalista de ação despreza o fato de que na omissão não há uma relação causal fisicamente apreciável. Não atende, portanto, à função de unificação das duas espécies (ação e omissão) sob o mesmo conceito, pois não consegue incorporar a omissão; *b)* as premissas da teoria finalista da ação, segundo os críticos de WELZEL, não seriam compatíveis com o delito culposo, pois neste não haveria finalidade.

De qualquer modo, segundo a teoria finalista, conduta é a ação ou omissão humana, consciente, voluntária e dirigida a uma finalidade, definição que buscou preencher o vazio deixado pelas teorias causais (clássica e neoclássica), qual seja, a ausência de finalidade.

6.5. Conceito de conduta na teoria social da ação:

A teoria social da ação, embora seja tratada aqui (e nos manuais de Direito Penal) após o estudo da teoria finalista, começou a ser desenvolvida por volta de 1930, sobretudo pelas mãos de SCHMIDT, ENGISCH e MAIHOFER, que lhe forneceram os principais aportes teóricos (ROXIN, 2003, p. 244). Posteriormente, a teoria em questão recebeu contribuições de MAURACH, JESCHECK e WESSELS.

A teoria social da ação apresenta-se como uma alternativa às concepções anteriores (naturalista e welzeliana), ambas extremamente atreladas à causalidade e à finalidade, respectivamente. Nesse sentido, explica BITENCOURT (2011, p. 265):

> "(...) a teoria social da ação surgiu como uma via intermediária, por considerar que a direção da ação não se esgota na causalidade e na determinação individual, devendo ser questionada a direção da ação de forma objetivamente genérica. Essa teoria tem a pretensão de apresentar uma solução conciliadora entre a pura consideração ontológica e a normativa, sem excluir os conceitos final e causal da ação".

Segundo BITENCOURT (2011, p. 265), os conceitos de ação propostos por SCHMIDT (ação como conduta arbitrária para com o mundo social externo) e ENGISCH (ação como causação voluntária de consequências calculáveis e socialmente relevantes) não se distanciaram do conceito preconizado pelo modelo causalista, o que somente ocorreu a partir de MAIHOFER (ação como comportamento objetivamente dominável dirigido a um resultado social objetivamente previsível). Através de JESCHECK (ação como comportamento humano socialmente relevante) e WESSELS (ação como conduta socialmente relevante, dominada ou dominável pela vontade humana) a teoria social da ação recebeu, assim, os seus contornos finais (BITENCOURT, 2011, p. 265/266).

Obviamente, a teoria social da ação não permaneceu livre de críticas. Com efeito, CIRINO (2006, p. 91) sintetiza o principal argumento crítico endereçado à ela (e ao seu apego à relevância social):

> "Conceitualmente, o atributo da relevância social introduzido pelo modelo social de ação não integra a realidade descritível pela observação sensorial: é uma qualidade da ação atribuível por juízo de valor próprio dos conceitos axiológicos que qualificam a ação como crime -, desse ponto de vista, a relevância social é atributo do tipo legal".

Em síntese, CIRINO afirma que a relevância social é apenas uma qualidade, um atributo, um adjetivo inerente ao substantivo "conduta". Logo, esta não desaparece diante da ausência de relevância social. Assim, determinadas condutas, ainda que desprovidas de relevância social, são efetivamente dotadas de relevância jurídico-penal. São condutas, portanto, o que demonstra a insuficiência de tal conceito social.

6.6. Conceito de conduta no sistema funcionalista:

O modelo funcionalista (e seus respectivos conceitos de ação) comportam variações distintas, sendo que apenas duas serão abordadas aqui: ***a)*** o funcionalismo racional-teleológico, de ROXIN, e ***b)*** o funcionalismo radical-sistêmico, de JAKOBS.

6.6.1. Funcionalismo racional-teleológico:

O sistema funcionalista racional-teleológico é fruto de uma reação ao modelo finalista. ROXIN, o grande expoente do funcionalismo, desenvolveu as premissas básicas de tal modelo em seu *Kriminalpolitik und Strafrechtssystem*, de 1970. Aduz o professor de Munique que um sistema penal não pode estar absolutamente vinculado a estruturas ontológicas prévias. Ao contrário, segundo ROXIN (2003, p. 217), as finalidades reitoras que constituem o sistema de Direito Penal somente podem ser de matiz político-criminal, razão pela qual as categorias básicas que integram o sistema tradicional apresentam-se como verdadeiros instrumentos de valoração político-criminal (ROXIN, 2003, p. 218). Na sua ótica, é preciso que cada uma das categorias inerentes ao Direito Penal seja capaz de desempenhar uma função dentro do sistema, possibilitando a adoção de decisões justas e adequadas para cada caso, sem que estejam atreladas a conceitos prévios. Tal visão, portanto, deve pautar a Dogmática Penal. Para o autor alemão (2006, p. 75):

> *"O sistema do direito penal não deve fornecer uma dedução a partir de conceitos normativos abstratos ou um reflexo de regularidades ontológicas. Ele é, muito mais, uma combinação de ideias reitoras político-criminais, que penetram na matéria jurídica, a estruturam e possibilitam resultados adequados às peculiaridades desta".*

No cenário funcionalista, a teoria dos fins da pena é dotada de grande importância. ROXIN confere destaque ao caráter preventivo (geral e especial) da pena; da mesma forma, rejeita-lhe o tom retributivo. A repreenda estatal, no pensamento do grande penalista alemão, objetiva conferir proteção a bens jurídicos penalmente selecionados, seja por meio da prevenção geral (focando a sociedade), seja através da prevenção especial (primando pelo autor do fato). No que tange à prevenção geral, ROXIN atribui relevância à de natureza positiva, isto é, que objetiva alcançar efeitos positivos junto à sociedade, tais como a confiança na validade da norma jurídica. Mas ROXIN não se olvida da denominada prevenção especial positiva, pautada na pessoa do infrator.

O funcionalismo teleológico de ROXIN contrapõe-se à concepção de JAKOBS. Uma das distinções reside no fato de que as bases teóricas de ROXIN não negam ao Direito Penal a função de proteção de bens jurídicos, ainda que subsidiariamente (CIRINO, 2006, p. 460/461). Eis, portanto, um dos momentos em que as visões dos autores alemães divergem.

Mas há outros focos de distinção: ROXIN não confere caráter absoluto à prevenção geral positiva, o que acontece em JAKOBS. A sua proposta, portanto, alinha-se ao denominado Direito Penal do Fato, próprio de um Estado Democrático de Direito.

A teoria de ROXIN repercute sobremaneira no terreno da culpabilidade. O autor promove uma ampliação nessa categoria, de modo que a imposição da pena passa a estar condicionada à existência de culpabilidade e necessidade (prevenção geral ou especial). Nesse ponto, portanto, reside outra inovação trazida por ROXIN (2003, p. 204):

> *"Una segunda innovación central del sistema racional-final o teleológico en la forma aquí defendida lo constituye la ampliación de la 'culpabilidad' a la categoría de la 'responsabilidad', en cuanto que a la culpabilidad como condición ineludible de toda pena se le debe añadir siempre la necesidad preventiva (especial o geral) de la sanción penal (...), de tal modo que la culpabilidad y las necesidades de prevención se limitan recíprocamente y sólo conjuntamente dan lugar a la 'responsabilidad' personal del sujeto, que desencadena la imposición de la pena".*

Assim, segundo ROXIN, diante da certeza de que o agente não voltará a delinquir, a pena passa a ser desnecessária, ainda que o fato realizado seja típico (formal e materialmente) e antijurídico.

Quanto ao conceito de conduta, assevera ROXIN (2003, p. 218) que o sujeito, ao agir ou deixar de agir, expressa a sua personalidade, motivo pelo qual formulou aquilo que denominou de conceito pessoal de ação. Vale dizer, o indivíduo, ao praticar uma ação (ou ao deixar de realizar uma ação esperada), manifesta parte de sua personalidade:

> *"Un hombre habrá actuado si determinados efectos procedentes o no del mismo se le pueden atribuir a él como persona, o sea como centro espiritual de acción, por lo que se puede hablar de um 'hacer' o 'dejar de hacer' y con ello de una 'manifestación' de la personalidad (...)".*

6.6.2. Funcionalismo radical-sistêmico:

O funcionalismo radical-sistêmico, ancorado na teoria dos sistemas sociais (teoria sociológico-sistêmica, de NIKLAS LUHMANN), parte de uma análise da função desempenhada pelo Direito dentro de um dado sistema. Para JAKOBS, aquele que viola o conteúdo normativo de uma norma penal incriminadora está, em última análise, questionando a sua validade. Por exemplo, à luz das ideias de JAKOBS, o homicida, ao matar alguém, viola a norma que proíbe a ação de matar, demonstrando, assim, um sentimento de negação quanto à validade do comando normativo (não matar).

Nessa linha teórica, afirma JAKOBS que a função da pena a ser imposta pelo Estado ao infrator é restabelecer a validade da norma infringida, de modo a reafirmá-la perante os demais membros da sociedade, pois, segundo JAKOBS, fundado na teoria de LUHMANN, a violação de uma norma gera decepção social, devendo, portanto, ser reafirmada, o que se dá por meio da imposição de uma pena àquele que decepcionou a comunidade. A finalidade da pena, para JAKOBS, é preventiva (sob o aspecto geral), de modo a desestimular cometimento de outras ações delituosas.

Constata-se que o modelo funcionalista sistêmico encontra-se fincado na ideia de prevenção geral positiva, segundo a qual a pena criminal cumpre a função de ratificar a validade da norma penal infringida. Com efeito, JAKOBS nega ao Direito Penal a função de proteção de bens jurídicos penalmente relevantes. Tal proteção, na sua ótica, somente ocorre por via indireta e secundária. Para ele, a função precípua do Direito Penal é proteger a validade da norma.

O funcionalismo sistêmico de JAKOBS acaba por se afastar das premissas de um Direito Penal condizente com um Estado Democrático de Direito, dando margem ao surgimento de sistemas indiferentes ao princípio da dignidade da pessoa humana. Nesse sentido, a contundente crítica apontada por REGIS PRADO (2005, p. 118) ao modelo funcionalista:

> *"O funcionalismo, principalmente sistêmico, de cunho autoritário, pode atentar gravemente contra a concepção de Estado de Direito democrático gizado no texto constitucional brasileiro de 1988".*

Em suma, o sistema defendido por JAKOBS, que não se funda na ideia de proteção de bens jurídicos, mas, sim, na necessidade de se reafirmar a validade da norma transgredida, pode dar margem a conceitos que se contrapõem a um Estado Democrático de Direito, tal como o tão criticado Direito Penal do Inimigo (capítulo I, item 8), nítido Direito Penal do Autor.

Destarte, conduta, para JAKOBS, é a ação ou omissão que não evita a causação de um resultado individualmente evitável (teoria da evitabilidade individual). Como tal teoria é construída a partir da norma, não há, a seu ver, qualquer distinção relevante entre crimes comissivos e omissivos, pois o que importa é verificar se o agente descumpriu a norma, que pode se apresentar, conforme o caso, como proibitiva (norma que proíbe uma ação) ou mandamental (norma que impõe uma ação). O que importa, em suma, é constatar que o indivíduo não evitou um resultado evitável.

Capítulo XII

Tipo Penal

1. Definição:

Por tipo penal entende-se o modelo de conduta proibida pela lei penal. Trata-se, na essência, de um molde através do qual a lei penal descreve um comportamento (ação ou omissão) proibido, punindo-o através de uma pena.

CIRINO (2006, p. 103), ao tratar do conceito de tipo, apresenta-o sob três enfoques:

> "O conceito de tipo, introduzido por BELING na dogmática penal, pode ser definido de três diferentes pontos de vista: a) como <u>tipo legal</u> constitui a descrição do comportamento proibido, com todas suas características subjetivas, objetivas e normativas, realizada na parte especial do CP (e leis complementares); b) como <u>tipo de injusto</u> representa a descrição da lesão do bem jurídico, compreendendo os fundamentos positivos da tipicidade (descrição do comportamento proibido) e os fundamentos negativos da antijuridicidade (ausência de causas de justificação); c) como <u>tipo de garantia</u> (tipo em sentido amplo) realiza a função político-criminal atribuída ao princípio da legalidade (art. 5º, XXXIX, CR), expressa na fórmula nullum crimen, nulla poena sine lege, e compreende todos os pressupostos da punibilidade: além dos caracteres do tipo de injusto (tipicidade antijuridicidade), também os fundamentos de reprovação do autor pela realização do tipo de injusto (culpabilidade), assim como as condições objetivas de punibilidade e os pressupostos processuais". (grifo nosso)

2. Preceitos:

O tipo penal possui dois preceitos: *a)* o preceito primário, que descreve a conduta incriminada, e *b)* o preceito secundário, que contém a previsão de pena para o caso de violação da norma penal.

3. Núcleo:

Núcleo é o verbo previsto no tipo penal, ou seja, o termo que descreve a essência da conduta incriminada, podendo refletir uma ação ou omissão. O tipo penal pode apresentar um ou vários núcleos, sendo fundamental analisar o seu exato significado, de modo a evitar o incorreto emprego de analogia prejudicial (*in malam partem*).

Por exemplo, o art. 333 do CP, ao tratar da corrupção ativa, faz referência a dois verbos (núcleos): oferecer e prometer. O art. 343 do CP, por sua vez, ao descrever o delito de corrupção ativa de testemunha, perito, contador, tradutor e intérprete, menciona os verbos dar, oferecer e prometer. Com efeito, interpretando-se sistematicamente os arts. 333 e 343 do CP, pode-se afirmar que os significados dos verbos dar e oferecer são distintos, pois, se iguais fossem, não haveria razão alguma para o legislador referir-se a ambos no art. 343 do CP. Seria redundância. Assim, a ação de dar vantagem indevida a funcionário público, para determiná-lo a praticar, omitir ou retardar ato de ofício, é comportamento que não encontra previsão junto ao art. 333 do CP, não caracterizando, consequentemente, crime de corrupção ativa. No entanto, dar dinheiro ou qualquer outra vantagem a testemunha, perito, contador, tradutor ou intérprete, para fazer afirmação falsa, negar ou calar a verdade em depoimento, perícia, cálculo, tradução ou interpretação, é conduta que realiza o tipo penal inserto no art. 343 do CP.

4. Elementos estruturais:

4.1. Elementos objetivos:

Os elementos objetivos do tipo dizem respeito aos dados materiais integrantes da moldura típica, podendo ser identificados pela simples atividade sensorial humana. Referências ao lugar, aos meios empregados na execução do delito, ao objeto material, ao sujeito passivo, ao tempo da conduta, dentre outros, descrevem características objetivas do tipo penal.

Exemplo: lugar ermo (art. 133, § 3º, I, do CP), emprego de armas (art. 146, § 1º, do CP), sepultura (art. 210 do CP), filho (art. 123 do CP) e menor de 14 (catorze) anos (art. 217-A, *caput*, do CP).

4.2. Elemento subjetivo:

O elemento subjetivo do tipo refere-se ao estado de ânimo do agente. Vale dizer, à sua vontade. Está relacionado ao aspecto subjetivo do tipo. O dolo é, por excelência, o elemento subjetivo do tipo (GRECO, 2012, p. 171).

Exemplo: as expressões "com o intuito de" (art. 158 do CP) e "com o fim de" (art. 159 do CP) indicam algo a respeito da intenção do sujeito ativo. São os chamados elementos subjetivos especiais do tipo.

4.3. Elementos normativos:

Referem-se os elementos normativos do tipo à antijuridicidade do fato, exigindo, assim, um juízo de valor por parte do intérprete. Podem ser jurídico ou extrajurídico.

a) **Elemento normativo jurídico** é aquele que se refere a um conceito jurídico, demandando, portanto, uma valoração jurídica.

Exemplo: documento (art. 297 do CP).

b) **Elemento normativo extrajurídico**, por sua vez, é aquele que exige uma valoração cultural, social, política, econômica, etc.

Exemplo: a expressão "ato obsceno", prevista no art. 233 do CP, deve ser interpretada através de uma análise dos valores reinantes numa sociedade.

5. Evolução do conceito de tipo:

A noção de tipo, desde que inserta no ambiente do Direito Penal pela primeira vez como categoria autônoma, não para de evoluir, o que demonstra a necessidade de se empreender uma incursão histórica acerca das diversas concepções que lhe foram emprestadas ao longo dos anos.

5.1. Fase do tipo independente:

A doutrina confere a BELING o mérito de ter introduzido a tipicidade como categoria autônoma e independente na definição de delito, deflagrando, podemos assim dizer, o desenvolvimento da moderna teoria do tipo penal. Seus aportes teóricos foram publicados através de importante obra (*Die Lehre vom Verbrechen*), datada de 1906. BELING considerava que o Direito devia se dedicar ao conhecimento do conteúdo do

Direito Positivo. Nesse diapasão, nenhuma valoração podia penetrar na construção típica.

BELING reformulou a definição de delito até então existente (ação antijurídica e culpável e passível de pena), propondo um novo conceito, nele incluindo a categoria (autônoma) do tipo, figura que, a seu ver, possuía mera função descritiva, sendo completamente separada da antijuridicidade e da culpabilidade. Conforme explica REALE JR. (2004, p. 138), a estrutura do delito preconizada por BELING era apresentada da seguinte forma:

> *"(...) a tipicidade diferencia e especifica as condutas criminais em seu aspecto objetivo. O tipo constitui apenas e tão somente a descrição objetiva, não encerrando elementos subjetivos, nem possuindo conteúdo valorativo.*
>
> *O tipo é puramente descritivo, distinguindo-se da antijuridicidade, que constitui um juízo de valor que atribui ao fato o caráter contrário à ordem jurídica".*

Ao afirmar que toda e qualquer ação, para receber a etiqueta delituosa, precisa estar perfeitamente delimitada por um tipo expressamente previsto no Direito Positivo, BELING realçou a importância do princípio da legalidade penal (BITENCOURT e MUÑOZ CONDE, 2000, p. 134).

Diante da forte influência exercida pelo positivismo no pensamento de BELING, não é de se surpreender que a construção teórica levada a efeito por ele tenha concebido o tipo de modo absolutamente neutro, livre de qualquer elemento de índole normativa. Por se tratar de um modelo avalorado, completamente separado das demais categorias do delito (antijuridicidade e culpabilidade), tal momento teórico ficou historicamente conhecido como fase do tipo independente.

Diversas críticas foram lançadas à concepção de BELING. Mas o golpe fatal desferido contra o seu pensamento fundamentou-se na constatação de que alguns tipos penais não se limitam apenas a descrever. Ao contrário, revelam elementos de ordem normativa, cuja compreensão, invariavelmente, reclama uma valoração a ser realizada quanto ao seu significado.

5.2. Fase da *ratio cognoscendi*:

Noutro momento, MAX ERNST MAYER, em seu *Tratado de Direito Penal*, de 1915, passa a conceber o tipo não como uma fórmula meramente descritiva, avalorada e neutra, como defendia BELING, mas, sim, como um norte sinalizador da existência de ilicitude. O tipo penal, a partir da visão de MAYER, não mais ostenta um caráter puramente objetivo. A tipicidade, nessa linha, passa a ser indiciária da ilicitude, razão pela qual tal etapa da evolução do tipo é conhecida como fase da *ratio cognoscendi* da antijuricidade. Nesse sentido, afirmam BITENCOURT e MUÑOZ CONDE (2000, p. 132):

> *"Enfim, para Mayer, a tipicidade é a ratio cognoscendi da antijuridicidade, isto é, a adequação do fato ao tipo faz surgir o indício de que a conduta é antijurídica, o qual, no entanto, cederá ante a configuração de uma causa de justificação. Por isso, o tipo é somente a* ratio cognoscendi *da antijuridicidade e, como tal, independente dela".*

5.3. Fase da *ratio essendi*:

EDMUND MEZGER, exatamente como MAYER, discordava da concepção puramente objetiva e avalorada de tipo preconizada por BELING. Mas a construção teórica de MEZGER, trazida a público através de seu *Tratado de Direito Penal*, de 1931, não se limitou a criticar a neutralidade típica de BELING. MEZGER, diferentemente de MAYER, concebia o tipo não como um indício da antijuridicidade (teoria da *ratio cognoscendi*), mas como sua própria razão de existir, sua essência mesmo, fazendo surgir a chamada teoria da *ratio essendi*.

Para MEZGER, o tipo é a antijuridicidade tipificada. Constata-se, portanto, que o conceito mezgeriano de delito apresentava-se de modo bipartido: ação tipicamente antijurídica e culpável, no que também foi duramente criticado. Com efeito, segundo as premissas de MEZGER, a tipicidade de uma conduta só pode ser atestada se for igualmente diagnosticada a sua antijuridicidade, de forma que a tipicidade passa a ser a razão da antijuridicidade (e vice-versa), teoria que desagua num "ir" e "vir" intermináveis. Sintetizando o esquema de MEZGER, a ausência de tipicidade leva à inexistência de antijuridicidade (e vice-versa). Portanto, uma conduta típica é, necessariamente, antijurídica. Essa concepção de tipo reflete as bases teóricas do neokantismo no Direito Penal, pensamento do qual MEZGER era um dos representantes.

Ao fazer depender a antijuridicidade da tipicidade (e vice-versa), MEZGER criou uma antijuridicidade específica para Direito Penal, o que, obviamente, não pode ser admitido, problema que foi percebido por BITENCOURT e MUÑOZ CONDE (2000, p. 133):

"*Com efeito, se a antijuridicidade depende da tipicidade, <u>o legislador ao tipificar uma conduta cria para ela uma antijuridicidade penal, diferente da antijuridicidade geral</u>. Caso contrário, não se saberá qual é a função constitutiva da tipicidade em relação a determinadas condutas que já eram consideradas ilícitas antes de o legislador criminalizá-las*". (grifo nosso)

5.4. Fase atual:

O entendimento predominante, no entanto, é que o tipo penal funciona como *ratio cognoscendi* da antijuridicidade.

Exemplo: X, dolosamente, mata **Y**, o que se dá em legítima defesa[26]. No caso, constata-se o seguinte: trata-se de fato típico, à luz do art. 121 do CP. Há, portanto, um indício de que o fato também seja antijurídico. No entanto, tendo em vista o disposto no art. 25 do CP, tal indício deve ser afastado, e o comportamento praticado por **X** deve ser considerado lícito.

6. Classificação:

6.1. Tipo objetivo e tipo subjetivo:

Leciona BITENCOURT (2011, p. 311) que o tipo, objetivamente, compõe-se de um núcleo, representado por um verbo indicativo de uma ação ou omissão, e por elementos secundários, tais como o objeto da ação, o resultado, o nexo causal, a referência ao autor, dentre outros.

O tipo subjetivo, por sua vez, é integrado por um elemento geral (o dolo) e, em alguns momentos, por um elemento subjetivo especial, também chamado de elemento subjetivo do injusto ou especial fim de agir.

QUEIROZ (2010, p. 235), discordando de tal distinção entre dolo e elemento subjetivo especial, aduz que:

> "*Ocorre que, se o dolo compreende, como assinalado, todos os elementos do tipo, parece evidente que deverá também compreender tais elementos, não fazendo sentido, por conseguinte, pretender autonomizá-los em face do conceito de dolo. Com efeito, se se entende dolo como 'saber e querer a realização do tipo', tal há de compreender, necessariamente, todos os elementos que o integram, pouco importando se objetivos ou subjetivos, mesmo porque o conceito de dolo é um conceito referencial, e, pois, só tem sentido em referência a uma descrição típica certa e determinada, não havendo porque se lhe restringir o alcance a determinados elementos seus – os objetivos*".

---

[26] Art. 25. Entende-se em legítima defesa quem, usando moderadamente dos meios necessários, repele injusta agressão, atual ou iminente, a direito seu ou de outrem.

6.2. Tipo normal e tipo anormal:

Tipo normal é aquele que contém somente elementos objetivos (ou descritivos).

Exemplo: art. 121 do CP.

Tipo anormal é aquele que apresenta, além dos elementos de natureza objetiva, elementos subjetivos, normativos ou ambos.

Exemplo: art. 155 do CP, no qual encontramos um elemento subjetivo ("para si ou para outrem") e um elemento normativo ("alheia").

Sobre a importância meramente histórica da distinção entre tipos normais e anormais, BIERRENBACH (2009, p. 48), lembrando JIMÉNEZ DE ASÚA, esclarece que:

> "A distinção procedida pelo jurista espanhol era cabível em relação àqueles doutrinadores que adotavam uma teoria do delito de corte causal. Isso porque, o tipo construído pelo causalismo era meramente objetivo, descritivo, livre de valorações e de momentos subjetivos, intra-anímicos. Portanto, a presença de elementos subjetivos (que integravam a culpabilidade), normativos (pertencentes à antijuridicidade), ou de ambos os elementos, tornava a figura típica '**anormal**'.
>
> A concepção atual da teoria do delito, para a qual o tipo pode conter elementos objetivos, subjetivos e normativos, <u>torna inadmissível a divisão em tipos normais e anormais</u>". (grifo nosso)

6.3. Tipo básico (ou fundamental) e tipo derivado:

Tipo básico é aquele que contém os elementos essenciais, fundamentais, básicos da figura típica. Localiza-se, geralmente, no *caput* do dispositivo penal.

Exemplo: art. 121, *caput*, do CP, que estabelece a forma básica do crime de homicídio.

O tipo derivado, como a própria expressão sugere, caracteriza-se por ser uma derivação do tipo básico. O legislador, partindo do tipo fundamental, elenca determinados dados que diminuem (circunstâncias privilegiadoras ou causas de diminuição) ou aumentam (circunstâncias qualificadoras ou causas de aumento) a pena.

Exemplo: art. 121, § 1º (que relaciona causas especiais de aumento de pena) e § 2º (que elenca circunstâncias qualificadoras), do CP.

6.4. Tipo fechado e tipo aberto:

Tipo fechado é aquele cuja descrição típica é fechada, detalhada, pormenorizada e precisa.

Exemplo: art. 157, *caput*, do CP. A leitura do tipo que define o roubo próprio[27] permite afirmar que o legislador descreveu e pormenorizou a ação proibida, que consiste em subtrair coisa móvel alheia, para si ou para outrem, mediante grave ameaça ou violência à pessoa, ou depois de havê-la, por qualquer meio, reduzido à impossibilidade de resistência.

O tipo aberto, nessa ordem de ideias, possui uma descrição típica aberta, requerendo, por conseguinte, um juízo de valor por parte do intérprete, o que se dá diante de cada caso. Os crimes culposos, de um modo geral, caracterizam-se por apresentar tipos abertos, carecendo, portanto, de tal análise concreta.

Exemplo: o art. 121, § 3º, do CP limita-se a citar a expressão "se o homicídio é culposo", não especificando de que modo se configura a culpa do agente, o que depende de uma análise particular de cada caso, a fim de se verificar se a conduta perpetrada deixou de observou o dever de cuidado objetivamente exigido.

GRECO (2012, p. 166) assinala as razões que levam o legislador a empregar tal técnica (aberta) de construção típica:

> "Contudo, em determinadas situações, <u>o legislador, por impossibilidade de prever e descrever todas as condutas possíveis de acontecer em sociedade, criou os chamados tipos abertos, nos quais não há a descrição completa e precisa do modelo de conduta proibida ou imposta.</u> Nesses casos, faz-se necessária sua complementação pelo intérprete. É o que ocorre, v.g., com os delitos culposos". (grifo nosso)

6.5. Tipo congruente e tipo incongruente:

Tipo congruente é aquele cuja parte subjetiva do modelo típico guarda perfeita correspondência com a sua parte objetiva.

Exemplo: art. 129, *caput*, do CP, cujo dolo do agente (ofender a integridade corporal ou saúde da pessoa humana) corresponde exatamente ao que está descrito no tipo objetivo.

O tipo incongruente, ao contrário do anterior, revela uma assimetria entre os tipos subjetivo e objetivo. Em tais casos, observa-se a presença de elementos subjetivos distintos do dolo do sujeito.

Exemplo: extorsão mediante sequestro (art. 159, *caput*, do CP), que consiste em sequestrar pessoa com o fim de obter, para si ou para outrem, qualquer vantagem, como condição ou preço do resgate. De

---

[27] Trata-se de denominação dada pela doutrina e pela jurisprudência ao roubo previsto no art. 157, *caput*, do CP.

acordo com tal redação, constata-se que o dolo do agente vai além da intenção de privar a vítima de sua liberdade individual. Há referência, ainda, ao fim subsequente, ou seja, a intenção de obter vantagem.

6.6. Tipo simples e tipo composto:

Tipo simples é aquele que tutela apenas um bem jurídico.

Exemplo: art. 121 do CP, através do qual se protege a vida humana.

O tipo composto, diferentemente, resguarda dois ou mais bens jurídicos.

Exemplo: extorsão mediante sequestro, cujos bens jurídicos são o patrimônio e a liberdade do indivíduo.

6.7. Tipo comissivo, tipo omissivo próprio e tipo omissivo impróprio:

Tipo comissivo é aquele cujo verbo reitor indica uma ação.

Exemplo: calúnia (art. 138, *caput*, do CP), cuja ação consiste em caluniar alguém, imputando-lhe, falsamente, fato definido como crime. O agente responde por ter realizado o comportamento criminoso descrito na lei penal.

Tipo omissivo próprio é aquele cujo verbo reitor evidencia uma omissão.

Exemplo: omissão de notificação de doença (art. 269 do CP), cujo comportamento negativo consiste em deixar o médico de denunciar à autoridade pública doença cuja notificação é compulsória. O omitente responde por não ter realizado a conduta que devia realizar (notificar à autoridade pública a ocorrência da doença).

No tipo omissivo impróprio o verbo reitor também indica ação. No entanto, o sujeito responde por ter se omitido e, consequentemente, não ter agido para evitar o resultado, quando devia e podia fazê-lo, tendo em vista que se encontrava na posição de agente garantidor (art. 13, § 2º, do CP).

Exemplo: uma equipe policial, dolosamente, não impede o estupro de alguém. Os policiais respondem pelo art. 213 do CP, que descreve a ação de constranger alguém, mediante violência ou grave ameaça, a ter conjunção carnal ou a praticar ou permitir que com ele se pratique outro ato libidinoso. No entanto, na hipótese, os policiais omitentes respondem por omissão imprópria, vez que são agentes garantidores (art. 13, § 2º, *a*, do CP).

7. Distinção entre elementar e circunstância do tipo:

Elementar é tudo aquilo que é essencial para a existência da própria infração penal. Sua ausência gera atipicidade, que pode ser absoluta ou relativa. Dá-se a atipicidade absoluta quando a falta de uma elementar do tipo inviabiliza por completo o enquadramento do fato no ordenamento jurídico-penal. Não há, portanto, possibilidade de subsunção típica.

Exemplo: a inexistência da elementar "alguém", prevista no art. 121 do CP, ocasiona a atipicidade da conduta praticada. Se o agente aplica um golpe de faca no coração de seu inimigo, desconhecendo que ele falecera momentos antes, a ausência da referida elementar impede a subsunção junto ao art. 121 do CP. No caso, não há qualquer tipo penal no qual possa ser enquadrado o agente. A atipicidade é, assim, de natureza absoluta.

No entanto, a ausência das elementares relativas aos meios de execução do crime de roubo impossibilita apenas o enquadramento do agente no art. 157 do CP. Mas não impede a caracterização do crime de furto (art. 155 do CP). Assim, se o sujeito subtrai, para si ou para outrem, coisa alheia móvel, sem empregar violência física, grave ameaça ou violência imprópria (outro meio que reduz a vítima à impossibilidade de resistência), a atipicidade ocorre apenas quanto ao roubo. A subsunção junto ao furto permanece plenamente possível. Nesse caso, como se vê, a falta das elementares pertinentes aos meios de execução citados no art. 157, *caput*, do CP enseja apenas uma atipicidade relativa.

Em alguns momentos, além das elementares, a lei penal menciona determinadas circunstâncias, isto é, dados que, agregados ao tipo básico, objetivam aumentar ou diminuir a pena pertinente ao crime.

As circunstâncias, diferentemente das elementares, não são essenciais para a existência do tipo penal. Sua ausência, portanto, não ocasiona atipicidade (absoluta ou relativa), mas, sim, enquadramento da conduta junto ao tipo básico.

Exemplo: o art. 121 do CP, após descrever, no *caput*, o tipo básico ("matar alguém"), arrola, no parágrafo 2°, diversas circunstâncias qualificadoras (motivo torpe, motivo fútil, asfixia, veneno, emboscada, traição, etc.), bem como, no parágrafo 4°, várias causas especiais de aumento de pena. Em ambos os parágrafos, ao abstrairmos os dados neles presentes, a tipificação junto ao crime de homicídio simples (art. 121, *caput*, do CP) permanece intacta, desaparecendo apenas a possibilidade de incidir a qualificadora (parágrafo 2°) ou a causa especial de aumento de pena (parágrafo 4°).

O mesmo raciocínio deve ser empregado quando se tratar de circunstância privilegiadora e causa de diminuição de pena.

8. Distinção entre circunstância qualificadora e causa de aumento de pena:

Tendo como parâmetro a pena cominada para o tipo básico, é possível afirmar que a qualificadora e a causa de aumento de pena sempre acarretam uma reprimenda mais severa. A diferença entre ambas reside na forma como se dá a elevação da resposta penal. Vejamos.

A circunstância qualificadora sempre apresenta novos parâmetros (mínimo e/ou máximo) de pena.

Exemplo: art. 121, § 2°, do CP. Verifica-se que as penas mínima e máxima (6 a 20 anos de reclusão) estabelecidas para o homicídio simples (art. 121, *caput*, do CP) dão lugar às novas penas (12 a 30 anos de reclusão) previstas para a forma qualificada (art. 121, § 2°, do CP).

Diferentemente do que foi dito acima, em se tratando de causa de aumento de pena, não há previsão de novos limites (mínimo e/ou máximo). O legislador vale-se de uma fração (ou de um intervalo de frações) que incide sobre as penas cominadas para o tipo básico.

Exemplo: o art. 121, § 4°, do CP caracteriza-se por ser uma causa especial de aumento de pena, vez que nele há referência a uma fração (1/3), não mencionando novos parâmetros de pena.

Idêntico raciocínio deve ser utilizado para assinalar a diferença entre as circunstâncias privilegiadoras e as causas de diminuição de pena.

Por fim, a diferença entre uma causa geral e uma causa especial (de aumento ou de diminuição) de pena reside na simples localização topográfica do dispositivo penal. Se estiver prevista na Parte Geral do CP (arts. 1° a 120), denomina-se causa geral. Localizando-se na Parte Especial (arts. 121 a 361), causa especial.

9. Tipicidade:

9.1. Definição:

Tipicidade é a qualidade inerente à conduta que se enquadrada perfeitamente num tipo penal, ou seja, num modelo legal definidor de um comportamento delituoso. Por conseguinte, conduta típica é aquela que reúne a característica da tipicidade. A maioria das ações humanas, no entanto, não possui relevância para o Direito Penal. Consequentemente, não se revestem de tipicidade. São, portanto, condutas atípicas. O desenvolvimento teórico do tema fez com que surgissem várias espécies de tipicidade: *a)* tipicidade formal, *b)* tipicidade material e *c)* tipicidade conglobante.

9.2. Espécies:

9.2.1. Tipicidade formal:

O Direito Penal opera através de normas abstratas, o que demanda, no plano concreto, a realização de um juízo a ser empreendido sobre o que está previsto no tipo penal e o que efetivamente aconteceu no mundo real.

Tal também ocorre no Direito Civil, quando se analisa, por exemplo, eventual violação das normas que tutelam o Direito do Consumidor; igualmente no Direito Administrativo, quando se pretende sancionar aquele que tenha descumprido regras administrativas inerentes à preservação do meio ambiente, por exemplo; da mesma forma, através das regras jurídicas integrantes do Direito Tributário, analisa-se se o fato ocorrido autoriza a incidência de determinado tributo. Tal juízo, no Direito Penal, busca verificar se o fato perpetrado no mundo real pode mesmo ser enquadrado num tipo penal qualquer. É o chamado juízo de subsunção típica. BIERRENBACH (2009, p. 42), com precisão, ensina que tal *"ajuste deve ser tão perfeito como o da mão à luva"*.

Com efeito, para realizar esse enquadramento típico, deve o intérprete, num primeiro momento, aferir a existência de tipicidade formal. Vale dizer, verificar se o comportamento do agente enquadra-se num tipo penal qualquer. Em caso positivo, diz-se que há tipicidade formal. Essa operação mental é levada a efeito por todos aqueles que militam na área do Direito Penal. Por exemplo, o delegado de polícia, ao analisar, para efeito de registro, uma ocorrência policial, verifica se a conduta realizada pelo agente apresenta tipicidade. No exemplo em tela, é a autoridade policial o servidor público dotado de atribuição para decidir a respeito da subsunção típica a ser conferida. Da mesma forma, nos termos do art. 129, I, da CRFB, cabe ao membro do Ministério Público, por ocasião do oferecimento da denúncia, exercer tal juízo. O magistrado, entendendo que o fato narrado reveste-se de tipicidade, decide pelo recebimento da denúncia, etc.

9.2.2. Tipicidade material:

Diz-se, no entanto, que a tipicidade formal não é suficiente para assinalar a ocorrência de tipicidade penal. A incidência do Direito Penal, ligado que está à proteção de bens jurídicos dotados de relevância, demanda, ainda, uma análise da ofensividade da conduta cometida. Disso resulta que o comportamento praticado deve possuir aptidão para causar alguma lesão (ou perigo de lesão) a um bem jurídico-penal. Trata-se da chamada tipicidade material, que pode ser concretamente afastada, mesmo diante da anterior constatação de tipicidade formal.

Exemplo: a subtração de uma folha de papel **A4**, por mais que esteja adaptada ao tipo penal que descreve o furto (art. 155 do CP), não causa lesão (ou perigo de lesão) ao bem jurídico tutelado (o patrimônio). Trata-se, portanto, de conduta materialmente atípica. Não há tipicidade penal, vez que esta deve ser encarada sob os prismas formal e material.

Nesse sentido, acosta-se a ementa do HC nº 97.772, STF, Primeira Turma, julgado em 03.11.2009:

> "A tipicidade penal não pode ser percebida como o trivial exercício de adequação do fato concreto à norma abstrata. Além da correspondência formal, para a configuração da tipicidade, é necessária uma análise materialmente valorativa das circunstâncias do caso concreto, no sentido de se verificar a ocorrência de alguma lesão grave, contundente e penalmente relevante do bem jurídico tutelado". (grifo nosso)

9.2.2.1. Tipicidade material e princípio da insignificância (ou da bagatela):

A incidência do princípio da insignificância afasta o âmbito material do tipo. Consequentemente, a conduta que não acarreta uma lesão digna de relevância jurídico-penal não pode ser entendida como típica. Lesões ínfimas, portanto, não devem receber uma resposta penal, podendo ter reflexos em outros ramos do Direito.

Voltando ao exemplo anterior, o furto de uma folha de papel **A4**, a toda evidência, não gera qualquer repercussão no que se refere ao patrimônio do titular. Por conseguinte, o Direito Penal não deve ser chamado a atuar.

Cumpre registrar que tal feição material da tipicidade nem sempre existiu. BELING, como vimos, concebia o tipo penal como algo totalmente neutro, cuja função era meramente descritiva (teoria do tipo avalorado). Para ele, a tipicidade somente devia ser analisada sob a ótica formal. Com efeito, na ocasião, a pergunta a ser respondida era a seguinte: o fato enquadra-se formalmente em algum tipo penal? A resposta positiva era suficiente para atestar a tipicidade. Tratava-se, assim, de um raciocínio puramente mecânico, levado a efeito através de um singelo juízo de subsunção legal.

De acordo com a teoria de BELING, a descrição típica prevista na lei era o único norte a ser seguido pelo intérprete. Ao julgador cabia adequar o fato à norma. Nada mais! Nenhum aspecto de política criminal devia ser empregado quando dessa tarefa. A pureza típica, então preconizada, afastava o emprego de qualquer elemento valorativo.

Num momento teórico posterior, passou-se a conceber a presença de elementos valorativos dentro do tipo penal, constatação fundamental para a construção da ideia de tipicidade material. Ao se diagnosticar a presença de dados típicos de cunho valorativo, abriu-se caminho para o âmbito material da tipicidade. Era o sepultamento definitivo da tipicidade puramente formal, segundo o prisma teórico de BELING.

O princípio da insignificância, e seu reflexo na tipicidade material, encontram-se consagrados na jurisprudência nacional. Basta conferir a ementa do HC nº 102.080, STF, Segunda Turma, relatoria da Min. Ellen Gracie, julgado em 05.10.2010:

> "(...) 2. Considero (...) que, não ocorrendo ofensa ao bem jurídico tutelado pela norma penal, por ser mínima (ou nenhuma) a lesão, há de ser reconhecida a excludente de atipicidade representada pela aplicação do princípio da insignificância. O comportamento passa a ser considerado irrelevante sob a perspectiva do Direito Penal diante da ausência de ofensa ao bem jurídico protegido. 3. (...) o princípio da insignificância tem como vetores a mínima ofensividade da conduta do agente, a nenhuma periculosidade social da ação, o reduzido grau de reprovabilidade do comportamento e a inexpressividade da lesão jurídica provocada (HC 84.412/SP). 4. No presente caso, considero que tais vetores se fazem simultaneamente presentes. Consoante o critério da tipicidade material (e não apenas formal), excluem-se os fatos e comportamentos reconhecidos como de bagatela, nos quais têm perfeita aplicação o princípio da insignificância. O critério da tipicidade material deverá levar em consideração a importância do bem jurídico possivelmente atingido no caso concreto. 5. Não há que se ponderar o aspecto subjetivo para a configuração do princípio da insignificância. (...).".

9.2.2.2. Tipicidade material e princípio da adequação social:

Já foi dito que o tipo penal, além de possuir dados objetivos, pode também abarcar elementos de índole valorativa, os quais deverão ser analisados para efeito de diagnóstico de tipicidade. Como os valores que permeiam a sociedade são mutáveis no tempo e no espaço, resta claro que a interpretação a ser conferida aos tipos penais demanda um exame do momento sociocultural reinante na sociedade.

Exemplo: não há como interpretar o art. 233 do CP (ato obsceno) com os mesmos olhos de 1940, ocasião do surgimento do CP em vigor, pois, hoje, os valores sociais são outros. Fatos que, quando do início da vigência do CP, encontravam perfeita subsunção junto ao referido dispositivo penal, configuram, atualmente, indiferentes penais, por se encontrarem completamente adequados à realidade social. E o que acarretou a mudança, já que a redação típica do art. 233 do CP permaneceu a mesma desde 1940? Resposta: os novos valores ditados pela sociedade brasileira, que passou a entender que alguns comportamentos não ostentam a mesma nocividade de outrora.

Com efeito, segundo o princípio da adequação social, condutas socialmente ajustadas aos valores existentes numa sociedade não devem sofrer a incidência do Direito Penal, vez que este, obviamente, não pode se divorciar do tecido social no qual está imerso, e ao qual, em última análise, objetiva proteger.

Exemplo típico da aplicação do princípio em tela pode ser observado na conduta da mãe que, para efeito de colocação de brincos, fura as orelhas da criança. Nunca se ouviu falar a respeito de uma genitora que, agindo com tal propósito, tenha sido penalmente responsabilizada por eventual crime de lesão corporal leve (art. 129, *caput*, do CP). Ainda que se possa cogitar de tipicidade formal (ofensa à integridade corporal da menina), a sociedade enxerga esse comportamento como algo absolutamente normal. Logo, não está o Direito Penal legitimado a puni-lo, posto que socialmente adaptado.

Por conseguinte, todo e qualquer comportamento, para ser considerado penalmente típico, deve ser desvalorado. Por exemplo, sobre as condutas matar, furtar, roubar, estuprar, dentre outras, recai um inegável desvalor. São comportamentos extremamente nocivos. A sociedade não os aceita. Logo, ingressam no âmbito de atuação do Direito Penal.

Cumpre advertir, no entanto, que a aplicação do princípio da adequação social demanda cautela, de modo a não afastar a incidência típica sobre casos que, embora aparentemente admitidos pela comunidade, mostram-se extremamente nocivos a ela. Assim, por mais que a sociedade aceite a contravenção penal do jogo do bicho (art. 58 da LCP), não se pode tê-la como valorada, pois se sabe que diversas infrações penais gravíssimas (corrupção ativa, corrupção passiva, homicídio, associação criminosa, lavagem de capitais, etc.) são perpetradas a reboque dessa nefasta prática, que de pequena gravidade, a nosso ver, não tem nada, razão pela qual deveria ser elevada à categoria de crime, particularmente para os conhecidos "bicheiros".

O mesmo pode ser dito quanto ao crime de violação de direito autoral, a respeito do qual o STF, numa oportunidade, afastou a possibilidade de aplicação do princípio da adequação social. Vejamos a ementa extraída do HC n° 98.898, STF, Primeira Turma, relatoria do Min. Ricardo Lewandowski, julgado em 20.04.2010:

> "(...). I - A conduta do paciente amolda-se perfeitamente ao tipo penal previsto no art. 184, § 2°, do Código Penal. II - Não ilide a incidência da norma incriminadora a circunstância de que a sociedade alegadamente aceita e até estimula a prática do delito ao adquirir os produtos objeto originados de contrafação. III - <u>Não se pode considerar socialmente tolerável uma conduta que causa enormes prejuízos ao Fisco</u> pela burla do pagamento de impostos, à indústria fonográfica nacional e aos comerciantes regularmente estabelecidos. IV - Ordem denegada". (grifo nosso)

Portanto, para não se negar vigência ao Direito Penal, apenas os comportamentos essencialmente aceitos pela sociedade merecem receber a incidência do princípio da adequação social.

9.2.3. Tipicidade conglobante:

Afirma ZAFFARONI (2007, p. 395) que a tipicidade penal demanda, além da tipicidade legal, a chamada antinormatividade (relação de contradição entre a conduta praticada e a norma jurídica). Segundo o autor argentino, determinados comportamentos, pelo fato de serem impostos pelo Estado, ou incentivados por ele, não são antinormativos. Logo, sob a ótica conglobante, não há tipicidade.

Exemplo: como se sabe, a pena de morte possui previsão em caso de guerra declarada (art. 5°, XLVII, *a*, da CRFB). Pensemos, então, na conduta do agente público que, ao executar a sentença condenatória imposta pelo Estado, elimina a vida do condenado. Nos termos da teoria de ZAFFARONI, a conduta do executor da pena de morte, por ser decorrente de uma imposição do ordenamento jurídico, não é antinormativa (contrária à norma). A ação de matar, ao contrário, é normativa, pois está de acordo com a norma que manda matar o condenado. Como o requisito da antinormatividade, na opinião de ZAFFARONI, integra a tipicidade penal, o fato praticado não se reveste de tipicidade.

O penalista argentino parte da ideia, correta por sinal, de que o ordenamento jurídico apresenta-se como um todo harmônico. Consequentemente, no mencionado caso do executor da pena de morte, o Direito não poderia, paradoxalmente, proibi-lo de matar e, ao mesmo tempo, mandá-lo eliminar a vida do condenado.

No entanto, de acordo com a orientação predominante, a questão acima, nos termos do art. 23, III, 1ª parte, do CP, não deve ser resolvida no âmbito da tipicidade, mas, sim, no campo da ilicitude. Para o Direito Penal brasileiro, a conduta do agente que mata o apenado é típica, porém lícita, tendo em vista a incidência de uma causa legal excludente da ilicitude, o estrito cumprimento de dever legal.

ZAFFARONI estende as premissas da teoria da tipicidade conglobante aos comportamentos fomentados (incentivados) pelo Estado. Por exemplo, as intervenções cirúrgicas. Seguindo a mesma lógica, assevera ZAFFARONI que as lesões corporais realizadas durante as intervenções cirúrgicas (e de acordo com as regras da Medicina) também são atípicas. Segundo o autor, não se compreende possa o ente estatal incentivar tais intervenções e, ao mesmo tempo, proibi-las. Da mesma forma, as lesões decorrentes da regular prática do esporte (boxe, por exemplo) também não são típicas. Nada obstante, para o CP, tais lesões corporais, embora típicas, estão cobertas por uma causa legal excludente da ilicitude, o exercício regular de direito, art. 23, III, 2ª parte, do CP.

9.3. Adequação típica:

Adequação típica é a operação através da qual se subsume determinado fato numa norma penal incriminadora qualquer, podendo ser de duas espécies: *a)* adequação típica direta (ou imediata) e *b)* adequação típica indireta (ou mediata).

9.3.1. Adequação típica direta (ou imediata):

Ocorre a adequação típica direta quando o processo de subsunção não necessita de qualquer outra norma penal, a não ser aquela que define a conduta delituosa.

Exemplo: X, pretendendo ofender a integridade corporal de **Y**, desfere um golpe no braço da vítima, causando-lhe uma lesão leve. A conduta de **X** encontra imediato enquadramento no art. 129, *caput*, do CP, que descreve a ação de ofender a integridade corporal ou a saúde de outrem.

9.3.2. Adequação típica indireta (ou mediata):

Em alguns casos, no entanto, o enquadramento do fato requer a conjugação de uma norma penal incriminadora com outra regra penal, denominada norma de extensão. Ocorre, então, aquilo que se convencionou chamar de adequação típica indireta.

Exemplo: X tenta, mas não consegue lesar o braço de **Y**, posto que contido pela Polícia. Não há adequação imediata junto ao art. 129, *caput*, do CP, tendo em vista que o citado tipo menciona o verbo "ofender". No caso, o sujeito ativo apenas tentou ofender. Como adequar o fato, então? Resposta: na hipótese, o art. 129, *caput*, do CP deve ser combinado com a regra do art. 14, II, do CP, que define a tentativa, sinalizando o seguinte: o agente iniciou a execução do crime de lesão corporal, mas não o consumou por circunstâncias alheias à sua vontade (a intervenção policial).

Nota-se, portanto, que o CP não incrimina apenas a conduta que, efetivamente, ofende a integridade corporal ou a saúde de outrem. Pune, igualmente, a que tenta ofender. No exemplo anterior, a subsunção típica é realizada de forma indireta, nos termos do art. 129, *caput*, c/c art. 14, II, do CP.

O art. 29, *caput*, do CP, segundo o qual quem, de qualquer modo, concorre para o crime incide nas penas a este cominadas, na medida de sua culpabilidade, também cumpre uma função extensiva, possibilitando, assim, a realização de adequação típica mediata. Explicamos: vimos que o art. 129, *caput*, do CP faz referência ao verbo ofender. Como punir, então, aquele que se limita a fornecer o instrumento do crime ao agressor? A resposta passa pela análise do art. 29, *caput*, do CP. Apesar de não ter agredido a vítima, o fornecedor do meio (partícipe) contribui, de alguma forma, para a conduta do autor. E o Direito Penal, como não podia deixar de ser, também alcança comportamentos que se limitam a cooperar para a realização da conduta típica.

Outrossim, a mesma função (adequação típica mediata) desempenha a norma prevista no art. 13, § 2º, do CP. Tal regra estabelece as hipóteses geradoras da condição de agente garantidor. A partir dela é possível responsabilizar penalmente aquele que, tendo o dever legal e o poder de agir, nada faz para evitar um crime.

Exemplo: através da conjugação do art. 129, *caput*, do CP, cujo verbo indica ação, com a norma de extensão prevista no art. 13, § 2º, do CP, alcança-se a conduta daquele que se omitiu e, consequentemente, não evitou o resultado que devia e podia evitar.

Com efeito, a lei penal não proíbe apenas a ação de lesionar. Abarca, também, a omissão daquele que, estando numa posição especial (agente garantidor), e tendo condição de agir, nada faz para impedir o resultado típico.

Em suma, o Código Penal, através do art. 13, § 2º, art. 14, II, e art. 29, *caput*, permite a extensão da tipicidade formal, possibilitando a adequação típica indireta (ou mediata).

Capítulo XIII

Tipo Doloso

1. Dolo como elemento implícito do tipo:

Os tipos penais, em regra, incriminam apenas comportamentos dolosos. Por exemplo, na violação de domicílio, no furto e no aborto pune-se somente a forma dolosa, não havendo previsão de culpa. Em outros casos, após a descrição do fato doloso, a lei penal prevê o correspondente tipo culposo (por exemplo, homicídio culposo, art. 121, § 3º, do CP). Diante da técnica adotada pelo CP, pode-se afirmar que o dolo é elemento implícito do tipo.

2. Definição:

Segundo o art. 18, I, do CP, há dolo quando o agente quer ou assume o risco de produzir o resultado típico. Tal definição legal, por mais singela que seja, requer alguma digressão. Dolo não é somente "querer provocar um resultado". Não se pode confundir dolo com simples aspiração, desejo. Um mero anseio, incapaz de provocar o resultado pretendido, é um nada jurídico. É preciso, portanto, que o agente, através de sua conduta, possua condições de interferir no curso causal, de modo a concretizar os elementos do tipo objetivo. Assim, dolo é a vontade livre e consciente de concretizar (realizar) os elementos previstos no tipo objetivo.

3. Elementos:

Do conceito anterior extraem-se os seguintes elementos do dolo: *a)* consciência e *b)* vontade.

3.1. Consciência:

Em primeiro lugar, para haver dolo é preciso que haja consciência, cognição. É fundamental que o agente conheça os elementos integrantes do tipo objetivo, *"como representação ou percepção real da ação típica"* (CIRINO, 2006, p. 132). Trata-se, portanto, do elemento intelectual (ou cognitivo) do dolo.

Exemplo: X pretende matar Y. Para tanto, desfere-lhe um golpe de faca no tórax, levando-o a óbito. X sabia perfeitamente que, através de sua ação, eliminava a vida de um ser humano, bem como estava ciente do processo causal a ser desencadeado a partir de sua conduta. Em suma, X atuou com absoluta consciência acerca dos elementos integrantes do tipo objetivo do homicídio.

A propósito de tal elemento cognitivo, leciona MIRABETE (2011, p. 126):

> *"A consciência do autor deve referir-se a todos os elementos do tipo, prevendo ele os dados essenciais dos elementos típicos futuros, em especial o resultado e o processo causal".*

Consequentemente, o erro (falsa percepção da realidade) do agente afasta o dolo. Conforme veremos no capítulo XVI, item 2, o erro de tipo, figura prevista no art. 20, *caput*, do CP, sempre exclui o dolo. Assim, não atua dolosamente aquele que, por uma equivocada compreensão da realidade, erra quanto aos elementos que integram o tipo objetivo.

Exemplo: o aluno X, ao sair da sala de aula, pensando tratar-se de seu material escolar, leva o Código Penal de Y. Posteriormente, nota o equívoco e o devolve ao dono. Houve, fisicamente, subtração de coisa alheia móvel, o que nos move a pensar no tipo objetivo do furto. No entanto, X interpretou mal a realidade e, assim, acreditou que se tratava de seu livro, levando-o consigo. O crime de furto requer dolo, inexistindo a forma culposa. Para haver dolo, como dito anteriormente, são necessários dois elementos: o cognitivo e o volitivo. No exemplo, X não atuou com o conhecimento de que a coisa pertencia a outrem. Não teve, portanto, a cognição de que a coisa era alheia. Logo, não houve crime por ausência de dolo. Trata-se de fato atípico.

Os elementos do tipo, conforme tivemos oportunidade de estudar, podem ser classificados em objetivos (descritivos), normativos e subjetivos. Assim, cumpre analisar que espécie de conhecimento é exigida de cada um deles.

Em relação aos elementos objetivos, por serem de natureza descritiva, tal análise não apresenta dificuldade. Consoante a lição de CIRINO (2006, p. 134):

> "(...) os elementos descritivos do tipo legal (homem, coisa etc.), como realidades concretas perceptíveis pelos sentidos, <u>devem ser apreendidos na forma de sua existência natural (...)</u>". (grifo nosso)

Assim, o termo "alguém" (elemento objetivo do tipo penal do homicídio) pode ser prontamente apreendido a partir da simples existência de um ser humano. Quem atira para matar uma criança, um jovem, um idoso, um doente em estágio terminal, enfim, uma pessoa qualquer, age com o propósito de eliminar a vida de alguém. Nenhuma outra cognição, a não ser aquela extraída a partir da própria essência humana, é necessária para assinalar a presença desse elemento cognitivo do dolo de matar.

Nada obstante, no que tange aos elementos normativos do tipo, cuja compreensão demanda um juízo de valor por parte do intérprete, a análise do elemento cognitivo do dolo requer uma atenção mais acurada.

Exemplo: X e Y celebram um contrato de comodato. Posteriormente, X, por meio de rasura, altera o teor documento. Processado por crime de falsificação de documento particular (art. 298 do CP), X alega não ter agido com dolo quanto a tal elemento normativo do tipo, uma vez que desconhecia que o contrato caracterizava um documento particular. Relata, ainda, que tal desconhecimento decorreu do fato de não ser bacharel em Direito. Pergunta-se: a alegação de X merece acolhimento? A resposta é negativa. De acordo com a doutrina, para efeito de caracterização do tipo penal previsto no art. 298 do CP, não se exige um conhecimento jurídico sobre o termo "documento". Exige-se, apenas, um conhecimento na esfera do leigo. Nesse sentido, CIRINO (2006, p. 134):

> "(...) os elementos <u>normativos</u> do tipo legal (coisa alheia, documento etc.), como conceitos jurídicos empregados pelo legislador, devem ser apreendidos conforme seu significado comum, segundo uma <u>valoração paralela ao nível do leigo</u> – a célebre fórmula de MEZGER-, e não no sentido da definição jurídica respectiva, porque, então, somente juristas seriam capazes de dolo". (grifo nosso)

Cabe ressaltar, por fim, que a possibilidade de se alcançar a consciência acerca da proibição da conduta não integra o dolo, mas, sim, a culpabilidade, sendo um de seus elementos[28]. Consequentemente, aquele que atua sem a potencial consciência a respeito da ilicitude do fato age dolosamen-

---

[28] Conforme veremos no capítulo XXIII, segundo a posição dominante, a culpabilidade, enquanto requisito do conceito analítico de crime, possui três elementos: imputabilidade, potencial consciência da ilicitude do fato e exigibilidade de conduta diversa.

te, mas incorre em erro de proibição (vencível ou invencível), conforme o art. 21 do CP, assunto a ser abordado no capítulo XXIV, item 7.

3.2. Vontade:

Além do elemento cognitivo (ou intelectual), a definição de dolo exige um elemento volitivo, isto é, a vontade de realizar os elementos previstos no tipo objetivo. Tal afirmação pode ser extraída do art. 18, I, do CP, mais precisamente da expressão "quis o resultado". Significa dizer que a vontade do agente deve se direcionar à concretização do tipo objetivo, isto é, à produção do resultado. Por lógica, o elemento volitivo pressupõe o cognitivo.

O termo "vontade" não deve ser interpretado como mero desejo ou intenção. Aquele que roga uma praga a alguém, desejando-lhe que sofra um acidente qualquer, não poderá ser responsabilizado por homicídio doloso, caso a tragédia efetivamente venha a acontecer. É que o desejo, por si só, não possui poder de interferir no curso causal.

Exemplo: X deseja que Y morra num acidente de trânsito. Y, ao atravessar uma movimentada rua, é atropelado por Z. X agiu com dolo? A resposta é negativa, pois o simples desejar não interferiu no curso causal.

Portanto, para haver dolo, não basta querer algo. É preciso que o querer seja capaz de produzir o resultado típico, de forma que este possa ser imputado ao agente.

4. Fases:

O dolo possui as seguintes fases:

4.1. Fase interna:

A fase interna correspondente ao momento em que o sujeito pensa em praticar o delito. O simples pensar, como cediço, é irrelevante para o Direito Penal.

4.2. Fase externa:

A fase externa do dolo começa quando o agente inicia a exteriorização da conduta delituosa.

5. Espécies:

A doutrina menciona as seguintes espécies de dolo:

5.1. Dolo direto (determinado ou imediato):

Há dolo direto quando a vontade do agente é dirigida à realização do tipo objetivo. Tal espécie encontra-se na expressão "quis o resultado", prevista no art. 18, I, 1ª parte, do CP.

Conforme explica BITENCOURT (2011, p. 319):

> "O objeto do dolo direto é o fim proposto, os meios escolhidos e os efeitos colaterais representados como necessários à realização do fim pretendido".

5.1.1. Dolo direto de 1° grau:

Há dolo direto de 1° grau quando o resultado decorre diretamente do fim proposto pelo sujeito.

Exemplo: X, com dolo de matar (fim proposto), asfixia (meio escolhido) Y. A relação existente entre o dolo e o resultado produzido é imediata. Os objetos do dolo direto de 1° grau são, portanto, o fim proposto e o meio eleito para alcançá-lo.

5.1.2. Dolo direto de 2° grau:

Diferentemente, há dolo direto de 2° grau quando o resultado não decorre diretamente do fim proposto, mas, sim, dos meios eleitos para atingi-lo. A relação existente entre o dolo do agente e o efeito colateral necessário é mediata (BITENCOURT, 2011, p. 319).

Exemplo: X, querendo matar Y (fim proposto), provoca o naufrágio (meio escolhido) de uma embarcação que navegava em alto-mar, ciente de que o sinistro ocasionará a morte de vários tripulantes (efeitos colaterais entendidos como necessários para alcançar o fim proposto). Em relação à morte de Y, há dolo direto de 1° grau; quanto às mortes dos demais tripulantes, representadas pelo agente como necessárias para atingir o fim proposto, há dolo direto de 2° grau.

5.2. Dolo indireto (indeterminado ou mediato):

O dolo indireto pode ser eventual ou alternativo.

5.2.1. Dolo eventual:

Há dolo eventual quando o sujeito, apesar de ter previsto a possibilidade de o resultado ocorrer (elemento cognitivo), prossegue e assume a sua produção (elemento volitivo). Essa indiferença do agente quanto ao resultado enseja a sua punição por crime doloso.

Pode-se afirmar que, em regra, os tipos penais existentes na Parte Especial do CP admitem as duas espécies de dolo (direto e eventual). Por exemplo, homicídio e lesão corporal, dentre tantos outros, são delitos que podem ser cometidos através de dolo direto ou eventual. No entanto, alguns tipos penais exigem que o agente atue com dolo direto, não admitindo, assim, a forma eventual. Ilustrativamente, a denunciação caluniosa (art. 339 do CP), cuja ação consiste em dar causa à instauração de investigação policial, de processo judicial, instauração de investigação administrativa, inquérito civil ou ação de improbidade administrativa contra alguém, imputando-lhe crime de que o sabe inocente, exige dolo direto, não se compatibilizando com a figura do dolo eventual. Neste caso, não há crime.

Nota-se que a redação dada ao art. 339 do CP demanda que o denunciante tenha plena certeza acerca da inocência da pessoa denunciada, ou seja, o dolo direto é imprescindível para o delito. Portanto, não basta que o sujeito tenha atuado com dolo eventual.

O mesmo ocorre em relação ao crime de receptação (art. 180, *caput*, do CP), que incrimina as ações de adquirir, receber, transportar, conduzir ou ocultar, em proveito próprio ou alheio, coisa que sabe ser produto de crime, ou influir para que terceiro, de boa-fé, a adquira, receba ou oculte.

Cumpre ressaltar, por fim, que a distinção existente entre as duas espécies de dolo (direto e indireto) é estabelecida exatamente a partir do elemento volitivo, não havendo qualquer diferença no que tange ao elemento cognitivo.

5.2.2. Dolo alternativo:

Há dolo alternativo quando o agente quer (ou assume o risco de) produzir um ou outro resultado.

Exemplo: **X**, querendo (ou assumindo o risco de) matar ou lesionar, dispara contra **Y**.

5.3. Dolo de dano:

Há dolo de dano quando o agente quer (ou assume o risco de) causar um dano ao bem jurídico protegido.

Exemplo: lesão corporal simples (art. 129, *caput*, do CP), na qual o agente quer (ou assume o risco de) ofender (causar um dano) à integridade física ou à saúde da vítima (bens jurídicos protegidos).

5.4. Dolo de perigo:

Há dolo de perigo quando o agente quer (ou assume o risco de) criar uma situação de perigo para o bem jurídico. O tipo penal dotado de dolo de perigo contenta-se com a simples exposição do bem jurídico a uma situação de risco.

Exemplo: crime de perigo de contágio de moléstia venérea (art. 130, *caput*, do CP), no qual o sujeito quer (ou assume o risco de) expor a vítima a perigo de contágio.

5.5. Dolo normativo:

O dolo normativo era característico do sistema causalista. Chamava-se normativo porque abrangia, além da consciência e da vontade, a consciência da ilicitude do fato, estabelecendo-se a seguinte distinção: se o conhecimento da ilicitude do fato fosse atual, havia *dolus malus*; se fosse meramente potencial, *dolus bonus*. Considerava-se, então, a intensidade do dolo. No *dolus bonus*, menor intensidade, menor reprovação, menor pena; no *dolus malus*, maior intensidade, maior reprovação, maior pena.

Sobre a intensidade do dolo, previa o CP de 1940, com a redação anterior à Reforma Penal de 1984, atualmente inexistente:

> "Art. 42. Compete ao Juiz, atendendo aos antecedentes e à personalidade do agente, à <u>intensidade do dolo</u> ou grau da culpa, aos motivos, às circunstâncias e consequências do crime: (...)." (grifo nosso)

A Reforma Penal empreendida pela Lei nº 7.209/84, ao excluir a expressão "intensidade de dolo", alinhou o CP brasileiro ao sistema finalista, não havendo que se cogitar, desde então, de *dolus malus* e de *dolus bonus*, categorias tipicamente causalistas, ora abordadas por mera questão histórica.

5.6. Dolo natural:

Conforme vimos (capítulo XI, item 6.4), com o advento do finalismo operou-se o deslocamento do dolo, até então localizado na culpabilidade, para o tipo penal. O dolo passou, então, a ser concebido de maneira natural, sem o conhecimento (atual ou potencial) da ilicitude do fato. Deixou, assim, de possuir qualquer conteúdo normativo.

5.7. Dolo geral (erro sucessivo ou *aberratio causae*):

Dolo é a vontade livre e consciente de concretizar os elementos do tipo objetivo. Imaginemos, então, um homicídio doloso a ser realizado através de arma de fogo. O homicida, ao disparar contra a vítima, pretende desencadear determinado processo causal. Espera que os projéteis atinjam a pessoa alvejada, ocasionando-lhe a morte. Nota-se, portanto, que a relação de causa e efeito estabelecida entre a conduta e o resultado integra o dolo do sujeito. Pode acontecer, no entanto, que o resultado pretendido seja efetivamente produzido, mas de um modo diverso do previsto pelo agente, tendo em vista a ocorrência de um desvio no curso causal. Tal desvio, porém, não afasta a imputação do resultado a título de dolo.

Exemplo: X, pretendendo matar, dispara contra **Y**. Em seguida, pensando que o homicídio havia se consumado, lança o suposto cadáver num precipício. A vítima, então, morre em virtude das lesões produzidas pelo impacto do corpo (ainda vivo) no solo. Na hipótese, **X** queria matar **Y**, o que efetivamente aconteceu. O resultado corresponde ao fim proposto. Contudo, **X**, por erro, imaginou haver matado **Y** de uma forma, quando o fez de outra. A toda evidência, o dolo de matar subsiste, motivo pelo qual deve responder por homicídio doloso consumado.

Em suma, no denominado dolo geral (ou *aberratio causae*) o agente, por erro, acreditando já ter atingido a consumação, realiza um novo comportamento, vindo, nesse momento, a alcançá-la, dando margem a um curso causal distinto do originariamente concebido, permanecendo intacto o seu dolo.

6. Principais teorias a respeito do conteúdo do dolo:

6.1. Teoria da vontade:

Para a presente teoria, dolo é a vontade (livre e consciente) de realizar a conduta prevista no tipo objetivo. Afirma a doutrina que a teoria da vontade foi adotada quanto ao dolo direto (art. 18, I, 1ª parte, do CP).

6.2. Teoria da representação:

Para a teoria da representação, há dolo quando o agente, prevendo o resultado como possível, realiza a conduta prevista no tipo objetivo. Segundo tal concepção, basta, para haver dolo, que o sujeito represente o resultado como possível, ainda que não o assuma.

Acertadamente, registra CIRINO (2006, p. 145) que a teoria da representação não deve ser acolhida, por reduzir o dolo ao componente intelectual (elemento cognitivo), desprezando o seu conteúdo volitivo (elemento volitivo).

6.3. Teoria do consentimento (ou do assentimento):

Para a teoria do consentimento, há dolo quando o agente assume (aceita ou tolera) o resultado típico, com ele se conformando subjetivamente, demonstrando, assim, indiferença quanto à sua produção. Segundo a doutrina, a teoria do consentimento foi adotada quanto ao dolo eventual (art. 18, I, 2ª parte, do CP).

6.4. Teoria da probabilidade:

A teoria da probabilidade contenta-se, para efeito de dolo eventual, que o agente atue consciente da probabilidade de o resultado ocorrer, ainda que não o tolere. Basta, portanto, que o agente tenha consciência de que o resultado apresenta-se como provável.

Afirmam BITENCOURT e MUÑOZ CONDE (2000, p. 151):

> "Essa teoria parte da valoração do elemento intelectivo do dolo, *ignorando o elemento volitivo, que é fundamental*. O próprio dolo eventual não pode prescindir do elemento volitivo". (grifo nosso)

A teoria da probabilidade mostra-se incompatível com o disposto art. 18, I, 2ª parte, do CP, o qual, ao tratar do dolo eventual, exige que o agente assuma o risco de produzir o resultado.

7. Dolo e fixação de pena:

De um modo geral, a pena cominada em abstrato não varia, quer se trate de dolo direto ou indireto. Nada obstante, o juiz, no momento em que for concretizá-la, deve atentar para a existência de uma ou outra espécie, conforme determina o art. 59, *caput*, do CP, que trata das denominadas circunstâncias judiciais. A toda evidência, a maior reprovação recai sobre o dolo direto, justificando, assim, uma pena maior.

Capítulo XIV

Tipo Culposo

1. Considerações iniciais:

Sem qualquer pretensão alarmista, viver em sociedade é viver em risco. E a tendência, ao que nos parece, é que os níveis serão cada vez maiores. A invenção da tecnologia nuclear, por exemplo, trouxe o risco concreto de vazamento de material radioativo, exatamente o que aconteceu em 2011, quando do terremoto que atingiu a província de Fukushima, no Japão. A afirmação parece trágica, mas reflete a pura verdade: vivemos num mundo em que os riscos estão sendo cada vez mais incrementados.

Da mesma forma, o ato de dirigir veículo automotor, principalmente nas grandes cidades, transformou-se numa fonte de perigo, o que demonstra como estamos mergulhados numa atmosfera arriscada, notadamente para a vida, integridade física e saúde das pessoas. São, no entanto, riscos socialmente admitidos, desde que sejam observados alguns cuidados.

Significa dizer que o Direito Penal, ao mesmo tempo em que admite a realização de condutas perigosas, exige, em contrapartida, que se observem deveres de cuidado, de modo a não lesar bens jurídicos alheios. Conforme veremos, a inobservância desses deveres, aliada a outros requisitos, pode ensejar a responsabilização penal do sujeito por crime culposo.

2. Excepcionalidade do tipo culposo:

Apesar da tendência acima apontada, a punição do fato culposo é, e deve continuar sendo excepcional, afirmação que se ampara no art. 18, parágrafo único, do CP:

> *"Salvo os casos expressos em lei, ninguém pode ser punido por fato previsto como crime, senão quando o pratica dolosamente".*

Assim, o crime culposo depende sempre de expressa previsão legal, sem a qual o imprudente não poderá ser punido, por configurar fato penalmente atípico.

3. Tipicidade aberta:

De um modo geral, os tipos culposos são construídos a partir de uma fórmula aberta[29]. O homicídio culposo (art. 121, § 3º, do CP), por exemplo, está assim descrito: "se o homicídio é culposo". O emprego da referida fórmula mostra-se pertinente. Afinal, o legislador não conseguiria mesmo prever e relacionar todos os casos de homicídio culposo. Seria impossível catalogá-los. Se tivesse tal pretensão, tendo em vista a complexidade da vida atual, muitos seriam esquecidos e, por conseguinte, ficariam de fora do alcance típico.

A tarefa de decidir a respeito da existência ou não de crime culposo, dada a abertura conferida aos tipos dessa natureza, cabe ao magistrado, a quem incumbe, diante do caso concreto, verificar se o comportamento praticado descuidou-se do dever de cuidado exigido. Assim, no delito culposo, a missão interpretativa levada a efeito pelo juiz revela-se ainda mais importante. Em última análise, compete a ele decidir se tal ou qual resultado lesivo pode ser atribuído ao agente.

Para facilitar o caminho a ser trilhado pelo juiz, trazendo maior segurança às decisões, a doutrina construiu um sólido material jurídico a respeito dos crimes culposos e suas características, sendo mesmo um dos assuntos mais teorizados do Direito Penal moderno. E tal arcabouço teórico, pode-se afirmar, foi consolidado com o propósito de limitar a tipicidade aberta a eles inerentes.

4. Definição de culpa:

Afirmamos antes que o tema "culpa" é um dos mais teorizados do Direito Penal. E a teorização começa por sua própria definição. De acordo com a doutrina dominante (por todos, BITENCOURT, 2011, p. 329):

---

[29] Nada obstante, alguns tipos culposos apresentam tipicidade fechada. É o que se dá, por exemplo, com o crime de receptação culposa, previsto no art. 180, § 3º, do CP, assim redigido:

Adquirir ou receber coisa que, por sua natureza ou pela desproporção entre o valor e o preço, ou pela condição de quem a oferece, deve presumir-se obtida por meio criminoso:

Pena - detenção, de um mês a um ano, ou multa, ou ambas as penas.

> *"Culpa é a inobservância de um dever objetivo de cuidado manifestada numa conduta produtora de um resultado não querido, mas objetivamente previsível".*

Tal definição permite extrair os elementos integrantes da estrutura do tipo penal culposo, a serem estudados em seguida.

5. Elementos do tipo culposo:

5.1. Conduta:

Em primeiro lugar, como ponto de partida, é necessário que exista uma conduta (comissiva ou omissiva). No crime culposo, geralmente, a ação (ou omissão) não se dirige a um fim ilícito. Ao contrário. A finalidade do agente, na maioria das vezes, é irrelevante para a caracterização da culpa.

Exemplo: X, a fim de não se atrasar, dirige veículo automotor com velocidade excessiva. Apesar do fim pretendido não ser ilícito, X infringe um dever de cuidado imposto pela legislação de trânsito.

5.2. Violação do dever objetivo de cuidado:

É preciso, ainda, que a conduta, de acordo com o entendimento predominante, infrinja um dever objetivo de cuidado, isto é, aquele que se espera de um homem dotado de prudência mediana. Analisa-se, então, comparativamente, como deveria se comportar um homem normal, dotado de prudência igualmente ordinária.

Exemplo: X deixa de proceder ao conserto da marquise de seu estabelecimento comercial, obra que, tendo em vista anos de infiltração, ameaçava ruir. Houve descumprimento de algum dever de cuidado? A resposta é positiva, pois X deixou de realizar (conduta negligente) a obra que evitaria a queda da marquise. A queda provocou a morte de Y (resultado). Há relação de causa e efeito entre a conduta de X e o resultado. O que deveria ter feito um homem medianamente cuidadoso? Resposta: realizar os reparos necessários. Concluímos, então, que X não agiu com o cuidado ordinariamente esperado.

5.3. Resultado lesivo:

O crime culposo depende, outrossim, da ocorrência de um resultado lesivo, não querido nem assumido pelo agente. Assim, por exemplo, o disparo acidental de arma de fogo, desde que não venha a causar algum dano à vida ou à integridade corporal de outrem, não configura crime algum, tratando-se de fato penalmente atípico.

5.4. Nexo de causalidade:

Além de todos os requisitos anteriores, é preciso verificar, ainda, se há nexo de causalidade (relação de causa e efeito) entre a conduta e o resultado produzido. Cumpre, então, averiguar se este é fruto da violação de um dever objetivo de cuidado. A constatação de que o resultado teria ocorrido ainda que o agente tivesse observado o dever pertinente impede a sua imputação ao sujeito.

Conforme anota BITENCOURT (2011, p. 334):

> *"Por isso, não haverá crime culposo quando o agente, não observando o dever de cuidado devido, envolver-se em um evento lesivo, que se verificaria mesmo que a diligência devida tivesse sido adotada".*

5.5. Previsibilidade objetiva:

É preciso averiguar, também, se o resultado era objetivamente previsível, segundo o critério da prudência ordinária, de modo que a imprevisibilidade objetiva conduz à atipicidade. Cabe ressaltar, todavia, que não se exige uma efetiva previsão; basta a previsibilidade objetiva (possibilidade de previsão).

A previsibilidade subjetiva, isto é, a possibilidade de previsão segundo as aptidões pessoais do agente, de acordo com o pensamento predominante (CAPEZ, 2012, p. 232; BITENCOURT, 2011, p. 335), não integra o tipo culposo. Assim, é imprescindível que o fato seja objetivamente previsível, ainda que subjetivamente imprevisível. Consequentemente, capacidades particulares do agente não são consideradas quando da análise da tipicidade, repercutindo, apenas, em matéria de culpabilidade, se for o caso. Nesse sentido, BITENCOURT (2011, p. 330):

> *"A indagação, contudo, sobre se o agente tinha as condições necessárias ou adequadas, isto é, se podia, no caso concreto, ter adotado as cautelas devidas, somente deverá ser analisada no plano da culpabilidade (exigibilidade de conduta diversa)".*

Nada obstante tal posição, STRATENWERTH e JAKOBS, ambos citados por CIRINO (2006, p. 168), sustentam que o norte a ser seguido deve ser a capacidade individual do agente:

> *"O critério da individualização, representado por STRATENWERTH e JAKOBS, entre outros, individualiza a medida objetiva do tipo de injusto e, portanto, <u>considera no tipo de injusto as diferenças de capacidade individual (inteligência, escolaridade, habilidades etc.)</u>, com as seguintes consequências práticas: a) se a capacidade individual é superior à medida do tipo de injusto (o piloto de rally), então exige mais de quem pode mais, aplicando pena em situações impuníveis pelo critério da generalização; b) se a capacidade individual é inferior à medida do tipo de injusto (o motorista de visão fraca), então exige menos de quem pode menos e, consequentemente, são impuníveis ações puníveis pelo critério da generalização".* (grifo nosso)

QUEIROZ (2010, p. 260), invocando as razões de JAKOBS e STRATENWERTH, alinha-se ao critério da individualização, afirmando que a aferição da culpa deve atentar para a maior ou menor capacidade do autor diante do caso concreto.

Mas o entendimento que postula o emprego do critério da individualização não é livre de críticas. Ao estribar-se apenas na avaliação das habilidades individuais do agente, abre espaço para que pessoas sem a necessária capacidade não sejam responsabilizadas, permanecendo impunes. A crítica, pensamos, é procedente. Ora, quem não possui a devida habilidade/qualificação para a prática de algum ofício, profissão, enfim, para alguma atividade qualquer, deve abster-se de realizar a conduta. A aceitação de tal critério num mundo como o nosso, cada vez mais permeado por riscos, seria o caos. Em última análise, seria o completo enfraquecimento do tipo penal culposo. Afinal, a norma de conduta dirige-se a todos, como diz ROXIN (2003, p. 1.016).

Ao analisar o debate em questão, sugere ROXIN (2003, p. 1.017) uma conjugação das duas vertentes acima, da seguinte forma:

a) Se o sujeito tiver uma capacidade pessoal inferior à geralmente exigida, prevalece esta última, ou seja, aplica-se, na hipótese, o critério da generalização, sendo que eventual incapacidade de atuar conforme a norma deve ser analisada em sede de culpabilidade.

b) Ao contrário, se o sujeito tiver uma capacidade pessoal superior à geralmente exigida, prevalece a primeira, que deve ser empregada, sob pena de responder por culpa.

Assim, para ROXIN, um campeão mundial de natação, ao atuar como salva-vidas, sendo detentor de extrema habilidade, não pode se locomover na mesma velocidade dos demais, sob pena de responder por culpa, caso o banhista morra afogado.

6. Imprudência, negligência e imperícia:

A culpa pode se manifestar por imprudência, negligência ou imperícia. Vejamos cada uma delas.

Na imprudência, o sujeito atua sem a devida cautela. Caracteriza-se, assim, por ser um comportamento positivo.

Exemplo: X dirige veículo automotor em alta velocidade, desrespeitando a sinalização de trânsito, vindo a atropelar e matar **Y**.

Na negligência, o agente deixa de tomar a cautela devida. Caracteriza-se, portanto, por ser um comportamento negativo.

Exemplo: X deixa de realizar o devido reparo na marquise de sua loja comercial, cuja queda ocasiona a morte de **Y**.

Imperícia é a incapacidade ou falta de conhecimento técnico para o exercício de determinada arte, ofício ou profissão.

Exemplo: X, motorista de ônibus, ao entrar numa curva à direita, o faz sem a habilidade esperada, provocando a morte de **Y**, que se encontrava na calçada.

7. Espécies:

7.1. Culpa inconsciente:

Na culpa inconsciente, entendida como regra, o agente não prevê o resultado, embora previsível. Trata-se de culpa sem previsão.

7.2. Culpa consciente:

Diferente, na culpa consciente, concebida como exceção, o sujeito prevê o resultado, mas acredita, levianamente, na sua capacidade de evitá-lo. Trata-se de culpa com previsão.

É sutil a distinção entre a culpa consciente e o dolo eventual. Vejamos: na culpa consciente, o agente prevê o resultado, mas acredita que pode evitá-lo. Vale dizer, ele não aceita a sua produção; no dolo eventual, diferentemente, o resultado é previsto e aceito. A diferença entre as duas figuras reside no elemento volitivo do dolo eventual.

A doutrina majoritária afirma que o art. 18, I, 2ª parte, do CP acolheu a teoria do consentimento, segundo a qual a configuração do dolo eventual requer representação e consentimento quanto ao resultado. Logo, representação sem consentimento não conduz ao dolo eventual, mas, sim, à culpa consciente. Assim nos termos do art. 18, I, 2ª parte, do CP, não concordamos com o raciocínio que procura identificar o dolo eventual a partir de fórmulas padronizadas, como por exemplo:

> velocidade excessiva + embriaguez ao volante = dolo eventual

Diante do princípio da legalidade penal, não entendemos correto desprezar o elemento volitivo exigido pela lei penal brasileira para a conformação do dolo eventual. Diante da definição prevista no referido dispositivo do CP, não há como padronizar comportamentos. O elemento volitivo do dolo deve ser concretamente demonstrado. O argumento de que tudo se passa na mente do agente e que, por isso, a assunção do risco é algo impossível de se comprovar não nos convence, pois cabe ao Estado provar aquilo que ele mesmo exigiu para efeito de condenação a título de dolo eventual.

7.3. Culpa própria (ou propriamente dita):

Culpa própria é a comum, ou seja, quando o agente dá causa ao resultado por imprudência, negligência ou imperícia (art. 18, II, do CP).

7.4. Culpa imprópria (por extensão ou assimilação):

Culpa imprópria é aquela na qual o agente quer (ou assume o risco de produzir) o resultado, mas o faz por ter incorrido em erro. Na verdade, o sujeito atua com dolo, sendo que o CP, devido ao seu erro, pune o fato como crime culposo.

Tal espécie de culpa ocorre na hipótese do art. 20, § 1º, do CP, que trata das descriminantes putativas (imaginárias).

8. Concorrência de culpas:

Dá-se a concorrência de culpas, pacificamente admitida pelo Direito Penal, quando duas ou mais pessoas comportam-se de forma culposa. Ambas concorrem para o evento culposo.

Exemplo: X e Y, ambos dirigindo veículo automotor com excesso de velocidade, colidem, saindo lesionados do acidente. X é autor da lesão corporal culposa (art. 303 da Lei nº 9.503/97) produzida em Y. Este, por sua vez, é autor do mesmo crime em relação a X.

9. Compensação de culpas:

Apesar de o Direito Penal admitir a concorrência de culpas, o mesmo não se pode dizer quanto à sua compensação. Significa que a culpa de um dos envolvidos não compensa a do outro (e vice-versa).

Exemplo: na hipótese retratada no item anterior, **X** e **Y** não poderão compensar as respectivas culpas.

Capítulo XV

Crime Qualificado pelo Resultado

1. Definição:
Preceitua o CP:

> *"Art. 19. Pelo resultado que agrava especialmente a pena, só responde o agente que o houver causado ao menos culposamente".*

Versa o dispositivo sobre o crime qualificado pelo resultado, que se configura quando o legislador, após a descrição da conduta típica fundamental, acrescenta-lhe um resultado qualificador a ser imputado ao agente, desde que para ele tenha concorrido, dolosa ou culposamente, conforme o caso.

Segundo NUCCI (2012, p. 253), crimes qualificados pelo resultado são delitos:

> *"(...) que possuem um fato-base, definido e sancionado como crime, embora tenham, ainda, um evento que os qualifica, aumentado-lhes a pena, em razão da sua gravidade objetiva, bem como existindo entre eles um nexo de ordem física e subjetiva".*

2. Espécies:
Como dito, para que tal resultado agravador possa ser imputado ao agente, é necessário que seja decorrente de seu atuar doloso ou culposo, conforme o caso. Surgem, então, várias combinações possíveis, dando origem às diversas espécies de crime qualificado pelo resultado, a saber:

2.1. Crime qualificado pelo resultado com dolo na conduta e no resultado:
Nessa espécie, há dolo quanto à conduta e também em relação ao resultado agravador. Vale dizer, o dolo abrange o resultado mais grave.

> **dolo** no antecedente (conduta) + **dolo** no consequente (resultado)

Exemplo: X, dolosamente, amputa o braço esquerdo de Y. O dolo de X é dirigido ao resultado agravador (perda do membro superior) previsto no art. 129, § 2º, III, do CP, incorrendo no crime de lesão corporal gravíssima.

2.2. Crime qualificado pelo resultado com culpa na conduta e no resultado:

No caso, a conduta do agente é culposa; e o resultado agravador, da mesma forma, decorre de sua culpa.

> **culpa** no antecedente (conduta) + **culpa** no consequente (resultado)

Exemplo: X, culposamente, dá causa a um incêndio, expondo, assim, a vida de vários moradores a perigo. Y, atingido pelas chamas, falece. X responde por incêndio culposo qualificado pelo resultado morte (art. 250, § 2º, c/c art. 258, 2ª parte, do CP).

2.3. Crime qualificado pelo resultado com dolo na conduta e culpa no resultado:

Na hipótese, chamada de crime preterdoloso (ou preterintencional), há um misto de dolo e culpa, ou seja, resulta da combinação do dolo (na conduta) e da culpa (no resultado agravador). Nota-se, portanto, que o resultado vai além do dolo do agente.

> **dolo** no antecedente (conduta) + **culpa** no consequente (resultado)

Exemplo: X, com dolo de lesão corporal, desfere um violento golpe em Y, o qual vem a falecer em virtude da excessiva força física empregada, restando provado que o agente não quis o resultado, nem assumiu o risco de produzi-lo, não agindo, portanto, com dolo direto ou eventual quanto ao resultado morte. X responde por lesão corporal seguida de morte (art. 129, § 3º, do CP). O sujeito, na hipótese, agiu com dolo de lesão corporal, mas acabou provocando (culposamente) a morte da vítima.

3. Importância do art. 19 do CP à luz do princípio da culpabilidade:

Segundo o art. 19 do CP, pelo resultado que agrava especialmente a pena só responde o agente que o houver causado, ao menos, culposamente. Tendo em vista o princípio constitucional da culpabilidade, a inexistência de dolo ou culpa quanto ao resultado agravador impede a sua imputação, evitando-se, assim, a chamada responsabilidade penal objetiva, figura incompatível com o Direito Penal moderno. Por conseguinte, o resultado decorrente de caso fortuito ou força maior não pode ser atribuído ao agente.

Capítulo XVI

Erro de Tipo

1. Definição de erro:

Erro é a falsa percepção (representação) da realidade, isto é, o agente percebe a realidade, mas a compreende mal. Consequentemente, extrai dela uma noção equivocada. Tal erro pode acarretar consequências importantíssimas no âmbito da teoria do delito, motivo pelo qual o CP dedicou-lhe alguns dispositivos. Assim, os arts. 20 e 21 do CP tratam, respectivamente, do erro de tipo e do erro de proibição.

2. Erro de tipo:

2.1. Definição:

Preconiza o CP:

> "Art. 20. O erro sobre elemento constitutivo do tipo legal de crime exclui o dolo, mas permite a punição por crime culposo, se previsto em lei.
> (...)."

Erro de tipo é a falsa percepção da realidade incidente sobre uma elementar do tipo penal, uma circunstância da figura típica ou um pressuposto de fato inerente a uma causa de justificação (causa excludente da antijuridicidade).

2.2. Espécies:

O erro de tipo pode ser essencial ou acidental.

2.2.1. Erro de tipo essencial:

2.2.1.1. Definição:

Erro de tipo essencial é o que recai sobre dados essenciais do tipo objetivo. Encontra-se previsto no art. 20, *caput*, do CP. Atua sobre o dolo do agente, excluindo-o. Nada obstante tal exclusão, permite a punição do agente por crime culposo, desde que previsto em lei.

O erro de tipo essencial pode incidir:

a) **Sobre uma elementar do tipo objetivo:**

Exemplo: durante uma caçada, **X**, um dos participantes, observa o movimento de um arbusto. Pensando tratar-se de um animal, efetua um disparo. Na realidade, era **Y**, companheiro de caçada, que se movia pela mata. **Y** falece em virtude das lesões produzidas pelo disparo. O erro de **X** incidiu sobre a elementar "alguém", prevista no art. 121 do CP, pois ele imaginou que atirava em algo, quando, na realidade, disparava contra alguém.

b) **Sobre uma circunstância qualificadora:**

Exemplo: **X**, desconhecendo a relação de parentesco existente, induz a própria filha (**Y**) a satisfazer a lascívia de outrem. Tendo em vista o erro, **X** não responde pela forma qualificada do crime de mediação para satisfazer a lascívia de outrem (art. 227, § 1º, do CP), mas, sim, pelo tipo fundamental (art. 227, *caput*, do CP).

c) **Sobre uma causa de aumento de pena:**

Exemplo: **X**, dolosamente, mata **Y**, pessoa maior de 60 (sessenta) anos de idade, mas que aparentava idade bem inferior, fato que realmente confundiu o autor. **X** não responde pela causa especial de aumento de pena prevista no art. 121, § 4º, 2ª parte, do CP (homicídio doloso cometido contra pessoa maior de 60 anos).

d) **Sobre uma circunstância agravante genérica:**

Exemplo: **X**, dolosamente, lesiona **Y**, desconhecendo o fato de a vítima encontrar-se enferma. Sobre a pena de **X** não incide a circunstância agravante genérica do art. 61, II, *h*, 3ª figura, do CP (crime cometido contra pessoa enferma).

2.2.1.2. Espécies:

O erro de tipo essencial pode ser:

2.2.1.2.1. Erro de tipo vencível, inescusável ou evitável:

Trata-se de erro que podia ser evitado através de uma conduta cautelosa, diligente.

2.2.1.2.2. Erro de tipo invencível, escusável ou inevitável:

Trata-se de erro que não podia ser evitado. Nesse caso, qualquer pessoa que estivesse nas condições em que se encontrava o agente teria a mesma falsa percepção da realidade.

2.2.1.3. Consequências jurídicas:

a) **Exclusão do dolo:**

Como vimos alhures, dolo é a vontade livre e consciente de concretizar os elementos do tipo objetivo. Por conseguinte, qualquer que seja a espécie de erro de tipo essencial (vencível ou invencível), há sempre exclusão do dolo.

Exemplo: X, ao atirar na suposta caça, imaginou estar disparando contra um animal. Na realidade, alvejou o seu amigo de caçada, o que ele, por erro, desconhecia. Por não ter agido com dolo de matar alguém, não poderá ser responsabilizado por homicídio doloso.

b) **Possibilidade de punição por crime culposo:**

O erro de tipo sempre afasta a punição por crime doloso, podendo o agente responder por culpa, desde que o erro seja vencível e haja previsão para o fato culposo (art. 20, *caput*, c/c art. 18, parágrafo único, do CP). O erro invencível, por sua vez, exclui o dolo e a culpa, sendo o fato penalmente atípico.

2.2.2. Erro de tipo acidental:

2.2.2.1. Definição:

Erro de tipo acidental é o que incide sobre dados secundários (não essenciais) do tipo objetivo, em nada interferindo, portanto, na configuração do dolo do sujeito, que permanece íntegro. No erro acidental, consequentemente, não há exclusão do dolo.

2.2.2.2. Espécies:

O erro de tipo acidental pode ser:

2.2.2.2.1. Erro sobre o objeto:

É o erro que recai sobre o objeto material do delito, especificamente quando se tratar de uma coisa.

Exemplo: X, pretendendo subtrair sacas de feijão, equivoca-se e furta soja. A subtração de coisa diversa da que o agente pretendia furtar não desnatura o seu dolo, pois o tipo objetivo que descreve o furto não faz qualquer referência à qualidade, quantidade ou natureza do objeto material. Com efeito, tal equívoco não tem o poder de eliminar o dolo, nada havendo, portanto, de essencial.

2.2.2.2.2. Erro sobre a pessoa:

Preceitua o art. 20, § 3º, do CP:

> "O erro quanto à pessoa contra a qual o crime é praticado não isenta de pena. Não se consideram, nesse caso, as condições ou qualidades da vítima, senão as da pessoa contra quem o agente queria praticar o crime".

Trata-se de erro acidental incidente sobre a pessoa contra a qual o agente pretendia praticar o delito. Aqui, igualmente, o dolo não é afastado. Assim, o sujeito deve responder como se tivesse praticado o crime contra a vítima que pretendia ofender (vítima virtual).

Exemplo: X, pretendendo lesionar a própria esposa (Y), agride Z, irmã gêmea da sua mulher. Apesar de não ter agredido a esposa, responde como se tivesse praticado o crime contra ela, incorrendo no delito previsto no art. 129, § 9º, do CP:

> "Se a lesão for praticada contra ascendente, descendente, irmão, cônjuge ou companheiro, ou com quem conviva ou tenha convivido, ou, ainda, prevalecendo-se o agente das relações domésticas, de coabitação ou de hospitalidade".

2.2.2.2.3. Erro na execução (ou *aberratio ictus*):

Prevê o CP:

> "Art. 73. Quando, por acidente ou erro no uso dos meios de execução, o agente, ao invés de atingir a pessoa que pretendia ofender, atinge pessoa diversa, responde como se tivesse praticado o crime contra aquela, atendendo-se ao disposto no § 3º do art. 20 deste Código. No caso de ser também atingida a pessoa que o agente pretendia ofender, aplica-se a regra do art. 70 deste Código".

Embora semelhantes, não há que se confundir o erro sobre a pessoa com o erro na execução. No primeiro, o agente, por confusão mental quanto à identidade da vítima, imagina estar atacando determinada pessoa. Contudo, acaba por atingir pessoa diversa da que pretendia ofender. No erro na execução, o sujeito, sem qualquer confusão mental a respeito da identidade da vítima, age para ofender determinada pessoa. No entanto, erra na execução e atinge pessoa diversa.

O erro na execução acarreta as mesmas consequências jurídicas previstas para o erro sobre a pessoa, tanto que o art. 73 do CP remete ao disposto no art. 20, § 3º, do CP. Assim, devemos sempre levar em conta as condições da vítima que o agente pretendia ofender (vítima virtual).

2.2.2.2.2.4. Resultado diverso do pretendido (ou *aberratio criminis*):

Preconiza o CP:

> "Art. 74. Fora dos casos do artigo anterior, quando, por acidente ou erro na execução do crime, sobrevém resultado diverso do pretendido, o agente responde por culpa, se o fato é previsto como crime culposo; se ocorre também o resultado pretendido, aplica-se a regra do art. 70 deste Código".

Diferentemente do erro na execução (art. 73 do CP), que se dá sempre de pessoa para pessoa, no resultado diverso do pretendido (ou *aberratio criminis*) o agente almeja atingir um bem jurídico, mas, por erro na execução, acaba atacando outro (de espécie diferente). Não se trata, portanto, de atingir pessoa diversa, mas de cometer um crime no lugar de outro.

Exemplo: X, intencionando deteriorar o veículo de Y, atira uma pedra contra o automóvel. No entanto, erra o alvo e acerta o braço de Z, provocando-lhe uma lesão corporal. X responde por lesão corporal culposa (art. 129, § 6º, do CP). Não há, neste caso, tentativa de dano.

Para NUCCI (2012, p. 536), a solução, para a hipótese, é punir o agente por tentativa de dano (quanto ao veículo) em concurso formal (art. 70, *caput*, 1ª parte, do CP), com o crime de lesão corporal culposa (art. 129, § 6º, do CP), com o que não concordamos, por expressa previsão do art. 74 do CP.

Exemplo: X, pretendendo lesionar Y, arremessa uma pedra na sua direção. No entanto, erra o alvo e acerta um veículo que se encontrava estacionado nas proximidades, danificando-o. A solução, na hipótese, é punir o agente por crime tentado de lesão corporal, uma vez que não há previsão legal para a forma culposa do dano (art. 163 do CP).

2.2.2.2.2.5. *Aberratio causae* (dolo geral ou erro sucessivo):

Ocorre a *aberratio causae* quando o agente, acreditando já ter consumado a infração penal, acaba por desenvolver uma nova conduta, atingindo, nesse momento, a consumação. O erro do agente recai sobre a relação de causalidade existente entre a conduta e o resultado.

Exemplo: X, pretendendo matar, dispara contra Y, acertando-o no tórax. Acreditando que Y estivesse morto, joga o "corpo" da vítima num rio, matando-a, nesse momento, por afogamento. X responde por homicídio doloso consumado, sem a qualificadora da asfixia (art. 121, § 2º, III, 4ª figura, do CP), uma vez que não pretendeu matar a vítima através desse meio.

3. Descriminantes putativas:

3.1. Definição:

Conforme veremos no capítulo XXII, os arts. 23, 24 e 25 do CP elencam as chamadas causas de exclusão da antijuridicidade (ou descriminantes reais), a saber: *a)* legítima defesa, *b)* estado de necessidade, *c)* estrito cumprimento de dever legal e *d)* exercício regular de direito.

São descriminantes reais, pois ocorrem na realidade, não sendo decorrentes de erro do agente. As descriminantes putativas (ou imaginárias), por sua vez, não ocorrem de verdade. O sujeito, erroneamente, imagina estar amparado por uma causa excludente da ilicitude, o que, no entanto, não acontece. Trata-se, portanto, de uma falsa percepção da realidade, mas que acarreta importantes consequências jurídicas.

3.2. Espécies e natureza jurídica do erro nas descriminantes putativas:

3.2.1. Descriminantes putativas por erro de tipo (ou erro de tipo permissivo):

Previstas no art. 20, § 1º, do CP, ocorrem quando o erro recai sobre os pressupostos fáticos (requisitos objetivos) de uma causa de exclusão da antijuridicidade. Vejamos os seguintes casos:

a) **Legítima defesa putativa:**

Exemplo: X, imaginando estar na iminência de ser injustamente agredido, mediante emprego de arma de fogo, por Y, atira contra o suposto desafeto. Não pode alegar legítima defesa real (art. 25 do CP), podendo invocar a putativa (art. 20, § 1º, do CP).

b) **Estado de necessidade putativo:**

Exemplo: X, supondo haver um incêndio no cinema no qual se encontrava, corre desesperadamente para alcançar a saída, vindo a ferir Y. Conforme veremos, um dos pressupostos fáticos (requisitos objetivos) imprescindíveis para o estado de necessidade (a situação de perigo atual) não existe na realidade, mas apenas na imaginação de X. Não pode alegar estado necessidade real (art. 24 do CP), podendo alegar o putativo (art. 20, § 1º, do CP).

***c)* Estrito cumprimento de dever legal putativo:**

Exemplo: X, policial, acreditando estar diante de Y, pessoa contra a qual há mandado de prisão expedido, prende Z, sósia daquele, supondo estar no estrito cumprimento de seu dever legal (art. 301 do CPP). Posteriormente, constata-se o equívoco no qual incorrera o policial. Não pode alegar estrito cumprimento de dever legal real (art. 23, III, 1ª parte, do CP), podendo invocar o putativo (art. 20, § 1º, do CP).

***d)* Exercício regular de direito putativo:**

Exemplo: X, qualquer do povo, sob o pretexto de exercer o direito subjetivo que lhe foi conferido pelo art. 301 do CPP, prende Y, pessoa que supostamente acabara de cometer um delito. Não pode alegar exercício regular de direito real (art. 23, III, 2ª parte, do CP), podendo alegar o putativo (art. 20, § 1º, do CP).

3.2.2. Descriminantes putativas por erro de proibição (ou erro de proibição indireto):

Previstas no art. 21 do CP, nas denominadas descriminantes putativas por erro de proibição, também chamadas de erro de proibição indireto, o erro do agente não recai sobre os pressupostos fáticos inerentes às causas de justificação, mas, sim:

a) Quanto à existência de uma causa excludente da antijuridicidade que, na realidade, não possui previsão no ordenamento jurídico.

Exemplo: X imagina possuir o direito de corrigir a esposa adúltera. Portanto, supõe estar agindo no exercício regular de um direito (art. 23, III, 2ª parte, do CP), conduta que, a toda evidência, não encontra qualquer justificativa perante o ordenamento jurídico. O erro de proibição indireto pode ser vencível ou invencível, conforme o caso.

b) Quanto aos limites jurídicos de uma causa excludente da antijuridicidade prevista no ordenamento jurídico, vale dizer: o agente atribui a uma causa de justificação efetivamente existente limites normativos distintos dos fixados pelo legislador.

3.2.3. A controvérsia sobre a natureza jurídica do erro nas descriminantes putativas:

A natureza jurídica das descriminantes putativas, como afirmado, é objeto de profundo debate doutrinário. Vejamos:

3.2.3.1. Descriminante putativa como erro de proibição:

Segundo a teoria extrema da culpabilidade, a descriminante putativa, quer recaia sobre os pressupostos fáticos, quer sobre a existência ou os limites jurídicos de uma excludente de antijuridicidade, configura sempre erro de proibição (art. 21 do CP), levando às suas consequências jurídicas, a saber: se inevitável, isenta de pena; se evitável, funciona como causa de diminuição de pena.

3.2.3.2. Descriminante putativa como erro de tipo ou erro de proibição:

No entanto, segundo a teoria limitada da culpabilidade, adotada pelo CP (item 17 da Exposição de Motivos da Parte Geral do CP), e acolhida pela doutrina predominante, o erro, na descriminante putativa, pode ser de tipo ou de proibição, a depender do caso concreto, conforme as seguintes hipóteses:

a) O erro que recai sobre um pressuposto de fato (requisito objetivo) de uma causa excludente da ilicitude deve ser tratado como erro de tipo (art. 20, *caput*, do CP), com as respectivas consequências jurídicas: se inevitável, ficam excluídos o dolo e a culpa; se evitável, exclui-se apenas o dolo, podendo haver punição a título de culpa, se previsto em lei.

b) O erro que incide sobre a existência ou sobre os limites jurídicos de uma causa excludente da ilicitude deve ser tratado como erro de proibição (art. 21 do CP), igualmente com as respectivas consequências jurídicas: se inevitável, há isenção de pena; se evitável, deve a pena ser diminuída.

3.2.3.3. Descriminante putativa como erro *sui generis*:

LUIZ FLÁVIO (1994, p. 142) entende que as descriminantes putativas não configuram nem erro de tipo nem erro de proibição. Na ótica do autor, tal erro é *sui generis*, possuindo as seguintes consequências: se inevitável, há exclusão da culpabilidade dolosa; se evitável, permanece a culpabilidade negligente, respondendo o agente por crime culposo.

No mesmo sentido, é a lição BITENCOURT (2011, p. 455):

> "A conclusão inarredável a que se chega, a esta altura, é que <u>o erro de tipo permissivo não exclui o dolo</u>, que permanece íntegro. <u>Apenas afasta a culpabilidade dolosa</u>, se for evitável, e igualmente a culposa, se for inevitável. Como se constata, o erro de tipo incriminador e o erro de tipo permissivo não têm a mesma natureza e não geram as mesmas consequências". (grifo nosso)

4. Delito putativo (ou imaginário):

4.1. Definição:

Delito putativo é aquele que somente existe na imaginação do sujeito. O agente, por erro, entende que a conduta por ele praticada constitui infração penal. Na verdade, trata-se de fato atípico.

4.2. Espécies:

As espécies de delito putativo são:

4.2.1. Delito putativo por erro de tipo:

No delito putativo por erro de tipo o sujeito pretende praticar uma infração penal, mas, por erro de tipo, desconhece que, na realidade, comete uma conduta irrelevante para o Direito Penal.

Exemplo: X, acreditando estar grávida, e pretendendo dar fim ao suposto produto da concepção, ingere substância abortiva. O erro incide sobre uma elementar do tipo penal previsto no art. 124 do CP, pois a mulher imaginou haver gravidez. O "crime", portanto, é putativo. Trata-se, na verdade, de um fato penalmente irrelevante.

Cabe registrar, por oportuno, a distinção existente entre erro de tipo e delito putativo por erro de tipo. No primeiro, o agente, em virtude de uma falsa percepção da realidade, não tem conhecimento de que está cometendo um delito; no segundo, o sujeito pretende praticar uma infração penal, o que, no entanto, só existe na sua imaginação.

4.2.2. Delito putativo por erro de proibição:

No delito putativo por erro de proibição o sujeito pretende praticar uma infração penal. Todavia, por erro de proibição, desconhece que está cometendo uma conduta irrelevante para o Direito Penal. O agente pensa que a sua conduta é ilícita, quando, na verdade, é lícita.

Exemplo: X, casado com Y, querendo cometer adultério, mantém relações sexuais com Z. X, por erro, acredita que seu comportamento é proibido. No entanto, trata-se de fato penalmente atípico, tendo em vista que o antigo art. 240 do CP foi revogado pela Lei nº 11.106/05.

4.2.3. Delito putativo por obra do agente provocador:

O delito putativo por obra do agente provocador ocorre quando o sujeito é induzido pela vítima, pela Polícia ou por terceiros a praticar determinado delito, sendo que o provocador toma várias providências impeditivas da consumação.

O provocado, na verdade, participa de uma "peça de teatro" montada pelo agente indutor. Tendo em vista a inviabilidade da consumação, a jurisprudência passou a considerar tal hipótese como espécie de crime impossível, motivo pelo qual o STF editou a súmula 145:

> *"Não há crime, quando a preparação do flagrante pela polícia torna impossível a sua consumação".*

Capítulo XVII

Relação de Causalidade

1. Considerações iniciais:

Sobre o tema, dispõe o CP:

> *"Art. 13. O resultado, de que depende a existência do crime, somente é imputável a quem lhe deu causa. Considera-se causa a ação ou omissão sem a qual o resultado não teria ocorrido.*
>
> *§ 1º. A superveniência de causa relativamente independente exclui a imputação quando, por si só, produziu o resultado; os fatos anteriores, entretanto, imputam-se a quem os praticou.*
>
> *§ 2º. A omissão é penalmente relevante quando o omitente devia e podia agir para evitar o resultado. O dever de agir incumbe a quem:*
>
> *a) tenha por lei obrigação de cuidado, proteção ou vigilância;*
>
> *b) de outra forma, assumiu a responsabilidade de impedir o resultado;*
>
> *c) com seu comportamento anterior, criou o risco da ocorrência do resultado".*

Vimos que os tipos penais, em alguns casos, descrevem, além da conduta, um resultado natural. Nesses crimes (materiais), destaca-se a importância de se aferir a existência da chamada relação de causalidade (relação de causa e efeito ou nexo causal) entre a conduta e o resultado. A doutrina majoritária afirma que o tema em foco possui aplicação restrita aos delitos de resultado natural (ou crimes materiais). Neste sentido, leciona ASSIS TOLEDO (2001, p. 114):

> *"A teoria da causalidade, em direito penal, tem, pois, <u>aplicação restrita aos denominados delitos materiais</u>, isto é, àqueles para cuja consumação se exige a presença de um resultado. Nesses delitos, há que indagar a respeito da existência de um nexo causal entre a ação do agente e o resultado".* (grifo nosso)

A posição minoritária, no entanto, assevera que o art. 13 do CP, ao mencionar o vocábulo "resultado", emprega-o no seu sentido jurídico, abrangendo não apenas os delitos materiais, mas também os formais e de mera conduta. Diante da redação conferida ao art. 13, *caput*, do CP, tal posição, a nosso ver, não merece acolhimento, pois resta claro que a incidência do dispositivo é exclusiva quanto aos delitos de resultado.

O art. 13 do CP, ao indicar critérios para a imputação de um resultado natural, revela o seu aspecto democrático, inserindo-se numa atmosfera maior, a da responsabilidade penal, tema norteado pelo princípio constitucional da culpabilidade, do qual decorre a necessidade de se estabelecer parâmetros que legitimem a imposição, por parte do Estado, de uma pena.

Trata-se a relação de causalidade, portanto, de um vínculo que liga a conduta ao resultado produzido, o que deve ser observado em duas etapas: ***a)*** em primeiro lugar, como causalidade física existente entre a conduta e o resultado natural, noção que se retira da própria natureza das coisas, das leis físicas. Os critérios que orientam essa primeira etapa não são estabelecidos pelo Direito, mas, sim, pela natureza; ***b)*** em seguida, deve-se examinar a possibilidade de se atribuir o resultado ao autor, já agora com base em critérios normativos. Reside, neste particular, a importância da teoria da imputação objetiva (ROXIN), cujas premissas orientam o caminho a ser percorrido pelo aplicador do Direito. Tal procedimento em duas etapas, a nosso ver, encontra respaldo no art. 13, § 1º, do CP, regra que restringe o alcance da norma prevista no *caput* do mesmo dispositivo, conforme veremos.

2. A teoria da equivalência dos antecedentes causais (ou da *conditio sine qua non*[30]):

Nos termos do art. 13, *caput*, do CP, considera-se causa a ação ou omissão sem a qual o resultado não teria ocorrido. Significa dizer: tudo aquilo que for antecedente de um resultado é considerado sua causa. O citado dispositivo acolheu a teoria da equivalência dos antecedentes causais (ou da *conditio sine qua non*). A designação dada à teoria é bem esclarecedora: há equivalência entre todas as causas que tenham contribuído para a produção do resultado.

---

[30] Segundo afirma ROXIN (2003, p. 348), o primeiro defensor dessa teoria teria sido JULIUS GLASER (1858), sendo que a fundamentação mais profunda teria cabido a MAXIMILIAN VON BURI (1910).

Discorrendo sobre o aspecto histórico da teoria da equivalência dos antecedentes causais, assevera ROXIN (2002, p. 274):

> "(...) essa teoria se consolidou em oposição a um grande número das assim chamadas teorias individualizadoras da causalidade, que queriam fazer uma seleção, segundo critérios jurídicos, entre as diversas condições. Assim, por ex., só deveria ser considerada causa em sentido jurídico a condição mais eficiente, a última condição posta pelo comportamento humano, ou a condição estimulante (em oposição à condição inibitória). Nenhuma dessas teorias continua hoje a ser sustentada, porque as distinções de que partem se mostraram quase infactíveis do ponto de vista lógico, e sobrecarregam a questão da causalidade com uma série de decisões jurídicas prévias que acabam por tornar essa categoria inadequada para cumprir a sua função de assinalar o limite máximo da responsabilidade penal, ao qual as valorações jurídicas devem ser acrescentadas".

De acordo com as premissas da teoria da *conditio sine qua non*, para se afirmar que determinado antecedente é mesmo causa do resultado deve-se empregar o denominado procedimento hipotético de eliminação, fórmula idealizada por THYRÉN, professor sueco, em 1894. O raciocínio é demasiadamente simples (ESTEFAM, 2012, p. 206):

> "O método utilizado para se aferir o nexo de causalidade é o da eliminação hipotética, vale dizer, quando se pretender examinar a relação causal entre uma conduta e um resultado, basta eliminá-la hipoteticamente e verificar, após, <u>se o resultado teria ou não ocorrido exatamente como se dera</u>". (grifo nosso)

Exemplo: X, pretendendo dar fim à própria vida, enforca-se com uma corda extremamente forte, capaz de suportar o peso do seu corpo e, consequentemente, asfixiá-lo. Quando estava na iminência de morrer asfixiado, eis que surge Y e resolve antecipar o resultado fatal. Para tanto, desfere uma facada no peito da vítima. Constata-se que a morte de X não teve a asfixia como causa, pois foi a ação de Y que a ocasionou, embora, suprimindo-se a intervenção de Y, ainda sim X morreria asfixiado. No entanto, Y antecipou o evento, que não teria acontecido da forma como ocorreu. Surge, então, a seguinte questão: o comportamento de Y pode ser considerado causa do resultado? A resposta é positiva, uma vez que, sem a conduta de Y, X não teria morrido daquela forma; vale dizer, o resultado não teria ocorrido como ocorreu.

Mas tal raciocínio, embora correto, não soluciona o problema da causalidade alternativa. Vejamos o seguinte exemplo: **X**, pretendendo matar **Y**, oferece-lhe uma xícara de café contendo certa dose eficaz de veneno. Na mesma ocasião, **Z**, com idêntico propósito, mas desconhecendo a intenção de **X**, oferece-lhe água contendo idêntica substância. Ambas as doses, dotadas da mesma eficácia e de igual poder letal, são ingeridas pela vítima, ceifando-lhe a vida.

Nota-se, portanto, que a eliminação da conduta de **X** não faria desaparecer o resultado, uma vez que a porção colocada por **Z** também era suficiente para matar **Y**. O resultado teria ocorrido no momento e da forma como aconteceu. O mesmo aconteceria se excluíssemos a conduta de **Z**. No caso, a doutrina reconhece causalidade em ambos os antecedentes, vez que **Y** faleceu em decorrência das condutas de **X** e **Z**.

3. Críticas à teoria da equivalência dos antecedentes causais:

A teoria da equivalência dos antecedentes causais apresenta um inconveniente, ou seja, permite o denominado regresso ao infinito, ampliando demasiadamente a responsabilidade penal. Por exemplo, seria possível responsabilizar os pais do homicida, sem os quais ele não teria nascido? Da mesma forma, o fabricante da arma utilizada teria dado causa ao homicídio?

As questões acima evidenciam um dos defeitos apontados pela doutrina (por todos, GRECO, 2012, p. 217). A teoria da *conditio sine qua non* pode dar margem a uma aberração jurídica: considerar, como causa do resultado, antecedente absolutamente distante, regressando mesmo ao infinito. Para solucionar o problema, afirma-se que o regresso deve ser limitado pela inexistência de dolo ou culpa. É a lição de GRECO (2012, p. 218):

> *"Contudo, para que seja evitada tal regressão, devemos interromper a cadeia causal no instante em que não houver dolo ou culpa por parte daquelas pessoas que tiveram alguma importância na produção do resultado".*

ASSIS TOLEDO (2001, p. 113) manifesta-se da mesma forma:

> *"Com isso, o dolo e a culpa limitam, na cadeia causal, que pode ser infinita, o seguimento dessa cadeia relevante para o direito penal".*

ROXIN (2003, p. 355), diferentemente, assevera que a ausência de dolo ou culpa não implica uma interrupção da causalidade física, pois esta é regida pelas leis da natureza. Vejamos o exemplo formulado pelo penalista alemão:

"Si p.ej. A incita a B a dar un paseo, en el que B es mortalmente atropellado por C, A es exactamente igual de causal respecto de la muerte de B como C y el propio B, por mucho que no pudiera prever ese curso de los acontecimientos". (grifo nosso)

Para ROXIN, o curso causal físico, no exemplo acima, efetivamente existiu, pois entre a ação de **A** (que induziu **B** a dar um passeio, vindo este a ser atropelado por **C**) e o resultado morte há uma relação de causalidade física, que não se interrompe. No exemplo em tela, o que acontece, segundo ROXIN (2003, p. 355), é que inexiste possibilidade de se imputar o resultado ao agente. Para o autor alemão (2003, p. 362/363), a inexistência de dolo e culpa até resolve o problema do regresso ao infinito. Mas o soluciona num âmbito impróprio, ou seja, no plano da tipicidade subjetiva, o que não se afigura correto para o notável professor, tendo em vista que questões atinentes à relação de causalidade devem ser tratadas no âmbito do tipo objetivo.

A incapacidade da teoria da *conditio sine qua non* em resolver o problema inerente ao regresso ao infinito fez com que fosse elaborada a teoria da imputação objetiva do resultado, cujo objetivo central é formular e indicar critérios seguros para se resolver a questão dentro do ambiente próprio: o tipo objetivo.

Ademais, como anota ROXIN (2003, p. 350), a teoria da *conditio sine qua non* e seu respectivo procedimento hipotético de eliminação são flagrantemente inúteis, por dependerem da prévia constatação da existência de nexo causal entre a conduta e o resultado, opinião compartilhada, no Brasil, por QUEIROZ (2010, p. 208) e BIERRENBACH (2009, p. 63).

4. Espécies de causas:

4.1. Causa absolutamente independente:

Causa absolutamente independente é aquela que inaugura um outro curso causal, completamente estranho ao estabelecido pela conduta do agente. Trata-se de causa que se apresenta de forma absolutamente independente, dela fluindo um nexo igualmente autônomo. Pode ser preexistente, concomitante ou superveniente.

4.1.1. Causa preexistente absolutamente independente:

Trata-se de causa (absolutamente independente) anterior à conduta do agente, não mantendo com esta qualquer relação.

Exemplo: **X**, pretendendo matar, dispara contra **Y**. A vítima é atingida na perna direita, falecendo no hospital. No entanto, o laudo de necropsia atesta que a morte de **Y** deu-se exclusivamente em virtude da ação desencadeada por veneno anteriormente ingerido pela vítima, não havendo nenhuma relação entre as lesões provocadas pelo disparo e o resultado. **X** responde somente por tentativa de homicídio, vez que a morte decorreu de processo causal estabelecido (autonomamente) a partir da ingestão da substância venenosa.

4.1.2. Causa concomitante absolutamente independente:

Trata-se de causa (absolutamente independente) que atua simultaneamente com a conduta do agente.

Exemplo: **X**, pretendendo matar, dispara contra **Y**. A vítima, no exato instante em que é atingida no pé direito pelo disparo efetuado, é igualmente alvejada, na cabeça, por **Z**, inexistindo qualquer vínculo subjetivo entre os atiradores. O resultado morte deve ser imputado a **Z**. **X** responde por tentativa de homicídio, vez que a morte de **Y** decorreu de processo causal estabelecido (autonomamente) a partir da conduta de **Z**.

4.1.3. Causa superveniente absolutamente independente:

Trata-se de causa (absolutamente independente) posterior à conduta do agente.

Exemplo: **X**, pretendendo matar, coloca veneno na bebida de **Y**. A vítima, após ingerir a substância, falece em virtude de traumatismo craniano produzido pelo desabamento do prédio no qual se encontrava. **X** responde por tentativa de homicídio, vez que a morte de **Y** decorreu de processo causal estabelecido (autonomamente) a partir do desabamento.

Constata-se, nos exemplos acima, a existência de cursos causais que não guardam relação alguma com o nexo de causalidade desencadeado pela conduta de **X**. Em suma, as causas absolutamente independentes (preexistentes, concomitantes ou supervenientes) excluem a imputação do resultado (morte) quanto ao agente **X**.

4.2. Causa relativamente independente:

Causa relativamente independente é aquela que se agrega à outra, dando ensejo ao resultado. Pode ser preexistente, concomitante ou superveniente.

4.2.1. Causa preexistente relativamente independente:

Causa preexistente relativamente independente é aquela que, sendo anterior à conduta do sujeito, mas tendo com ela uma relação de dependência, dá margem ao resultado.

Exemplo: X, pretendendo matar, dispara contra **Y**. No entanto, a vítima é atingida no pé direito, fato que, por si só, não lhe provocaria a morte. A vítima, por ser hemofílica (causa preexistente), falece. **X** responde por homicídio consumado.

4.2.2. Causa concomitante relativamente independente:

Causa concomitante relativamente independente é aquela que, sendo simultânea à conduta do agente, e tendo com ela uma relação de dependência, dá margem ao resultado.

Exemplo: X, pretendendo matar, dispara contra **Y**. A vítima, no exato instante em que é atingida na perna direita, sofre uma parada cardíaca, sendo que a conjugação dos dois fatores ocasionou-lhe a morte. **X** responde por homicídio consumado.

4.2.3. Causa superveniente relativamente independente:

Causa superveniente relativamente independente é aquela que, sendo posterior à conduta do agente, e tendo com ela uma relação de dependência, interfere no curso causal anterior, dando margem, por sua própria força, ao resultado. Tal espécie encontra previsão no art. 13, § 1º, do CP:

> "A superveniência de causa relativamente independente exclui a imputação quando, por si só, produziu o resultado; os fatos anteriores, entretanto, imputam-se a quem os praticou".

A expressão "por si só" é criticada pela doutrina, tendo em vista a confusão que se estabelece, a partir dela, entre as causas supervenientes absolutamente independentes e as causas supervenientes relativamente independentes. Sobre tal problema, leciona COSTA JR. (1995, p. 66):

> "A lei atual procurou corrigir o erro da sistemática anterior, ao estabelecer no § 1º do art. 13 que 'a superveniência de causa relativamente independente exclui a imputação quando, por si só, produziu o resultado'. Lamentavelmente, conservou-se no texto a expressão causa que 'por si só produziu o resultado', o que faz recordar a independência absoluta da causa superveniente. Preferível que houvesse dito: a superveniência de causa relativamente independente exclui a imputação quando for a principal responsável pelo resultado".

De acordo com a doutrina, a expressão "por si só" refere-se à causa que cria um novo curso causal, isto é, que não se encontra na mesma linha de desdobramento físico da conduta anterior.

Exemplo: X, pretendendo matar, dispara contra **Y**. A vítima, atingida na perna direita, morre em decorrência do desabamento do hospital para o qual fora encaminhada. **X** responde apenas por tentativa de homicídio, pois a causa (superveniente relativamente independente), por si só, produziu o resultado.

Com efeito, nos termos do art. 13, § 1º, do CP, a imputação pode ser excluída ou não por uma causa superveniente relativamente independente, a depender do seguinte quadro: se causar, por si só, o resultado, exclui-se a imputação; caso contrário, há imputação, respondendo o agente pelo resultado. Nesse sentido, afirma GRECO (2012, p. 226):

> "<u>Já as causas supervenientes relativamente independentes tem uma particularidade:</u> o resultado somente poderá ser imputado ao agente se estiver na mesma linha de desdobramento natural da ação; caso contrário, quando a causa superveniente relativamente independente, <u>por si só</u>, vier a produzir o resultado, pelo fato de não se encontrar na mesma linha de desdobramento físico, o agente só responderá por seu dolo. <u>Isso porque há um rompimento na cadeia causal</u>, não podendo o agente responder pelo resultado que não foi uma consequência natural da sua conduta inicial". (grifo nosso)

Igualmente, quanto ao disposto no art. 13, § 1º, do CP, diverge a doutrina a respeito da possibilidade de se estender a sua consequência jurídica (exclusão da imputação do resultado) às causas preexistentes e concomitantes relativamente independentes. COSTA JR. (1995, p. 67), adotando posição minoritária, acena positivamente:

> "Entendemos que, embora o § 1º do art. 13 se refira somente às causas supervenientes, também as causas antecedentes ou intercorrentes, que tenham sido por si sós suficientes (em sentido relativo) para produzir o evento, prestam-se à exclusão do vínculo causal penalmente relevante. Trata-se de uma analogia in bonam partem, admissível em direito penal".

Manifestando-se com idêntica posição, encontramos, dentre outros, TELES (2004, p. 201).

5. Outras teorias:

5.1. Teoria da causalidade adequada:

Segundo a presente teoria, causa é a condição adequada ao resultado, ou seja, condição capaz de produzir o evento de modo previsível. Para se aferir tal previsibilidade, desenvolveu-se a noção de prognose póstuma objetiva, critério explicado por ROXIN (2002, p. 303):

> "(...) o juiz deve, <u>postumamente</u> (isto é, no processo), colocar-se no ponto de vista de um observador objetivo no momento anterior à prática do fato, que disponha dos acontecimentos de uma pessoa prudente que pertença ao círculo social respectivo, bem como de conhecimentos especiais do autor". (grifo nosso)

Exemplo: **X**, querendo lesionar **Y**, desfere-lhe um leve tapa no rosto. **Y**, assustado, morre. Pela teoria da condição adequada conclui-se que a conduta de **X** não é causa do resultado, pois a sua ação não pode ser entendida como condição adequada para a morte de **Y**. Nos termos do critério da prognose póstuma objetiva, o resultado fatal, para qualquer pessoa dotada de prudência, seria imprevisível. Logo, **X** não deve responder pelo resultado (morte), mas apenas pelos atos praticados.

De acordo com COSTA JR. (1995, p. 66), a teoria da causalidade adequada foi adotada pelo art. 13, § 1º, do CP:

> "Qual a teoria causal, ou quais as teorias acolhidas pelo Código? O Código vigente acolheu, como limite, a teoria da equivalência causal. Mas, a fim de que a condição possa ser considerada causa, exige um quid pluris *(algo mais): a adequação da condição.*
> Em resumo: condição (positiva) + adequação = causa (positiva).
> Logo, <u>causa é condição adequada, vale dizer, idônea, possível, não excepcional</u>". (grifo nosso)

Aduz ROXIN (2002, p. 304) que a teoria da causalidade adequada não é uma teoria da causalidade, uma vez que procura extrair o conceito de causa a partir de critérios jurídicos. Com efeito, para o autor alemão, a teoria da causalidade adequada é uma teoria da imputação.

5.2. Teoria da relevância:

MEZGER, aceitando a teoria da equivalência dos antecedentes causais, lança-lhe uma crítica, consistente no fato dela ter igualado as noções de nexo causal e nexo de responsabilidade. Para MEZGER, todos os antecedentes que operam numa cadeia causal são causalmente equivalentes, mas não o são sob o prisma jurídico (ROXIN, 2002, p. 28).

6. Teoria da imputação objetiva:

6.1. Considerações iniciais:

Imputar nada mais é do que atribuir algo como sendo obra de alguém. Trata-se, assim, de estabelecer o nexo de causa e efeito existente entre a conduta e o resultado, o que se dá, no âmbito da teoria da imputação objetiva, construção levada a efeito por ROXIN (2003, p. 363), a partir de critérios jurídicos[31].

Tal análise da relação de causa e efeito a partir de critérios jurídicos nem sempre existiu. De acordo com a teoria causalista, por exemplo, a causação física do resultado era suficiente para o preenchimento do tipo (ROXIN, 2002, p. 12/13).

ROXIN (2002, p. 23, 28, 30, 34, 37 e 42) aponta as seguintes formulações teóricas precursoras da moderna teoria da imputação objetiva: *a)* teoria da causalidade adequada (pelo fato de ter proposto um conceito jurídico de causalidade), *b)* teoria da relevância jurídica (pelo fato de, partindo das premissas da teoria da causalidade adequada, ter agregado à causalidade formulações teleológicas a respeito do tipo), *c)* teoria da adequação social (por ter afirmado que o tipo não abarca condutas socialmente adequadas, aproximando-se, assim, da noção de risco permitido), *d)* teoria social da ação (por ter proposto um conceito de ação eminentemente jurídico*), e)* teoria finalista da ação (por ter definido o ilícito como contrariedade em relação à norma, e por ter conferido destaque ao desvalor da ação) e *f)* teoria do crime culposo (por ter fornecido à teoria da imputação objetiva alguns de seus conceitos básicos, como o de violação do cuidado objetivo).

Da mesma forma, afirma ROXIN (2002, p. 171/172) que a teoria da imputação objetiva encontra amparo no CP brasileiro, precisamente no art. 13, § 1º, do CP:

> "O art. 13, § 1º, ao dispor que 'a superveniência de causa relativamente independente exclui a imputação quando, por si só, produziu o resultado; os fatos anteriores, entretanto, imputam-se a quem os praticou', consagrou uma 'exceção... à teoria da equivalência', uma 'restrição à doutrina da conditio sine qua non', um 'limite à amplitude do conceito de causa'. De fato: a importância deste dispositivo está, justamente, em configurar o reconhecimento legislativo da insuficiência da causalidade material, nos termos da teoria da equivalência das condições, para resolver o problema da imputação objetiva. É o próprio legislador quem decide limitar o alcance da teoria da equivalência através de considerações valorativas, com o que admite uma segunda ordem de raciocínio, distinta da causalidade, para que possa considerar um indivíduo responsável por um resultado". (grifo nosso)

---

[31] Cabe relembrar que a teoria da *conditio sine qua non* busca aferir a relação de causa e efeito entre a conduta e o resultado com base em critérios físicos, naturais.

6.2. Teoria da imputação objetiva do resultado no âmbito dos crimes materiais:

De acordo com a doutrina dominante, a imputação objetiva do resultado não prescinde da análise da causalidade. Tal teoria jamais ambicionou afastar a análise da relação causal física. Ao contrário, diante da característica inerente aos delitos de resultado (crimes materiais), a teoria da imputação objetiva incide sempre em momento posterior, isto é, após a devida constatação do nexo causal.

Consequentemente, a ausência de relação de causalidade material implica uma flagrante desnecessidade de se proceder à análise da imputação objetiva. A razão é simples: a inexistência da primeira impede que se possa atribuir o resultado a alguém, afastando, de imediato, a possibilidade de haver responsabilização penal.

Assim, nos crimes materiais, segundo ROXIN (2002, p. 270), a teoria da imputação objetiva do resultado atua *a posteriori*. Sua incidência dá-se em seguida à teoria da equivalência dos antecedentes causais, tendo por fim limitar a atribuição do resultado, restringindo a responsabilidade penal.

Explicamos: o primeiro raciocínio a ser desencadeado, em se tratando de crime material, emprega a teoria da equivalência dos antecedentes causais. Uma vez detectada a existência de relação de causa e efeito, empreende-se uma segunda análise, alicerçada, agora, na teoria da imputação, cujo escopo é limitar o nexo causal diagnosticado no primeiro momento, atuando como fator de limitação da responsabilidade pelo resultado. Para tanto, a teoria da imputação objetiva estabelece critérios gerais de imputação, de modo que um resultado só poderá ser objetivamente atribuído se houver: *a)* criação (ou aumento) de um risco não permitido, *b)* materialização do risco no resultado e *c)* resultado inserido no âmbito do tipo penal.

6.2.1. Criação (ou aumento) do risco juridicamente proibido:

Vivemos numa sociedade que incorpora e admite riscos. Cabe ao Estado estabelecer as regras necessárias para que eles sejam evitados ou minimizados. O Código de Trânsito Brasileiro (Lei nº 9.503/97), por exemplo, existe para reduzir os riscos decorrentes da condução de veículos automotores. Com efeito, a violação da norma de trânsito que impõe limites de velocidade cria um risco juridicamente proibido.

ROXIN, ao tratar do presente critério geral de imputação, levou em conta a função de proteção de bens jurídicos realizada pelo Direito

Penal. Assim, todo e qualquer resultado só pode ser atribuído a quem que tiver criado (ou aumentado) um risco juridicamente proibido (critério positivo de imputação). Consequentemente, a criação de um risco juridicamente permitido (critério negativo de imputação) não se insere no âmbito do tipo objetivo.

Voltando à questão do trânsito, aquele que incentiva alguém devidamente habilitado a dirigir veículo automotor com obediência às regras de trânsito não gera um risco proibido. Caso o motorista estimulado venha a morrer num acidente automobilístico, o incentivador não poderá ser responsabilizado pelo resultado.

À luz da teoria da *conditio sine qua non* o incentivo até pode ser considerado causa da morte do motorista, pois, se não houvesse o estímulo, o condutor não teria se envolvido no acidente e, consequentemente, não teria falecido, motivo pelo qual, nos termos do art. 13, caput, do CP, a ação incentivadora é causa do resultado, pois há nexo causal físico. No entanto, não há critério que autorize a imputação objetiva, uma vez que o incentivo deu-se de acordo com os limites impostos pelo Direito para a realização da atividade.

Numa sociedade como a atual, na qual riscos fazem parte do cotidiano e são naturalmente aceitos pela coletividade, não é dado ao Direito Penal alcançar (e punir) todo e qualquer comportamento criador de risco. Por exemplo, alguns esportes de contato (lutas marciais, futebol, etc.) geram riscos para a integridade física dos participantes. E o Estado, assim mesmo, os estimula. A teoria da imputação objetiva preconiza a não atribuição de eventual resultado lesivo causado ao oponente pelo participante que se manteve dentro das regras do esporte, de modo que a lesão corporal produzida durante uma luta marcial (em sintonia com as regras do esporte) é considerada fato atípico[32], pois a mencionada teoria antecipa a análise da questão para dentro do tipo objetivo, que é afastado por não se identificar, na hipótese, a criação de um risco juridicamente reprovado.

Igualmente, condutas que diminuem o risco para o bem jurídico (critério negativo de imputação) não são consideradas no âmbito do tipo objetivo.

Exemplo: durante uma operação, o policial **X**, a fim de evitar que o policial **Y** fosse fuzilado e morto por traficantes de drogas, empurra o

---

[32] A lesão corporal produzida durante certos esportes de contato é frequentemente tratada pela doutrina brasileira como causa de exclusão da ilicitude (exercício regular de direito, art. 23, III, 2ª parte, do CP).

colega de profissão, o qual, em virtude da queda, sofre lesões na perna direita. Pergunta-se: a lesão corporal ocasionada em **Y** pode ser objetivamente imputada ao policial **X**? A resposta é negativa, embora a relação de causalidade física seja inquestionável. Como tal raciocínio (baseado nas leis da natureza) não é suficiente, cumpre analisar os critérios gerais formulados pela teoria da imputação objetiva. Vejamos, então: se **X** não tivesse empurrado **Y**, de modo a tirá-lo da linha de tiro dos traficantes, o companheiro seria alvejado. Como sabemos, um tiro de fuzil pode provocar a morte de uma pessoa. Ainda que não haja óbito, projéteis de arma de fogo com tais características causam graves lesões. Assim, o empurrão dado por **X** em **Y**, na realidade, não gerou um risco maior para o bem jurídico. Ao contrário, diminuiu-o. Portanto, segundo a teoria da imputação, o fato praticado por **X** é considerado atípico.

Cumpre analisar outro critério negativo de imputação, qual seja, o denominado princípio da confiança. A vida na sociedade moderna, por sua complexidade inerente, requer relações de confiança. Ainda que com frequência venhamos a desconfiar de tudo e de todos, isso não retira a validade da afirmação segundo a qual a confiança é a regra; a desconfiança, a exceção. Se fosse o contrário, a vida em sociedade estaria comprometida, pois o sentimento de desconfiança teria o poder de afastar as pessoas umas das outras, travando as relações sociais. A teoria da imputação objetiva, portanto, reconhece e confere relevância ao princípio em tela. Vejamos.

Exemplo: **X** contrata uma renomada oficina mecânica para realizar o reparo no sistema de frenagem de seu veículo automotor. E o faz confiando na excelente reputação profissional do mecânico. Com base no princípio da confiança, espera que o profissional comporte-se de forma responsável, sanando o problema. Imaginemos, então, que o serviço tenha sido mal executado, defeito que, por estar oculto, não foi notado pelo cliente. Dois dias depois do conserto, confiando na habilidade do profissional, **X**, ao frear rapidamente o automóvel, não consegue pará-lo, vindo a matar uma pessoa. A perícia constata um problema nos freios. Analisando as marcas de frenagem, o perito atesta, ainda, que se os freios estivessem em perfeitas condições o veículo não teria atingido a vítima. A causalidade física, como se nota, está presente no caso em questão: se o condutor não estivesse dirigindo o veículo, não teria atropelado e matado a vítima.

Do exposto, pergunta-se: o resultado (morte) pode ser objetivamente atribuído ao condutor? Embora presente a causalidade física (primeira etapa do raciocínio), a resposta é negativa, tendo em vista que a conduta do motorista estava baseada no princípio confiança, segundo o qual as pessoas devem se comportar de forma responsável, cuidadosa e diligente. Nesse caso, o resultado morte não pode ser objetivamente imputado ao condutor, pois confiou na correta prestação do serviço e na solução definitiva do problema.

6.2.2. Realização do risco proibido no resultado:

Sobre tal critério de imputação, assevera ROXIN (2003, p. 373):

> *"La imputación al tipo objetivo presupone que en el resultado se haya realizado precisamente el riesgo no permitido creado por el autor. Por eso está excluida la imputación, en primer lugar, si, aunque el autor haya creado un peligro para el bien jurídico protegido, el resultado se produce, no como efecto de plasmación de ese peligro, sino sólo em conexión casual con el mismo".*

No trecho transcrito ROXIN afirma que a imputação objetiva de um resultado não requer apenas a criação (ou o aumento) de um risco proibido. É preciso, ainda, que esse risco se materialize no resultado. Vale dizer, o resultado produzido deve ser decorrente do risco proibido gerado pela conduta do agente.

Exemplo extraído da obra de ROXIN (2003, p. 379): o condutor de um caminhão, ao ultrapassar um ciclista, o faz sem guardar a distância de separação lateral exigida pelas regras de trânsito. Durante a ultrapassagem, o ciclista, extremamente bêbado, e em decorrência de uma reação de curto-circuito provocada pelo álcool, vira a bicicleta para a esquerda, vindo a cair sob as rodas do caminhão. Comprova-se, posteriormente, que provavelmente o acidente teria ocorrido, ainda que o motorista tivesse observado a distância de separação lateral.

No exemplo, ainda que a ultrapassagem fosse realizada licitamente (conduta alternativa conforme o Direito), a morte do ciclista (o resultado) não teria sido evitada. Conclui-se, então, que o risco criado pela conduta (contrária ao Direito) do motorista do caminhão não se realizou no resultado. Significa dizer: a ultrapassagem proibida não foi causa da morte do ciclista. Logo, de acordo com a teoria da imputação objetiva, o resultado morte não pode ser objetivamente imputado ao condutor.

6.2.3. Resultado abrangido pelo tipo:

Os dois critérios gerais anteriores (itens 6.2.1 e 6.2.2) não são suficientes para que se opere a imputação objetiva. É necessário, ainda, que o resultado produzido seja alcançado pelo tipo penal. Trata-se, portanto, de critério alinhado com o sistema funcionalista pensado por ROXIN, para quem todo e qualquer tipo penal cumpre uma função. Com efeito, o legislador, ao criar os tipos, o faz com o propósito de abranger resultados que sejam decorrentes da conduta que se pretendeu incriminar. Por conseguinte, resultado estranho à descrição típica, isto é, não coberto pelo alcance do tipo, não pode ser atribuído ao agente.

Exemplo formulado por ROXIN (2006, p. 103): **X**, traficante de drogas, vende determinada substância para o dependente **Y**. Este, ao fazer uso da droga, falece. **X** responde por homicídio? A resposta é negativa, uma vez que o resultado morte não é alcançado pelo tipo que define o crime de tráfico ilícito de drogas. O legislador, ao tipificar a conduta descrita no art. 33, *caput*, da Lei nº 11.343/06, deixou de fora do alcance do tipo o resultado morte. Nesse caso, **X** deve responder apenas pelo crime da Lei de Drogas, não se cogitando de homicídio. Tal critério geral (resultado alcançado pelo tipo) evidencia quão importante é, para efeito de imputação objetiva, analisar a estrutura típica e o correspondente resultado nela contido.

7. Relevância jurídico-penal da omissão:

7.1. Omissão própria e omissão imprópria:

Objetivando tutelar bens jurídicos selecionados, o Direito, por meio da norma penal, veda a prática de certas condutas. Por exemplo, proíbe a ação de matar alguém. Noutros casos, com idêntico propósito de proteção, determina que alguns comportamentos sejam praticados. Nesses casos, o sujeito, ao deixar de realizar o que lhe foi imposto, incorre em crime omissivo. Omissão, portanto, é a não realização de um comportamento imposto pela norma penal, quando o agente podia concretamente realizá-lo.

Conforme vimos, o crime omissivo pode ser classificado em: *a)* próprio (ou puro) e *b)* impróprio (impuro ou comissivo por omissão). O primeiro ocorre quando alguém se abstém de praticar determinado comportamento genericamente imposto pela norma penal. O modelo típico do crime omissivo próprio possui verbo caracterizador de um comportamento negativo. Deixando de agir, o sujeito infringe a norma penal, cujo conteúdo é mandamental. Na omissão própria, o omitente encontra-se genericamente vinculado à proteção do bem jurídico. É o que se dá, por exemplo, com o crime de omissão de notificação de doença (art. 269 do CP), que consiste em deixar o médico de denunciar à autoridade pública moléstia cuja notificação é compulsória. Com efeito, os médicos que se depararem com a situação de perigo informada no tipo devem notificá-la à autoridade competente. Caso contrário, havendo dolo, respondem por omissão própria.

No crime omissivo impróprio o verbo típico indica uma ação. No entanto, diferentemente do que ocorre com o crime comissivo, no omissivo impróprio a pessoa não realiza um comportamento positivo. Ao contrário, deixa de agir, quando devia e podia, pois se encontrava numa posição de destaque criada pela norma: a de agente garantidor da não ocorrência do resultado (art. 13, § 2º, do CP). Na omissão imprópria, o dever de proteção do agente para com o bem jurídico é especial. O garantidor que, por omissão, não atua para impedir determinado resultado, tendo condição de fazê-lo, responde dolosa ou culposamente, conforme o caso.

Exemplo: **X**, bombeiro militar, dolosamente não realiza o salvamento de uma pessoa que se afogava nas águas do mar. Responde por homicídio qualificado por asfixia (art. 121, § 2º, III, 4ª figura, c/c art. 13, § 2º, *a*, do CP).

Atenção: no caso, o bombeiro militar responde por um crime cujo verbo indica ação (matar), mas o resultado lhe é imputado em virtude de sua omissão, pois devia e podia agir para impedi-lo.

Tal distinção quanto à natureza do dever (genérico ou especial) é importante para a diferença entre crimes omissivos próprios e impróprios. Vejamos: **X**, nadador experiente, por estar desatento, não ouve o pedido de socorro feito por uma pessoa que se afogava na piscina de um clube, e que, por conta disso, veio a falecer. O dever de agir de **X** é extraído da norma penal contida no art. 135 do CP (omissão de socorro), a qual manda prestar socorro. Tal dever de agir é genérico. No presente caso, pelo fato de não ter havido dolo, **X** não pode ser responsabilizado por crime de omissão de socorro, nem por homicídio culposo, pois não é agente garantidor.

De acordo com o exemplo anterior, se o desatento fosse o guardião contratado pelo clube, o dever de proteção deixaria de ser genérico, e passaria a ser especial. E a sua omissão, consequentemente, seria imprópria. É que o guardião da piscina do clube, por ser agente garantidor (art. 13, § 2º, *b*, do CP), possui especial dever de agir. No caso retratado, o guardião responderia por homicídio culposo.

7.2. Fontes geradoras da posição de agente garantidor:

O Direito Penal não coíbe apenas ações que atentam contra bens jurídicos penalmente selecionados. Busca, igualmente, evitar o descumprimento de condutas por ele impostas, o que se dá através da tipificação de crimes comissivos e omissivos. Por exemplo, o desvalor da conduta omissiva do agente garantidor que dolosamente não evita a morte de uma pessoa é exatamente o mesmo que recai sobre a ação daquele que mata alguém. Ambos devem responder por homicídio doloso.

Assim, através do art. 13, § 2°, do CP, é possível proceder à adequação típica da conduta omissiva do garantidor, bem como imputar-lhe o resultado. Em suma, por meio do referido dispositivo amplia-se o alcance do tipo, motivo pelo qual tem sido tratado como norma de extensão.

A partir da Reforma Penal empreendida pela Lei n° 7.209/84, o art. 13, § 2°, do CP passou a relacionar as fontes geradoras do dever de atuar. Com efeito, andou bem o legislador ao defini-las, adotando, assim, a clássica tipologia apontada pela doutrina de outrora. De acordo com o item 13 da Exposição de Motivos da Nova Parte Geral do CP, optou-se pelo critério legal:

> *"No art. 13, § 2°, cuida o Projeto dos destinatários, em concreto, das normas preceptivas, subordinados à previa existência de um dever de agir. Ao introduzir o conceito de omissão relevante, e ao extremar, no texto da lei, as hipóteses em que estará presente o dever de agir, estabelece-se a clara identificação dos sujeitos a que se destinam as normas preceptivas".*

Vejamos, então, quais são as hipóteses que dão origem à posição de agente garantidor:

7.2.1. Agente garantidor por dever legal:

O art. 13, § 2°, *a*, do CP refere-se ao agente garantidor por dever legal: policiais, bombeiros militares, militares, médicos, autoridades, pais em relação aos filhos, tutores em relação aos tutelados, curadores quanto aos curatelados, cônjuges, dentre outros, enquadram-se na presente hipótese.

Exemplo: uma dupla policial, tendo concreta possibilidade de agir, dolosamente nada faz para impedir o estupro de alguém. Incorre no crime previsto no art. 213 do CP. Da mesma forma, a mãe que, dolosamente, aquiesce quanto ao estupro da filha menor de 14 (catorze) anos, nada fazendo para evitá-lo, apesar de possuir condições, responde por estupro de vulnerável (art. 217-A, *caput*, do CP). Em ambos os casos, o especial dever de agir decorre de lei.

7.2.2. Agente garantidor por fonte distinta da lei:

Nos termos do art. 13, § 2º, *b*, do CP, o dever de atuar pode ser fruto de outra fonte, distinta da lei. Assim, aquele que, de outra forma, assume a responsabilidade de impedir o resultado, enquadra-se na moldura prevista na alínea *b*. Como exemplo, menciona-se, com frequência, o dever decorrente de um contrato. No entanto, tal é prescindível. Pode até ser que exista um ajuste (com ou sem maiores formalidades) vinculando o agente à proteção do bem jurídico. É o caso do vigia noturno de uma empresa transportadora de valores, por exemplo. Nada obstante, pacificou-se o entendimento de que o contrato é dispensável para a configuração da hipótese contida na alínea *b*. Assim, um simples ato de liberalidade pode transformar alguém em agente garantidor.

Exemplo: X contrata a babá Y para cuidar de seu filho. Y, por força de um contrato, passa à condição de agente garantidor. Assim, se a criança estiver se sufocando com algum alimento, deve Y agir para impedir algum resultado lesivo. Se não o fizer, responde por ele, a título de dolo ou culpa.

Exemplo: a babá Y, sem qualquer contraprestação, aceita cuidar gratuitamente do filho de X. Mesmo nesse caso, Y ostenta a posição de garantidor, pois, nos termos do art. 13, § 2º, *b*, do CP, assumiu a responsabilidade de impedir o resultado.

7.2.3. Agente garantidor por dever de ingerência:

A terceira hipótese caracterizadora da posição de agente garantidor, chamada pela doutrina de dever de ingerência (art. 13, § 2º, *c*, do CP), é a que causa maiores problemas quando de sua apreciação.

No caso, o agente, com o seu comportamento anterior, gera o risco da ocorrência do resultado. Por conseguinte, passa a ostentar um especial dever de proteção. Trata-se de hipótese guiada por razão extremamente lógica: aquele que cria o risco para o bem jurídico deve agir, a fim de evitá-lo. Desde que possível, é claro.

7.3. Real possibilidade de agir:

O especial dever de agir não é suficiente para a caracterização da omissão imprópria. É preciso avaliar, ainda, a real possibilidade de agir, pois esta integra o tipo objetivo dos delitos omissivos impróprios. Consequentemente, a impossibilidade de ação acarreta a atipicidade da conduta omissiva.

Cumpre analisar, por oportuno, se a real possibilidade de agir também integra o tipo objetivo dos delitos omissivos próprios. Analisemos, para tanto, o crime de omissão de socorro:

> "Art. 135. Deixar de prestar assistência, <u>quando possível fazê-lo sem risco pessoal</u>, à criança abandonada ou extraviada, ou à pessoa inválida ou ferida, ao desamparo ou em grave e iminente perigo; ou não pedir, nesses casos, o socorro da autoridade pública". (grifo nosso)

Nota-se que a omissão de socorro somente se caracteriza se não houver risco pessoal para o socorrista. Caso contrário, faltará uma das elementares típicas exigidas. Consequentemente, não haverá tipicidade objetiva. Portanto, quanto ao art. 135 do CP, podemos afirmar que a real possibilidade de ação configura elementar do tipo objetivo.

Todavia, há diversos tipos de omissão própria (arts. 168-A, *caput*[33], 244, *caput*[34], 246[35], 269[36], 320[37] do CP, etc.) nos quais não se constata nenhuma referência à possibilidade de agir, razão pela qual é possível afirmar que o poder de atuar, de um modo geral, não configura elemento do tipo objetivo dos crimes omissivos próprios. Nessa linha, eventual impossibilidade de agir refletirá apenas no âmbito da culpabilidade.

Para CIRINO (2006, p. 203), no entanto, o poder concreto de agir é elemento comum do tipo objetivo de omissão (própria ou imprópria), indistintamente. Ao inserir o poder concreto de atuar como elementar do tipo objetivo omissivo, CIRINO remete toda a discussão pertinente ao assunto para o âmbito da tipicidade. Com efeito, segundo o entendimento do autor, à acusação compete a comprovação da real possibilidade de

---

[33] Art. 168-A. Deixar de repassar à previdência social as contribuições recolhidas dos contribuintes, no prazo e forma legal ou convencional.

[34] Art. 244. Deixar, sem justa causa, de prover a subsistência do cônjuge, ou de filho menor de 18 (dezoito) anos ou inapto para o trabalho, ou de ascendente inválido ou maior de 60 (sessenta) anos, não lhes proporcionando os recursos necessários ou faltando ao pagamento de pensão alimentícia judicialmente acordada, fixada ou majorada; deixar, sem justa causa, de socorrer descendente ou ascendente, gravemente enfermo.

[35] Art. 246. Deixar, sem justa causa, de prover à instrução primária de filho em idade escolar.

[36] Art. 269. Deixar o médico de denunciar à autoridade pública doença cuja notificação é compulsória:

[37] Art. 320. Deixar o funcionário, por indulgência, de responsabilizar subordinado que cometeu infração no exercício do cargo ou, quando lhe falte competência, não levar o fato ao conhecimento da autoridade competente.

agir do réu, tendo em vista que, como cediço, cumpre-lhe provar que o fato é típico e ilícito.

Voltando ao exemplo do bombeiro militar que, dolosamente, nada fez para evitar o afogamento (e a consequente morte) do banhista, pergunta-se: como atribuir tal resultado ao omitente? Se não agiu, como responsabilizá-lo pelo resultado?

Em resposta, aduz REGIS PRADO (2005, p. 329) que a imputação do resultado, nos crimes omissivos impróprios, ocorre sem a existência de qualquer nexo causal. Significa dizer, então, que o art. 13, § 2º, do CP estabelece e possibilita regras de imputação do resultado ao omitente, pois, na realidade, nenhuma modificação no mundo físico é desencadeada a partir da omissão, não se aplicando a noção de causalidade física.

Exemplo: X estrangula Y, sendo possível constatar, fisicamente, o desencadeamento do processo físico que conduz a vítima à morte. A conduta ativa, portanto, está apta a provocar modificações no mundo exterior, o que não acontece com a omissiva. Nada obstante, o Direito, através da regra prevista no art. 13, § 2º, do CP, estabelece critérios jurídicos que viabilizam a imputação do resultado ao omitente (agente garantidor) que devia e podia agir para impedi-lo.

Assim, o bombeiro militar que, dolosamente, deixa de salvar uma pessoa que se afoga nas águas do mar, responde por homicídio doloso qualificado. Trata-se, portanto, de um crime omissivo impróprio doloso (art. 121, § 2º, III, 4ª figura, c/c art. 13, § 2º, *a*, do CP). Nesse caso, a imputação do resultado ao agente garantidor dá-se através da regra do art. 13, § 2º, *a*, do CP. Trata-se de critério de imputação puramente jurídico, pois não há causalidade física na omissão.

7.4. Omissão imprópria e legalidade penal:

O art. 13, § 2º, do CP, ao criar casos genéricos de omissão imprópria, estabelecendo regras que ampliam o alcance típico, recebe críticas por parte da doutrina, mormente quanto à extensão da responsabilidade penal. Afirma-se, por exemplo, que o princípio da legalidade penal estaria sendo ofuscado (REGIS PRADO, 2005, p. 334):

> *"Essa relação formal das fontes de atuar (art. 13, § 2º, CP) é, contudo, insuficiente para solucionar a totalidade dos casos, além de ensejar dúvida e insegurança, sob o ângulo da legalidade penal".* (grifo nosso)

Na doutrina estrangeira, com idêntico pensar, STRATENWERTH (2000, p. 383):

"Esta situación legislativa está absolutamente en contradicción con la prohibición de preceptos penales indeterminados".

CIRINO (2006, p. 202), apoiado em doutrina estrangeira, propõe que se reduza *"a responsabilidade do garantidor aos bens jurídicos mais importantes, como a vida e o corpo do sujeito protegido"*.

Para contornar o problema acima, REGIS PRADO (2005, p. 334) sugere a inserção da modalidade omissiva imprópria em cada um dos tipos penais, posição também defendida por QUEIROZ (2010, p. 215).

Parece-nos que essa, realmente, seria a melhor solução. Cremos que a construção das fontes caracterizadoras de omissão imprópria deveria calhar na Parte Especial do CP, exatamente após a descrição de cada tipo, como se dá com os delitos culposos. Assim, a responsabilização penal por omissão imprópria estaria mais adequada aos preceitos de um Estado Democrático de Direito. Por conseguinte, não há como negar que a genérica previsão do art. 13, § 2°, do CP, realmente ofusca o princípio da legalidade penal, demandando um cuidado redobrado por parte do magistrado quando da realização da adequação típica mediata.

Capítulo XVIII

Consumação e Tentativa

1. *Iter criminis*:

1.1. Definição:

Iter criminis (trajetória ou itinerário do crime) é o conjunto de fases percorridas pelo agente desde o momento em que delibera a respeito do cometimento de uma infração penal, até o instante em que se opera a consumação. Cumpre advertir, desde logo, que o presente tema somente guarda relação com os crimes dolosos, pois não há *iter criminis* em delitos culposos.

1.2. Fases:

A doutrina, de um modo geral, aponta as seguintes etapas do *iter criminis*:

1.2.1. Cogitação (ou *cogitatio*):

Na fase da cogitação, o agente pensa em praticar o delito. Trata-se de fase interna, não perceptível, visto que se passa exclusivamente no âmbito da mente do sujeito. A cogitação é sempre impunível.

1.2.2. Preparação (ou *conatus remotus*):

Ocorre quando o agente, após deliberar acerca do delito, passa a criar as condições necessárias para o seu cometimento, preparando-as. Trata-se, portanto, de fase externa.

Exemplo: o agente adquire o instrumento com o qual pretende matar a vítima.

Da mesma forma, os atos preparatórios são impuníveis, afirmação que se extrai da interpretação conferida ao art. 14, II, do CP. No entanto, cabe destacar, é perfeitamente possível que a fase preparatória de uma infração penal seja tipificada como delito autônomo. Vejamos, por exemplo, o crime de petrechos para falsificação de moeda:

> "Art. 291. Fabricar, adquirir, fornecer, a título oneroso ou gratuito, possuir ou guardar maquinismo, aparelho, instrumento ou qualquer objeto especialmente destinado à falsificação de moeda.
> Pena – reclusão, de dois a seis anos, e multa".

No caso, aquele que fabrica um aparelho com o fim de falsificar moeda incorre no art. 291 do CP. Ainda que não tenha produzido sequer uma nota falsa, a fabricação do aparelho, com a referida destinação, conduz à consumação da infração penal. Por questões de política criminal, o legislador tipificou, como crime autônomo, comportamentos que configuram atos preparatórios do delito de moeda falsa[38].

1.2.3. Execução (ou *conatus proximus*):

A execução, diferentemente das anteriores, é etapa punível, conclusão extraída do art. 14, II, do CP, regra que define a tentativa.

Várias teorias foram construídas a respeito da distinção entre ato preparatório e ato de execução, as quais serão abordadas no item 3.3 (*infra*), para onde remetemos o leitor.

---

[38] Art. 289. Falsificar, fabricando-a ou alterando-a, moeda metálica ou papel-moeda de curso legal no país ou no estrangeiro:

Pena - reclusão, de três a doze anos, e multa.

§ 1º. Nas mesmas penas incorre quem, por conta própria ou alheia, importa ou exporta, adquire, vende, troca, cede, empresta, guarda ou introduz na circulação moeda falsa.

§ 2º. Quem, tendo recebido de boa-fé, como verdadeira, moeda falsa ou alterada, a restitui à circulação, depois de conhecer a falsidade, é punido com detenção, de seis meses a dois anos, e multa.

§ 3º. É punido com reclusão, de três a quinze anos, e multa, o funcionário público ou diretor, gerente, ou fiscal de banco de emissão que fabrica, emite ou autoriza a fabricação ou emissão:

I - de moeda com título ou peso inferior ao determinado em lei;

II - de papel-moeda em quantidade superior à autorizada.

§ 4º. Nas mesmas penas incorre quem desvia e faz circular moeda, cuja circulação não estava ainda autorizada.

1.2.4. Consumação (ou *meta optata*):

Nos termos do art. 14, I, do CP, dá-se a consumação quando a conduta realizada pelo agente reúne todos os elementos de sua definição legal.

Parte da doutrina (por todos, GRECO, 2012, p. 246) afirma que o *iter criminis* comporta, ainda, uma quinta fase, a do exaurimento (ou esgotamento):

> *"Como última fase do* iter criminis, *e em somente determinadas infrações penais, temos o chamado exaurimento. É a fase que se situa após a consumação do delito, esgotando-o plenamente".*

2. Crime consumado:

2.1. Definição:

Nos termos do art. 14, I, do CP, crime consumado é aquele que reúne todos os elementos de sua definição legal, isto é, previstos no tipo penal.

2.2. Momento consumativo dos crimes em geral:

A questão inerente ao momento consumativo de cada um dos crimes demanda uma análise dos respectivos tipos. Nada obstante, é possível estabelecer algumas regras gerais de consumação, a saber:

2.2.1. Consumação do crime material (ou de resultado):

O crime material consuma-se com a produção do resultado natural, ou seja, com a modificação realizada no mundo exterior pela conduta do agente.

Exemplo: art. 124, 1ª parte, do CP. O crime de autoaborto consuma-se com a produção da morte (resultado natural) do produto da concepção.

2.2.2. Consumação do crime formal:

O crime formal atinge a consumação quando da realização da conduta, independentemente da produção do resultado natural descrito no tipo penal, que pode acontecer ou não. O legislador resolveu, para efeito de consumação, não aguardar a ocorrência do resultado natural, antecipando a *meta optata*.

Exemplo: art. 158 do CP. O crime de extorsão consuma-se independentemente da obtenção da vantagem econômica pretendida pelo agente. É o que consagra a súmula 96 do STJ.

2.2.3. Consumação do crime de mera conduta:

O crime de mera conduta, que não descreve resultado natural algum, consuma-se com a simples ação ou omissão.

Exemplo: violação de domicílio (art. 150 do CP).

2.2.4. Consumação do crime culposo:

A existência do crime culposo, de um modo geral, depende da ocorrência de um resultado natural, sem o qual o fato será considerado atípico.

2.2.5. Consumação do crime permanente:

Segundo o art. 303 do CPP, nas infrações permanentes, entende-se o agente em flagrante delito enquanto não cessar a permanência. De acordo com tal regra processual, o momento consumativo, nos crimes permanentes, estende-se, protrai-se, alonga-se no tempo.

Exemplo: art. 148 do CP. A consumação do crime de sequestro ou cárcere privado estende-se enquanto a vítima estiver sendo privada de sua liberdade. A prisão em flagrante do sequestrador, portanto, será cabível enquanto não cessar a permanência.

2.2.6. Consumação do crime omissivo próprio:

Dá-se a consumação do crime omissivo próprio com a simples abstenção do comportamento devido, independentemente de qualquer resultado natural.

Exemplo: a consumação da omissão de socorro (art. 135 do CP) ocorre no momento em que o agente, tendo reais condições de agir, sem risco pessoal, não presta socorro à vítima, abstendo-se de realizar a conduta devida.

2.2.7. Consumação do crime omissivo impróprio:

Diferentemente, a consumação do crime omissivo impróprio opera-se com a produção do resultado.

Exemplo: **X**, mãe de um menino de 3 (três) anos, observa quando a criança cai na piscina da residência. Embora tivesse todas as condições de fazê-lo, **X**, dolosamente, permanece inerte e se abstém de salvar o próprio filho. Quando o menino estava na iminência de morrer afogado, eis que surge **Y**, que evita o resultado fatal. A morte do menino somente não aconteceu por circunstâncias alheias à vontade de **X**, que deve responder por tentativa de homicídio.

2.2.8. Consumação do crime qualificado pelo resultado:

O crime qualificado pelo resultado consuma-se com a produção do resultado agravador.

Exemplo: a lesão corporal seguida de morte (art. 129, § 3º, do CP) consuma-se com a produção do resultado agravador previsto no dispositivo penal.

3. Tentativa:

3.1. Definição e natureza jurídica:

Crime tentado, nos termos do art. 14, II, do CP, é aquele que, uma vez iniciada a execução, não se consuma por circunstâncias alheias à vontade do agente. A tentativa é a incompleta realização de um tipo objetivo doloso, sendo, portanto, incompatível com os delitos culposos. A regra prevista no art. 14, II, do CP configura norma de extensão temporal da figura típica. Através dela, possibilita-se a adequação típica mediata (ou indireta), uma vez que não existe um tipo próprio para a tentativa. Consequentemente, para o enquadramento do delito tentado, é fundamental conjugar-se o art. 14, II, do CP, com o respectivo tipo penal incriminador.

Exemplo: X, querendo matar, atira contra Y, não acertando, no entanto, acertado o alvo (tentativa branca). No caso, a subsunção do homicídio tentado dá-se pela conjugação do art. 121 com o art. 14, II, do CP.

Mas atenção! Excepcionalmente, nos crimes de atentado (ou de empreendimento), a adequação típica da tentativa ocorre de forma imediata (ou direta), sem que seja preciso recorrer à norma de extensão, por expressa previsão legal.

Exemplo: art. 352 do CP, que trata do crime de evasão mediante violência contra a pessoa:

> "Art. 352. <u>Evadir-se</u> ou <u>tentar evadir-se</u> o preso ou o indivíduo submetido a medida de segurança detentiva, usando de violência contra a pessoa:
> Pena - detenção, de três meses a um ano, além da pena correspondente à violência". (grifo nosso)

No delito em tela, a simples tentativa de fuga (desde que se empregue violência contra a pessoa) conduz à forma consumada, razão pela qual não se admite tentativa do crime do art. 352 do CP.

3.2. Requisitos:

Os requisitos da tentativa são:

3.2.1. Início de execução:

O art. 14, II, do CP exige, para efeito de configuração da tentativa, que o processo de execução tenha se iniciado, ocasião em que o Direito Penal passa a atribuir relevância penal ao comportamento realizado. Nota-se, então, quão importante é definir o que se entende por início de execução (item 3.3, *infra*).

3.2.2. Não consumação por circunstâncias alheias à vontade do agente:

Uma vez constatado o primeiro requisito (início de execução), é preciso verificar o que impediu que o tipo objetivo se completasse, isto é, que a consumação acontecesse. Nos termos do art. 14, II, do CP, tal motivo deve ser decorrente de circunstâncias alheias à vontade do agente.

E o que se entende por "circunstâncias alheias à vontade do agente"? Significa que a não produção do resultado deve emanar de fatores estranhos à vontade do agente, como por exemplo: intervenção policial, interferência de populares, fuga da vítima, problemas durante o emprego do instrumento do crime, etc.

Diante do disposto no art. 15 do CP, a análise do segundo requisito torna-se fundamental para bem delimitar a distinção entre tentativa e desistência voluntária/arrependimento eficaz[39]. Vejamos:

a) Há tentativa quando a não produção do resultado é decorrente de circunstâncias alheias à vontade do agente.

b) Há desistência voluntária ou arrependimento eficaz, conforme o caso, quando a não consumação decorre da própria vontade do agente.

3.3. Distinção entre ato preparatório e ato de execução:

Várias teorias foram elaboradas a respeito da diferença entre ato preparatório e ato de execução. Eis as principais:

3.3.1. Teoria objetivo-formal (teoria formal objetiva ou da ação típica):

A teoria objetivo-formal (BELING), extremamente ligada à teoria causalista da ação, considera deflagrado o processo de execução de uma

---

[39] Art. 15. O agente que, voluntariamente, desiste de prosseguir na execução ou impede que o resultado se produza, só responde pelos atos já praticados.

infração penal quando o agente inicia a prática do verbo típico. Antes disso, segundo a teoria em foco, há meros atos preparatórios.

Por exemplo, em se tratando de homicídio, o início de execução ocorre quando o agente inicia, literalmente, a ação de matar. Como é possível notar, trata-se de teoria que confere primazia ao princípio da legalidade penal, embora seja criticada por se apegar demais ao significado do verbo típico, impossibilitando o alcance de comportamentos que já configuram uma ofensa ao bem jurídico penalmente protegido, mas que ainda não caracterizam o início (literal) da ação.

Diante desse quadro, a rigorosa adoção da teoria objetivo-formal revela-se inconveniente, pois enfraquece a proteção de bens jurídico--penais. E, como vimos, uma das funções do Direito Penal é justamente protegê-los. Malgrado a crítica, pode-se afirmar que a teoria em questão fornece-nos um critério básico, verdadeiro ponto de partida, devendo ser complementada por outras.

3.3.2. Teoria objetivo-material (ou teoria da unidade natural):

Diferentemente da anterior, a teoria objetivo-material (FRANK) não se baseia no aspecto puramente gramatical do verbo do tipo. Por ser mais abrangente, considera, como ato de execução, o momento imediatamente relacionado ao início da ação prevista no modelo penal. A teoria objetivo-material assevera que há início de execução quando o agente inicia a conduta que conduz ao verbo típico.

3.3.3. Teoria do plano do autor (ou teoria objetiva individual):

Segundo a teoria do plano do autor (WELZEL), o início de execução abrange os atos que, de acordo com o plano do autor, mas suscetíveis de serem valorados por terceiros, são imediatamente anteriores ao início da execução da conduta típica (proximidade imediata). O que importa, então, é verificar como o autor concebeu o processo de realização do crime. Vale dizer: se o agente, de acordo com o planejamento levado a efeito por ele, entendia estar iniciando a execução do crime.

Exemplo: X, pretendendo provocar um aborto, coloca substância abortiva na bebida da gestante Y. Nesse caso, para a teoria do plano do autor, há início de execução, pois, para o agente, tal conduta é suficiente para provocar a interrupção da gravidez.

3.3.4. Teoria do perigo concreto para o bem jurídico:

Para a teoria do perigo concreto para o bem jurídico (MAYER), há início de execução quando a conduta do agente gera uma situação de perigo concreto para o bem jurídico. Atos preparatórios, ao contrário, são aqueles que não chegam a provocar algum risco para o bem tutelado.

3.4. Espécies:

3.4.1. Tentativa perfeita (tentativa acabada ou crime falho):

Na tentativa perfeita, o agente pratica todos os atos de execução possíveis, não conseguindo atingir a consumação por circunstâncias alheias à sua vontade. O processo executório não é interrompido.

Exemplo: X, pretendendo matar Y, efetua todos os disparos de arma de fogo possíveis. Acreditando que a vítima já estivesse morta, deixa o local. Em seguida, os integrantes de uma ambulância que passava pela cena do crime socorrem a vítima, evitando-lhe a morte.

3.4.2. Tentativa imperfeita (ou tentativa inacabada):

Na tentativa imperfeita, o agente, por circunstâncias alheias à sua vontade, não consegue realizar todos os atos executórios possíveis. O processo executório é, portanto, interrompido.

Exemplo: X, pretendendo matar Y, após ter efetuado o primeiro disparo, e quando estava na iminência de realizar o segundo, é obstado pela Polícia.

3.4.3. Tentativa branca (ou incruenta):

Ocorre quando o agente não consegue atingir o objeto material.

Exemplo: X, com dolo de matar, dispara contra Y, mas o projétil não o acerta.

3.4.4. Tentativa vermelha (ou cruenta):

Ocorre quando o agente consegue atingir o objeto material.

Exemplo: X, com dolo de matar, efetua disparos contra Y. Apesar de atingida, a vítima é salva pelos médicos.

3.5. Infrações penais que não admitem tentativa:

Malgrado a previsão contida no art. 14, II, do CP, algumas infrações penais, excepcionalmente, não admitem tentativa. Como a regra é a admissibilidade, é possível catalogar as que rejeitam o *conatus*, a saber:

3.5.1. Contravenção penal:

Tal impossibilidade decorre do disposto no art. 4º da LCP, segundo o qual não se pune a tentativa de contravenção penal, sendo mesmo uma questão de política criminal, por se tratar de uma infração penal de pequeníssima monta, chamada por HUNGRIA de "crime anão".

3.5.2. Crime culposo:

Como vimos no capítulo XIV, o delito culposo decorre da inobservância de um dever de cuidado (por imprudência, imperícia ou negligência), sendo, por isso, incompatível com a tentativa, que exige um atuar doloso. Assim, há duas possibilidades: ou a conduta culposa acarreta um resultado lesivo, havendo consumação, ou não o provoca, sendo impossível cogitar de tentativa.

3.5.3. Crime preterdoloso (ou preterintencional):

Crime preterdoloso é aquele que possui dolo na conduta e culpa no resultado agravador. Este, o resultado agravador, vai além do dolo do agente, sendo decorrente de sua imprudência, negligência ou imperícia. Como o resultado mais grave deve ser necessariamente de natureza culposa, o delito preterdoloso, por essa razão, também não se compatibiliza com a figura da tentativa.

Exemplo: lesão corporal seguida de morte (art. 129, § 3º, do CP), na qual a ocorrência do resultado agravador (no caso, sempre decorrente de culpa) é fundamental para a configuração da qualificadora. Se a vítima não morre, o agente responde somente por lesão corporal simples, grave ou gravíssima (art. 129, *caput*, §§ 1º ou 2º, do CP), conforme o caso.

3.5.4. Crime omissivo próprio:

Por uma questão de ordem física, não se admite tentativa de crime omissivo próprio, o qual se consuma com a simples abstenção do comportamento devido, independentemente de qualquer resultado. Logo, ou o agente realiza o que era devido, não praticando crime algum, ou se omite, incorrendo num delito omissivo próprio.

Exemplo: art. 319-A do CP, cuja conduta consiste em deixar o diretor de penitenciária e/ou agente público, de cumprir seu dever de vedar ao preso o acesso a aparelho telefônico, rádio ou similar, que permita a comunicação com outros presos ou com o ambiente externo.

3.5.5. Crime habitual:

Crime habitual é aquele que se caracteriza por exigir a prática reiterada e habitual de determinado comportamento. A doutrina dominante entende que não há possibilidade de existir tentativa de crime habitual, condicionado que está à reiteração de atos, os quais, considerados isoladamente, configuram indiferentes penais.

Exemplo: curandeirismo (art. 284 do CP[40]).

3.5.6. Crime unissubsistente:

Crime unissubsistente é aquele que se consuma com a realização de um único ato. A conduta delituosa, portanto, é indivisível, pois o *iter criminis* não admite fracionamento, razão da impossibilidade de haver tentativa.

Exemplo: injúria (art. 140, *caput*, do CP), quando cometida verbalmente. A exteriorização verbal da expressão ofensiva à honra subjetiva da vítima conduz à consumação. Portanto, ou o sujeito profere a injúria, incorrendo no crime, ou não o faz, não havendo crime algum.

3.5.7. Crime condicionado à produção de um resultado:

Em alguns casos excepcionais, o legislador condiciona a própria existência (e respectiva punição) do crime à produção de um resultado.

Exemplo: induzimento, instigação ou auxílio a suicídio[41] (art. 122 do CP). O tipo penal, após descrever as condutas incriminadas, estabelece duas escalas de pena: *a)* reclusão de 2 (dois) a 6 (seis) anos, se o suicídio se consuma, ou *b)* reclusão de 1(um) a 3 (três) anos, se da tentativa de suicídio resulta lesão corporal de natureza grave. Se a vítima, embora induzida, instigada ou auxiliada, não consegue dar fim à

---

[40] Art. 284. Exercer o curandeirismo:

I - prescrevendo, ministrando ou aplicando, habitualmente, qualquer substância;

II - usando gestos, palavras ou qualquer outro meio;

III - fazendo diagnósticos:

Pena - detenção, de seis meses a dois anos.

Parágrafo único - Se o crime é praticado mediante remuneração, o agente fica também sujeito à multa.

[41] Art. 122. Induzir ou instigar alguém a suicidar-se ou prestar-lhe auxílio para que o faça:

Pena - reclusão, de dois a seis anos, se o suicídio se consuma; ou reclusão, de um a três anos, se da tentativa de suicídio resulta lesão corporal de natureza grave.

Parágrafo único - A pena é duplicada:

I - se o crime é praticado por motivo egoístico;

II - se a vítima é menor ou tem diminuída, por qualquer causa, a capacidade de resistência.

própria vida, sofrendo, por exemplo, apenas uma lesão corporal leve, o resultado (morte ou lesão corporal grave) exigido pelo tipo penal não se produziu, não havendo como punir (por tentativa) aquele que a induziu, instigou ou auxiliou.

3.5.8. Crime de atentado (ou de empreendimento):

No crime de atentado, a simples tentativa ocasiona a consumação. Fisicamente, até se admite o *conatus*. No entanto, a lei penal equipara as duas figuras: tentativa e consumação. A pena abstratamente cominada é exatamente a mesma para os dois casos, sendo indiferente, para efeito de adequação típica imediata, que o agente tenha alcançado o que pretendia. São casos extremamente excepcionais, posto que a lei penal, de um modo geral, descreve comportamentos caracterizadores da forma consumada do delito. Assim, o art. 121 do CP descreve a figura consumada do homicídio (matar alguém). Não faz qualquer alusão à expressão "tentar matar alguém". A tentativa de homicídio configura-se pela conjugação do art. 121 com o art. 14, II, do CP. Nos crimes de atentado, tal situação não acontece, pois é o próprio tipo penal incriminador que abrange a figura da tentativa.

Exemplo: o art. 352 do CP prevê duas condutas típicas: evadir-se ou tentar evadir-se o preso ou pessoa submetida à medida de segurança detentiva usando de violência contra a pessoa. Outros exemplos são o art. 309 da Lei n°4.737/65 (Código Eleitoral) e o art. 3° da Lei n° 4.898/65 (Lei de Abuso de Autoridade).

Por oportuno, um segmento minoritário da doutrina assevera que os crimes de atentado são inconstitucionais, tendo em vista que a sanção penal, no plano abstrato, é a mesma para as formas consumada e tentada, o que, segundo tal concepção, viola o princípio da proporcionalidade das penas.

3.6. Punibilidade da tentativa no CP:

Assevera o art. 14, parágrafo único, do CP:

> *"Salvo disposição em contrário, pune-se a tentativa com a pena correspondente ao crime consumado, diminuída de um a dois terços".*

O crime tentado, de um modo geral, é sancionado com pena inferior à prevista para o delito consumado (teoria objetiva). Com efeito, o art. 14, parágrafo único, do CP funciona como causa geral de diminuição de pena, redução que deve obrigatoriamente incidir, segundo o disposto no art. 68 do CP[42].

E qual é o critério a ser empregado para efeito de diminuição da pena? Resposta: leva-se em consideração a maior ou menor aproximação da *meta optata*: quanto mais próximo da consumação estiver o agente, menor deve ser o *quantum* de diminuição; da mesma forma, quanto mais distante, maior a atenuação.

3.7. Teorias relativas à punibilidade da tentativa:

3.7.1. Teria objetiva:

A teoria objetiva justifica a punibilidade da tentativa pelo fato de a conduta do agente ter exposto a perigo um bem jurídico penalmente protegido. No entanto, preconiza que tal punição deve ser mais branda, tendo em vista que *"o perigo do resultado sempre importa um injusto menor que o da realização"* (ZAFFARONI e PIERANGELI, 2005, p. 28). É a teoria adotada pelo CP (art. 14, parágrafo único).

3.7.2. Teoria subjetiva:

A teoria subjetiva defende um critério diferente. Assevera que a tentativa sinaliza uma vontade contrária ao Direito Penal, motivo pelo qual deve ser punida da mesma forma que o crime consumado.

ZAFFARONI e PIERANGELI (2005, p. 29), criticando a teoria subjetiva, aduzem que:

> *"Esta teoria explica a punibilidade da tentativa inidônea, mas a equiparação a que conduz, entre a tentativa e o delito consumado – posto que em ambos a vontade criminosa é igual – leva a uma consequente equiparação das penas, ou pelo menos, a uma atenuação meramente facultativa da pena da tentativa".*

A partir de uma interpretação sistemática do CP brasileiro, em especial do seu art. 17, afirma a doutrina que a teoria subjetiva não foi acolhida por nós, uma vez que o referido dispositivo não prevê punição para o crime impossível. À luz do princípio da proporcionalidade das penas

---

[42] Art. 68. A pena-base será fixada atendendo-se ao critério do art. 59 deste Código; em seguida serão consideradas as circunstâncias atenuantes e agravantes; por último, as causas de diminuição e de aumento.

Parágrafo único. No concurso de causas de aumento ou de diminuição previstas na parte especial, pode o juiz limitar-se a um só aumento ou a uma só diminuição, prevalecendo, todavia, a causa que mais aumente ou diminua.

diz-se, ainda, que a teoria subjetiva seria inconstitucional, justamente por permitir que as formas tentada e consumada de um delito sejam apenadas da mesma maneira, sem a incidência de qualquer critério redutor.

3.8. Tentativa e dolo eventual:

A tentativa, como vimos, caracteriza-se pela incompleta realização do tipo objetivo doloso. Nada obstante, no que tange ao tipo subjetivo, nenhuma distinção há entre a tentativa e a consumação. A razão é simples: o dolo, em qualquer caso, é exatamente o mesmo. Portanto, não há um dolo para a tentativa e outro inerente ao crime consumado.

Por oportuno, admite-se tentativa com dolo eventual? Parte da doutrina rejeita tal possibilidade. Argumenta-se que o crime tentado não se consuma por circunstâncias alheias à vontade do agente. Este, portanto, deve atuar com vontade de consumar o delito, o que seria incompatível com o dolo eventual, no qual o sujeito apenas assume o risco de produzi-lo. Tal posição é adotada por GRECO (2012, p. 261).

Não concordamos como o ilustre autor, pois o art. 18, I, do CP equipara as duas espécies de dolo (direto e eventual). Logo, é possível cogitar de tentativa com dolo eventual. Obviamente, desde que o tipo penal o admita[43].

Exemplo: **X**, inicialmente com intenção de intimidar, resolve efetuar um disparo de arma de fogo contra a porta da residência **Y**. Quando se preparava para realizar o tiro, **Y** aparece na janela. **X**, mirando na porta, percebe a possibilidade de atingir a cabeça de **Y**, no que pensa: "não quero matá-lo, mas, se morrer, tudo bem". **Y**, apesar de ter sido atingido na cabeça, não falece. Para nós, **X** deve responder por tentativa de homicídio (com dolo eventual). Vale dizer: não queria o resultado, mas assumiu o risco de produzi-lo, devendo responder pelo *conatus*.

---

[43] Determinados tipos penais não fazem referência ao dolo eventual. É o caso, por exemplo, do art. 339 do CP (denunciação caluniosa), o qual exige que o sujeito ativo tenha plena ciência a respeito da inocência do sujeito passivo, o que inviabiliza pensar em dolo eventual.

Capítulo XIX

Desistência Voluntária e Arrependimento Eficaz

1. Considerações iniciais:

Dispõe o CP:

> "Art. 15. O agente que, voluntariamente, desiste de prosseguir na execução ou impede que o resultado se produza, só responde pelos atos já praticados".

O dispositivo prevê duas figuras jurídicas distintas, denominadas de desistência voluntária (1ª parte) e arrependimento eficaz (2ª parte), também chamadas de tentativa abandonada (ou qualificada). Ambas, como veremos, conduzem às mesmas consequências jurídicas.

De acordo com o art. 15 do CP, a desistência voluntária e o arrependimento eficaz demandam início de execução do delito. Trata-se, na visão de ZAFFARONI e PIERANGELI (2005, p. 97), de um pressuposto objetivo. Exige-se, ainda, que a não consumação decorra de ato voluntário do agente. A lei penal, por conta disso, estabelece um benefício para o sujeito, responsabilizando-o apenas pelos atos já praticados, afastando a incidência do crime tentado. Trata-se o art. 15 do CP, portanto, de um incentivo legal[44] estabelecido por questões de política criminal, de modo que o agente desista ou se arrependa.

---

[44] Outras teorias procuram explicar a essência desse dispositivo legal: STRATENWERTH (2005, p. 298) faz referência às seguintes: teoria da proteção da vítima; teoria do prêmio ou da graça (o objetivo seria recompensar o agente desistente); teoria dos fins da pena (ante a desistência do autor, a pena passaria a ser supérflua, ou seja, não teria qualquer finalidade preventiva ou retributiva).

2. Distinção e requisitos:

A desistência voluntária e o arrependimento eficaz são institutos que apresentam pontos de identidade e distinção. Vejamos:

a) **Ponto de identidade:** em ambos os casos, o agente ingressa na terceira fase do *iter criminis* (fase de execução). Da mesma forma, a consumação não é alcançada pela vontade do próprio agente.

b) **Ponto de distinção:** enquanto na desistência voluntária o sujeito interrompe o processo executório, no arrependimento eficaz a fase de execução é concluída. Disso resulta que a desistência voluntária ocorre sempre num contexto de tentativa inacabada (o agente não realiza todos os atos executórios necessários para a consumação), ao passo que o arrependimento eficaz acontece numa situação de tentativa acabada (o sujeito realiza todos os atos executórios necessários, mas não alcança a consumação).

Na desistência voluntária, o agente, após ter iniciado a fase de execução, abstém-se de nela prosseguir (requisito objetivo da desistência voluntária).

Exemplo: X pretende furtar objetos existentes na residência de Y. Já no interior da casa, desiste da empreitada e vai embora. Responde apenas por violação de domicílio (art. 150 do CP).

No arrependimento eficaz, exige-se um comportamento positivo por parte do agente (requisito objetivo do arrependimento eficaz).

Exemplo: X coloca veneno na bebida de Y. Após a ingestão da substância, o agente, para impedir a consumação, ministra-lhe o antídoto pertinente.

A nova conduta desenvolvida pelo arrependido, para ser considerada eficaz, deve efetivamente impedir a consumação. Assim, não há arrependimento eficaz na conduta daquele que, após ter atirado no tórax da vítima, limita-se a telefonar para a ambulância do Corpo de Bombeiros, relatando a localização da pessoa atingida. Ainda que o imediato socorro prestado pelos bombeiros militares tenha efetivamente impedido a morte da vítima, o simples chamamento telefônico, obviamente, não pode ser considerado suficiente para obstar o resultado, que somente não ocorreu pela intervenção estatal. O agente, no caso, deve responder por tentativa. A mesma ilação deve ser extraída quando se tratar de vítima que, após ter sido atingida, rejeita o socorro prestado pelo algoz, vindo a falecer. No caso, até houve arrependimento, mas ineficaz.

Discute-se se a desistência momentânea autoriza a incidência da regra prevista no art. 15 do CP. Para FRAGOSO (2006, p. 303):

> "<u>A desistência momentânea é irrelevante</u>. Assim, se o agente deixa de prosseguir aguardando ocasião mais oportuna ou o emprego de meio mais eficaz. Cumpre que a desistência seja definitiva". (grifo nosso)

CIRINO (2006, p. 396), por sua vez, entende que a desistência não precisa ser definitiva. Basta que seja concreta.

A voluntariedade, por sua vez, é o requisito subjetivo da desistência voluntária e do arrependimento eficaz. Nos termos do art. 15 do CP, é preciso que o ato do agente seja voluntário, não sendo necessário, no entanto, que seja espontâneo.

Exemplo: **X**, tendo em vista os conselhos recebidos de **Y**, voluntariamente desiste de prosseguir na execução do crime. No caso, incide o disposto no art. 15 do CP.

Mas o que se entende por ato voluntário do agente? Para explicar o significado da referida expressão, a doutrina (por todos, FRAGOSO, 2006, p. 303) costuma fazer referência à fórmula de FRANK, a saber: na desistência voluntária, o agente pensa o seguinte: posso prosseguir na execução e atingir a consumação, mas não quero; na tentativa, ao contrário, o sujeito pensa da seguinte forma: quero continuar na fase de execução e atingir a consumação, mas não posso. Em suma: posso, mas não quero (desistência voluntária); quero, mas não posso (tentativa).

Para ZAFFARONI e PIERANGELI (2005, p. 98/99) tal fórmula nem sempre soluciona corretamente a questão, motivo pelo qual apontam outro critério:

> "Da nossa parte, cremos que a desistência que deixa impune a tentativa, isto é, a 'voluntária', na terminologia legal, é a que não está fundada na representação de uma ação especial do sistema penal e não está coagida por terceiro.
> Por 'sistema penal' entendemos todo o complexo que pode conduzir à punição do fato, do qual não só participam os agentes de segurança e os funcionários públicos, mas, também, o sujeito passivo, os particulares, os órgãos de defesa, os aparelhos defensivos e tudo aquilo que possa servir para delatar a execução e levar a reprimi-la. (...)".

CIRINO (2006, p. 396) afirma que há voluntariedade quando o motivo que leva o agente a desistir é autônomo, ou seja, quando o autor é o dono da decisão. Tratando-se de motivo heterônomo, isto é, que impede obrigatoriamente o prosseguimento na execução, inexiste voluntariedade.

3. Natureza jurídica:

Paira controvérsia a respeito da natureza jurídica da desistência voluntária e do arrependimento eficaz. Vejamos as seguintes posições:

3.1. Causa de exclusão da adequação típica mediata:

DAMÁSIO (2012, p. 382) entende que a desistência voluntária e o arrependimento eficaz são causas de exclusão da adequação típica. Parte o ilustre autor da função desempenhada pelo art. 14, II, do CP dentro da teoria do delito: atuar como norma de extensão temporal. Segundo o referido autor, a adequação típica mediata, empreendida através do art. 14, II, do CP, requer dois requisitos essenciais: ***a)*** início de execução e ***b)*** não consumação por circunstância alheia à vontade do agente. Por conseguinte, a ausência de um deles inviabiliza a tentativa, eliminando a possibilidade de haver adequação típica indireta.

Exemplo: o art. 121, *caput*, do CP tipifica a ação de matar alguém. Descreve, portanto, a forma consumada do delito de homicídio, de modo que a configuração da tentativa exige o concurso da norma de extensão prevista no art. 14, II, do CP. Um dos requisitos da dita norma é que a não produção do resultado seja decorrente de circunstâncias alheias à vontade do agente. Logo, segundo DAMÁSIO (2012, p. 382), na hipótese em que o resultado é evitado pelo próprio sujeito ativo (por desistência voluntária ou arrependimento eficaz), a adequação típica (indireta) não se perfaz:

> *"(...) quando o crime não atinge o momento consumativo por força da vontade do agente, não incide a norma de extensão e, em consequência, os atos praticados <u>não são típicos em face do delito que pretendia cometer</u>".* (grifo nosso)

No mesmo sentido, QUEIROZ (2010, p. 278), BITENCOURT (2011, p. 475/476), FRAGOSO (2006, p. 302) e REALE JR. (2004, p. 299).

O principal argumento apresentado em contraposição à tese que soluciona a questão sob a ótica da tipicidade, exatamente o que faz o professor DAMÁSIO, funda-se na impossibilidade de se tornar atípica uma conduta que, antes, já era típica. É o argumento invocado por SILVA FRANCO (2007, p. 136/137):

"Tanto a desistência voluntária como o arrependimento eficaz pressupõem que o agente tenha dado início, em obediência a um plano precedentemente estabelecido, à execução de fato criminoso o qual, contudo, não alcançou a fase consumativa. Destarte, houve, tal como sucede com a tentativa punível, um começo de execução que se revela, sob o enfoque objetivo e subjetivo, como típico. É evidente, nessa situação, que a sustação voluntária do processo de execução do delito ou a realização voluntária, depois do exaurimento desse processo, de uma ação em contrário, no sentido de impedir a consumação, <u>não permitiriam tornar atípico o que, até então, tinha inequívoca conotação típica</u>". (grifo nosso)

3.2. Causa de extinção da punibilidade:

Para HUNGRIA, o Estado, diante da ocorrência da desistência voluntária ou do arrependimento eficaz, renuncia ao *jus puniendi* inerente ao crime tentado. Tratam-se, portanto, de causas de extinção da punibilidade.

ZAFFARONI e PIERANGELI (2005, p. 90), no mesmo sentido, aduzem:

"Na relação direta com a natureza da desistência e do arrependimento encontra-se o seu fundamento, vale dizer, a causa ou explicação do critério político-penal que explica a sua impunidade".

Concordando que a questão deve de ser resolvida no âmbito da teoria da pena, assevera REGIS PRADO (2005, p. 472) que a desistência voluntária e o arrependimento eficaz são causas pessoais de extinção da punibilidade, tendo em vista fundamentos de política criminal. Com idêntica opinião, DOTTI (2005, p. 351) e NUCCI (2010, p.191).

4. Consequência jurídica:

A consequência jurídica prevista na parte final do art. 15 do CP impede que o agente responda por tentativa, devendo responder somente pelos atos praticados. Assim, se o agente, ao percorrer a fase de execução do delito que pretendia realizar, mas do qual desistiu (ou se arrependeu eficazmente), vier a atingir o momento consumativo de outra infração penal, responderá por esta última.

Exemplo: X, com o intuito de subtrair bens móveis, ingressa clandestinamente na casa de Y. Posteriormente, desiste e vai embora, sem nada levar. X responde por violação de domicílio (art. 150 do CP).

Exemplo: X, pretendendo matar Y, desfere um disparo de arma de fogo contra a vítima, atingindo-a na perna. Em seguida, desiste e socorre a pessoa, levando-a ao hospital. Responde por lesão corporal leve, grave ou gravíssima, conforme o caso (art. 129, *caput*, §§ 1º ou 2º do CP).

5. Distinção entre desistência voluntária, arrependimento eficaz e tentativa:

As principais diferenças entre a desistência voluntária, o arrependimento eficaz e a tentativa são:

a) Na desistência voluntária e no arrependimento eficaz o crime não se consuma por ato voluntário do agente; na tentativa, por circunstâncias alheias à sua vontade.

b) Na desistência voluntária e no arrependimento eficaz o agente somente responde pelos atos já praticados; a tentativa é punida com a pena correspondente ao crime consumado, diminuída de um a dois terços (art. 14, parágrafo único, do CP).

c) Na tentativa a adequação típica mediata é realizada por meio da norma de extensão prevista no art. 14, II, do CP; na desistência voluntária e no arrependimento eficaz eventual adequação típica independe do concurso da referida norma de extensão.

6. Desistência voluntária, arrependimento eficaz e concurso de pessoas:

Nenhuma discussão importante é suscitada quando o autor e o partícipe desistem (ou se arrependem) e, consequentemente, impedem a produção do resultado. Ambos são alcançados pelo benefício previsto no art. 15 do CP. A questão passa a merecer análise acurada quando a desistência (ou o arrependimento) decorre de ato voluntário do autor ou do partícipe, especificamente.

6.1. Desistência voluntária ou arrependimento eficaz do autor:

Pode acontecer que somente o autor desista (ou se arrependa), surgindo a seguinte dúvida: o partícipe deve ser beneficiado pela desistência (ou pelo arrependimento) do autor? Vejamos os seguintes exemplos.

Desistência voluntária do autor: X, conscientemente, cede a corda com a qual Y planeja enforcar e matar Z. Y, o autor, coloca o instrumento no pescoço da vítima, inicia a tração, mas logo em seguida desiste de prosseguir na execução. X, o partícipe, deve ser beneficiado pela desistência voluntária de Y?

Arrependimento eficaz do autor: X, conscientemente, cede a corda com a qual Y planeja enforcar e matar Z. Y, o autor, coloca a corda no pescoço de Z e o empurra do alto de um vão livre, estando o instrumento devidamente ancorado. Quando Z estava na iminência de morrer asfixiado, Y se arrepende, corta a corda e lhe evita a morte. X, o partícipe, deve ser beneficiado pelo arrependimento eficaz de Y?

A solução para os dois exemplos anteriores depende da natureza jurídica conferida à desistência voluntária e ao arrependimento eficaz:

Solução preconizada pelo segmento doutrinário que afirma existir, no art. 15 do CP, causa de exclusão da adequação típica mediata: no caso, o benefício da desistência voluntária e do arrependimento eficaz do autor deve ser estendido ao partícipe. Quando do estudo do "concurso de pessoas", veremos que a contribuição dada pelo partícipe (aquele que concorre acessoriamente para a ação delituosa) ostenta natureza acessória, de modo que a conduta (principal) do autor é fundamental para que se possa cogitar da punibilidade do partícipe. Veremos, ainda, que tal punibilidade exige que a conduta do autor seja, ao menos, típica e ilícita (teoria da acessoriedade limitada). Por conseguinte, as causas de exclusão da adequação típica mediata do art. 15 do CP devem se estender ao partícipe. Logo, nos exemplos acima, autor e partícipe respondem somente pelos atos já praticados, nunca por tentativa.

Solução preconizada pelo segmento doutrinário que afirma existir, no art. 15 do CP, causa pessoal de extinção da punibilidade: na hipótese, a desistência voluntária e o arrependimento eficaz do autor, enquanto causas pessoais de extinção da punibilidade, não são estendidas ao partícipe. Por conseguinte, o disposto no art. 15 do CP alcança apenas o autor. O partícipe responde por tentativa.

6.2. Desistência voluntária ou arrependimento eficaz do partícipe:

Vejamos, agora, hipóteses em que o desistente/arrependido é o partícipe.

Desistência voluntária do partícipe: pedimos vênia para trazer à colação o exemplo apresentado por GRECO (2012, p. 443):

> *"Talvez pudéssemos pensar em desistência voluntária quando o partícipe tivesse se comprometido a emprestar a arma de fogo que seria usada no cometimento da infração penal, auxiliando-o materialmente, e antes que isso efetivamente acontecesse, ou seja, antes da entrega da arma ao autor, o partícipe desistisse da sua colaboração".*

Arrependimento eficaz do partícipe: raciocinando a partir do mesmo caso hipotético anterior, pergunta-se: e se a arma tivesse sido entregue, estando o autor prestes a usá-la para matar a vítima? O que deveria fazer o partícipe a fim de se beneficiar da regra do art. 15 do CP?

O exemplo em tela configura hipótese de participação material, que se verifica através de auxílio: a cessão da arma de fogo. Para obter o benefício legal, o partícipe arrependido deve retomar o instrumento do crime, evitando, assim, o seu emprego. Para tanto, pode se valer do próprio esforço ou da força policial.

Ocorre que a participação pode ser também de natureza moral, o que se dá por induzimento (quando se incute a ideia criminosa na mente do autor) ou por instigação (quando se reforça uma ideia criminosa já existente).

Em se tratando de participação moral, vejamos a solução apontada por GRECO (2012, p. 444) para o caso de haver arrependimento do partícipe:

> "Entendemos que se o partícipe houver induzido ou instigado o autor, incutindo-lhe a ideia criminosa ou reforçando-a a ponto de este sentir-se decidido pelo cometimento do delito, e vier a se arrepender, somente não será responsabilizado penalmente se conseguir fazer com que o autor não pratique a conduta criminosa. Caso contrário, ou seja, se não tiver sucesso na sua missão de evitar que o delito seja cometido, depois de ter induzido ou instigado inicialmente o autor, o seu arrependimento não será eficaz e, portanto, não afastará a sua responsabilidade penal como ato acessório ao praticado pelo autor".

A solução, com a devida vênia, não nos parece tão fácil. Entendemos que a conclusão de GRECO não pode ser a mesma para as duas formas de participação moral (induzimento ou instigação).

Explicamos o nosso raciocínio. No induzimento, como dito, o partícipe faz brotar a ideia criminosa na mente do autor. Significa dizer: o autor nunca havia pensado em praticar a infração penal. Assim, a conclusão levada a efeito por GRECO é absolutamente pertinente.

Na instigação, ao contrário, o autor já pensava em cometer o delito, recebendo um reforço, um estímulo do partícipe. Há, nesse caso, um somatório de forças: a ideia delituosa preexistente na mente do autor e o apoio recebido do partícipe. Assim, a nosso ver, é preciso detectar exatamente como atuou o partícipe após ter se arrependido.

Exemplo: X, desempregado, sem condição de quitar as despesas de casa, pede certa quantia em dinheiro a **Y**. Este, mesmo podendo, nega-lhe o empréstimo, dizendo, dolosamente, que **X** deveria resolver o problema de outra forma, roubando a agência bancária **H**. **X**, confessando já ter pensado na hipótese, agradece e decide tomar o rumo do crime. Logo em seguida, **Y**, arrependido por não ter cedido a verba solicitada, mantém novo contato com **X**, oferecendo-lhe toda a ajuda financeira necessária durante o período de desemprego. Informa-lhe, inclusive, ter feito um depósito na sua conta corrente. **X**, extremamente orgulhoso, diz: não quero mais o seu dinheiro! **Y** insiste, mas não consegue convencê-lo a não cometer o roubo. Preocupado, **Y** comunica o fato à agência bancária **H**, bem como à Polícia. Ainda assim, **X** consegue consumar o roubo. **Y** deve responder pelo crime? Entendemos que não.

É fato que a instigação libertou o espírito criminoso enclausurado em **X**. Ocorre que **Y**, logo em seguida, tentou desestimulá-lo, tendo-lhe avisado, inclusive, acerca do depósito. É certo, também, que **Y** não conseguiu convencê-lo, ou seja, o seu arrependimento não se revestiu de eficácia, o que, *a priori*, impede a incidência do art. 15 do CP. Tal eficácia, no entanto, somente não foi alcançada pelo fato de **X**, mesmo ciente da quantia depositada, ter resolvido cometer o roubo, como empreitada exclusivamente sua. Ora, a ação criminosa de **X** não pode mais ser considerada decorrente da falta de recursos, visto que o autor possuía verba suficiente para quitar as dívidas. A sua insistência em cometer o crime, mesmo diante do depósito efetuado, demonstra que a instigação inicial foi completamente anulada. O roubo passou a ser obra exclusiva do autor. Em casos assim, não há como desconsiderar todo o esforço realizado pelo partícipe para evitar a consumação. Logo, a aplicação do art. 15 do CP, a nosso ver, é pertinente.

Nesse sentido, CIRINO (2006, p. 400):

> *"(...) no caso de participação, caracterizada pela ausência de domínio do fato, a suspensão de pena só beneficia o partícipe que, voluntariamente, omite sua contribuição para o fato e demove o autor do propósito de realizá-lo, ou, alternativamente, impede a produção do resultado, gerando situação de tentativa inidônea ou falha; não há suspensão de pena se o partícipe não demove o autor do propósito de realizar o fato,* <u>*exceto na hipótese de sério esforço para evitar o resultado, desde que omita sua contribuição para o fato, de modo que o fato concreto apareça como obra exclusiva do autor*</u> *(...)".* (grifo nosso)

Capítulo XX

Arrependimento Posterior

1. Considerações iniciais:

Preceitua o CP:

> "Art. 16. Nos crimes cometidos sem violência ou grave ameaça à pessoa, reparado o dano ou restituída a coisa, até o recebimento da denúncia ou da queixa, por ato voluntário do agente, a pena será reduzida de um a dois terços".

O dispositivo em tela configura uma inovação introduzida pela Reforma Penal de 1984, estabelecida por meio da Lei nº 7.209, do mesmo ano, conforme item 15 da Exposição de Motivos da Nova Parte Geral do CP:

> "O Projeto mantém a obrigatoriedade de redução de pena, na tentativa (art. 14, parágrafo único), e cria a figura do arrependimento posterior à consumação do crime como causa igualmente obrigatória de redução de pena. Essa inovação constitui providência de Política Criminal e é instituída menos em favor do agente do crime do que da vítima. Objetiva-se, com ela, instituir um estímulo à reparação do dano, nos crimes cometidos 'sem violência ou grave ameaça à pessoa'".

Nota-se, pelo teor da Exposição, que a inserção do arrependimento posterior no CP decorre de razões de política criminal.

2. Natureza jurídica:

O arrependimento posterior é causa geral de diminuição de pena, aplicável, a princípio, a todos os delitos previstos na Parte Especial do CP e na legislação penal extravagante (art. 12 do CP), desde que presentes os requisitos legais exigidos. Pode ser aplicado a crimes dolosos e culposos, tentados e consumados, simples, privilegiados e qualificados, etc.

3. Requisitos:

3.1. Crime cometido sem violência ou grave ameaça à pessoa:

Em primeiro lugar, é preciso que o delito não tenha sido perpetrado mediante violência ou grave ameaça à pessoa. Por exemplo, furto, apropriação indébita, estelionato e receptação, dentre outros.

Parte da doutrina interpreta o termo "violência" como sinônimo de violência física (corporal ou real), ou seja, aquela em que há emprego de força física contra a vítima. Nessa linha de raciocínio, em se tratando de roubo próprio (art. 157, *caput*, 1ª parte, do CP), cometido com violência ou grave ameaça à pessoa, não se aplica a causa de diminuição de pena prevista no art. 16 do CP. No entanto, o mesmo crime, quando realizado com violência imprópria[45], admitiria, pelo menos em tese, a figura do arrependimento posterior.

3.2. Reparação do dano ou restituição da coisa:

É necessário, também, que haja reparação do dano ou restituição da coisa. Quanto a tal requisito, discute-se se a reparação/restituição deve ser integral ou parcial. A nosso ver, com base no princípio da razoabilidade, nada obsta que seja parcial. Desde que a vítima dê-se por satisfeita, não é razoável impedir a diminuição de pena. Obviamente, tal solução depende do *quantum* reparado: quanto mais próximo da integralidade estiver o agente, maior a possibilidade de se beneficiar da regra.

3.3. Voluntariedade:

Exige-se, ainda, que a reparação/restituição seja voluntária, ainda que não espontânea.

Exemplo: X, investigado como suposto autor de um crime de furto, é aconselhado pela autoridade policial (ou por algum familiar, amigo, etc.) a restituir a coisa subtraída, tendo em vista que todas as informações e evidências colhidas durante o inquérito policial apontam-lhe a autoria. X, consciente do benefício legal que poderá obter, decide

---

[45] Por violência imprópria entende-se o meio que, sendo distinto da violência real ou da grave ameaça, reduz a vítima à impossibilidade de resistência. Por exemplo, emprego de sonífero, hipnose, etc.

devolver a coisa furtada. Nesse caso, apesar de não ter havido espontaneidade, houve voluntariedade, o que basta para o presente requisito.

No entanto, se a recuperação da coisa decorrer, por exemplo, de apreensão levada a efeito pela autoridade policial (ou por seus agentes), não se caracteriza o arrependimento posterior.

3.4. Limite temporal:

A causa geral de diminuição de pena estabelecida pelo art. 16 do CP exige, ainda, um requisito de ordem temporal. A reparação/restituição deve ocorrer até o recebimento da denúncia (peça inicial da ação penal pública) ou da queixa-crime (peça inicial da ação penal privada).

Cumpre notar que a lei penal emprega o substantivo "recebimento". Consequentemente, desde que presentes os demais requisitos, o oferecimento da peça acusatória, pelo respectivo titular, não obsta o acesso ao benefício legal.

Ultrapassado o referido limite temporal, o agente não pode mais ser beneficiado pelo art. 16 do CP. Mas faz jus à circunstância atenuante genérica[46] prevista no art. 65, III, *b*, parte final, do CP, desde que tenha, antes do julgamento, reparado o dano.

4. Consequência jurídica:

Preenchidos todos os requisitos catalogados no art. 16 do CP, a pena deve ser reduzida de um a dois terços. Trata-se, portanto, de causa obrigatória de diminuição de pena.

5. Relevância da reparação do dano:

A previsão contida no art. 16 do CP não esgota todas as consequências decorrentes da reparação do dano em matéria penal. O ordenamento jurídico contempla outros casos em que a reparação do dano apresenta relevância jurídica, a saber:

---

[46] Art. 65. São circunstâncias que sempre atenuam a pena:

(...);

III - ter o agente:

(...).;

b) procurado, por sua espontânea vontade e com eficiência, logo após o crime, evitar-lhe ou minorar-lhe as consequências, ou ter, antes do julgamento, reparado o dano;

(...).

5.1. Reparação do dano no peculato culposo:

Conforme previsto no art. 312, § 3°, 1ª parte, do CP, regra aplicável somente ao peculato culposo, a reparação do dano, se precede a sentença penal condenatória irrecorrível, extingue a punibilidade, atuando o dispositivo, portanto, como causa de extinção do poder de punir do Estado (art. 107 do CP); se lhe é posterior, reduz de metade a pena imposta, figurando, no caso, como causa especial de diminuição de pena (art. 312, § 3°, 2ª parte, do CP).

5.2. Reparação do dano no peculato doloso:

No peculato doloso (art. 312, *caput*, e § 1°, do CP)[47] a reparação do dano, realizada antes do recebimento da denúncia, reduz de um a dois terços a pena imposta, sendo aplicável o art. 16 do CP, desde que preenchidos os requisitos legais. No entanto, a reparação do dano, quando realizada após o recebimento da denúncia, mas antes do julgamento, enseja apenas a circunstância atenuante genérica prevista no art. 65, III, *b*, parte final, do CP.

5.3. Reparação do dano na emissão dolosa de cheque sem fundos:

O crime de emissão dolosa de cheque sem fundos encontra-se previsto no art. 171, § 2°, VI, do CP, pressupondo, dentre outros aspectos, que o cheque emitido seja pertinente a uma conta corrente (em atividade) titularizada pelo próprio emitente. A reparação do dano causado pela emissão dolosa de cheque sem fundos, se ocorrer até o recebimento da denúncia, acarreta a extinção da punibilidade, conforme o disposto na súmula 554 do STF:

> *"O pagamento de cheque emitido sem previsão de fundos, após o recebimento da denúncia, não obsta ao prosseguimento da ação penal".*

---

[47] Art. 312. Apropriar-se o funcionário público de dinheiro, valor ou qualquer outro bem móvel, público ou particular, de que tem a posse em razão do cargo, ou desviá-lo, em proveito próprio ou alheio:

Pena - reclusão, de dois a doze anos, e multa.

§ 1º. Aplica-se a mesma pena, se o funcionário público, embora não tendo a posse do dinheiro, valor ou bem, o subtrai, ou concorre para que seja subtraído, em proveito próprio ou alheio, valendo-se de facilidade que lhe proporciona a qualidade de funcionário.

O texto da referida súmula deve ser interpretado em sentido contrário, de modo a extrair a seguinte conclusão: o pagamento do cheque antes do recebimento da denúncia impede o ajuizamento da ação penal, extinguindo, consequentemente, a punibilidade. Cabe registrar que a súmula 554 do STF é anterior à introdução do arrependimento posterior no atual art. 16 do CP, o que provoca debate a respeito da sua manutenção. Apesar da existência de alguma controvérsia, tal orientação continua aplicável.

Cumpre notar, ainda, que a súmula em questão guarda relação com o crime previsto no art. 171, § 2º, VI, do CP. Na hipótese em que o agente utiliza cheque sem fundos de terceiro, cheque falsificado ou cheque de conta inativa, o delito cometido é o do tipo fundamental (estelionato, art. 171, *caput*, do CP). Nesses casos, fica afastada a incidência da súmula 554, podendo incidir, no entanto, o art. 16 do CP, desde que preenchidos os requisitos legais.

5.4. Reparação do dano nas infrações penais de menor potencial ofensivo:

Em se tratando de infração de menor potencial ofensivo[48], a reparação do dano implica a renúncia ao direito de queixa ou de representação, conforme previsto no art. 74, parágrafo único, da Lei nº 9.099/95.

5.5. Reparação do dano para efeito de *sursis* penal:

No termos do art. 78, § 2º, do CP, a reparação do dano, salvo impossibilidade de fazê-lo, é exigida para efeito de obtenção da suspensão condicional da pena (*sursis* penal). Por sua vez, a regra do art. 81, II, do CP autoriza a revogação do *sursis*, caso o dano não seja reparado.

5.6. Reparação do dano para efeito de livramento condicional:

O art. 83, IV, do CP exige, para o fim de obtenção do livramento condicional, que haja reparação do dano, salvo impossibilidade de fazê-lo.

5.7. Reparação do dano para efeito de reabilitação:

De acordo com o art. 94, III, do CP, a reparação do dano é um dos requisitos necessários para o instituto da reabilitação.

---

[48] De acordo com o art. 61 da Lei nº 9.099/95, consideram-se infrações penais de menor potencial ofensivo, para os efeitos desta Lei, as contravenções penais e os crimes a que a lei comine pena máxima não superior a 2 (dois) anos, cumulada ou não com multa.

6. Comunicabilidade do arrependimento posterior:

O arrependimento posterior configura causa de diminuição de pena de natureza objetiva, motivo pelo qual a reparação, quando realizada por um dos agentes, estende-se aos demais. Assim, se quatro pessoas furtam coisa alheia móvel, o arrependimento de um dos concorrentes estende-se aos demais. Tal solução decorre, como afirmado, do caráter objetivo da causa geral de diminuição contida no art. 16 do CP, em conjugação com o disposto no art. 30 do CP.

Capítulo XXI

Crime Impossível

1. Considerações iniciais:

Prevê o CP:

> "Art. 17. Não se pune a tentativa quando, por ineficácia absoluta do meio ou por absoluta impropriedade do objeto, é impossível consumar-se o crime".

Trata o dispositivo do chamado crime impossível, figura que recebe outras denominações propostas pela doutrina e jurisprudência, tais como: tentativa impossível, tentativa inidônea, tentativa inadequada e quase crime.

Acentuamos, quando do estudo do *iter criminis*, que as fases da cogitação e da preparação são impuníveis. Da mesma forma, dissemos, na ocasião, que o ingresso do agente na terceira fase da trajetória do crime (execução) começa a desenhar a tentativa.

Nas hipóteses do art. 17 do CP, cumpre frisar, o agente cogita, prepara e inicia a execução daquilo que seria um fato delituoso. No entanto, por ineficácia absoluta do meio emprego ou por impropriedade absoluta do objeto material, a quarta fase (consumação) nunca será alcançada. O fato praticado pelo agente, então, não se reveste de tipicidade.

O crime impossível mantém estreita relação com uma das mais importantes funções do Direito Penal, a de proteção de bens jurídicos penalmente relevantes. Ora, se o bem jurídico inexiste (caso em que há absoluta impropriedade do objeto material) ou se o meio empregado é absolutamente ineficaz, não ostentando, assim, qualquer capacidade de lesão (ou perigo de lesão), não deve o Direito Penal atuar, ainda que se tenha pretendido realizar a conduta incriminada.

2. Espécies:

O art. 17 do CP elenca duas espécies de crime impossível:

a) Crime impossível por ineficácia absoluta do meio.

b) Crime impossível por impropriedade absoluta do objeto material.

A doutrina e a jurisprudência apontam, ainda, o denominado crime impossível por obra do agente provocador.

2.1. Crime impossível por ineficácia absoluta do meio:

Nessa espécie de crime impossível o problema que impede a consumação está relacionado à ineficácia do meio empregado para a prática do delito.

Exemplo: X pretende matar Y através de disparos de arma de fogo. Cogita, prepara e inicia a execução do que seria um homicídio. No entanto, emprega arma de fogo desmuniciada, inviabilizando a produção do resultado morte.

Cabe ressaltar que a regra do art. 17 do CP exige que a ineficácia do meio seja absoluta. O resultado, em nenhuma hipótese, seria alcançado através do meio empregado (arma desmuniciada, por exemplo). Tratando-se de arma de fogo que falha ao ser disparada, por estarem as munições envelhecidas pelo tempo, a ineficácia é meramente relativa. Vale dizer, podia ter havido disparo. O resultado morte era possível, e somente não aconteceu por circunstâncias alheias à vontade do agente. Cuida-se, portanto, de tentativa, não havendo crime impossível.

O emprego de equipamentos de segurança (câmeras de vigilância, dispositivos antifurto, trancas, etc.) em estabelecimentos comerciais, bancários, etc., ainda que sofisticados, não conduzem ao crime impossível, pois não impedem a consumação, já que a ineficácia é apenas relativa. Neste sentido, transcreve-se a ementa do HC nº 104.341, STF, Primeira Turma, relatoria do Min. Ricardo Lewandowski, julgado em 21.09.2010:

> "(...). I - A questão discutida neste habeas é saber se o constante monitoramento do agente pelo equipamento de vigilância eletrônico, com a posterior abordagem de um segurança da loja para impedir a consumação do crime, é suficiente para torná-lo impossível, nos termos do art. 17 do Código Penal. II - No caso sob exame, o meio empregado pelo paciente não foi absolutamente ineficaz, tanto que demandou a participação de um agente

de segurança para impedir a sua saída com os objetos furtados do estabelecimento comercial. III - <u>A existência de equipamentos de segurança apenas dificulta a ocorrência do crime, mas não o impede totalmente, a ponto de torná-lo impossível.</u> IV - A jurisprudência desta Suprema Corte, em outras oportunidades, afastou a tese de crime impossível pela só existência de sistema de vigilância instalado no estabelecimento comercial, visto que esses dispositivos apenas dificultam a ação dos agentes, sem impedi-la. V – Habeas corpus denegado". (grifo nosso)

Registre-se, por fim, que a ineficácia absoluta do meio deve ser avaliada diante de cada caso. Por exemplo, determinadas substâncias, completamente inofensivas para algumas pessoas, podem perfeitamente ocasionar a morte de outras. O açúcar, para o portador do diabetes, pode ser mesmo fatal. Assim, a análise da ineficácia do meio deve ser empreendida diante de cada situação.

2.2. Crime impossível por impropriedade absoluta do objeto material:

Diferentemente da espécie anterior, no crime impossível por impropriedade absoluta do objeto material o problema que inviabiliza a consumação é outro. Refere-se ao objeto material, isto é, à pessoa ou coisa sobre a qual recai a conduta do agente.

Exemplo: **X** pretende matar **Y** por meio de disparo de arma de fogo. Cogita, prepara e inicia a execução do que seria um homicídio. A arma de fogo encontrava-se devidamente municiada e apta a efetuar disparos, sendo meio eficaz. No entanto, a suposta vítima falecera momentos antes. Apesar de ter percorrido as fases da cogitação, preparação e execução, constata-se que a consumação era impossível de ser atingida, pois se tratava, na realidade, de um cadáver, absolutamente impróprio para o homicídio. Ainda que tenha agido com dolo de matar, revelando a intenção de descumprir a norma penal que proíbe tal comportamento, **X** não pode ser responsabilizado por tentativa de homicídio, tendo em vista a ausência da elementar "alguém". Trata-se, portanto, de fato atípico.

2.3. Crime impossível por obra do agente provocador (crime putativo por obra do agente provocador ou crime de ensaio ou de experiência):

Dá-se o crime impossível por obra do agente provocador quando o sujeito é induzido pela vítima, pela Polícia ou por terceiros a praticar um delito. No entanto, o provocador adota providências que impedem a consumação. O provocado, nesse caso, participa de uma "peça de teatro" montada pelo agente indutor. Tendo em vista a inviabilidade da consumação, a jurisprudência considera tal hipótese como espécie de crime impossível, tendo o STF editada a súmula 145:

> *"Não há crime, quando a preparação do flagrante pela polícia torna impossível a sua consumação".*

Embora o texto sumulado somente faça menção à Polícia, é pacífico na doutrina e na jurisprudência que a preparação do flagrante pelo particular conduz à mesma consequência prevista no art. 17 do CP, ou seja, à inexistência de crime por atipicidade.

Interessante questão surge quando, mesmo diante das providências tomadas pelo provocador, de modo a impedir a consumação, o provocado, concretamente, consegue alcançá-la. Nesse caso, o provocado responde pelo crime. Mas e o provocador? Também responde pela infração penal? O assunto admite controvérsia. Parte da doutrina entende que o provocador deve responder por crime culposo, desde que exista previsão legal. Outro segmento doutrinário, no entanto, defende uma responsabilização a título de dolo eventual. A crítica que se faz à última posição baseia-se no seguinte argumento: o provocador, para responder por dolo eventual, deve assumir o risco de produzir o resultado. Mas ele, na realidade, tem por objetivo evitar a consumação. Tanto que se coloca de sentinela a fim de surpreender o provocado em flagrante. Portanto, não assume o risco de produzir o resultado. Predomina, assim, que o provocador deve responder por crime culposo, desde que previsto em lei. Consequentemente, aquele que provoca um furto (e não o evita) não responde por crime algum, uma vez que o art. 155 do CP não admite a forma culposa.

3. Flagrante preparado (ou provocado), flagrante esperado e flagrante diferido:

Cumpre estabelecer a distinção entre os flagrantes preparado, esperado e diferido. No primeiro, a Polícia (ou o particular) provoca a ação delituosa, adotando as cautelas necessárias para evitar a *meta optata*. Nesse caso, conforme o disposto no art. 17 do CP e na súmula 145 do STF, não há crime, tratando-se de fato atípico, sendo o flagrante considerado ilegal, razão pela qual deve ser relaxado pela autoridade judiciária competente (art. 5º, LXV, da CRFB).

Diferentemente, no flagrante esperado a Polícia (ou o particular) não induz o agente ao cometimento da infração penal. Cumprindo exatamente o que a sociedade exige da instituição, a Polícia, ciente de que um crime está em vias de ser praticado, e de posse de informações obtidas através da atividade de inteligência, coloca seus agentes de prontidão a fim de surpreender o criminoso e prendê-lo em flagrante, o qual será perfeitamente válido.

Nos termos do art. 144, *caput*, da CRFB, a segurança pública caracteriza dever do Estado. Ao receber as informações, investigar e prender o infrator, a Polícia nada mais faz do que dar concreção à referida norma constitucional, cumprindo, ainda, o disposto no CPP:

> "Art. 301. Qualquer do povo poderá e a autoridade policial e seus agentes deverão prender quem quer que seja encontrado em flagrante delito".

Assim, com fundamento no art. 144, *caput*, da CRFB, c/c art. 301 do CPP, não há como sustentar a ilegalidade do flagrante esperado. Ao contrário, a medida é perfeitamente válida, pois, na hipótese, o agente não é instigado a cometer o crime. A nosso ver, flagrante esperado e flagrante provocado são figuras completamente distintas. A súmula 145 do STF somente encontra aplicação diante de uma provocação. Significa dizer que ao Estado (ou ao particular) não é permitido provocar a conduta criminosa a fim de efetuar a prisão do suposto criminoso. No entanto, a instituição policial não só pode, como deve, agir com inteligência para prevenir e reprimir o cometimento de infrações penais. Para tanto, pode se valer, inclusive, do flagrante esperado.

Em certos casos, e de acordo com os requisitos legais, pode a Polícia valer-se até do flagrante diferido, figura que não se confunde com os anteriores. O art. 53, II, da Lei nº 11.343/06, ao tratar do flagrante diferido, possibilita a não atuação policial sobre os portadores de drogas, seus precursores químicos ou outros produtos utilizados em sua produção, que se encontrem no território brasileiro, com a finalidade de identificar e responsabilizar maior número de integrantes de operações de tráfico e distribuição. No caso, a Polícia, mesmo constatando a existência de flagrante (art. 302 do CPP), retarda a prisão do agente envolvido. Desde que não ocorra qualquer instigação por parte do organismo policial, trata-se de procedimento absolutamente legal.

Exemplo: verificando que um carregamento de drogas ilícitas está sendo transportado para determinada região da cidade, a autoridade policial retarda a ação pertinente (abordagem do veículo, localização da droga, prisão em flagrante do transportador, etc.), com o fim de localizar e prender os demais integrantes do grupo criminoso. Nessa hipótese, o flagrante é válido. Além do art. 53, II, da Lei nº 11.343/06, o flagrante diferido também se encontra previsto na nova Lei do Crime Organizado (art. 3º, III, da Lei nº 12.850/13).

4. Teorias relativas à punibilidade do crime impossível:

4.1. Teoria sintomática:

Assevera a teoria sintomática que o sujeito que comete um crime impossível, mesmo não tendo logrado êxito em alcançar a consumação, deve ser punido, pois demonstra periculosidade.

4.2. Teoria subjetiva:

Para a teoria subjetiva, o sujeito de um crime impossível também deve ser punido, por ter revelado intenção de produzir o resultado.

4.3. Teoria objetiva:

Ao contrário das anteriores, a teoria objetiva preconiza que o sujeito de um crime impossível não deve ser punido, tendo em vista não ter havido perigo para o bem jurídico penalmente protegido. A teoria objetiva subdivide-se em:

4.3.1. Teoria objetiva pura:

A teoria objetiva pura afirma que o crime impossível não deve ser punido, ainda que a ineficácia do meio empregado e a impropriedade do objeto material sejam meramente relativas.

4.3.2. Teoria objetiva temperada:

Por sua vez, a teoria objetiva temperada preconiza a não punição do crime impossível, desde que a ineficácia do meio empregado e a impropriedade do objeto material sejam de natureza absoluta. Caso contrário, isto é, sendo de ordem relativa, o agente responde pelo crime. O art. 17 do CP adotou a teoria objetiva temperada.

5. Consequência jurídica:

O reconhecimento do crime impossível acarreta a atipicidade da conduta praticada. Logo, o fato não constitui infração penal. Assim, com fulcro no art. 386, III, do CPP, deve o sujeito ser absolvido. No entanto, pode ser responsabilizado por eventuais atos preparatórios, desde que configurem alguma infração penal autônoma.

Exemplo: X, pretendendo matar Y, ingressa clandestinamente na residência da suposta vítima, que falecera momentos antes. Deve o agente responder apenas por violação de domicílio, infração penal preparatória do que seria um homicídio.

Capítulo XXII

Antijuridicidade

1. Considerações iniciais:

Preceitua o CP:

> "Art. 23. Não há crime quando o agente pratica o fato:
> I - em estado de necessidade;
> II - em legítima defesa;
> III - em estrito cumprimento de dever legal ou no exercício regular de direito.
> Parágrafo único. O agente, em qualquer das hipóteses deste artigo, responderá pelo excesso doloso ou culposo".

2. Definição:

A atual Parte Geral do CP adota o termo "ilicitude"[49], embora seja frequente o emprego da palavra "antijuridicidade", que ASSIS TOLEDO (2001, p. 159), TELES (2004, p. 244) e CAPEZ (2012, p. 295) entendem impróprio. Neste trabalho, seguindo a doutrina e jurisprudência majoritárias (BIERRENBACH, 2009, p. 161; BITENCOURT, 2011, p. 145; QUEIROZ, 2010, p. 303; DAMÁSIO, 2012, p. 399; CIRINO, 2006, p. 217, dentre outros), usaremos, indistintamente, ambos os vocábulos.

---

[49] O tema é repleto de denominações. Além da expressão consagrada pelo CP brasileiro (exclusão de ilicitude), há na doutrina outras terminologias, tais como: excludentes de antijuridicidade, descriminantes reais, causas de justificação, excludentes da criminalidade, expressão esta contida no antigo art. 19 do CP de 1940, antes da Reforma Penal de 1984.

Conforme vimos (capítulo VIII, item 3), o conceito analítico de crime, segundo a visão predominante, engloba os seguintes caracteres: ***a)*** tipicidade, ***b)*** ilicitude (ou antijuridicidade) e ***c)*** culpabilidade.

Assim, estando o fato perfeitamente subsumido ao tipo, vale dizer, concretizado o juízo de adequação típica, cabe ao intérprete, em seguida, analisar a aplicabilidade de alguma norma penal permissiva, pois, segundo a teoria da *ratio cognoscendi*, a tipicidade funciona como um indício da ilicitude, indício que, no entanto, pode ser afastado pela interferência concreta de uma causa excludente da antijuridicidade (legítima defesa, estado de necessidade, estrito cumprimento de dever legal e exercício regular de direito).

A constatação de que o fato, além de típico, é também antijurídico dá ensejo ao denominado injusto penal, figura que congrega a tipicidade e a ilicitude. O injusto, nas palavras de CIRINO (2006, p. 218), é uma ação típica e antijurídica concreta.

Em suma, ilicitude (ou antijuridicidade) é a contradição existente entre um fato típico e a ordem jurídica, que lesa (ou expõe a perigo de lesão) um bem jurídico penalmente tutelado.

3. Teoria dos elementos negativos do tipo:

A teoria em destaque trata as causas excludentes da ilicitude como elementos negativos do tipo penal. Com efeito, a título de ilustração, o tipo penal do homicídio, segundo tal concepção, estaria redigido do seguinte modo:

> "Art. 121. Matar alguém, exceto em legítima defesa, estado de necessidade, estrito cumprimento de dever ou exercício regular de direito".

De acordo com essa teoria, a conduta daquele que mata alguém em legítima defesa, estado de necessidade, estrito cumprimento de dever legal ou exercício regular de direito é atípica, pois falta a referida elementar (de natureza negativa) do tipo penal incriminador.

Excetuando-se o exercício regular de direito, matar alguém em legítima defesa, estado de necessidade e estrito cumprimento de dever legal são situações perfeitamente factíveis. No entanto, de acordo com a doutrina amplamente majoritária, tais hipóteses não se resolvem no âmbito da tipicidade, mas no plano da antijuridicidade, razão pela qual a teoria dos elementos negativos do tipo tem sido rejeitada pela doutrina majoritária.

Ademais, a teoria dos elementos negativos do tipo não consegue se adequar a todos os tipos penais. Por exemplo, o crime de estupro, de acordo com a teoria em questão, teria a seguinte redação, absurda por sinal:

> "Art. 213. Constranger alguém, mediante violência ou grave ameaça, salvo em legítima defesa, estado de necessidade, estrito cumprimento de dever legal ou exercício regular de direito, a ter conjunção carnal ou a praticar ou permitir que com ele se pratique outro ato libidinoso".

Diante dessa redação hipotética, pergunta-se: como alguém poderia estuprar em legítima defesa, estado de necessidade, estrito cumprimento de dever legal ou exercício regular de direito? A resposta é óbvia: nunca!

Significa, então, que a teoria dos elementos negativos do tipo não se mostra apta a resolver todos os casos práticos, já que a tipicidade e a antijuridicidade são categorias dogmaticamente distintas, devendo ser analisadas em momentos próprios.

4. Antijuridicidade formal e antijuridicidade material:

Acerca da distinção entre antijuridicidade formal e antijuridicidade material, assevera BITENCOURT (2011, p. 348):

> "Essa distinção remonta a Von Liszt, para quem é _formalmente_ antijurídico todo comportamento humano que viola a norma penal, ao passo que é _substancialmente_ antijurídico o comportamento humano quando fere o interesse social tutelado pela própria norma". (grifo nosso)

Com efeito, antijuridicidade formal é a contradição entre a conduta (típica) e a ordem jurídica. Antijuridicidade material, por sua vez, é a lesão (ou perigo de lesão) a um bem jurídico penalmente tutelado. Ressalte-se, no entanto, que tal distinção, para um segmento da doutrina, é completamente desnecessária (BIERRENBACH, 2009, p. 162).

5. Causas excludentes da antijuridicidade:

5.1. Causas legais:

As causas legais excludentes da antijuridicidade estão previstas, basicamente, na Parte Geral do CP (arts. 23, 24 e 25), sendo as seguintes: *a)* estado de necessidade, *b)* legítima defesa, *c)* estrito cumprimento de dever legal e *d)* exercício regular de direito.

Mas os referidos dispositivos penais não esgotam as causas de justificação legalmente previstas. Outros, como o art. 124, I, do CP, regra que permite o aborto necessário, e que configura estado de necessidade em favor da gestante, também possuem a mesma natureza jurídica.

5.2. Consentimento do ofendido como causa supralegal:

Nada obstante a existência das aludidas causas legais, reconhece-se que a capacidade de previsão do legislador é limitada, razão pela qual a doutrina admite a chamada causa supralegal. Um dos argumentos adotados é que as causas de exclusão da antijuridicidade, enquanto normas permissivas, não estão subordinadas ao princípio da legalidade penal (art. 5º, XXXIX, da CRFB, e art. 1º do CP), que somente encontra aplicação quanto às normas penais incriminadoras. Admite-se, portanto, o emprego da analogia *in bonam partem*.

O consentimento do ofendido, dependendo da hipótese, pode afastar a ilicitude, funcionando como causa supralegal. Para tanto, são necessários os seguintes requisitos: *a)* o ofendido deve consentir quanto à lesão do bem jurídico, *b)* o ofendido deve ser capaz, *c)* o bem jurídico deve ser disponível, *d)* o consentimento deve ser livre, *e)* o consentimento deve perdurar por toda a ação e *f)* o agente deve agir no limite do consentimento do ofendido, conhecendo tal circunstância.

Exemplo: X, encanador, contando com o consentimento de Y, e objetivando consertar um vazamento hidráulico, destrói parcialmente uma das paredes da residência. No caso, o consentimento do proprietário, presentes os requisitos anteriores, afasta a existência de crime de dano (art. 163 do CP).

Cumpre registrar, por oportuno, que o consentimento do ofendido pode funcionar, ainda, como causa de exclusão da tipicidade. Para tanto, é preciso que o dissenso do titular do bem jurídico seja elementar do tipo penal, exatamente o que ocorre nos crimes de violação de domicílio[50] e estupro[51]. Em ambos os casos, o não consentimento do ofendido integra o tipo penal, de forma que eventual concordância do morador quanto à entrada (ou permanência) de alguém no seu domicílio, bem

---

[50] Prevê o art. 150 do CP: entrar ou permanecer, clandestina ou astuciosamente, ou contra a vontade expressa ou tácita de quem de direito, em casa alheia ou em suas dependências.

[51] Prevê o art. 213 do CP: constranger alguém, mediante violência ou grave ameaça, a ter conjunção carnal ou a praticar ou permitir que com ele se pratique outro ato libidinoso.

como o consentimento do indivíduo em relação à conjunção carnal (ou ao ato libidinoso) acarreta a atipicidade da conduta realizada.

6. Requisitos:

Os requisitos exigidos para a caracterização das causas de justificação podem ser:

6.1. Requisitos objetivos:

Os requisitos objetivos de cada uma das causas excludentes da ilicitude devem ser extraídos dos respectivos dispositivos penais. Por exemplo, o art. 25 do CP, ao tratar da legítima defesa, exige, dentre outros requisitos, que a ação seja destinada a repelir uma injusta agressão, atual ou iminente.

6.2. Requisito subjetivo:

Ao estudarmos o tema "tipicidade" (capítulo XII, item 6.1), vimos que o tipo penal comporta dois aspectos: objetivo e subjetivo. No campo da antijuridicidade não é diferente. Com efeito, a caracterização de uma de suas causas de exclusão requer, além dos requisitos objetivos, a consciência, por parte do agente, de estar atuando sob o amparo de uma justificante. Assim, aquele que alega legítima defesa deve estar ciente de que repele uma injusta agressão, a direito próprio ou alheio.

7. Estado de necessidade:

Preceitua o CP:

> "Art. 24. Considera-se em estado de necessidade quem pratica o fato para salvar de perigo atual, que não provocou por sua vontade, nem podia de outro modo evitar, direito próprio ou alheio, cujo sacrifício, nas circunstâncias, não era razoável exigir-se.
> § 1º. Não pode alegar estado de necessidade quem tinha o dever legal de enfrentar o perigo.
> § 2º. Embora seja razoável exigir-se o sacrifício do direito ameaçado, a pena poderá ser reduzida de um a dois terços".

7.1. Definição e natureza jurídica:

O estado de necessidade configura causa de exclusão da antijuridicidade. Trata-se de um conflito envolvendo dois ou mais bens jurídicos postos em perigo, sendo razoável que um deles pereça para que o(s) outro(s) seja(m) preservado(s).

7.2. Requisitos objetivos:

7.2.1. Perigo atual:

A existência de uma situação atual de perigo é o primeiro requisito objetivo exigido pelo art. 24 do CP. O perigo, ou seja, a probabilidade de dano a um bem jurídico tutelado, pode ser decorrente de conduta humana, ataque de animal, caso fortuito, etc.

Parte da doutrina, apegando-se à letra da lei, ensina que o perigo deve ser atual (TELES, 2004, p. 252). Outro segmento afirma que o perigo iminente também autoriza a configuração do estado de necessidade, aplicando-se o raciocínio inerente à analogia *in bonam partem* (ESTEFAM, 2012, p. 272). É o que pensa, por exemplo, GRECO (2012, p. 318):

> "Entendemos que a razão se encontra com a maioria dos autores, que concluem que na expressão 'perigo atual' também está incluído o perigo iminente".

O perigo passado, futuro, remoto ou imaginário não justifica a conduta do agente à luz do art. 24 do CP.

7.2.2. Ameaça a direito próprio ou alheio:

O bem jurídico ameaçado pode ser próprio ou alheio. Admite-se, portanto, estado de necessidade próprio ou em favor de terceiro. Tratando-se de bem jurídico indisponível (a vida humana, por exemplo), o estado de necessidade em favor de terceiro independe de concordância do seu titular. No entanto, em se tratando de bem jurídico disponível, o estado de necessidade somente se configura se houver aquiescência do respectivo titular.

Exemplo: X e Y estão na iminência de despencar do alto de uma montanha, uma vez que a corda usada na escalada está prestes a partir. Z pode agir em favor de X ou de Y, independentemente da concordância de um ou de outro. No presente caso, imaginemos que X, não concordando em ser salvo, ordenasse o salvamento de Y. Ignorando tal pedido, Z mata Y, e salva X. Z pode alegar estado de necessidade, tendo em vista que se trata de bem jurídico indisponível (vida humana).

7.2.3. Inevitabilidade do sacrifício:

O sacrifício do bem jurídico deve ser inevitável, requisito que pode ser extraído a partir da expressão "nem podia de outro meio evitar", constante do art. 24, *caput*, do CP. Deve, portanto, ser a última medida, o único modo de salvar o bem da situação periclitante. Assim, é necessário que o agente não disponha de outro meio, a não ser praticando o comportamento lesivo.

7.2.4. Inexigibilidade do sacrifício do bem ameaçado:

A análise do presente requisito requer uma ponderação dos bens jurídicos ameaçados pela situação de perigo.

Exemplo: X, para escapar ileso de um incêndio, destrói a porta de um prédio alheio. No caso, não se pode exigir que X sacrifique a própria vida ou integridade física (bens jurídicos de maior valor) em prol do patrimônio de outrem (bem jurídico de menor valor).

7.2.5. Perigo não provocado pela vontade do agente:

Conforme prevê o art. 24, *caput*, do CP, a situação de perigo não pode ter sido provocada pela vontade do sujeito. Em relação a tal requisito, há duas posições:

a) A doutrina majoritária, interpretando a expressão "que não provocou por sua vontade", contida no art. 24, *caput*, do CP, preconiza que somente o perigo causado dolosamente pelo agente impede a alegação de estado de necessidade. A referida expressão, portanto, é sinônima de dolo.

Exemplo: X, em virtude de uma manobra imprudente, provoca o afundamento de uma embarcação. X, por não saber nadar, e sem qualquer alternativa, mata Y para ficar com o colete salva-vidas. Como não provocou a situação perigosa por sua vontade, X pode alegar estado de necessidade.

b) Para a corrente minoritária, o perigo causado dolosa ou culposamente impede que o causador invoque o estado de necessidade, tendo em vista o seguinte argumento principal: o provocador do risco passa à condição de agente garantidor, devendo agir para impedir o resultado (art. 13, § 2º, *c*, do CP). Logo, não faz juz ao art. 24 do CP.

7.2.6. Inexistência de dever legal de enfrentar o perigo:

Não pode alegar estado de necessidade quem tem o dever legal de enfrentar o perigo. É o que está dito no art. 24, § 1º, do CP, regra que nos parece extremamente lógica. É o caso, por exemplo, dos policiais, bombeiros militares, médicos, etc.

Exemplo: o bombeiro militar, legalmente treinado para combater incêndio, não pode deixar de agir para salvar uma pessoa sob a alegação de que havia perigo para a sua própria integridade física. Da mesma forma, não pode, a fim de salvar a si mesmo, sacrificar a vida de terceiro.

Mas atenção! Não se exige do bombeiro militar um enfrentamento inútil da situação periclitante, pois a regra prevista no art. 24, § 1º, do CP não impõe qualquer heroísmo despropositado.

7.3. Requisito subjetivo:

A configuração do estado de necessidade não exige apenas requisitos objetivos. É preciso, ainda, que o agente tenha conhecimento de que se encontra atuando sob o manto da excludente, isto é, de que atua para salvar o bem jurídico ameaçado, ilação que se extrai da expressão "para salvar de perigo atual". Havendo erro (falsa percepção da realidade) quanto à situação periclitante, ou seja, se o sujeito imagina estar diante um perigo inexistente, o caso deve ser solucionado pelo art. 20, § 1º, do CP (estado de necessidade putativo), e não pelo art. 24 do CP (estado de necessidade real).

7.4. Teorias referentes à natureza jurídica do estado de necessidade:

Duas teorias procuram explicar a natureza jurídica do estado de necessidade, a saber:

7.4.1. Teoria unitária:

Preconiza a teoria unitária que o estado de necessidade atua sempre como causa excludente da ilicitude, sendo chamado, portanto, de estado de necessidade justificante. É a teoria adotada pelo art. 24 do CP.

7.4.2. Teoria diferenciadora:

A teoria diferenciadora, considerando os valores dos bens jurídicos envolvidos, bem como o critério da ponderação, trata do estado de necessidade sob dois enfoques, a saber:

a) Como causa excludente da ilicitude (estado de necessidade justificante): quando o valor do bem jurídico salvo é **superior** ao do bem sacrificado.

b) Como causa excludente da culpabilidade (estado de necessidade exculpante): quando o valor do bem jurídico salvo é **igual** ou **inferior** ao do bem sacrificado.

A teoria diferenciadora foi adotada pelo CP alemão, bem como pelo Código Penal Militar brasileiro, cujos arts. 39 e 43 tratam, respectivamente, do estado de necessidade exculpante (causa excludente da culpabilidade) e do estado de necessidade justificante (causa excludente da antijuridicidade):

> "Art. 39. Não é igualmente culpado quem, para proteger direito próprio ou de pessoa a quem está ligado por estreitas relações de parentesco ou afeição, contra perigo certo e atual, que não provocou, nem podia de outro modo evitar, sacrifica direito alheio, <u>ainda quando superior</u> ao direito protegido, <u>desde que não lhe era razoavelmente exigível conduta diversa</u>". (grifo nosso)

> "Art. 43. Considera-se em estado de necessidade quem pratica o fato para preservar direito seu ou alheio, de perigo certo e atual, que não provocou, nem podia de outro modo evitar, <u>desde que o mal causado, por sua natureza e importância, é consideravelmente inferior ao mal evitado</u>, e o agente não era legalmente obrigado a arrostar o perigo". (grifo nosso)

Ainda que o CP comum não tenha acolhido a distinção prevista no Direito Penal Militar, a doutrina reconhece e admite o estado de necessidade exculpante como causa supralegal de exclusão da culpabilidade.

Exemplo: X, pai do menino Y, a fim de salvar a vida do filho, e sem qualquer outra possibilidade, mata duas pessoas. X não pode alegar estado de necessidade justificante (art. 24 do CP). A razão é simples: para o ordenamento jurídico não é razoável que duas vidas humanas sejam ceifadas para que uma seja preservada. Portanto, a conduta do pai é ilícita. Contudo, com amparo no Direito Comparado e na distinção levada a efeito pelo CPM, não há como exigir do pai que deixe o próprio filho morrer. Incide, no caso, uma causa supralegal excludente da culpabilidade: o estado de necessidade exculpante.

7.5. Espécies de estado de necessidade:

7.5.1. Estado de necessidade real:

Ocorre quando a situação de perigo existe na realidade. Está previsto nos arts. 23, I, e 24 do CP, figurando como causa de exclusão da ilicitude.

7.5.2. Estado de necessidade putativo:

Ocorre quando a situação de perigo não existe na realidade. O agente, por uma falsa percepção, supõe estar diante de uma situação de perigo. O estado de necessidade putativo encontra previsão no art. 20, § 1º, 1ª parte, ou no art. 21 do CP, conforme o caso.

7.5.3. Estado de necessidade próprio:
Ocorre quando o sujeito defende bem jurídico próprio.

7.5.4. Estado de necessidade de terceiro:
Dá-se quando o sujeito defende bem jurídico alheio.

7.5.5. Estado de necessidade agressivo:
Acontece quando o sujeito age contra bem jurídico de terceiro inocente, ou seja, não causador da situação perigosa.

Exemplo: durante um naufrágio, X mata Y para ficar com o colete salva-vidas, sendo que nenhum dos dois provocou o sinistro.

7.5.6. Estado de necessidade defensivo:
Ocorre quando o sujeito age contra bem jurídico daquele que causou (ou contribuiu) para a produção da situação perigosa.

Exemplo: durante um naufrágio, X mata Y para ficar com o colete salva-vidas, sendo este o causador do sinistro.

7.6. Estado de necessidade na Parte Especial do CP:
A Parte Geral do CP não esgota as hipóteses de estado de necessidade. Ao lado do art. 24 do CP, há diversos dispositivos que possuem a mesma natureza jurídica:

a) **Art. 128, I, do CP:**

Tal regra autoriza o aborto (necessário ou terapêutico), a ser realizado por médico, quando não houver outro meio de salvar a vida da gestante.

b) **Art. 146, § 3º, I, do CP:**

A norma em tela permite a intervenção médica ou cirúrgica, sem o consentimento do paciente ou de seu representante legal, quando justificada por iminente perigo de vida, não havendo crime de constrangimento ilegal.

c) **Art. 150, § 3º, do CP:**

O presente dispositivo autoriza a violação de domicílio quando algum crime estiver sendo praticado ou na iminência de o ser.

8. Legítima defesa:

8.1. Considerações iniciais:
Estabelece o CP:

> *"Art. 25. Entende-se em legítima defesa quem, usando moderadamente dos meios necessários, repele injusta agressão, atual ou iminente, a direito seu ou de outrem".*

8.2. Definição:

Trata-se de causa excludente da ilicitude através da qual o Estado permite, em caso excepcional, e desde que presentes os requisitos necessários, o exercício da autodefesa.

Ciente de que não é dotado de onipresença, o ente estatal autoriza o indivíduo a se proteger de agressões injustas, bem como a proteger terceiros injustamente agredidos.

8.3. Requisitos objetivos:

8.3.1. Agressão injusta:

O primeiro requisito exige que a legítima defesa seja destinada a repelir uma injusta agressão. Por injusta agressão entende-se aquela que não se respalda em nenhuma regra jurídica. A agressão a ser repelida deve ser praticada por um ser humano. Portanto, o ataque de um animal feroz não autoriza a legítima defesa, pois o irracional, obviamente, não tem possibilidade de aferir a justiça (ou injustiça) do seu ataque. No caso, pode ser invocado o estado de necessidade.

8.3.2. Agressão atual ou iminente:

Agressão atual é a que está ocorrendo; agressão iminente é a que está prestes a acontecer. A iminência da agressão configura-se quando o bem jurídico agredido já se encontra em perigo, justificando, assim, o emprego da legítima defesa.

Agressão passada e agressão futura não autorizam a excludente em questão. WILLIAM DOUGLAS (1995, p. 3/4), invocando conceitos do Direito Civil (condição e termo), entende que a agressão futura e certa permite a legítima defesa preventiva, preordenada ou antecipada.

Exemplo: X ameaça matar Y. Ambos estão presos na mesma cela. X é conhecido por cumprir as ameaças de morte, o que se dá sempre ao amanhecer. Y, ciente desse histórico criminoso, e aproveitando que X adormecera, mata o algoz.

A tese, embora bem construída, esbarra no que dispõe o art. 25 do CP, que exige seja a agressão atual ou iminente. Portanto, o caso ventilado por WILLIAM DOUGLAS não pode ser solucionado através da legítima defesa, tendo em vista que um dos requisitos exigidos é a agressão injusta, atual ou iminente.

A nosso ver, a presente questão deve ser resolvida no campo da culpabilidade, posição adotada por GRECO (2012, p. 344), para quem é cabível alegar inexigibilidade de conduta diversa (causa supralegal excludente da culpabilidade).

8.3.3. Direito próprio ou alheio:

A legítima defesa serve para resguardar direito próprio (legítima defesa própria) ou de terceiro (legítima defesa de terceiro).

8.3.4. Meio necessário:

O agente deve empregar o meio necessário para repelir a injusta agressão sofrida por ele ou por terceiro. Há que se considerar o meio disponível no momento. Não há fórmula matemática para aferi-lo. Cada caso exige uma análise bem particular. Pode ser que uma arma de fogo, meio altamente lesivo, seja efetivamente necessária, ainda que o agressor não esteja armado. Pode ser, por exemplo, que a agressão parta de um grande lutador de artes marciais, cuja técnica pode ser utilizada para matar com extrema facilidade. Imaginemos, então, que **X**, injustamente, esteja na iminência de ser estrangulado por **Y**, campeão mundial do UFC. Pode se defender através de uma arma de fogo? A resposta é positiva.

O uso de meio desnecessário conduz ao excesso intensivo (CIRINO, 2006, p. 239).

8.3.5. Uso moderado:

O meio necessário deve ser empregado dentro dos limites do razoável para conter a agressão. Significa dizer que, cessada a agressão, deve imediatamente cessar a reação. A falta de moderação quando do emprego do meio necessário dá margem ao excesso extensivo (CIRINO, 2006, p. 239).

8.4. Requisito subjetivo:

A legítima defesa não requer apenas o preenchimento dos requisitos objetivos elencados. O agente deve, ainda, ter conhecimento de que se encontra atuando sob o manto da excludente, isto é, que repele uma agressão injusta, atual ou iminente, a direito seu ou de outrem.

8.5. Desnecessidade de *commodus discessus*:

A legítima defesa não exige o *commodus discessus*, ou seja, que o agente que se defende, ao invés de levar a cabo a defesa, opte pela fuga.

Exemplo: X, injustamente agredido por **Y**, mesmo tendo possibilidade de empreender fuga, opta por avançar e repelir a agressão sofrida.

Ao revidar, **X** fere **Y**. Nota-se que a lesão era evitável pela fuga, o que, no entanto, não impede a legítima defesa. De acordo com o art. 25 do CP, a possibilidade de fuga em nada interfere na configuração da excludente.

Mas atenção! A solução seria diferente se a questão narrasse uma hipótese de estado de necessidade, pois, como se sabe, a inevitabilidade do sacrifício do bem jurídico é um dos requisitos objetivos mencionados no art. 24 do CP.

Nada obstante, em se tratando de agressão injusta praticada por inimputável (doente mental, por exemplo), entendemos, de um modo geral, que o agressor deve optar pela fuga, desde que seja possível.

8.6. Espécies de legítima defesa:

8.6.1. Legítima defesa real:

Legítima defesa real é aquela que ocorre na realidade, não existindo apenas na imaginação do agente. Está prevista no art. 23, II, c/c art. 25 do CP, tendo a natureza de causa de exclusão da ilicitude.

8.6.2. Legítima defesa putativa:

Na legítima defesa putativa o agente, por uma falsa percepção da realidade (erro), supõe que está sendo injustamente agredido. Encontra-se prevista no art. 20, § 1º, ou no art. 21 do CP, conforme o caso.

8.6.3. Legítima defesa própria:

Quando o agente defende direito próprio.

8.6.4. Legítima defesa de terceiro:

Quando o agente defende direito alheio. No caso, tratando-se de bem jurídico disponível, não é possível agir contra a vontade expressa do titular.

Exemplo: **X**, proprietário de um valioso veículo, pede que **Y** o destrua. Tratando-se de bem jurídico disponível (patrimônio), e tendo em vista a autorização dada por **X**, **Z** não pode agir em legítima defesa do patrimônio de terceiro.

Diferentemente, tratando-se de bem jurídico indisponível, cabe legítima defesa de terceiro, ainda que contra a vontade do respectivo titular.

Exemplo: **X** pede que **Y** ampute seu braço. Tratando-se de bem jurídico indisponível (integridade física), **Z** pode agir em defesa de **X**, mesmo contra a sua vontade.

8.6.5. Legítima defesa sucessiva:

Legítima defesa sucessiva é a repulsa contra o excesso (doloso ou culposo) cometido por aquele que, inicialmente, encontrava-se na condição de agredido.

Exemplo: X é injustamente agredido por Y, o que se dá por meio de disparos de arma de fogo. Ao reagir, X, um exímio atirador, consegue cessar a injusta agressão com apenas um tiro. Mas ele prossegue, agora com o propósito de executar sumariamente o seu algoz. A conduta de X, antes lícita, não se encontra mais coberta pela legítima defesa, sendo, portanto, injusta. Nesse caso, o agredido inicial (X) passa à condição de agressor, dando margem à legítima defesa sucessiva por parte de Y.

8.7. Hipóteses diversas:

8.7.1. Legítima defesa contra agressão injusta de inimputável:

A legítima defesa contra agressão injusta de inimputável (menor de 18 anos, por exemplo), desde que presentes os requisitos elencados no art. 25 do CP, é juridicamente cabível, pois se trata de agressão injusta.

8.7.2. Legítima defesa real contra legítima defesa putativa:

Admite-se legítima defesa real contra legítima defesa putativa. E a razão é simples: a agressão praticada por aquele que supõe estar em legítima defesa é injusta. Assim, pode o agredido repeli-la por meio da legítima defesa real.

Exemplo: X confunde Y com Z, seu verdadeiro desafeto. Supondo estar sendo injustamente agredido, tendo em vista um movimento brusco realizado por Y, X atira contra o suposto algoz. Y, que na realidade é um policial, saca de sua arma de fogo e fere X. Posteriormente, constata-se que tudo não passou de um equívoco. No presente caso, Y pode alegar legítima defesa real.

8.7.3. Legítima defesa putativa em favor de terceiro contra legítima defesa real:

Na presente hipótese, o agente erra ao apreciar a situação fática e acaba por agredir injustamente aquele que agia em legítima defesa real.

Exemplo: X, supondo estar na iminência de ser injustamente agredido por Y, dispara sua arma de fogo contra o suposto agressor. A fim de se defender, e sem entender o motivo pelo qual estava sendo atacado, Y também saca sua arma de fogo e atira contra X. Em seguida, Z, amigo de

X, ao se deparar com a cena, dispara contra Y, o que se dá com a intenção de defender o colega. Z não pode alegar legítima defesa real, pois a ação de Y era justa. E, como se sabe, não cabe legítima defesa real contra legítima defesa real. No entanto, Z pode alegar legítima defesa putativa em favor de terceiro, ou seja, em favor de X.

8.7.4. Legítima defesa contra excesso:

A legítima defesa contra o excesso (doloso ou culposo) é cabível, seja no excesso intensivo (emprego de meio desnecessário), seja no excesso extensivo (uso imoderado de meio necessário).

Diante do excesso, a conduta do agredido (inicial) acaba por invadir a fronteira do ilícito, dando margem ao exercício da legítima defesa sucessiva por parte daquele que se encontrava, inicialmente, na condição de agressor.

Exemplo: X, ao repelir uma agressão injusta praticada por Y, usa, imoderadamente, um meio necessário, passando à condição de agressor. Y, por sua vez, transforma-se em agredido, podendo, então, repelir o excesso praticado por X.

8.7.5. Legítima defesa real contra legítima defesa real:

Um dos requisitos para a configuração da legítima defesa real é que haja uma agressão injusta. Consequentemente, a hipótese em tela é incabível, pois uma das agressões necessariamente deve ser injusta.

8.7.6. Legítima defesa contra estado de necessidade, estrito cumprimento de dever legal, exercício regular de direito:

Desde que não haja excesso, ações realizadas em estado de necessidade, estrito cumprimento de dever legal e exercício regular de direito são autorizadas pelo Direito, inviabilizando, assim, o manejo da legítima defesa.

8.7.7. Legítima defesa contra agressão passada ou futura:

Nos termos do art. 25 do CP, um dos requisitos necessários para a legítima defesa é que a agressão seja atual ou iminente. A hipótese, portanto, é inadmissível.

8.7.8. Provocação de legítima defesa:

A intencional provocação de uma situação caracterizadora de legítima defesa afasta a possibilidade de o agente invocá-la.

9. Estrito cumprimento de dever legal:

9.1. Definição e natureza jurídica:

Trata-se de causa de exclusão da ilicitude decorrente do cumprimento de um dever imposto Direito. Parte da doutrina afirma que tal justificante é absolutamente supérflua, tendo em vista que o cumprimento de um dever legal não pode jamais ser considerado ilícito.

Quando das anotações relativas à teoria da tipicidade conglobante (capítulo XII, item 9.2.3), desenvolvida por ZAFFARONI, vimos que o estrito cumprimento de dever legal, segundo tal concepção, acarreta a exclusão da tipicidade. Nada obstante a construção teórica do ilustre penalista argentino, o CP brasileiro, no art. 23, III, 1ª parte, sinaliza que o estrito cumprimento de dever legal deve ser tratado como causa excludente da antijuridicidade.

9.2. Requisitos:

Malgrado o CP não tenha pormenorizado os requisitos do estrito cumprimento de dever legal, a doutrina aponta-lhe os seguintes:

9.2.1. Requisitos objetivos:

Em primeiro lugar, é preciso um dever, decorrente de lei, decreto, regulamento, etc., de caráter geral, impondo ao agente determinado comportamento. É necessário, ainda, que se cumpra o dever de forma estrita, ou seja, sem qualquer excesso, exatamente nos moldes estabelecidos.

9.2.2. Requisito subjetivo:

É preciso, ademais, que o agente esteja ciente de que se encontra sob o amparo da causa de justificação.

9.3. Exemplos de estrito cumprimento de dever legal:

a) **Execução da pena de morte:**

A pena de morte, admitida em caso de guerra declarada, encontra previsão constitucional no art. 5º, XLVII, *a*, c/c art. 84, XIX, da CRFB. Por exemplo, o crime de traição (art. 355 do CPM), inserto no rol dos crimes militares em tempo de guerra (Livro II do CPM), ilustra a hipótese:

> *"Art. 355. Tomar o nacional armas contra o Brasil ou Estado aliado, ou prestar serviço nas Forças Armadas de nação em guerra contra o Brasil: Pena -* <u>*morte, grau máximo*</u>*; reclusão, de vinte anos, grau mínimo".* (grifo nosso)

A execução da pena capital, por sua vez, é disciplinada pelo Código de Processo Penal Militar (Decreto-lei nº 1.002/69):

> *"Art. 707. O militar que tiver de ser fuzilado sairá da prisão com uniforme comum e sem insígnias, e terá os olhos vendados, salvo se o recusar, no momento em que tiver de receber as descargas. As vozes de fogo serão substituídas por sinais.*
> *1º O civil ou assemelhado será executado nas mesmas condições, devendo deixar a prisão decentemente vestido.*
> *2º Será permitido ao condenado receber socorro espiritual.*
> *3º A pena de morte só será executada sete dias após a comunicação ao presidente da República, salvo se imposta em zona de operações de guerra e o exigir o interesse da ordem e da disciplina".*

Assim, os executores da pena de morte agem no estrito cumprimento de dever legal, causa excludente da ilicitude prevista no art. 42, III, do CPM.

b) Prisão em flagrante realizada por policial:

Segundo o art. 301 do CPP, qualquer do povo poderá e as autoridades policiais e seus agentes deverão prender quem quer que seja encontrado em flagrante delito.

Por conseguinte, a realização de prisões em flagrante (art. 302 do CPP) configura, para os agentes policiais, um dever legalmente imposto, cujo descumprimento pode ensejar até mesmo a sua responsabilização penal (art. 319 do CP, crime de prevaricação).

Portanto, ao cumprir (estritamente) o dever que lhe é imposto, cerceando a liberdade do criminoso, não pode o delegado de polícia ser responsabilizado pelos crimes de cárcere privado (art. 148 do CP) ou abuso de autoridade (art. 4º, *a*, da Lei nº 4.898/65).

c) Execução de ordem judicial:

O oficial de justiça que, por exemplo, a fim de cumprir mandado de busca e apreensão expedido por autoridade judiciária competente, ingressa, com obediência às formalidades legais, no domicílio do cidadão, não incorre no crime de violação de domicílio (art. 150 do CP), pois cumpre os deveres que lhe são impostos pelos arts. 143 e 144 do Código de Processo Civil.

10. Exercício regular de direito:

10.1. Definição e natureza jurídica:

O exercício regular de direito é causa de exclusão da ilicitude. No entanto, diferentemente da causa anterior, a presente figura está relacionada ao exercício de um direito subjetivo conferido ao indivíduo pelo ordenamento jurídico.

10.2. Requisitos:

10.2.1. Requisitos objetivos:

É necessário, em primeiro lugar, que exista um direito subjetivo consagrado ao indivíduo pelo ordenamento jurídico. Igualmente, deve o agente exercer o direito de forma regular, sem qualquer abuso ou extrapolação.

10.2.2. Requisito subjetivo:

Além dos requisitos objetivos acima, deve o sujeito estar ciente de que se encontra sob o manto da causa de justificação, ou seja, de que atua no exercício regular de um direito.

10.2.3. Exemplos de exercício regular de direito:

a) **Intervenções cirúrgicas:**

As lesões regularmente produzidas por profissional da Medicina no paciente são frequentemente justificadas pelo exercício regular de direito.

TELES (2004, p. 272), por sua vez, invocando o princípio da adequação social, entende que eventuais lesões regularmente produzidas durante tais intervenções configuram fato atípico. Da mesma forma, a teoria da tipicidade conglobante as considera atípicas.

b) **Violência desportiva:**

A doutrina, de um modo geral, afirma que as lesões corporais decorrentes da prática de esportes violentos são, à luz do exercício regular de direito, condutas lícitas, embora típicas.

Nada obstante, TELES (2004, p. 272), dentre outros, aduz que tal hipótese constitui fato atípico, tendo em vista a incidência do princípio da adequação social. Igualmente, para a teoria da tipicidade conglobante, o presente caso deve ser considerado atípico.

c) **Prisão em flagrante realizada por particular:**

O art. 301 do CPP, além de estabelecer um dever legal dirigido à autoridade policial e aos seus agentes, confere a qualquer pessoa o direito subjetivo de prender quem se encontrar em situação de flagrante delito. Assim, o particular que exerce tal direito não pode ser responsabilizado por crime de cárcere privado (art. 148 do CP).

11. Ofendículos:

Ofendículos constituem impedimentos, obstáculos. São instrumentos, aparatos predispostos e destinados à defesa da propriedade ou de qualquer bem jurídico. Ressalte-se, no entanto, que a jurisprudência vem recomendando que o ofendículo seja sempre visível e inacessível a terceiros inocentes.

A doutrina diverge acerca da natureza jurídica dos ofendículos. De um modo geral, assevera-se que o agente, ao instalar os ofendículos, atuaria no exercício regular de direito. Posteriormente, ou seja, quando do funcionamento do aparato, haveria legítima defesa preordenada (ESTEFAM, 2012, p. 280).

12. Excesso punível:

Prevê o art. 23, parágrafo único, do CP:

> *"O agente, em qualquer das hipóteses deste artigo, responderá pelo excesso doloso ou culposo".*

Dá-se o excesso doloso quando o agente, deliberadamente, após ter agido licitamente, resolve extrapolar as balizas estabelecidas por uma causa excludente da ilicitude.

Exemplo: X repele injusta agressão praticada por Y. Para tanto, emprega arma de fogo, meio considerado necessário. Após efetuar dois disparos, X consegue neutralizar a ação de Y. Vendo que seu agressor encontrava-se ferido e desarmado, X resolve matá-lo com um terceiro disparo, o que efetivamente ocorre. X deve responder por homicídio doloso.

O excesso culposo ocorre quando o agente, diante das circunstâncias fáticas, supondo que ainda está sendo agredido (ou que ainda poderá sê-lo), dá continuidade à reação. Tratando-se de excesso provocado por erro, deve ser aplicada a regra prevista no art. 20, § 1º, 2ª parte, do CP. Nota-se que o agente, na fase inicial, age licitamente; em seguida, por erro, passa a atuar ilicitamente.

Capítulo XXIII

Culpabilidade

1. Definição:

Culpabilidade[52] é o juízo de reprovação pessoal que recai sobre a conduta daquele que praticou um injusto penal (conduta típica e antijurídica). De acordo com o entendimento majoritário, a culpabilidade integra o conceito analítico de crime, sendo um de seus requisitos. Assim, analiticamente, crime é uma conduta típica, antijurídica e culpável.

DAMÁSIO (2012, p. 196), dentre outros, assevera que a culpabilidade não é requisito do crime. Para o citado autor, crime é uma conduta típica e antijurídica, sendo a culpabilidade mero pressuposto de aplicação de pena. Tal entendimento, no entanto, tem sido fortemente rejeitado pela doutrina nacional.

2. Elementos:

A culpabilidade, enquanto juízo de reprovação pessoal, somente se configura diante da presença dos seguintes elementos, a saber: ***a)*** imputabilidade, ***b)*** potencial consciência da ilicitude do fato e ***c)*** exigibilidade de conduta diversa. Por conseguinte, a ausência de um deles afasta a culpabilidade.

2.1. Imputabilidade:

A imputabilidade, primeiro elemento da culpabilidade, significa capacidade para delinquir e, por via de consequência, ser penalmente

---

[52] Há várias abordagens possíveis de serem realizadas sobre o tema em foco. Por exemplo: culpabilidade como limite da pena a ser imposta (art. 59, *caput*, do CP); culpabilidade como requisito (ou elemento) do conceito analítico de crime.

responsabilizado pelo fato delituoso. Trata-se, em suma, da possibilidade de se atribuir um injusto penal (fato típico e antijurídico) ao sujeito.

Dissertando sobre o tema, assevera TELES (2004, p. 284):

> *"Só se pode atribuir a um homem a responsabilidade por algo realizado, se ele for um ser inteligente e livre, se tiver condições pessoais que lhe assegurem a capacidade para lhe ser juridicamente imputada a prática do fato punível".*

Nota-se, portanto, que a imputabilidade, sempre entendida como regra, pode ser afastada por determinadas causas de exclusão, conforme dispõem, por exemplo, os arts. 26, *caput*, 27 e 28, §1º, do CP.

2.2. Potencial consciência da ilicitude do fato:

A potencial consciência da ilicitude do fato retrata a possibilidade de o agente conhecer o caráter proibitivo da conduta, fenômeno que, na maioria dos casos, não está condicionado ao conhecimento da lei. Não se trata, convém registrar, de um saber jurídico-penal, mas, sim, de um conhecimento leigo (conhecimento profano do injusto), que se obtém através de um constante processo de socialização, por meio do qual se transmite a consciência (ou ao menos a possibilidade de alcançá-la) relativa ao caráter ilícito de diversas ações. No bojo desse processo, inúmeros valores (sociais, culturais, éticos, morais, etc.) são difundidos. A honestidade é um deles. As pessoas, felizmente, são socialmente orientadas a serem honestas, a respeitarem o bem público, por exemplo. Logo, o servidor público que se corrompe não pode invocar o desconhecimento da lei penal para se livrar da punição inerente ao art. 317 do CP (crime de corrupção passiva). É que o valor honestidade é socialmente difundido, ainda que o corrupto não o tenha apreendido.

Não se exige, ademais, o real conhecimento acerca da ilicitude. Contenta-se com a mera possibilidade. Daí falar-se em potencial consciência da ilicitude do fato. Logo, não é necessário comprovar que o sujeito agiu (ou se omitiu) com a efetiva consciência de que seu comportamento era contrário ao Direito. Basta que se comprove a possibilidade de atingi-la, conclusão que se extrai do art. 21, parágrafo único, do CP:

> *"Considera-se evitável o erro se o agente atua ou se omite sem a consciência da ilicitude do fato, <u>quando lhe era possível, nas circunstâncias, ter ou atingir essa consciência</u>".* (grifo nosso)

Nos termos da citada regra, o erro de proibição (erro sobre a ilicitude do fato), quando invencível, impede a potencial consciência da ilicitude, eliminando, por conseguinte, a culpabilidade e, em última análise, o próprio crime.

2.3. Exigibilidade de conduta diversa:

O Estado, de um modo geral, possui o direito de exigir comportamentos que estejam de acordo com o previsto no ordenamento jurídico. É a chamada exigibilidade de conduta conforme o Direito, categoria jurídica que integra e resume a noção de culpabilidade.

A análise dessa exigibilidade deve levar em consideração a realidade concreta na qual se encontrava o indivíduo. Assim, cumpre verificar se havia, diante das circunstâncias, possibilidade de atuação conforme o Direito. A propósito, aduz ASSIS TOLEDO (2001, p. 328):

> "(...) a culpabilidade, para configurar-se, exige uma certa 'normalidade das circunstâncias' que cercaram e poderiam ter influído sobre o desenvolvimento do ato volitivo do agente". (grifo nosso)

Com efeito, a princípio, aquele que mata alguém revela desobediência ao Direito, pois o Estado, ao tipificar o homicídio, impõe que não se deve matar, podendo exigir que as pessoas, em condições normais, abstenham-se de realizar tal comportamento. Quem mata, então, desconsidera a norma penal proibitiva contida no art. 121 do CP. No entanto, situações fáticas excepcionais podem ocasionar a impossibilidade de o Estado exigir que o indivíduo comporte-se de acordo com os comandos normativos. Sendo assim, a conduta praticada pelo agente não deve ser reprovada, pois toda e qualquer reprovação jurídico-penal depende da concreta possibilidade de se comportar de acordo com a norma. É o caso, por exemplo, daquele que, sob coação moral irresistível (art. 22, 1ª parte, do CP), mata alguém.

Mas como aferir tal exigibilidade? Devemos analisar o comportamento que tomaria o homem médio? Ou, ao contrário, deve-se aferir a capacidade do próprio agente de atuar ou não conforme o Direito? O tema comporta divergência. Entendemos, porém, que a exigibilidade de atuação conforme o Direito deve ser diagnosticada a partir das condições pessoais do agente diante do caso concreto. E a razão é simples: a reprovação é pessoal. Logo, devem ser analisadas as próprias condições da pessoa. Nesse sentido, ASSIS TOLEDO (2001, p. 328). Não comungamos, portanto, da opinião que defende a aferição dessa exigibilidade a partir do comportamento que teria sido tomado pelo homem médio diante da mesma situação excepcional.

3. Evolução histórica da culpabilidade:

O termo "culpabilidade", como elemento integrante do conceito analítico de crime, sofreu profundas modificações dogmáticas ao longo do tempo. Cumpre analisar, então, os contornos de cada uma das teorias da culpabilidade, bem como a respectiva relação com a pertinente teoria da conduta.

3.1. Teoria psicológica:

A teoria psicológica está ligada ao sistema causalista (VON LISZT/ BELING). Conforme vimos no capítulo XI, item 6.2, o causalismo definia a culpabilidade como sendo o vínculo psíquico (a relação psicológica) existente entre o autor e o fato ilícito por ele praticado.

O fato punível era, então, assim composto: *a)* parte objetiva, integrada pela tipicidade e antijuridicidade; *b)* parte subjetiva, representada pela culpabilidade. Tal concepção psicológica tratava o dolo e a culpa como espécies de culpabilidade, sendo a imputabilidade seu pressuposto. Nota-se, diante desse quadro teórico, que a exclusão do dolo ou da culpa não interferia na parte objetiva. Acarretava a exclusão da culpabilidade, isto é, do aspecto subjetivo do fato punível.

A teoria psicológica foi duramente criticada, notadamente por inserir o dolo e a culpa como espécies do mesmo gênero (culpabilidade). Dentre outros argumentos, afirmava-se que nenhum vínculo psicológico havia entre o autor e a culpa inconsciente. Em suma, a culpabilidade, segundo a teoria psicológica, era o vínculo psicológico existente entre o autor e o fato por ele praticado.

3.2. Teoria psicológico-normativa:

A teoria psicológico-normativa empreendeu modificações estruturais na concepção anterior. Desenvolvida por FRANK, tal teoria passou a conceber o dolo e a culpa como elementos da culpabilidade, deixando de figurar como espécies desta. Ademais, FRANK introduziu, no âmbito da culpabilidade, um elemento de natureza normativa: a exigibilidade de conduta conforme o Direito.

Acerca dessa nova estrutura, assevera CIRINO (2006, p. 276):

> *"A redefinição de culpabilidade como reprovabilidade, proposta por FRANK em 1907, introduz um componente normativo no conceito de culpabilidade, sob o argumento de que 'um comportamento proibido só pode ser atribuído à culpabilidade de alguém se é possível reprovar--lhe sua realização'".*

Com efeito, de acordo com a teoria psicológico-normativa, os elementos da culpabilidade passaram a ser: imputabilidade, dolo/culpa (elementos de índole psicológica) e exigibilidade de conduta diversa (elemento de natureza normativa).

Em síntese, a culpabilidade, segundo a teoria psicológico-normativa, passa a ser concebida como um juízo de reprovação pessoal baseado em elementos de natureza psiconormativa.

3.3. Teoria normativa pura:

Trata-se de teoria relacionada ao finalismo (WELZEL). Conforme vimos (capítulo XI, item 6.4), a teoria finalista da ação deslocou o dolo e a culpa para dentro do tipo penal. Tal deslocamento teve o mérito de retirar do âmbito da culpabilidade qualquer conteúdo de natureza psicológica, justamente o que se observava nas teorias psicológica e psicológico-normativa. E, dogmaticamente, não poderia ser diferente. WELZEL precisou construir uma teoria (sobre a culpabilidade) que se adequasse à teoria finalista da ação, resultando na teoria normativa pura, segundo a qual todos os elementos que integram a culpabilidade decorrem de criação do Direito. Vale dizer: são de índole normativa, nada havendo de psicológico.

Portanto, a teoria normativa da culpabilidade é caracterizada pelo fato de possuir apenas elementos normativos, a saber: imputabilidade, potencial consciência da ilicitude do fato e exigibilidade de conduta diversa.

Em suma, a culpabilidade, segundo a teoria normativa pura, passa a ser concebida como um juízo de reprovação pessoal baseado em elementos de natureza normativa.

4. Causas legais de exclusão da culpabilidade:

O CP contempla as seguintes causas legais de exclusão da culpabilidade:

a) Erro de proibição invencível: art. 21, *caput*, do CP.

b) Coação moral irresistível: art. 22, 1ª parte, do CP.

c) Obediência hierárquica: art. 22, 2ª parte, do CP.

d) Inimputabilidade por doença mental: art. 26, *caput*, do CP.

e) Inimputabilidade por desenvolvimento mental incompleto: art. 26, *caput*, do CP.

f) Inimputabilidade por desenvolvimento mental retardado: art. 26, *caput*, do CP.

g) Inimputabilidade por menoridade penal: art. 27 do CP.

h) Inimputabilidade por embriaguez completa, proveniente de caso fortuito ou força maior: art. 28, § 1º, do CP.

Como visto, segundo a teoria normativa pura, a culpabilidade é composta pelos seguintes elementos: imputabilidade, potencial consciência da ilicitude do fato e exigibilidade de conduta diversa, podendo cada um deles ser afastado por determinada causa, excluindo-se, por consequência, a culpabilidade e, em última análise, o crime. Assim, é possível traçar o seguinte quadro:

a) Erro de proibição invencível: exclui a potencial consciência da ilicitude do fato.

b) Coação moral irresistível: exclui a exigibilidade de conduta diversa.

c) Obediência hierárquica: de acordo com o entendimento majoritário, exclui a exigibilidade de conduta diversa. TELES (2004, p. 306), defendendo posição minoritária, assevera que a obediência hierárquica afasta a potencial consciência da ilicitude do fato.

d) Inimputabilidade (por doença mental, desenvolvimento mental incompleto, desenvolvimento mental retardo ou menoridade penal): exclui a imputabilidade.

e) Embriaguez completa proveniente de caso fortuito ou força maior: exclui a imputabilidade.

5. Causa supralegal de exclusão da culpabilidade:

O tema "culpabilidade", como cediço, relaciona-se com a ideia de reprovação. Reprovação justamente por ter o agente atuado de forma distinta daquela imposta pelo Direito, quando, ao contrário, devia e podia agir conforme a norma.

Com efeito, parte-se da premissa de que os destinatários das normas penais estão em condições normais de cumpri-las. Por exemplo, de um modo geral, não se deve furtar. Assim, a norma proibitiva prevista no art. 155 do CP deve ser genericamente observada, sendo que a sua inobservância dá ensejo à correspondente sanção penal. O Direito, no entanto, não consegue dar cabo de todas as situações da dinâmica social. Não raro, determinadas circunstâncias, não previstas no ordenamento jurídico, eliminam qualquer possibilidade de se exigir um comportamento conforme o Direito. Diante desse quadro, a conduta levada a efeito pelo agente não pode ser censurada, pois sobre ela não incide qualquer juízo de reprovação, alicerce da moderna construção teórica relativa à culpabilidade.

Diante desse cenário excepcional, a doutrina e a jurisprudência reconhecem a inexigibilidade de conduta diversa como causa supralegal.

Exemplo: X, funcionário de uma empresa de transporte de cargas, comunica ao empregador Y que os pneus e os freios do veículo utilizado para o serviço estão em péssimo estado de conservação, necessitando, portanto, de manutenção. Y, por sua vez, informa que não realizará o reparo devido. X, ciente de que o uso do veículo nessas condições é extremamente arriscado, recusa-se a fazer a entrega das mercadorias, no que é ameaçado de demissão. Precisando do emprego para sustentar a família, cede à ameaça do patrão e decide cumprir o que foi determinado por este. Ao tentar parar o veículo diante do semáforo, os freios não funcionam. X mata o pedestre Z.

O que X pode alegar em sua defesa? Não há qualquer dúvida de que o fato praticado é típico à luz do art. 302 do CTB (homicídio culposo na direção de veículo automotor). Também não há a menor dúvida de que nenhuma causa excludente da antijuridicidade incide no caso em questão. Temos configurado, portanto, um injusto penal (tipicidade e antijuridicidade).

Mas ainda não podemos firmar posição pela existência de crime. Falta analisar se X pode ser pessoalmente reprovado pela conduta praticada. Ou seja, se há culpabilidade. Pois bem. X, maior de 18 (dezoito) anos e mentalmente são, é penalmente imputável. Houve, também, consciência acerca da ilicitude do fato, tanto que, num primeiro momento, negou-se a dirigir o veículo naquelas condições. Cumpre verificar, por fim, se X, diante da situação na qual se viu envolvido, podia atuar conforme o Direito, cumprindo o dever objetivo de cuidado pertinente à condução de veículo automotor. Se a resposta for positiva, chegaremos à seguinte conclusão: ele não devia ter dirigido o veículo. Logo, deve ser responsabilizado pelo que fez. Se a resposta, ao contrário, for negativa, estaremos afirmando: X, nas condições em que se encontrava, e tendo em vista, notadamente, a ameaça de demissão, não estava em condições de descumprir a determinação do patrão, pois isso lhe custaria o emprego.

Nada obstante a ampla aceitação da causa supralegal de exculpação baseada na inexigibilidade de conduta diversa, aduz ROXIN (2003, p. 961) que:

> "Es por tanto inadmisible habilitar ao juez con carácter general para eximir de pena, sin base en la ley, con ayuda de una fórmula vacía como la de la inexigibilidad".

Nota-se que o penalista alemão rejeita a existência de uma causa supralegal amparada na inexigibilidade de conduta diversa. Para ROXIN, a questão a ser decidida não é se o sujeito, que praticou uma conduta típica e antijurídica, podia ou não agir conforme a norma. A solução, segundo ele, deve ser decidida no âmbito da finalidade da pena. Significa dizer: constatando-se, diante do caso concreto, que a pena é seguramente desnecessária, deve ser afastada a responsabilidade penal.

Cumpre registrar, por fim, que não há causas supralegais excludentes da imputabilidade ou da potencial consciência da ilicitude, figuras que somente são afastadas por força de uma das regras previstas no CP ou na legislação penal extravagante.

6. Imputabilidade:

6.1. Definição:

Preceitua o CP:

> "Art. 26. É isento de pena o agente que, por doença mental ou desenvolvimento mental incompleto ou retardado, era, ao tempo da ação ou da omissão, inteiramente incapaz de entender o caráter ilícito do fato ou de determinar-se de acordo com esse entendimento.
>
> Parágrafo único. A pena pode ser reduzida de um a dois terços, se o agente, em virtude de perturbação de saúde mental ou por desenvolvimento mental incompleto ou retardado não era inteiramente capaz de entender o caráter ilícito do fato ou de determinar-se de acordo com esse entendimento".

A imputabilidade, primeiro elemento da culpabilidade, significa capacidade para delinquir e, por via de consequência, de ser penalmente responsabilizado pelo fato cometido. Em suma, imputabilidade é a aptidão para ser culpável. O CP não elenca as hipóteses que conduzem à imputabilidade. Conclui-se, então, que a imputabilidade é a regra; a inimputabilidade, por sua vez, a exceção.

6.2. Critérios de aferição da inimputabilidade:

6.2.1. Sistema biológico (ou etiológico):

O sistema biológico leva em consideração a causa, e não o efeito. O que interessa, para esse sistema, é indagar se o agente era ou não portador de doença mental, desenvolvimento mental incompleto ou retardado. Em caso positivo, o sujeito é considerado inimputável. Basta, portanto, a identificação da causa. Como veremos, o CP adotou tal sistema em relação ao art. 27, que trata da inimputabilidade por menoridade penal.

6.2.2. Sistema psicológico (ou psiquiátrico):

O sistema psicológico, que não foi adotado pelo CP, considera o efeito, e não a causa. Interessa saber se o indivíduo, no momento da conduta, era ou não capaz de entender o caráter ilícito do fato (capacidade de entendimento) ou de determinar-se de acordo com esse entendimento (capacidade de autodeterminação).

6.2.3. Sistema biopsicológico (ou misto):

O sistema biopsicológico resulta da combinação dos anteriores. Por conseguinte, considerava inimputável aquele que, em função de uma causa biológica, não apresenta, ao tempo da conduta, capacidade de entender o caráter ilícito do fato ou de determinar-se de acordo com esse entendimento.

Assim, há necessidade de dois fatores: biológico e psicológico. Deve haver uma relação de causa – consequência. De acordo com tal sistema, a constatação de uma causa sem aptidão para promover a necessária incapacidade de discernimento ou de autodeterminação não gera inimputabilidade. Foi adotado pelos arts. 26 e 28, § 1º, do CP.

6.3. Causas de exclusão da imputabilidade:

O CP prevê as seguintes causas de exclusão da imputabilidade: *a)* inimputabilidade por doença mental (art. 26, caput, do CP), *b)* inimputabilidade por desenvolvimento mental incompleto (art. 26, caput, do CP), *c)* inimputabilidade por desenvolvimento mental retardado (art. 26, caput, do CP), *d)* inimputabilidade por menoridade penal (art. 27 do

CP) e *e)* inimputabilidade por embriaguez completa proveniente de caso fortuito ou força maior (art. 28, § 1°, do CP).

6.3.1. Inimputabilidade por doença mental, desenvolvimento mental incompleto ou retardado:

A inimputabilidade por doença mental, desenvolvimento mental incompleto ou desenvolvimento mental retardado requer a conjugação de três requisitos legais, de forma que a ausência de um deles não isenta o agente de pena, sendo considerado imputável ou, no máximo, semi-imputável (art. 26, parágrafo único, do CP). São eles:

6.3.1.1. Requisitos:

a) **Requisito causal:**

O art. 26, *caput*, do CP isenta de pena o agente que, em virtude de doença mental, desenvolvimento mental incompleto ou retardado, era, ao tempo da ação ou omissão, inteiramente incapaz de entender o caráter criminoso do fato (capacidade de entendimento) ou de determinar-se de acordo com esse entendimento (capacidade de autodeterminação).

Assim, nos termos do referido dispositivo, a constatação da inimputabilidade exige, num primeiro momento, que o agente seja portador de doença mental ou de desenvolvimento mental incompleto ou retardado.

As doenças mentais encontram-se elencadas no Capítulo V da Classificação Estatística Internacional de Doenças e Problemas Relacionados à Saúde, da Organização Mundial de Saúde. Como exemplos de doenças mentais, podemos citar: transtornos mentais orgânicos, transtornos mentais e comportamentais devidos ao uso de substância psicoativa, esquizofrenia, dentre outras.

Por desenvolvimento mental incompleto entende-se o que ainda não se concluiu. Como exemplos, dependendo caso do concreto, o surdo-mudo que não teve acesso à linguagem e ao processo de aculturamento, bem como os silvícolas inadaptados.

Desenvolvimento mental retardado é o que não corresponde à idade cronológica do indivíduo. É o estado mental dos oligofrênicos (idiotas, imbecis e débeis mentais).

b) **Requisito temporal:**

Além do requisito anterior, é preciso que a causa efetivamente atue ao tempo da ação ou omissão, eliminando a capacidade de entendimento ou de autodeterminação do indivíduo.

Ainda que a perícia médico-legal tenha detectado a presença de uma doença mental, essa constatação, por si só, não atesta a inimputabilidade do agente. Vale dizer: a causa não é suficiente. É preciso diagnosticar, ainda, o requisito temporal exigido pelo art. 26, *caput*, do CP, pois pode ser que a doença mental, embora presente, não tenha atuado por ocasião da conduta do agente. Pode ser, ainda, que a doença mental seja superveniente ao cometimento do fato, situação que não conduz à inimputabilidade, mas à suspensão do processo penal (art. 152 do CPP). Enfim, há várias possibilidades, o que indica a necessidade de se analisar cada caso, de modo a diagnosticar a presença da causa ao tempo da conduta.

***c*) Requisito consequencial:**

Trata-se da consequência decorrente da causa diagnosticada. Há que se investigar, portanto, uma relação entre a causa (doença mental, desenvolvimento mental incompleto ou retardado) e a incapacidade de entendimento ou de autodeterminação do sujeito. É preciso que o agente, por conta da causa, torne-se incapaz de entender o caráter ilícito do fato ou de determinar-se de acordo com esse entendimento. Significa dizer: deve ser incapaz de aferir e entender a própria conduta, confrontando-a com o que dispõe a norma jurídica, ou de determinar-se de acordo com esse entendimento.

Nos termos do art. 26, *caput*, do CP, resta evidente que a capacidade de autodeterminação pressupõe a capacidade de entendimento, sendo que a recíproca não é verdadeira. Assim, pode ser que o indivíduo ostente capacidade de entendimento a respeito da ilicitude de seu ato, mas não tenha condições de se comportar de acordo com o entendimento atingido.

6.3.1.2. Prova da inimputabilidade:

Dá-se através de exame médico-legal. Havendo dúvida a respeito da sanidade do réu deve o juiz instaurar o incidente de insanidade mental[53],

---

[53] Art. 149. Quando houver dúvida sobre a integridade mental do acusado, o juiz ordenará, de ofício ou a requerimento do Ministério Público, do defensor, do curador, do ascendente, descendente, irmão ou cônjuge do acusado, seja este submetido a exame médico-legal.

§ 1º O exame poderá ser ordenado ainda na fase do inquérito, mediante representação da autoridade policial ao juiz competente.

§ 2º O juiz nomeará curador ao acusado, quando determinar o exame, ficando suspenso o processo, se já iniciada a ação penal, salvo quanto às diligências que possam ser prejudicadas pelo adiamento.

conforme os arts. 149 a 154 do CPP. Mas a conclusão pericial não vincula[54] o magistrado, tendo em vista a regra dos arts. 155, *caput*, e 182 do CPP.

6.3.1.3. Natureza jurídica da sentença:

Nos termos do art. 386, VI, do CPP[55], o inimputável por doença mental, desenvolvimento mental incompleto ou retardado deve ser absolvido,

---

Art. 150. Para o efeito do exame, o acusado, se estiver preso, será internado em manicômio judiciário, onde houver, ou, se estiver solto, e o requererem os peritos, em estabelecimento adequado que o juiz designar.

§ 1º O exame não durará mais de quarenta e cinco dias, salvo se os peritos demonstrarem a necessidade de maior prazo.

§ 2º Se não houver prejuízo para a marcha do processo, o juiz poderá autorizar sejam os autos entregues aos peritos, para facilitar o exame.

Art. 151. Se os peritos concluírem que o acusado era, ao tempo da infração, irresponsável nos termos do art. 22 do Código Penal, o processo prosseguirá, com a presença do curador.

Art. 152. Se se verificar que a doença mental sobreveio à infração o processo continuará suspenso até que o acusado se restabeleça, observado o § 2º do art. 149.

§ 1º O juiz poderá, nesse caso, ordenar a internação do acusado em manicômio judiciário ou em outro estabelecimento adequado.

§ 2º O processo retomará o seu curso, desde que se restabeleça o acusado, ficando-lhe assegurada a faculdade de reinquirir as testemunhas que houverem prestado depoimento sem a sua presença.

Art. 153. O incidente da insanidade mental processar-se-á em auto apartado, que só depois da apresentação do laudo, será apenso ao processo principal.

Art. 154. Se a insanidade mental sobrevier no curso da execução da pena, observar-se-á o disposto no art. 682.

[54] Segundo o art. 155 do CPP, o juiz formará sua convicção pela livre apreciação da prova produzida em contraditório judicial, não podendo fundamentar sua decisão exclusivamente nos elementos informativos colhidos na investigação, ressalvadas as provas cautelares, não repetíveis e antecipadas. O art. 182 do CPP, por sua vez, expressamente afirma que o juiz não ficará adstrito ao laudo, podendo aceitá-lo ou rejeitá-lo, no todo ou em parte.

[55] Art. 386. O juiz absolverá o réu, mencionando a causa na parte dispositiva, desde que reconheça:

(...);

VI – existirem circunstâncias que excluam o crime ou isentem o réu de pena (arts. 20, 21, 22, 23, 26 e § 1º do art. 28, todos do Código Penal), ou mesmo se houver fundada dúvida sobre sua existência;

VII – não existir prova suficiente para a condenação.

Parágrafo único. Na sentença absolutória, o juiz:

(...);

III - aplicará medida de segurança, se cabível.

com a consequente imposição de uma medida de segurança (arts. 96 e 97 do CP), razão pela qual a sentença é de natureza absolutória imprópria.

6.3.1.4. Incapacidade civil e inimputabilidade penal:

Cabe ressaltar, ainda, que eventual incapacidade civil não reflete, automaticamente, na seara penal. A sistemática existente para a aferição da incapacidade nas duas instâncias é distinta, motivo pelo qual a interdição civil não repercute, por si só, no âmbito penal.

Por exemplo, a incapacidade (relativa) do pródigo (art. 4º, IV, do Código Civil – Lei nº 10.406/02) não gera inimputabilidade penal. Nesse sentido, confira-se a ementa do HC nº 101.930/MG, STF, Primeira Turma, relatoria da Min. Cármen Lúcia, julgado em 27.4.2010:

> "(...). 1. O Código Penal Militar, da mesma forma que o Código Penal, adotou o critério biopsicológico para a análise da inimputabilidade do acusado. 2. A circunstância de o agente apresentar doença mental ou desenvolvimento mental incompleto ou retardado (critério biológico) pode até justificar a incapacidade civil, mas não é suficiente para que ele seja considerado penalmente inimputável. É indispensável que seja verificar se o réu, ao tempo da ação ou da omissão, era inteiramente incapaz de entender o caráter ilícito do fato ou de determinar-se de acordo com esse entendimento (critério psicológico). 3. <u>A incapacidade civil não autoriza o trancamento ou a suspensão da ação penal</u>. 4. A marcha processual deve seguir normalmente em caso de dúvida sobre a integridade mental do acusado, para que, durante a instrução dos autos, seja instaurado o incidente de insanidade mental, que irá subsidiar o juiz na decisão sobre a culpabilidade ou não do réu. 5. Ordem denegada". (grifo nosso)

6.3.2. Inimputabilidade por menoridade penal:

6.3.2.1. Definição:

De acordo com o art. 27 do CP e o art. 228 da CRFB[56], os menores de 18 (dezoito) anos são penalmente inimputáveis, ficando sujeitos à legislação especial. Trata-se de causa de exclusão da imputabilidade fundada na imaturidade natural da pessoa menor de 18 (dezoito) anos, o que tem provocado grande debate na mídia nacional.

---

[56] Dispõe o art. 228 da CRFB: são penalmente inimputáveis os menores de dezoito anos, sujeitos às normas da legislação especial. Embora exista controvérsia, tal regra, a nosso ver, configura cláusula pétrea, não podendo ser alterada por meio de emenda constitucional, nos termos do art. 60, § 4º, da CRFB. Contra a nossa posição, ESTEFAM (2012, p. 293).

6.3.2.2. Sistema biológico:

Adotou-se, quanto aos menores de 18 (dezoito) anos, o critério biológico. Vale dizer: a lei penal presume, de forma absoluta, que o menor de 18 (dezoito) anos não possui capacidade de entender o caráter criminoso do fato ou de determinar-se de acordo com esse entendimento.

Assim, os inimputáveis por menoridade penal respondem conforme dispõe o art. 104 do Estatuto da Criança e do Adolescente (Lei n° 8.069/90):

> "Art. 104. São penalmente inimputáveis os menores de dezoito anos, sujeitos às medidas previstas nesta Lei.
> Parágrafo único. Para os efeitos desta Lei, deve ser considerada a idade do adolescente à data do fato".

Disso decorre que o menor de 18 (dezoito) anos não pratica infração penal (crime ou contravenção penal), mas, sim, ato infracional. É o que está dito no art. 103 da Lei n° 8.069/90.

Embora exista divergência, a maioridade penal do indivíduo começa a partir da zero hora do dia do 18° aniversário, devendo ser aferida no momento da ação, ainda que outro seja o do resultado, nos termos do art. 4° do CP, que acolhe a teoria da atividade.

6.3.3. Inimputabilidade por embriaguez completa proveniente de caso fortuito ou força maior:

6.3.3.1. Definição de embriaguez:

De acordo com REGIS PRADO (2005, p. 444):

> "A embriaguez consiste em um distúrbio físico-mental resultante de intoxicação pelo álcool ou substância de efeitos análogos, afetando o sistema nervoso central, como depressivo/narcótico".

Nos termos do art. 28, II, do CP, a embriaguez pode ser causada pelo álcool ou por substâncias de efeitos análogos, tais como a morfina, o ópio, a cocaína, o LSD, etc.

6.3.3.2. Espécies:

A respeito da embriaguez, a doutrina, com alguma divergência terminológica, apresenta a seguinte classificação:

6.3.3.2.1. Embriaguez não acidental:

A embriaguez não acidental, por sua vez, recebe a seguinte classificação:

a) **Embriaguez voluntária:**

Quando a pessoa, ao ingerir a substância, o faz com a intenção de se embriagar. É preciso não confundir a embriaguez voluntária com a embriaguez preordenada, conforme veremos no item 6.3.3.2.4 (*infra*).

Exemplo: X, a fim de comemorar o nascimento de seu filho, resolve tomar um "porre".

b) **Embriaguez culposa:**

Quando o sujeito, ao ingerir a substância, o faz sem qualquer intenção de se embriagar. Mas se excede e acaba ficando embriagado.

Exemplo: X e Y, depois de um dia de muito trabalho, resolvem tomar uma cerveja. Combinam, inclusive, que seria apenas uma. Ao final de uma dúzia de garrafas, estão completamente embriagados.

6.3.3.2.2. Embriaguez acidental:

Está prevista no art. 28, § 1º, do CP, sendo assim classificada:

a) **Embriaguez proveniente de caso fortuito:**

Quando o sujeito, desconhecendo os efeitos que podem ser causados no seu organismo, ingere álcool ou substância de efeitos análogos. Não há, por parte do agente, culpa ou intenção de se embriagar.

Exemplo: X, desconhecendo o respectivo conteúdo, ingere bebida composta de álcool, apesar de o rótulo da garrafa afirmar o contrário. Por ser extremamente sensível à substância, embriaga-se.

b) **Embriaguez proveniente de força maior:**

Na embriaguez proveniente de força maior o agente é coagido (forçado) a consumir álcool ou substância de efeitos análogos. Por conta disso, embriaga-se. A embriaguez, portanto, provém de força externa que age sobre o sujeito.

Exemplo: X, mediante coação física, obriga Y a ingerir substância alcoólica, ficando este completamente embriagado.

6.3.3.2.3. Embriaguez patológica:

A embriaguez patológica pode ser oriunda do consumo prolongado de álcool ou de substâncias de efeitos análogos. Nesse caso, é possível que a pessoa desenvolva uma doença mental, podendo, por conta disso, ser considerada inimputável ou semi-imputável, desde que preenchidos os requisitos legais (art. 26 do CP).

6.3.3.2.4. Embriaguez preordenada:

Na embriaguez preordenada o agente voluntariamente ingere álcool ou substância de efeitos análogos, o que se dá com o fim de cometer uma infração penal, situação que lhe acarreta um juízo de reprovação ainda maior. Por conseguinte, a culpabilidade não é excluída, devendo o sujeito responder pela forma dolosa do delito. Além disso, pelo fato de ter se colocado em estado de embriaguez, incide a circunstância agravante genérica prevista no art. 61, II, *l*, do CP.

6.3.3.3. Consequências jurídicas:

a) Embriaguez não acidental:

Nos termos do art. 28, II, do CP, a imputabilidade penal, nos casos de embriaguez não acidental, permanece intacta. E a razão é simples: o ébrio agiu de forma irresponsável quanto ao uso de álcool ou de substância de efeitos análogos, devendo responder por eventual infração penal praticada nessa condição.

Mas a que título se dá a responsabilização penal? Por exemplo, aquele que se embriaga, voluntaria e completamente, a fim de comemorar a vitória do seu time de futebol e, nesse estado, pratica uma infração penal, deve responder a título de dolo ou culpa?

Em primeiro lugar, cumpre frisar que na embriaguez não acidental o agente ingere a substância sem a intenção de cometer qualquer infração penal. Não se trata, portanto, de embriaguez preordenada.

Em resposta à questão, é preciso consignar que a embriaguez voluntária nem sempre conduz à responsabilização a título de dolo. Pode ser que o agente responda por culpa. Aliás, a fim de evitar algum equívoco, não devemos perder de vista que o tema "embriaguez" está relacionado à imputabilidade penal, ou seja, integra o campo da culpabilidade. A análise do dolo ou da culpa, como sabido, deve ser feita sempre no âmbito da tipicidade.

Exemplo: X, querendo ficar bêbado, ingere doses de bebida alcoólica. Completamente descontrolado, resolve ir para casa. O ébrio, ao atravessar a via pública, o faz em desrespeito à sinalização de trânsito, vindo a causar um grave acidente. Em virtude da conduta imprudente de **X**, **Y**, motorista que trafegava regularmente pela via, colide com um poste e falece. Houve crime por parte de **X**? A resposta é positiva: homicídio culposo (art. 121, § 3º, do CP).

b) **Embriaguez acidental:**

Na embriaguez acidental o ébrio não tem a intenção de se embriagar, nem age de forma irresponsável (imprudente) quanto ao uso de álcool, motivo pelo qual o art. 28, § 1º, do CP determina a exclusão da culpabilidade. Para tanto, são necessários os seguintes requisitos:

a) Requisito causal (que a embriaguez, proveniente de caso fortuito ou força maior, seja completa).

b) Requisito temporal (que o estado de embriaguez esteja presente ao tempo da ação ou omissão).

c) Requisito consequencial (que o ébrio, por conta da embriaguez, esteja incapaz de entender o caráter ilícito do fato ou de determinar-se de acordo com esse entendimento).

Nota-se que o art. 28, § 1º, do CP confere ao agente em estado de embriaguez acidental completa o mesmo tratamento dispensado pelo CP (art. 26, *caput*) aos inimputáveis: exclusão da imputabilidade e consequente inexistência de crime. Cabe ressaltar, no entanto, que no caso de embriaguez acidental completa a absolvição é própria, não havendo imposição de medida de segurança ao sujeito, o que acontece em relação às hipóteses do art. 26, *caput*, do CP.

A embriaguez acidental incompleta, por sua vez, não acarreta a exclusão da imputabilidade penal, podendo o agente ser considerado semi-imputável, fazendo jus à redução de pena (de um a dois terços), nos termos do art. 28, § 2º, do CP. Portanto, nesse caso, a sentença penal é de natureza condenatória.

6.3.3.4. Teoria da *actio libera in causa*:

Conforme vimos, diante da sistemática prevista no art. 28, II, do CP, a embriaguez não acidental (voluntária ou culposa) não exclui a imputabilidade penal e, portanto, não isenta o agente de pena. Significa dizer que o CP afirma a imputabilidade penal daquele que, voluntária ou culposamente, embriaga-se e, nessa condição, pratica um injusto penal (fato típico e antijurídico). Assim, estando presentes os demais elementos da culpabilidade (potencial consciência da ilicitude do fato e exigibilidade de conduta diversa), deve o sujeito responder pela infração penal cometida.

Nada obstante, cumpre tecer algumas considerações quanto ao que ora se afirma. De acordo com pacífica doutrina, a sistemática adotada pelo CP quanto à embriaguez não acidental está respaldada na denominada teoria da *actio libera in causa*, expressão que significa "ação livre na causa". Vale dizer, o ébrio, ao cometer um fato típico e antijurídico em estado de embriaguez não acidental, ainda que completa, é considerado imputável. E a razão é lógica: o resultado típico teve como causa o irresponsável consumo de álcool ou de substância de efeitos análogos.

Assim, soa um tanto quanto evidente que a imputabilidade penal, no caso de embriaguez não acidental, não é excluída. Nos termos da teoria da *actio libera in causa*, a imputabilidade penal, geralmente avaliada no momento do cometimento da conduta, é analisada numa fase anterior, ou seja, no instante em que o agente coloca-se em estado de embriaguez.

Essa antecipação do momento da análise da imputabilidade penal fez com algumas críticas fossem lançadas sobre a teoria da *actio libera in causa*. Por exemplo, argumenta-se que a imputabilidade penal deve ser aferida no exato momento da conduta, afirmação que se extrai do contexto do art. 4º do CP, que considera praticado o crime no momento da ação ou omissão, ainda que outro seja o momento do resultado. Aduz-se, então, que é nessa ocasião que deve ser considerada a capacidade de entendimento e de autodeterminação do indivíduo. Por conta dessa antecipação, cogita-se, até mesmo, da inconstitucionalidade do art. 28, II, do CP, pois, segundo tal concepção, permitiria a responsabilização penal sem dolo ou culpa. Nada obstante, discordamos da apontada inconstitucionalidade.

QUEIROZ (2010, p. 341), atento à presente problemática, afirma que:

> *"Cumpre notar ainda que, na hipótese de imprevisibilidade e inevitabilidade do fato, o autor não responderá penalmente, mesmo que se encontre em estado de embriaguez voluntária (completa ou não), sob pena de responsabilização penal objetiva, situação incompatível com o texto constitucional".*

A ressalva feita por QUEIROZ é procedente. A regra fria do art. 28, II, do CP, segundo a qual a embriaguez não acidental não exclui a imputabilidade penal, deve ser interpretada à luz da Carta da República, notadamente sob o prisma do princípio da culpabilidade, verdadeiro óbice a qualquer interpretação que conduza à responsabilidade penal objetiva.

É necessário, portanto, conferir ao art. 28, II, do CP uma interpretação que esteja de acordo com a Carta Constitucional, evitando-se qualquer resquício de responsabilidade penal objetiva e de afronta ao dito princípio. É o que passamos a fazer.

Pois bem. A localização topográfica do art. 28, II, do CP evidencia a sua relação com o tema *culpabilidade*, mais precisamente com a imputabilidade penal, seu primeiro elemento. O conceito analítico de crime majoritariamente aceito exige tipicidade, antijuridicidade e culpabilidade. A tipicidade, sob o aspecto subjetivo, demanda dolo ou culpa, sem o que nenhum resultado típico pode ser atribuído ao agente. Com efeito, a lógica do referido conceito de crime determina que, antes de qualquer incursão analítica acerca da culpabilidade, é preciso decidir a respeito da existência de tipicidade (objetiva e subjetiva).

Quando dos comentários pertinentes ao art. 18, II, do CP, vimos que para haver tipicidade culposa é fundamental que exista previsibilidade objetiva, dentre outros requisitos. Consequentemente, inexiste culpa quando a ingestão de álcool ou de substância de efeitos análogos ocorre sem que o agente tenha tido qualquer possibilidade de prever a ocorrência do resultado típico. Tendo em vista essa impossibilidade de previsão, o resultado não pode ser imputado ao agente, seja a título de dolo ou de culpa. Todo esse raciocínio, como é possível notar, desenvolve-se no âmbito da tipicidade. A análise da antijuridicidade e da culpabilidade (o que inclui a imputabilidade penal), evidentemente, fica comprometida.

Diante do exposto, entendemos perfeitamente possível preservar a constitucionalidade do art. 28, II, do CP. Não há, portanto, como rotulá-lo de inconstitucional, tendo em vista que a sua inserção junto ao Título III da Parte Geral do CP sinaliza que o assunto nele tratado deve ser apreciado e interpretado apenas em sede de imputabilidade penal. Por fim, em se tratando de embriaguez preordenada, o debate anterior perde a razão de existir, sendo perfeitamente aplicável a teoria da *actio libera in causa*.

6.3.3.5. Embriaguez na Lei nº 11.343/06:

Prevê o art. 45 da Lei de Drogas:

> "*Art. 45. É isento de pena o agente que, em razão da dependência, ou sob o efeito, proveniente de caso fortuito ou força maior, de droga, era, ao tempo da ação ou da omissão, qualquer que tenha sido a infração*

penal praticada, inteiramente incapaz de entender o caráter ilícito do fato ou de determinar-se de acordo com esse entendimento.

Parágrafo único. Quando absolver o agente, reconhecendo, por força pericial, que este apresentava, à época do fato previsto neste artigo, as condições referidas no caput deste artigo, poderá determinar o juiz, na sentença, o seu encaminhamento para tratamento médico adequado".

Além daquelas previstas no CP, o art. 45 da Lei n° 11.343/06 elenca mais uma causa de exclusão da imputabilidade penal. No entanto, convém atentar, a sua aplicação não se restringe aos crimes definidos na Lei de Drogas. Desde que presentes os requisitos legais (causal, temporal e consequencial), pode ser aplicada a qualquer infração penal, exatamente como está dito na regra transcrita acima.

Exemplo: X, viciado em cocaína, e em razão de dependência ocasionada pelo uso prolongado da droga, subtrai dinheiro alheio para comprar o satânico pó branco. Presentes os requisitos exigidos pelo art. 45 da Lei n° 11.343/06, exclui-se a imputabilidade penal.

6.4. Semi-imputabilidade:

6.4.1. Definição:

Nos termos do art. 26, parágrafo único, do CP, semi-imputabilidade (ou imputabilidade diminuída) é a perda parcial da capacidade de entendimento ou de autodeterminação causada por perturbação da saúde mental, desenvolvimento mental incompleto ou retardado.

No caso, o problema apresentado pelo indivíduo não elimina a sua capacidade de entender o caráter ilícito do fato ou de determinar-se de acordo com esse entendimento. Ocorre apenas uma diminuição dessa capacidade. Há, portanto, imputabilidade, motivo pelo qual se diz que a terminologia (semi-imputabilidade) empregada pela doutrina não reflete a realidade.

6.4.2. Sistema vicariante:

A Reforma Penal introduzida pela Lei n° 7.209/84, seguindo a tendência das legislações penais modernas, adotou o sistema vicariante (ou unitário). Significa dizer que ao semi-imputável[57] pode ser aplicada, conforme o caso, pena ou medida de segurança. Não se adota mais o sistema do duplo binário (dos dois trilhos ou da dupla via), previsto no antigo art. 82, I, do CP de 1940, hoje inexistente:

---

[57] Apesar da mencionada crítica, tal termo está consagrado nos manuais de Direito Penal, razão pela qual o empregaremos na presente obra.

"Art. 82. Executam-se as medidas de segurança:
I – depois de cumprida a pena privativa de liberdade;
II – no caso de absolvição, ou de condenação a pena de multa, depois de passada em julgado a sentença".

Assim, quanto ao assunto, a sistemática atual do CP viabiliza sempre dois caminhos alternativos: imposição de pena ou de medida de segurança. A primeira está relacionada a um juízo de reprovação (culpabilidade), ao passo que a medida de segurança funda-se na ideia de periculosidade inerente ao inimputável (periculosidade presumida) ou ao semi-imputável (periculosidade real). Diz-se que a periculosidade inerente ao semi-imputável é real, tendo em vista o disposto no art. 98 do CP, segundo o qual, na hipótese do parágrafo único do art. 26 do CP, e necessitando o condenado de especial tratamento curativo, a pena privativa de liberdade pode ser substituída pela internação ou pelo tratamento ambulatorial.

6.4.3. Requisitos:

Exatamente como acontece com as causas de inimputabilidade previstas no art. 26, *caput*, do CP, as hipóteses de semi-imputabilidade (art. 26, parágrafo único, do CP) também demandam alguns requisitos:

a) **Requisito causal:**

A diminuição da capacidade de entendimento ou de autodeterminação deve ser provocada por perturbação da saúde mental ou por desenvolvimento mental incompleto ou retardado, segundo o art. 26, parágrafo único, do CP. Não se exige que o agente seja portador de uma doença mental, bastando uma perturbação da saúde mental.

b) **Requisito temporal:**

É necessário, ademais, que a causa da semi-imputabilidade atue ao tempo da ação ou omissão.

c) **Requisito consequencial:**

Por conta da causa, a capacidade de entendimento ou de autodeterminação do agente fica reduzida.

6.4.4. Natureza jurídica da sentença:

Havendo ou não substituição da pena privativa de liberdade por medida de segurança, possibilidade prevista no art. 98 do CP, a sentença penal, no caso de semi-imputabilidade, é de natureza condenatória.

6.4.5. Consequências jurídicas:

Nos termos do art. 59, *caput*, do CP, a pena a ser imposta ao agente deve ser correspondente à sua culpabilidade. A redução de um dos elementos da culpabilidade, por corolário lógico, deve acarretar a diminuição da sanção penal, razão pela qual o art. 26, parágrafo único, do CP prevê que a semi-imputabilidade funciona como causa geral de diminuição de pena.

Nada obstante o teor do art. 26, parágrafo único, do CP, pode ser que o semi-imputável necessite de especial tratamento curativo (periculosidade real). Nesse caso, excepcionalmente, conforme estabelece o art. 98 do CP, o magistrado substitui a pena privativa de liberdade por medida segurança. Com efeito, há dois caminhos possíveis, a saber:

a) **Pena reduzida:**

O *quantum* de diminuição da pena leva em conta o déficit mental (maior ou menor) apresentado pelo semi-imputável, ressaltando que, segundo a posição majoritária, a redução, uma vez preenchidos os requisitos legais, é obrigatória.

b) **Substituição da pena por medida de segurança:**

Neste caso, o magistrado, em primeiro lugar, condena o réu a uma pena privativa de liberdade, diminuída de um a dois terços, conforme previsto no art. 26, parágrafo único, do CP. Em seguida, constatando-se que o agente necessita de especial tratamento curativo, procede à substituição daquela reprimenda (já diminuída) por uma medida de segurança, nos termos do art. 98 do CP.

6.5. Emoção e paixão:

6.5.1. Definição:

Preceitua o CP:

> "Art. 28. Não excluem a imputabilidade penal:
> I - a emoção ou a paixão;
> (...)".

A diferença entre a emoção e a paixão é sintetizada por NORONHA (1995, p. 175) da seguinte forma:

> "Em poucas palavras: a emoção é caracteristicamente transitória, ao passo que a paixão é duradoura; é um estado crônico, embora possa

apresentar períodos agudos. Aquela é subitânea; esta é permanente." (grifo nosso)

Advertindo ser muito difícil distinguir, com a devida segurança, as duas figuras, assevera BITENCOURT (2011, p. 426):

> "A <u>emoção</u> é uma descarga tensional passageira, de vida efêmera, enquanto a <u>paixão</u>, pode-se afirmar, é o estado crônico da emoção, que se alonga no tempo, representando um estado contínuo e duradouro de perturbação afetiva." (grifo nosso)

Verifica-se que o caráter distintivo entre a emoção e a paixão reside, fundamentalmente, na transitoriedade da primeira e no aspecto crônico da segunda. Como exemplos de emoção, podemos citar: ansiedade, alegria, surpresa, etc. A paixão, por sua vez, pode ser exemplificada através dos seguintes sentimentos: ambição, fanatismo, ciúme, amor, ódio, etc.

6.5.2. Emoção como fator de menor reprovação:

Malgrado a existência da regra do art. 28, I, do CP, fato é que o CP não desconsidera a repercussão que tais situações podem provocar na seara penal, notadamente quanto ao juízo de reprovação incidente sobre a conduta do agente.

Com efeito, dispõe o CP:

> "Art. 65. São circunstâncias que sempre atenuam a pena:
> (...);
> III - ter o agente:
> (...);
> c) cometido o crime sob coação a que podia resistir, ou em cumprimento de ordem de autoridade superior, <u>ou sob a influência de violenta emoção, provocada por ato injusto da vítima</u>;
> (...)". (grifo nosso)

Da mesma forma, ao tipificar o crime de homicídio, preceitua o art. 121, § 1º, do CP:

> "Se o agente comete o crime impelido por motivo de relevante valor social ou moral, <u>ou sob o domínio de violenta emoção, logo em seguida a injusta provocação da vítima</u>, ou juiz pode reduzir a pena de um sexto a um terço". (grifo nosso)

A mesma redação anterior possui o art. 129, § 4º, do CP, tipo penal que define o crime de lesão corporal. A título de advertência, os arts. 121, § 1º, e 129, § 4º, do CP, embora chamados pela doutrina de tipos privilegiados, configuram, na realidade, causas especiais de diminuição de pena.

Conforme estabelece o art. 28, II, do CP, a imputabilidade penal não é afastada por conta da emoção ou da paixão, uma vez que tais sentimentos são considerados absolutamente normais e inerentes aos indivíduos de um modo geral. Incide, no entanto, desde que presentes os requisitos legais, uma circunstância atenuante genérica (art. 65, III, c, parte final, do CP); ou, em se tratando de homicídio (art. 121, § 1º, do CP) ou de lesão corporal (art. 129, § 4º, do CP), uma causa especial de diminuição de pena.

6.5.3. Emoção, paixão e doença mental:

Pode ser que a paixão, enraizando-se cada vez mais no indivíduo, transforme-se numa doença mental. No caso, e desde que preenchidos os requisitos do art. 26, *caput*, do CP, a imputabilidade penal do agente resta excluída. Mas atenção! Não pela paixão em si, mas em virtude da inimputabilidade causada pela doença mental.

7. Erro de Proibição:

7.1. Definição:

Preceitua o CP:

> *"Art. 21. O desconhecimento da lei é inescusável. O erro sobre a ilicitude do fato, se inevitável, isenta de pena; se evitável, poderá diminuí-la de um sexto a um terço.*
>
> *Parágrafo único. Considera-se evitável o erro se o agente atua ou se omite sem a consciência da ilicitude do fato, quando lhe era possível, nas circunstâncias, ter ou atingir essa consciência".*

Desde já, cumpre estabelecer a distinção entre erro de tipo e erro de proibição. O erro de tipo, conforme vimos no capítulo XVI, recai sobre os elementos integrantes do tipo objetivo, implicando sempre exclusão do dolo, mas permitindo a punição por crime culposo, desde que o erro seja vencível e haja previsão legal para o fato imprudente.

O erro de proibição, por sua vez, recai sobre a ilicitude do fato, ou seja, sobre a proibição, não havendo exclusão do dolo, quer se trate de erro vencível ou invencível. No erro de proibição, o agente entende que o comportamento por ele realizado é lícito, quando, na verdade, contraria o ordenamento jurídico. Enfim, supõe permitida uma conduta proibida.

7.2. Desconhecimento da lei *versus* ausência de consciência da ilicitude:

O art. 21, *caput*, do CP menciona, logo no início, que o desconhecimento da lei é inescusável, evidenciando, assim, que a responsabilização penal independe do conhecimento da lei penal. Em homenagem ao princípio da segurança jurídica, não poderia ser diferente. O CP não poderia mesmo dar guarida a essa escusa. Caso contrário, somente pessoas portadoras de conhecimento jurídico seriam penalmente responsabilizadas. Logo, quanto a isso, andou bem a lei penal. Afinal, as pessoas, de um modo geral, conhecem (ou tiveram a oportunidade de conhecer) o caráter ilícito que paira sobre as diversas condutas delituosas (homicídio, roubo, estupro, etc.), ainda que não tenham tido qualquer contato com os arts. 121, 157 e 213 do CP, respectivamente.

E isso ocorre porque a possibilidade de se conhecer a ilicitude do fato, em regra, não está condicionada ao conhecimento da lei. As pessoas, desde a mais tenra idade, são socialmente orientadas a respeito da ilicitude de alguns comportamentos. Por exemplo, o dever de respeitar a integridade das pessoas é socialmente ensinado às crianças. Os pais ensinam aos filhos que "não se deve bater no coleguinha da escola". Como dizia KARL BINDING, citado por BITENCOURT (2011, p. 439):

> "'(...) o egoísmo nos revela quais são os atos que precisamos tolerar e, via de regra, nossa razão conclui acertadamente que tais atos devem estar proibidos por outrem em face de nossa pessoa, ou por nós, em face de outrem. *Essa suposição da existência de uma proibição que se funda na realidade, é completamente suficiente para produzir um conhecimento necessário da norma*'". (grifo nosso)

Refere-se BINDING ao chamado conhecimento profano do injusto, livre de qualquer tecnicismo jurídico. Conhecimento que se obtém através de um constante processo de socialização, por meio do qual se transmite a consciência (ou ao menos a possibilidade de se atingi-la) relativa ao caráter ilícito de diversas ações. No bojo desse processo, inúmeros valores (sociais, culturais, éticos, morais, etc.) são difundidos no seio social. A honestidade é um deles. As pessoas, felizmente, são socialmente orientadas a serem honestas, a respeitarem o bem público, por exemplo. Por conseguinte, o servidor público que se corrompe não pode invocar o desconhecimento da lei penal para se livrar da punição inerente ao art. 317 do CP (crime de corrupção passiva). É que o valor honestidade é socialmente difundido, ainda que o corrupto não o tenha apreendido.

Por conta do exposto, em se tratando de comportamentos que atentam contra bens jurídicos básicos (vida, integridade física, patrimônio, dignidade sexual, etc.), a regra prevista no art. 21, *caput*, parte inicial, do CP, segundo o qual o desconhecimento da lei é inescusável, não comporta maior debate: o conhecimento acerca do caráter proibido de condutas criminosas como homicídio, lesão corporal, furto e estupro, por exemplo, independe mesmo do conhecimento da lei penal.

Nada obstante, sabe-se que o CP não esgota as infrações penais existentes no país. A dinâmica social faz com que novos comportamentos, antes penalmente irrelevantes, passem a compor o nosso catálogo de delitos. O Direito Penal, rotineiramente, abarca novos tipos penais incriminadores. Muitos, infelizmente, absolutamente desnecessários à luz do princípio da intervenção mínima.

O fato é que, além do arcabouço penal fundamental (o CP de 1940), inúmeras leis especiais tutelam outros bens jurídicos dotados de relevância. Algumas delas desconhecidas por muitos operadores do Direito, quiçá por quem não mantém qualquer contato com a seara jurídica. Citamos, como exemplo, a Lei nº 11.105/05, diploma legal que, dentre outras providências, estabelece normas de segurança e mecanismos de fiscalização de atividades que envolvam organismos geneticamente modificados (OGM) e seus derivados. Através do art. 29 da Lei nº 11.105/05, incrimina-se as seguintes condutas: produzir, armazenar, transportar, comercializar, importar ou exportar OGM ou seus derivados, sem autorização ou em desacordo com as normas estabelecidas pela Comissão Técnica Nacional de Biossegurança (CTNBio) e pelos órgãos e entidades de registro e fiscalização.

A toda evidência, o conhecimento acerca da ilicitude das condutas incriminadas pela Lei nº 11.105/05 não se adquire por meio de um processo de socialização. Não estamos afirmando, convém salientar, que o desconhecimento da Lei nº 11.105/05 seja escusável. Não é isso. Salientamos, apenas, que o desconhecimento da legislação pertinente à tão complexa matéria (OGM) pode, sim, eventualmente, acarretar o desconhecimento da ilicitude do fato, circunstância que não pode ser desprezada pelo julgador. Assim, nada obstante a clareza da regra citada na parte inicial do art. 21, *caput*, do CP, não se deve ignorar a repercussão decorrente do desconhecimento da lei (art. 65, II, do CP).

Em se tratando de condutas incriminadas pela Lei nº 11.105/05, bem como por outras leis penais especiais (a Lei dos Crimes Ambientais, por exemplo), cujo conteúdo proibitivo nem sempre é socialmente transmitido, é necessário averiguar, diante das circunstâncias, se o agente podia alcançar tal consciência da ilicitude do fato (art. 21, parágrafo único, parte final, do CP).

De acordo com a lição de BITENCOURT (2011, p. 441):

> "É preciso indagar se havia possibilidade de adquirir tal consciência e, em havendo essa possibilidade, se ocorreu negligência em não adquiri-la ou falta ao dever concreto de procurar esclarecer-se sobre a ilicitude da conduta praticada". (grifo nosso)

Quanto ao trecho sublinhado acima, refere-se BITENCOURT ao que a doutrina convencionou chamar de "dever de informar-se". Vale dizer: o agente, apesar de ter agido sem o conhecimento da ilicitude do fato, devia ter se informado a respeito da atividade, não se configurando, assim, o erro de proibição invencível.

7.3. Espécies:

O erro de proibição pode ser classificado em:

7.3.1. Erro de proibição vencível, inescusável ou evitável:

Estabelece o art. 21, parágrafo único, do CP:

> "Considera-se evitável o erro se o agente atua ou se omite sem a consciência da ilicitude do fato, quando lhe era possível, nas circunstâncias, ter ou atingir essa consciência". (grifo nosso)

No erro de proibição vencível o agente atua (ou se omite) sem a consciência da ilicitude do fato, sendo que tal consciência era possível de ser alcançada. Por conseguinte, essa espécie de erro não gera a exclusão da culpabilidade. Nada obstante, a reprovação que recai sobre o comportamento do agente que incorre em erro de proibição vencível é menor, razão pela qual a sua pena deve ser diminuída. Assim, nos termos do art. 21, *caput*, parte final, do CP, o erro de proibição vencível configura causa geral de diminuição de pena (de um sexto a um terço).

7.3.2. Erro de proibição invencível, escusável ou inevitável:

No presente caso (art. 21, *caput*, do CP) o agente, também por erro, pensa que o comportamento por ele praticado é lícito, quando, na realidade, é proibido. *A contrario sensu* do art. 21, parágrafo único, do CP, considera-se inevitável (invencível) o erro se o sujeito atua (ou se omite) sem a consciência da ilicitude do fato, quando não lhe era possível, nas circunstâncias, ter ou atingir essa consciência. O erro de proibição invencível elimina a possibilidade de consciência acerca da ilicitude, figurando como causa de exclusão da culpabilidade.

7.3.3. Erro de proibição direto:

Trata-se de erro que incide sobre a proibição contida num tipo penal incriminador. Significa dizer que o agente atua (ou se omite) desconhecendo que o seu comportamento é ilícito, não representando a antijuridicidade de sua conduta; ou quando atua (ou se omite) acreditando que seu comportamento é lícito, hipótese em que representa, como jurídica, a sua ação. O erro de proibição direto pode ser vencível ou invencível, conforme o caso, levando às consequências já expostas.

Exemplo: X encontra um objeto que alguém havia perdido. Acreditando não haver proibição, e por desconhecer o legítimo dono da coisa, decide ficar com ela. Na hipótese, demonstrou desconhecer a proibição contida no art. 169, parágrafo único, II, do CP, que trata do crime de apropriação de coisa achada, segundo o qual quem acha coisa alheia perdida e dela se apropria, total ou parcialmente, deixando de restituí-la ao dono ou legítimo possuidor ou de entregá-la à autoridade competente, dentro do prazo de 15 (quinze) dias, fica sujeito à pena de detenção, de um mês a um ano, ou multa.

Exemplo: X, cidadão holandês, viaja para o Brasil. Acreditando não haver proibição, decide trazer pequena quantidade de maconha para consumo próprio. Já em solo brasileiro, é abordado por policiais, os quais encontram a droga na mochila do turista. Em sua defesa, alega desconhecer qualquer proibição prevista na legislação penal brasileira. X incorreu em erro quanto à proibição contida no art. 28, *caput*, da Lei nº 11.343/06, que trata do crime de porte de droga para consumo próprio.

Exemplo: X, homem do meio rural, desconhecendo o caráter proibitivo contido no tipo penal previsto no art. 29 da Lei nº 9.605/98 (Lei dos Crimes Ambientais), caça animais silvestres.

7.3.4. Erro de proibição indireto (ou erro de permissão):

O erro de proibição indireto refere-se sempre a uma causa de exclusão da antijuridicidade (norma penal permissiva), podendo recair:

a) Sobre a existência de uma causa excludente da antijuridicidade que, na realidade, não possui previsão no ordenamento jurídico.

Exemplo: X imagina possuir o direito de corrigir a esposa adúltera. Portanto, supõe estar agindo no exercício regular de um direito (art. 23, III, 2ª parte, do CP), conduta que, a toda evidência, não encontra qualquer justificativa perante o ordenamento jurídico. O erro de proibição indireto pode ser vencível ou invencível, conforme o caso.

b) Sobre os limites jurídicos de uma causa excludente da antijuridicidade efetivamente prevista no ordenamento jurídico. Vale dizer: o agente atribui a uma causa de justificação existente limites normativos distintos dos fixados pelo legislador.

7.3.5. Erro mandamental:

Cuida-se de erro que incide sobre o mandamento contido nos delitos omissivos (próprios ou impróprios). O sujeito, por uma falsa percepção da realidade, erra quanto à norma mandamental (norma que manda fazer algo), descumprindo-a. O erro mandamental pode ser vencível ou invencível, conforme o caso.

Exemplo: X observa que Y começa a se afogar nas águas de uma lagoa. Tendo em vista a inexistência de qualquer vínculo de parentesco entre ambos, X deixa de cumprir a norma mandamental contida no art. 135 do CP, a qual manda prestar socorro à pessoa em grave e iminente perigo.

Cabe registrar, no entanto, que o erro mandamental, dependendo da hipótese, pode configurar erro de tipo ou erro de proibição, a depender da hipótese. Quando dos comentários relativos ao art. 13, § 2º, do CP, vimos que a condição de agente garantidor integra o tipo omissivo impróprio. Por conseguinte, o erro incidente sobre essa condição deve ser tratado como erro de tipo (art. 20, *caput*, do CP). Porém, se o agente, ciente do fato de ser garantidor, erra quanto aos limites dessa condição, trata-se de erro de proibição, aplicando-se o disposto no art. 21 do CP.

8. Coação moral irresistível:

8.1. Definição:

Estabelece o CP:

> *"Art. 22. Se o fato é cometido sob coação irresistível ou em estrita obediência a ordem, não manifestamente ilegal, de superior hierárquico, só é punível o autor da coação ou da ordem".*

Coagir significa obrigar, constranger, forçar, compelir. Coação moral (ou *vis* relativa) é aquela realizada por meio de grave ameaça (promessa de um mal injusto e grave) dirigida pelo coator ao coagido (ou coacto). Pode ser irresistível ou resistível, gerando consequências jurídicas diversas. A irresistibilidade deve ser aferida segundo a iminência e a gravidade do mal que se ameaça infligir ao coacto (BITENCOURT, 2011, p. 421).

A coação moral irresistível encontra-se prevista no art. 22, 1ª parte, do CP. Por ser irresistível, elimina o juízo de censura característico da culpabilidade, não havendo crime por parte do coagido. O coator responde pelo delito.

Exemplo: **X** (coator), com emprego de arma de fogo, e mediante iminente ameaça de morte, obriga **Y** (coato) a estuprar **Z**. A conduta praticada por **Y** é típica e antijurídica. Porém, não é reprovável, tendo em vista que não lhe era possível agir de modo diverso.

A coação moral irresistível elimina o terceiro elemento da culpabilidade (exigibilidade de conduta diversa). Não havendo culpabilidade, inexiste crime. A coação moral resistível, por sua vez, não conduz à exclusão da culpabilidade, tendo em vista que o agente podia resistir à coação. Assim, permanece intacto o juízo de reprovação. No entanto, o coagido faz jus a uma circunstância atenuante genérica (art. 65, III, *c*, do CP).

Diferentemente, a coação física (*vis* absoluta) é exercida mediante emprego de força física sobre o coagido. Quando irresistível, configura causa de exclusão da conduta do coagido. Difere, portanto, da coação moral irresistível, que interfere no âmbito da culpabilidade.

8.2. Natureza jurídica:

O conceito analítico de crime requer três requisitos: tipicidade, antijuridicidade e culpabilidade, sendo a exigibilidade de conduta diversa um dos elementos desta. É justamente nesse momento que a coação moral irresistível propõe-se a atuar: como causa legal excludente da culpabilidade.

9. Obediência hierárquica:

9.1. Definição e natureza jurídica:

Trata-se de causa que exclui a culpabilidade relativa ao fato (típico e antijurídico) praticado por um subordinado no estrito cumprimento de ordem não manifestamente ilegal emitida por superior hierárquico. Está prevista no art. 22, 2ª parte, do CP.

9.2. Requisitos:

A doutrina elenca os seguintes requisitos para a obediência hierárquica:

9.2.1. Relação de subordinação:

A fim de alcançar o interesse público, a máquina estatal é estrutura em níveis hierárquicos. É o chamado escalonamento vertical. Há servidores públicos que mandam, há aqueles que obedecem. Uma verdadeira relação pública de mando e obediência. O mando é exercido por meio de ordens em sentido amplo (ordens de serviço, despachos, comunicações, ofícios, etc.).

Para o alcance do fim público, os superiores hierárquicos, diante das balizas legais, emitem ordens. Os subordinados, por sua vez, devem cumpri-las. Conforme previsão estatutária, o descumprimento delas pode configurar, inclusive, infração penal e/ou administrativa, podendo ensejar sanções ao servidor desobediente.

9.2.2. Relação decorrente de Direito Público:

A relação travada entre o superior e o subordinado deve ser decorrente de algum ramo do Direito Público, como o Direito Administrativo, por exemplo.

Exemplo: entre o delegado de polícia e o inspetor de polícia há uma relação funcional de natureza estatutária, motivo pelo qual o primeiro manda o segundo diligenciar a fim de investigar determinado fato (em tese delituoso) chegado ao seu conhecimento. Essa ordem legal, a toda evidência, deve ser obedecida pelo policial, tudo em decorrência da estrutura hierárquica prevista.

A razão é extremamente lógica: a lei estabelece os requisitos necessários para o preenchimento dos quadros da administração pública. Destina-lhes, ainda, as respectivas atribuições e responsabilidades. Sendo o delegado de polícia o encarregado do inquérito policial, não se admite possa o subordinado questionar a conveniência das ordens legais que lhe são dirigidas pelo superior. A direção da unidade de polícia judiciária é afeta ao delegado de polícia. Ele é o servidor público com atribuição para tanto. Logicamente, auxiliado pelos demais servidores. Subverter essa lógica afronta os mais elementares princípios administrativos.

Com efeito, é preciso ter em mente que, na administração pública, independentemente da carreira, sempre haverá superiores e subordinados. É claro, no entanto, que o subordinado, a fim de cumprir corretamente a ordem recebida, pode e deve pedir esclarecimentos sobre a missão a ser executada, bem como sanar eventuais dúvidas a respeito dela. Desde que o objetivo, obviamente, não seja afrontar a ordem legal do superior.

Diante desse quadro hierárquico, o Direito Penal não desconsidera a repercussão jurídica que o dever de cumprir ordens pode gerar no subordinado. A previsão contida do art. 22, 2ª parte, do CP sinaliza essa ideia. Às vezes, fica o subordinado, literalmente, "entre a cruz e a espada": ou cumpre a ordem (não manifestamente ilegal) do superior; ou a descumpre, podendo ser responsabilizado por eventual ilícito penal e/ou administrativo. Diante de tal dilema, o subordinado tende a cumprir a ordem recebida, surgindo, então, a seguinte questão: e se o subordinado, ao cumpri-la, vier a praticar um fato típico e antijurídico? Resposta: poderá fazer jus à regra exculpante prevista no art. 22, 2ª parte, do CP, sendo que a existência ou não de infração penal por parte do inferior hierárquico exigirá uma análise dos requisitos acima mencionados, além da natureza da ordem.

9.2.3. Ordem não manifestamente ilegal:

Para a configuração da causa excludente sob comento é necessário, outrossim, que a ordem cumprida não seja manifestamente ilegal. Ordem não manifestamente ilegal é aquela que, uma vez analisada pelo destinatário, apresenta contornos de legalidade. Significa dizer que o subordinado a recebe e a interpreta como legal, quando, na realidade, é ilegal.

A ordem não manifestamente ilegal situa-se, portanto, numa zona cinzenta. Não é claramente legal (como a que determina a prisão de uma pessoa que acabou de cometer um delito) nem expressamente ilegal (como a que ordena que se torture um preso). Insere-se num âmbito de dúvida, notadamente quanto ao seu respaldo legal.

Exemplo: o delegado de polícia, mesmo ciente da inexistência de flagrante delito ou de mandado de prisão expedido, determina o recolhimento de uma pessoa à cela da unidade de polícia judiciária. Informa ao subordinado que a custódia cautelar tinha sido decidida naquele exato momento pelo juiz competente, motivo pelo qual ainda não constava do pertinente banco de dados. O pedido de prisão, no entanto, havia sido indeferido pelo magistrado. Por conta disso, ambos são processados por crime de abuso de autoridade (art. 4º, *a*, da Lei nº 4.898/65). Pergunta-se: pode o subordinado ser beneficiado pela obediência hierárquica? A resposta é positiva, cabendo advertir que eventual dúvida quanto à exigibilidade de atuação conforme o Direito deve ser decidida em favor do réu.

Em se tratando de ordem legal, nenhum problema surge, pois a sua emissão e o respectivo cumprimento não configuram crime algum.

Exemplo: o delegado de polícia, após decidir a respeito da tipicidade penal inerente a um fato delituoso que lhe foi apresentado, bem como acerca da existência de flagrante delito, determina o recolhimento do preso à cela. O inspetor de polícia, ao cumprir a ordem, o faz ciente de sua legalidade, isso amparado em dois aspectos: em primeiro lugar, o delegado de polícia detém atribuição para tomar tal decisão. Da mesma forma, o recolhimento do preso em flagrante possui previsão legal[58].

Sendo a ordem ilegal, ou seja, emitida em desacordo com o previsto em lei, o superior e o subordinando respondem por eventual crime decorrente de seu cumprimento.

Exemplo: o delegado de polícia, ao ser avisado sobre a relutância do preso em falar sobre o fato investigado, determina ao inspetor de polícia que lhe extraia a confissão, mesmo sob tortura. O subordinado, mesmo ciente da ilegalidade, cumpre a ordem. Não devia, pois a hierarquização existente na administração pública não lhe impõe o cumprimento de ordem em desacordo com a lei. Ambos respondem pelo crime de tortura (art. 1º, I, *a*, da Lei nº 9.455/97), em concurso de pessoas.

9.2.4. Estrito cumprimento da ordem:

Além dos citados requisitos, afirma a doutrina ser necessário, para efeito de obediência hierárquica, que o subordinado cumpra exatamente o que lhe foi determinado pelo superior, sem qualquer extrapolação.

---

[58] De acordo com o CPP:
Art. 302. Considera-se em flagrante delito quem:
I - está cometendo a infração penal;
II - acaba de cometê-la;
III - é perseguido, logo após, pela autoridade, pelo ofendido ou por qualquer pessoa, em situação que faça presumir ser autor da infração;
IV - é encontrado, logo depois, com instrumentos, armas, objetos ou papéis que façam presumir ser ele autor da infração.

9.3. Obediência hierárquica *versus* relação de Direito Privado:

A obediência hierárquica, como causa de exclusão da culpabilidade, pressupõe a existência de uma relação hierárquica entre pessoas. É imprescindível, ainda, que essa relação seja decorrente de um dos ramos do Direito Público (Direito Administrativo, por exemplo). Logo, não há que se falar em obediência hierárquica entre o patrão e o empregado.

Como solucionar, então, o seguinte caso? **X**, funcionário de uma empresa de transporte de cargas, comunica ao empregador **Y** que os pneus e os freios do veículo utilizado para o serviço estão em péssimo estado, necessitando, portanto, de manutenção. **Y**, por sua vez, informa que não realizará o reparo. **X**, ciente de que o uso do veículo nessas condições é extremamente arriscado, recusa-se a fazer a entrega das mercadorias, no que é ameaçado de demissão. Necessitando do emprego para sustentar a família, cede à ameaça do patrão. Ao tentar parar o veículo, os freios não funcionam. **X**, culposamente, mata o pedestre **Z**. Na presente hipótese, pode ser alegada a obediência hierárquica?

Vejamos. Não há dúvida de que o fato praticado por **X** é típico à luz do art. 302 do CTB (homicídio culposo na direção de veículo automotor). Da mesma forma, nenhuma causa excludente da antijuridicidade pode ser aplicada. Mas ainda não podemos firmar posição pela existência de crime. Falta analisar se **X** deve ser reprovado pela conduta praticada. Cumpre verificar, assim, se **X**, diante da situação na qual se viu envolvido, devia atuar conforme o Direito, cumprindo o dever objetivo de cuidado pertinente à condução de veículo automotor.

Embora, aparentemente, a obediência hierárquica possa ser invocada, fato é que a incidência dessa causa excludente da culpabilidade exige uma relação de Direito Público entre o emissor e o destinatário da ordem. No caso, a relação entre **X** e **Y** encontra previsão junto ao Direito do Trabalho, ramo do Direito Privado, conforme a nossa posição. Logo, não é possível alegar tal causa excludente. No entanto, não há como negar que **X** encontrava-se em situação extremamente excepcional e delicada: ou cumpria a determinação do patrão; ou... "olho da rua!". A solução passa pela incidência de uma causa supralegal excludente da culpabilidade: a inexigibilidade de conduta diversa.

Capítulo XXIV

Concurso de Pessoas[59]

1. Considerações iniciais:

Preceitua o CP:

> *"Art. 29. Quem, de qualquer modo, concorre para o crime incide nas penas a este cominadas, na medida de sua culpabilidade.*
> *§ 1º. Se a participação for de menor importância, a pena pode ser diminuída de um sexto a um terço.*
> *§ 2º. Se algum dos concorrentes quis participar de crime menos grave, ser-lhe-á aplicada a pena deste; essa pena será aumentada até metade, na hipótese de ter sido previsível o resultado mais grave".*

A empreitada criminosa, de um modo geral, pode ser realizada por apenas uma pessoa. Mas também pode ser fruto da colaboração consciente de vários sujeitos, dando azo ao surgimento do concurso de pessoas. Assim, o estudo do presente tema é fundamental para a perfeita delimitação da responsabilidade penal inerente a cada um dos concorrentes, tudo em homenagem ao princípio constitucional da culpabilidade.

Com efeito, prevê o CP uma série de regras (arts. 29 a 31) que objetivam orientar a imposição da pena aos que concorrem de algum modo para a prática do delito, permitindo ao magistrado fixar a medida da culpabilidade inerente a cada um. O art. 29, *caput*, do CP cumpre, ainda, outra importante função dentro da teoria do delito: através dele é

---

[59] O antigo art. 25 do CP de 1940, dispositivo que tratava do tema, adotava a terminologia coautoria. A Reforma Penal de 1984 empregou uma fórmula mais genérica (Do Concurso de Pessoas), abrangendo as suas duas espécies: coautoria e participação.

possível realizar a adequação típica mediata (ou indireta), ampliando, assim, o alcance típico, sem o que muitos concorrentes restariam impunes. Vejamos.

Exemplo: X, pretendendo matar Y, solicita a Z o empréstimo de uma corda. Este, consciente da destinação a ser dada ao objeto, atende ao pedido. Em seguida, X enforca e mata Y.

O caso narrado demonstra que X, efetivamente, realizou o verbo previsto no tipo penal do homicídio, incidindo diretamente na sua previsão. Trata-se, portanto, de adequação típica imediata (direta). A contribuição de Z, no entanto, limitou-se à cessão do instrumento do crime. Assim, pergunta-se: como amoldar a conduta de Z ao art. 121 do CP, se ele não matou alguém? Resposta: através da norma de extensão prevista no art. 29, *caput*, do CP, regra que sinaliza que o Direito Penal não pune apenas condutas que se enquadram diretamente no tipo penal. Pune, ainda, qualquer comportamento que, de alguma maneira, colabora para a ação principal. Se, por hipótese, o art. 29, *caput*, do CP não existisse, seria impossível responsabilizar Z pelo auxílio prestado, tendo em vista que não haveria como estender o alcance do tipo penal do art. 121 do CP. E, diante do princípio da legalidade penal, não haveria punição para comportamentos acessórios, como o realizado por Z, redundando num enfraquecimento da proteção conferida pelo Direito Penal ao bem jurídico tutelado (no caso, a vida humana).

2. Classificação dos crimes quanto ao concurso de pessoas:

Dissemos linhas atrás que o fenômeno criminoso pode ser obra de apenas uma pessoa, podendo, ainda, ser fruto da concorrência de várias. Assim, quanto ao concurso de pessoas, cumpre estabelecer a seguinte classificação:

2.1. Crime de concurso eventual (monossubjetivo ou unipessoal):

Crime de concurso eventual é aquele que pode ser cometido por uma só pessoa, bem como por várias em concurso. O tipo penal contenta-se com um só agente, não fazendo qualquer alusão quanto ao número de indivíduos. A maioria dos delitos previstos na legislação penal é assim classificada.

Exemplo: arts. 121, 155, 158, 171, 213, dentre outros, do CP.

2.2. Crime de concurso necessário (plurissubjetivo ou pluripessoal):

Crime de concurso necessário é aquele que só pode ser cometido por vários agentes em concurso. O tipo penal não se contenta com apenas um, exigindo diversos sujeitos.

Exemplo: rixa (art. 137). Apesar do tipo penal não fazer qualquer referência ao número de rixosos, a doutrina é unânime em afirmar que a rixa requer a participação de 03 (três) agentes, no mínimo. Cite-se, ainda, o crime de associação criminosa, cujo art. 288 do CP, expressamente, demanda 03 (três) sujeitos, no mínimo. Da mesma maneira, o delito de constituição de milícia privada[60], previsto no art. 288-A do CP.

A doutrina costuma classificar os crimes de concurso necessário em:

a) **Crime de concurso necessário de condutas paralelas:** quando os concorrentes atuam visando à consecução de um propósito comum.

Exemplo: associação criminosa (art. 288 do CP) e constituição de milícia privada (art. 288-A do CP).

b) **Crime de concurso necessário de condutas convergentes:** quando as condutas dos concorrentes convergem para o cometimento do delito.

Exemplo: X, casado, contrai novo casamento com Y, pessoa que, apesar de não ser casada, estava plenamente ciente do impedimento matrimonial do primeiro. As condutas de X e Y convergem para a prática dos delitos de bigamia[61] (art. 235, *caput*, do CP) e bigamia privilegiada (art. 235, § 1º, do CP), respectivamente.

c) **Crime de concurso necessário de condutas contrapostas:** quando as condutas dos concorrentes são contrapostas entre si.

---

[60] Art. 288-A. Constituir, organizar, integrar, manter ou custear organização paramilitar, milícia particular, grupo ou esquadrão com a finalidade de praticar qualquer dos crimes previstos neste Código:
Pena - reclusão, de 4 (quatro) a 8 (oito) anos.

[61] Art. 235. Contrair alguém, sendo casado, novo casamento:
Pena - reclusão, de dois a seis anos.
§ 1º. Aquele que, não sendo casado, contrai casamento com pessoa casada, conhecendo essa circunstância, é punido com reclusão ou detenção, de um a três anos.
§ 2º. Anulado por qualquer motivo o primeiro casamento, ou o outro por motivo que não a bigamia, considera-se inexistente o crime.

Exemplo: numa boate, X, Y e Z dão início a um entrevero generalizado. Os brigões agridem-se, reciprocamente, através de empurrões e arremesso de objetos. Trata-se de crime rixa (art. 137 do CP).

3. Teorias relativas ao concurso de pessoas:

3.1. Teoria unitária (ou monista):

A teoria unitária afirma existir, no concurso de pessoas, crime único, pelo qual autor e partícipe devem responder. Significa dizer que todos os concorrentes são responsabilizados pelo mesmo crime, na medida exata da culpabilidade de cada um.

A dicção do art. 29, *caput*, do CP permite concluir que o Direito Penal brasileiro acolheu, em regra, a teoria unitária. Entretanto, tal não se reveste de um caráter absoluto, pois o art. 29, § 2º, do CP indica a existência de exceção, possibilitando que cada um dos agentes possa ser responsabilizado de modo diferente. Nesse sentido, acosta-se a ementa do HC nº 97.652, STF, Segunda Turma, relatoria do Min. Joaquim Barbosa, julgado em 04.08.2009:

> "(...). Segundo a teoria monista ou unitária, havendo pluralidade de agentes e convergência de vontades para a prática da mesma infração penal, como se deu no presente caso, todos aqueles que contribuem para o crime incidem nas penas a ele cominadas (CP, art. 29), <u>ressalvadas as exceções para as quais a lei prevê expressamente a aplicação da teoria pluralista</u>. Ordem concedida". (grifo nosso)

3.2. Teoria dualista:

A teoria dualista diverge da anterior, afirmando haver dois crimes, sendo um para o autor e outro para o partícipe. Não foi acolhida pelo Direito Penal brasileiro.

3.3. Teoria pluralista:

Segundo a teoria pluralista, há tantos crimes quantos forem os participantes. Cada um responde por um delito próprio. A teoria pluralista encontra acolhida em alguns casos excepcionais previstos na legislação penal. Vejamos:

Exemplo: art. 317 (corrupção passiva) e art. 333 (corrupção ativa) do CP. Por uma opção legislativa, o funcionário corrupto que recebe a propina incorre no crime do art. 317, ao passo que o particular que a oferece responde pelo art. 333 do CP.

Exemplo: art. 124, 2ª parte, do CP (aborto consentido pela gestante) e art. 126 do CP (aborto provocado com o consentimento da gestante). A gestante que, pretendendo abortar, autoriza que terceiro o faça, incorre no crime do art. 124, 2ª parte, ao passo que aquele que realiza o aborto responde pelo art. 126 do CP.

Exemplo: o diretor de penitenciária e/ou agente público que deixa de cumprir seu dever de vedar ao preso o acesso a aparelho telefônico, que permita a comunicação com outros presos ou com o ambiente externo, incorre no crime do art. 319-A do CP, ao passo que aquele que ingressa, sem autorização legal, com o aparelho telefônico, em estabelecimento prisional, responde pelo art. 349-A do CP.

4. Requisitos para o concurso de pessoas:

4.1. Pluralidade de pessoas:

Soa um tanto quanto óbvio afirmar que o concurso de pessoas requer pluralidade de agentes, ainda que somente um deles venha a executar a ação delituosa. Até mesmo os inimputáveis são considerados para efeito de concurso de pessoas. A propósito, conferir o HC nº 197.501/SP, STJ, relatoria do Min. Og Fernandes, julgado em 10.05.2011.

4.2. Relevância causal da colaboração de cada concorrente:

A colaboração prestada por cada um dos concorrentes deve possuir relevância causal, isto é, contribuir, efetivamente, para a infração penal, conclusão que se extrai da regra prevista no art. 13, *caput*, do CP, que trata da teoria da equivalência dos antecedentes causais.

Exemplo: **X**, conscientemente, fornece a arma com a qual **Y** elimina a vida de **Z**. A contribuição de **X** possui relevância causal, pois o meio cedido foi utilizado no crime. O presente exemplo, como veremos, retrata a denominada participação material, ou seja, aquela na qual o partícipe (**X**) materializa, de alguma forma, a sua contribuição. Ambos, **Y** (autor) e **X** (partícipe) respondem por homicídio, em concurso de pessoas.

E se a arma fornecida não fosse empregada? A solução seria diferente? A resposta é positiva. Não haveria concurso de pessoas, tendo em vista a inexistência de relevância causal quanto à colaboração material prestada por **X**. No entanto, se **X**, além de ter cedido a arma, tivesse também colaborado moralmente para o delito, reforçando o propósito criminoso de **Y**, a solução seria outra. **X** seria considerado partícipe, não por ter cedido o meio, mas por ter encorajado a ideia criminosa de **Y**, caso em que haveria participação moral (instigação).

4.3. Liame subjetivo:

Por liame subjetivo entende-se o vínculo subjetivo que liga os concorrentes, ainda que de modo unilateral. Cumpre advertir, contudo, que não se exige prévio acordo de vontades, bastando que o partícipe tenha aderido ao propósito delituoso do autor, ainda que este desconheça a contribuição recebida.

Exemplo: X, motorista particular de Y, ciente de que o veículo de seu patrão é alvo da intenção criminosa de Z, o qual pretende furtá-lo no estacionamento da empresa, deixa de trancar a porta do automóvel, facilitando, assim, a subtração. X responde por furto qualificado pelo concurso de pessoas (art. 155, § 4º, IV, do CP). No presente episódio, como Z desconhecia o fato de estar recebendo a contribuição do motorista, não responde pela qualificadora.

O liame subjetivo pode ocorrer previamente, isto é, antes da execução do delito, ou durante a fase executória. Vejamos os casos abaixo:

Exemplo: X e Y planejam roubar o estabelecimento comercial de Z. Em seguida, colocam o plano em prática, consumando o delito. O vínculo subjetivo firmou-se antes do processo de execução do crime.

Exemplo: X, individualmente, resolve matar Y. Para tanto, coloca-se à espera da passagem da vítima. Ao avistá-la, efetua um disparo de arma de fogo, não acertando o alvo. Após vários disparos, X observa que havia apenas uma munição no tambor de seu revólver, ocasião em que surge Z, que lhe cede mais algumas. O vínculo subjetivo firmou-se durante o processo de execução do crime.

4.4. Homogeneidade de elemento subjetivo:

De acordo com esse requisito, todos os agentes devem atuar com o mesmo elemento subjetivo. Por conseguinte, não cabe participação dolosa em crime culposo nem participação culposa em crime doloso.

Exemplo: X, enfermeira, com ânimo de matar, injeta, no organismo do paciente Y, o medicamento culposamente preparado pela auxiliar Z. Não há concurso de pessoas entre X e Z, tendo em vista que os elementos subjetivos não são homogêneos: a enfermeira agiu com dolo; a auxiliar, com culpa. Cada um responde por sua própria conduta.

4.5. Unidade de infração penal:

Trata-se, na realidade, de puro reflexo da adoção da teoria monista ou unitária (art. 29, *caput*, do CP).

5. Autoria:

5.1. Definição e teorias:

A definição de autor é objeto de debate, havendo várias concepções teóricas a respeito. Vejamos:

5.1.1. Teoria restritiva:

Segundo a teoria restritiva, autor é somente aquele que realiza o verbo (núcleo) previsto no tipo penal. Por um critério excludente, os demais concorrentes são considerados partícipes. Por conseguinte, autor de um homicídio é aquele que mata; o que manda matar, à luz da teoria restritiva, é partícipe. Trata-se, como a própria denominação retrata, de teoria que se apega demais à letra da lei, restringindo o conceito de autor.

5.1.2. Teoria extensiva:

Para a teoria extensiva, autor é aquele que concorre de algum modo para o crime. Tal teoria é criticada por não estabelecer qualquer distinção entre autor e partícipe. Não foi acolhida por nós.

5.1.3. Teoria do domínio final do fato:

A teoria do domínio final do fato, desenvolvida por WELZEL, assevera que autor é aquele que possui o domínio final do fato, ou seja, que ostenta poder quanto à realização da empreitada criminosa, podendo decidir acerca do "se", "como", "quando", "onde", etc., o delito será praticado. Enfim, poder de controle sobre a conduta delituosa. Não exige, portanto, que a pessoa tenha realizado o verbo previsto no tipo penal.

Diferentemente da concepção restritiva, a teoria do domínio final do fato não se apega ao aspecto verbal. Neste particular, reside, a nosso ver, o mérito da construção teórica levada a efeito por WELZEL. Através dela é possível responsabilizar, como verdadeiro autor, o concorrente que, mesmo não tendo praticado o verbo típico, conduziu, com "mãos de ferro", o episódio criminoso.

Exemplo: X, perigoso traficante de drogas, mesmo cumprindo pena em presídio de segurança máxima, ordena que **Y** execute sumariamente um de seus "soldados". Impõe, inclusive, o meio de execução: enforcamento. **Y** cumpre exatamente o que foi estabelecido pelo mandante recluso. A adoção da teoria restritiva levaria a um completo absurdo, ou seja, o enquadramento de **X** na condição de partícipe. Ora, ainda que **X** não tenha executado o verbo (matar) previsto no art. 121 do CP, há de se reconhecer o seu poder sobre o fato. Ao ordenar a eliminação da vida do "soldado", o traficante demonstrou possuir total controle sobre o delito, motivo pelo qual a sua conduta não pode ser taxada de acessória. Portanto, deve ser considerado autor do homicídio.

Segundo pensamos, a presente teoria é a que possibilita a melhor solução para os diversos casos do cotidiano penal, conduzindo a decisões justas, razão pela qual merece prevalecer. Ademais, como bem explicado por BIERRENBACH (2009, p. 243), a sistemática acolhida no art. 29, §§ 1º e 2º, bem como no art. 62, I, permite afiançar que as duas formulações teóricas anteriores não foram adotadas pelo CP. Vejamos o que nos ensina a ilustre professora da Faculdade Nacional de Direito:

> "A análise do artigo 29 e seus parágrafos primeiro e segundo, além do artigo 62, inciso I, do Código, conduz à convicção de que descabem as concepções restritiva e extensiva de autor.
>
> Assim é porque o parágrafo 1º do artigo 29 trata da **participação de menor importância**, o que deixa clara a opção da Lei por distinguir entre **autoria** e **participação**. Em consequência, o Código se afasta da concepção extensiva de autor.
>
> Por outro lado, o artigo 62, que dispõe sobre agravantes no caso de concurso de pessoas, determina o aumento da pena em relação ao **autor intelectual** do delito (inciso I) e ao **autor mediato** (incisos II e III). Por tal razão, entendemos afastada a concepção restritiva de autor; caso contrário, chegar-se-ia ao absurdo de admitir punição mais grave para o partícipe do que para o autor". (grifo nosso)

5.2. Autor executor (ou direto):

Autor executor é aquele que realiza pessoalmente a conduta incriminada pelo tipo penal. Obviamente, à luz da teoria do domínio final do fato, não resta dúvida de que o executor do verbo típico deve ser considerado autor.

Exemplo: X, "pistoleiro", é contratado por Y para dar fim à vida de Z, o que efetivamente acontece. X é autor executor.

5.3. Autor intelectual:

Autor intelectual é aquele que promove ou organiza a cooperação no crime ou dirige a atividade dos demais agentes (art. 62, I, do CP).

5.4. Autor mediato (ou indireto):

Autor mediato é aquele que se vale de um terceiro (autor imediato), que lhe serve de instrumento, para realizar a conduta delituosa. O fato, na realidade, pertence exclusivamente ao autor mediato, o qual detém o domínio do fato. Em suma, o autor imediato não passa de um instrumento da vontade criminosa daquele.

Cumpre destacar, ainda, que a doutrina não admite autoria mediata em crime de mão própria. E a razão é simples. Crime de mão própria, conforme vimos, é aquele cujo tipo penal exige uma atuação pessoal do sujeito ativo. Sendo assim, a figura da autoria mediata torna-se concretamente impossível, uma vez que não há como alguém valer-se de outra pessoa para a execução do delito.

Todavia, a doutrina aceita a possibilidade de haver autoria mediata em crime próprio, desde que o autor mediato reúna as condições ou qualidades exigidas pelo tipo penal. É a posição, por exemplo, de GRECO (2012, p. 428).

Exemplo: X (autor mediato), funcionário público, ordena que Y (autor imediato), inimputável por doença mental, solicite a Z vantagem indevida para aquele servidor realizar determinado ato de ofício. Trata-se de corrupção passiva (art. 317 do CP), crime próprio, pelo qual X deve responder a título de autoria mediata.

A autoria mediata pode ocorrer nos seguintes casos:

a) **Inimputabilidade:**

Nesse caso, conforme preceitua o art. 62, III, 2ª parte, do CP, a pessoa da qual se vale o autor mediato encontra-se na condição de inimputável por doença mental, desenvolvimento mental incompleto, desenvolvimento mental retardado ou menoridade penal (arts. 26, *caput*, e 27 do CP).

Exemplo: X (autor mediato) instiga Y (autor imediato), inimputável por doença mental (art. 26, *caput*, do CP), a matar Z. X responder pelo crime, com a agravante prevista no art. 62, III, 2ª parte, do CP.

b) **Coação moral irresistível:**

Nessa hipótese, o autor mediato coage (moral e irresistivelmente) alguém (autor imediato) a cometer um delito (art. 22, 1ª parte, do CP).

Exemplo: X (autor mediato), mediante ameaça de morte, coage Y (autor imediato) a estuprar Z. X responder pelo crime, com a agravante prevista no art. 62, II, do CP.

c) **Obediência hierárquica:**

Nessa situação, o autor mediato, por força de uma relação de Direito Público, e estando numa posição de superioridade hierárquica, emite ordem (não manifestamente ilegal) a ser cumprida pelo subordinado (autor imediato). Este, ao cumprir o que lhe fora ordenado, pratica um injusto penal (fato típico e antijurídico). Nos termos do art. 22, 2ª parte, do CP, só responde o autor da ordem (autor mediato).

d) **Erro provocado por terceiro:**

Nesse caso, o autor mediato provoca, no autor imediato, uma falsa percepção da realidade (erro).

Exemplo: **X** (autor mediato), enfermeiro, pretendendo matar o paciente **Y**, troca a seringa corretamente preparada pela enfermeira **Z** por outra idêntica quanto ao aspecto exterior, mas cujo interior contém uma substância fatal para **Y**. **Z** (autor imediato), agindo de acordo com as normas da profissão, aplica a injeção no paciente, que vem a falecer. Nos termos do art. 20, § 2º, do CP, somente **X** responde pelo crime.

6. Espécies de concurso de pessoas:

6.1. Coautoria:

6.1.1. Definição:

A coautoria é caracterizada, primordialmente, pela divisão de tarefas. Todos os agentes, em colaboração recíproca e visando a um fim comum, realizam a conduta, dividindo entre si a empreitada criminosa, cabendo a cada um dos concorrentes uma parcela da obra. O coautor, na realidade, é um dos autores, os quais, por agirem em conjunto, recebem a denominação de coautores. A coautoria pode ocorrer antes ou durante o processo de execução do fato criminoso.

6.1.2. Coautoria executiva:

Dá-se a coautoria executiva quando todos os coautores realizam os atos executórios.

6.1.3. Coautoria funcional:

Dá-se a coautoria funcional quando, a partir da divisão de tarefas, cada um dos coautores detém o chamado controle funcional do fato. Vale dizer: cada um dos coautores possui o domínio da função que lhe foi conferida dentro da obra criminosa.

6.1.4. Coautoria sucessiva:

Dá-se a coautoria sucessiva quando o coautor ingressa na empreitada delituosa durante a fase executória, concorrendo, então, para o cometimento da infração penal.

Exemplo: X resolve estuprar **Y**. Para tanto, emprega violência corporal contra a vítima, derrubando-a no chão. Durante a fase executória do estupro, eis que surge **Z**. Este, alinhando-se ao propósito criminoso daquele, imobiliza a vítima para que **X** possa estuprá-la com mais facilidade.

GRECO (2012, p. 434), dissertando sobre o tema, assevera que:

> *"(...) quando o coautor sucessivo adere à conduta dos demais, responderá pela infração penal que estiver em andamento, desde que os fatos anteriores tenham ingressado na sua esfera de conhecimento, e desde que eles não importem fatos que, por si sós, consistam em infrações mais graves já consumadas".*

A ressalva feita por GRECO tem por finalidade impedir que o coautor sucessivo seja objetivamente responsabilizado por um resultado já produzido quando do seu ingresso, com o que estamos de pleno acordo.

6.2. Participação:

6.2.1. Definição:

A participação caracteriza-se por ser uma conduta que, acessoriamente, concorre para outra, dita principal. Por conseguinte, partícipe é aquele que, sem possuir o controle final do fato, concorre de alguma forma, mas sempre acessoriamente, para a infração penal.

6.2.2. Natureza jurídica:

Trata-se a participação de uma das formas de adequação típica mediata (ou indireta), tendo em vista que o comportamento do partícipe não se amolda diretamente ao tipo penal incriminador, sendo, portanto, dependente de uma norma de extensão. Significa dizer que a responsabilização penal do partícipe somente se opera por meio da regra prevista no art. 29, *caput*, do CP.

Exemplo: X, dolosamente, fornece a corda com a qual **Y** pretende enforcar **Z**, o que acontece. **X** e **Y** respondem pelo art. 121, § 2°, III, 4ª figura (homicídio qualificado pela asfixia) do CP. **Y**, na condição de autor; **X**, na de partícipe.

6.2.3. Momento da participação:

Interessa analisar, agora, até que momento é possível cogitar de participação. De acordo com a doutrina, a participação deve ocorrer antes ou durante a fase executória do crime. Com efeito, uma vez alcançada a *meta optata*, posterior colaboração prestada não configura participação, podendo caracterizar, no máximo, infração penal autônoma, como, por exemplo, os crimes de receptação (art. 180 do CP), favorecimento pessoal (art. 348 do CP) e favorecimento real (art. 349 do CP).

Exemplo: X, com intenção de matar, e após ter desferido algumas pauladas na cabeça de **Y**, resolve, agora, matá-lo por meio de disparo de arma de fogo. Para tanto, solicita a **Z** o empréstimo de um revólver. O pedido é conscientemente atendido. Ocorre que a vítima falecera momentos antes, em virtude dos golpes aplicados por **X**, fato que não era do conhecimento de ambos. No caso, não se pode falar em participação de **Z**, uma vez que tal inexiste após a consumação.

Mas atenção! **X**, a fim de encorajar **Y** a praticar determinado crime, promete-lhe auxílio financeiro caso a obra criminosa não seja bem-sucedida. No caso, há participação de **X**? A resposta é positiva, pois a anterior promessa reforçou a intenção criminosa de **Y**.

6.2.4. Espécies:

O instituto da participação recebe a seguinte classificação:

6.2.4.1. Participação moral:

Dá-se a participação moral quando o agente induz ou instiga o autor a cometer a infração penal. Pode ocorrer, portanto, por induzimento ou instigação.

6.2.4.1.1. Participação moral por induzimento:

Ocorre quando o partícipe faz nascer a ideia criminosa na mente do autor.

Exemplo: X, desempregado, e não sabendo mais o que fazer para conseguir dinheiro, pede conselhos a **Y**. Este, por sua vez, o induz a roubar um banco.

6.2.4.1.2. Participação moral por instigação:

Ocorre quando o partícipe reforça, encoraja, fomenta uma ideia criminosa já presente na mente do autor.

Exemplo: X, desempregado, e não sabendo mais o que fazer para conseguir dinheiro, confidencia a **Y** a sua intenção de roubar um banco. Este, por sua vez, o encoraja a fazê-lo.

6.2.4.2. Participação material (ou auxílio material):

Dá-se a participação material quando o partícipe auxilia materialmente o autor. Trata-se de hipótese em que a contribuição é materializada de algum modo.

Exemplo: X cede a Y a arma de fogo a ser usada no roubo.

6.2.5. Teorias da acessoriedade:

A conduta do partícipe, sendo acessória, vincula-se à conduta (principal) do autor. Acerca da acessoriedade inerente à participação, existem as seguintes teorias:

6.2.5.1. Teoria da acessoriedade mínima:

Segundo a teoria da acessoriedade mínima, para haver participação, e consequente punição do partícipe, basta que o fato praticado pelo autor seja **típico**.

Exemplo: X induz Y, que se encontra na iminência de ser injustamente agredido por Z, a reagir em legítima defesa própria. Y repele a agressão e mata Z, estando presentes os requisitos do art. 25 do CP. De acordo com a teoria da acessoriedade mínima, X é considerado partícipe, pois o fato praticado por Y é típico à luz do art. 121 do CP, embora não seja antijurídico. Tal teoria conduz a um absurdo, uma vez que pune a conduta acessória (**X**), o mesmo não acontecendo em relação ao autor (**Y**), que agiu amparado por uma excludente de antijuridicidade.

6.2.5.2. Teoria da acessoriedade limitada:

Segundo a teoria da acessoriedade limitada, para haver participação, e consequente punição do partícipe, é preciso que o fato praticado pelo autor seja **típico** e **antijurídico** (injusto penal), ainda que não culpável. É a teoria adotada pelo CP brasileiro.

Exemplo: X, em virtude de erro de proibição invencível, pratica um injusto penal (fato típico e antijurídico). X, por conta dessa causa de exclusão da culpabilidade (art. 21, *caput*, do CP), não pratica crime. Ocorre que X somente praticou tal conduta por ter sido instigado por Y, que não se encontrava em erro. De acordo com a teoria da acessoriedade limitada, Y deve ser punido, por ter concorrido para um fato típico e antijurídico, ainda que não culpável.

6.2.5.3. Teoria da acessoriedade máxima:

Segundo a teoria da acessoriedade máxima, para haver participação, e consequente punição do partícipe, é preciso que o fato praticado pelo autor seja **típico, antijurídico e culpável**.

Exemplo: X induz Y, inimputável, a matar Z, o que acontece. Segundo a teoria da acessoriedade máxima, o fato praticado, por ser apenas típico e antijurídico, mas não culpável (em virtude da inimputabilidade de Y), inviabiliza a punição de X.

6.2.5.4. Teoria da hiperacessoriedade:

Segundo a teoria da hiperacessoriedade, para haver participação, e consequente punição do partícipe, é preciso que o fato praticado pelo autor seja **típico, antijurídico, culpável e punível**. Por conseguinte, a punição do partícipe passa a depender da existência de um injusto penal culpável e punível. Tal teoria também não deve ser aceita, pois, como se sabe, a punibilidade não faz parte do conceito analítico de crime. Além disso, a punibilidade de uma pessoa não pode interferir na de outra.

Exemplo: X induz Y a matar Z, o que acontece. O fato praticado por Y é típico, antijurídico e culpável. Ocorre que Y, na condição de autor, morre durante o inquérito policial, havendo, consequentemente, a interferência de uma causa de extinção da punibilidade (morte do agente, art. 107, I, do CP). Com efeito, o fato praticado pelo autor, embora típico, antijurídico e culpável, deixou de ser punível. Tal situação, segundo a teoria em comento, inviabiliza a punição do partícipe.

6.2.6. Participação sucessiva:

Ocorre a participação sucessiva quando, após a participação de uma pessoa (**X**), sucede a de outra (**P**), desconhecendo esta a colaboração prestada por aquela.

Exemplo: X instiga Y a matar Z. Em seguida, P, com o mesmo propósito, mas desconhecendo a contribuição prestada por (**X**), também instiga Y à mesma conduta.

Quanto a tal figura, cabe anotar o alerta feito por GRECO (2012, p. 445);

> "Importante salientar que a instigação sucessiva, ou seja, aquela que foi realizada após o agente ter sido determinado ou estimulado a praticar a infração penal, deve ter sido capaz de exercer alguma influência em seu ânimo, pois, caso contrário, isto é, se este já estava

completamente determinado a cometer a infração penal, e se a instigação sucessiva em nada o estimulou, não terá ela a relevância necessária a fim de ensejar a punição do partícipe".

6.2.7. Participação em cadeia:

Dá-se a participação em cadeia (ou participação da participação) quando alguém (**X**) induz ou instiga outrem (**Y**), de modo que este, em seguida, induza, instigue ou auxilie um terceiro (**Z**) ao cometimento de uma infração penal. No caso, todos respondem por homicídio, sendo **Z** o autor; **X** e **Y** são partícipes (em cadeia).

6.2.8. Participação de menor importância:

Prevê o art. 29, § 1°, do CP que se a participação for de menor importância a pena poderá ser diminuída de um sexto a um terço. Trata-se, portanto, de causa geral de diminuição de pena, a depender da contribuição emprestada pelo partícipe à obra criminosa.

Segundo NUCCI (2012, p. 381):

> *"Reiterando a adoção da distinção entre coautor e partícipe, pela Reforma Penal de 1984, que introduziu os §§ 1° e 2° no art. 29, destaca-se, agora, o preceituado especificamente no § 1° do art. 29. É possível, como já afirmado, que o partícipe mereça, 'na medida da sua culpabilidade', idêntica pena que o coautor ou até sanção mais rigorosa, embora seja, também, viável admitir e reconhecer que há participações de somenos importância. Essas receberam um tratamento especial do legislador, pois foi criada uma causa de diminuição da pena".*

6.2.9. Participação impunível:

Preceitua o art. 31 do CP que o ajuste, a determinação ou instigação e o auxílio, salvo disposição expressa em contrário, não são puníveis, se o crime não chega, pelo menos, a ser tentado. De acordo com o dispositivo, se a conduta principal (a do autor) não ingressa, pelo menos, na fase executória do *iter criminis*, a colaboração dada pelo partícipe não se reveste de relevância jurídico-penal. A questão é extremamente lógica. Se o fato principal não deve ser punido, o mesmo deve acontecer em relação à conduta acessória do partícipe.

7. Cooperação dolosamente distinta (ou desvio subjetivo de condutas):

A cooperação dolosamente distinta (ou desvio subjetivo de condutas) encontra previsão legal no art. 29, § 2°, do CP, segundo o qual ao agente que quis participar de crime menos grave será aplicada a pena deste. Essa pena será aumentada de metade se houver previsibilidade quanto à ocorrência do resultado mais grave.

Vejamos o exemplo formulado por NUCCI (2012, p. 382):

> *"Exemplo: quando um sujeito coloca-se no quintal de uma casa, vigiando o local, para que outros invadam o lugar e subtraiam bens, quer auxiliar o cometimento de crime de furto. Se, dentro do domicílio, inadvertidamente, surge o dono da casa, que é morto pelos invasores, não deve o vigilante, que ficou fora da casa, responder igualmente por latrocínio. Trata-se de uma cooperação dolosamente distinta: um quis cometer o delito de furto, crendo que o dono da casa estava viajando, e, portanto, jamais haveria emprego de violência; os outros, que ingressaram no domicílio e mataram o proprietário, evoluíram na ideia criminosa sozinhos, passando do furto para o latrocínio. A cada um deve ser aplicada a pena justa".*

Nota-se, no exemplo formulado pelo ilustre autor, que o resultado morte, pelo contexto narrado, era mesmo imprevisível para aquele que permaneceu do lado de fora da residência, razão pela qual, à luz do art. 29, § 2º, c/c art. 19 do CP, não poderá ser punido por latrocínio (art. 157, § 3º, parte final, do CP), mas, sim, por furto qualificado pelo concurso de pessoas (art. 155, § 4º, IV, do CP).

8. Concurso de pessoas em crime omissivo:

Há debate em torno do cabimento de concurso de pessoas (coautoria e participação) em crimes omissivos (próprios e impróprios). JUAREZ TAVARES (1996, p. 85/86), partidário da corrente contrária à tese, assevera o seguinte:

> *"Embora a norma mandamental possa se destinar a todos, como na omissão de socorro, o preenchimento do dever é pessoal, de modo que não é qualquer pessoa que pode ser colocada na posição do omitente. Somente podem ser sujeitos ativos dos delitos omissivos, primeiramente, aqueles que se encontrem aptos a agir e se situem diante da chamada situação típica; depois, aqueles que, estando em condições reais de impedir a concretização do perigo, tenham uma vinculação especial para com a vítima ou para com a fonte produtora de perigo, de forma que se vejam submetidos a um dever de impedir o resultado.*
> <u>*Consoante esse dado, podemos afirmar que nos crimes omissivos não há concurso de pessoas, isto é, na há coautoria nem participação*</u>*".*
> (grifo nosso)

QUEIROZ (2010, p. 299), acenando pela possibilidade, aduz:

"Parece-nos, todavia, que tanto a coautoria quanto a participação são perfeitamente possíveis nos crimes omissivos próprios e impróprios".

A nosso ver, a razão encontra-se com o segmento que admite o concurso de pessoas em crimes omissivos. Por questão didática, desdobraremos a análise temática nos itens abaixo.

8.1. Participação por ação em crime omissivo próprio:

A participação por ação em crime omissivo próprio é perfeitamente possível. Ocorre, por exemplo, quando alguém induz ou instiga outrem a omitir a conduta devida.

Exemplo: X induz Y a não pagar a prestação alimentícia judicialmente fixada. X participa (por ação) do crime (omissivo próprio) de abandono material (art. 244, *caput*, do CP).

Exemplo: X instiga o médico Y a não comunicar uma doença cuja notificação às autoridades sanitárias é compulsória. X participa (por ação) do crime (omissivo próprio) de omissão de notificação de doença (art. 269 do CP).

8.2. Participação por ação em crime omissivo impróprio:

A participação por ação em crime omissivo impróprio ocorre quando alguém, que não se encontra na posição de agente garantidor (art. 13, § 2º, do CP), induz ou instiga o garante a se omitir.

Exemplo: X, pessoa portadora de deficiência física extremamente incapacitante, sem condições, portanto, de proceder ao socorro de Y, banhista que se afogava nas águas do mar, dolosamente induz Z, salva-vidas do Corpo de Bombeiros, a não socorrer o afogado. Z, tendo plena condição de fazê-lo, sem qualquer risco pessoal, livre e conscientemente deixa de lhe prestar a devida assistência. X concorre (por ação) para a conduta (omissiva imprópria) do agente garantidor (art. 13, § 2º, *a*, do CP). Ambos (Z e X) respondem por homicídio doloso, a título de autoria e participação, respectivamente.

8.3. Coautoria em crime omissivo próprio:

Discute-se acerca da possibilidade de haver coautoria em crime omissivo próprio. A doutrina contrária à ideia afirma que o dever de agir inerente aos delitos omissivos é indecomponível entre os vários omitentes, característica que inviabiliza a unidade delitiva por coautoria. Por conseguinte, segundo tal ponto de vista, cada um dos omitentes deve responder autonomamente pela própria conduta, não havendo concurso de pessoas.

Para BITENCOURT (2011, p. 498), no entanto, o tema em questão é juridicamente possível, desde que exista vínculo subjetivo entre os diversos omitentes, além do dever e da possibilidade de agir:

> "Se duas pessoas deixarem de prestar socorro a uma pessoa gravemente ferida, podendo fazê-lo, sem risco pessoal, praticarão, individualmente, o crime autônomo de omissão de socorro. <u>Agora, se essas duas pessoas, de comum acordo, deixarem de prestar socorro, nas mesmas circunstâncias, serão coautoras do crime de omissão de socorro.</u> O princípio é o mesmo dos crimes comissivos: houve consciência e vontade de realizar um empreendimento comum, ou melhor, no caso, de não realizá-lo conjuntamente". (grifo nosso)

Exemplo: X, Y e Z observam que o empregado de uma empreiteira encontra-se prestes a despencar do alto de um prédio em construção, tendo em vista que a corda na qual se ancorava estava na iminência de partir. X, Y e Z, não sendo agentes garantidores (art. 13, § 2º, do CP), possuíam condições de lançar outra corda para que o operário pudesse amarrar-se até a chegada do Corpo de Bombeiros. No entanto, de comum acordo, omitem-se. A nosso ver, e seguindo a orientação de BITENCOURT, X, Y e Z devem responder como coautores do crime de omissão de socorro (art. 135 do CP).

No mesmo exemplo, se X, Y e Z, sem qualquer vínculo subjetivo, resolvessem descumprir a norma mandamental contida no art. 135 do CP, cada um responderia, individualmente, como autor de crime de omissão de socorro, inexistindo, portanto, coautoria.

8.4. Coautoria por omissão imprópria:

A coautoria por omissão imprópria é outro assunto que provoca polêmica, debate que pode ser sintetizado através da seguinte questão: o agente garantidor que se omite diante da conduta delituosa de outrem e, dolosamente, não impede a produção do resultado, deve responder como coautor ou partícipe?

CAPEZ (2012, p. 378), analisando a questão, afirma haver participação por omissão imprópria:

> "(...) quando o sujeito, tendo o dever jurídico de agir para evitar o resultado (CP, art. 13, § 2º), omite-se intencionalmente, desejando que ocorra a consumação".

Discordando da solução acima, GRECO (2012, p. 446/447) assevera que, na hipótese ventilada, há coautoria por omissão imprópria, tendo em vista a posição especial (quanto à proteção do bem jurídico) ostentada por **X**, agente garantidor. É o entendimento, a nosso ver, mais correto. Por conseguinte, ocorre coautoria em crime omissivo impróprio quando o agente garantidor (art. 13, § 2º, do CP) omite-se, querendo que o resultado se produza. O garante, no caso, vincula-se ao processo de lesão ao bem jurídico dolosamente desencadeado por outrem, abstendo-se de cumprir o mandamento contido na norma penal.

Exemplo: X, vigilante contratado (art. 13, § 2º, *b*, do CP), dolosamente deixa de trancar a porta da empresa na qual trabalha, facilitando, assim, a subtração de bens realizada por **Y**. O vigilante devia (por força de um contrato) e podia agir para evitar o resultado. Ao permanecer inerte, **X** vincula-se ao propósito criminoso de **Y**, sendo, a nosso ver, coautor (por omissão imprópria).

Exemplo: X e **Y**, policiais (art. 13, § 2º, *a*, do CP), observam quando **Z** inicia o estupro de **Q**. Os agentes deliberam e decidem permanecer à distância, contemplado a violência sexual, possibilitando, assim, a realização do ato forçado. Os policiais deviam e podiam (por força de lei) agir para evitar o resultado. Permanecendo inertes, vinculam-se ao propósito criminoso de **Z**. São, todos, coautores (por omissão imprópria).

Nesse mesmo exemplo, e se outra pessoa (**M**), não sendo agente garantidor, induzisse os policiais a permanecerem inertes? Resposta: **M** não seria coautor, tendo em vista não ser agente garantidor, devendo responder como partícipe.

9. Concurso de pessoas em crime culposo:

Da mesma forma, discute-se acerca da possibilidade de haver concurso de pessoas (coautoria e/ou participação) em crime culposo, havendo três correntes:

a) A primeira, predominante na Alemanha, rejeita a existência de coautoria e participação[62] nos delitos culposos, de modo que a concorrência culposa de cada um deve ser analisada separadamente, configurando, assim, infração penal autônoma. Por conseguinte, cada um responde por seu próprio crime culposo.

---

[62] O Código Penal alemão (StGb, §§ 26 e 27) expressamente estabelece que a participação somente é punida na forma dolosa.

Exemplo: durante uma arriscada cirurgia, **X** e **Y**, médicos, por negligência, causam o óbito do paciente. Segundo o entendimento anterior, **X** e **Y** não são coautores de um homicídio culposo, mas, sim, autores (autônomos) de dois homicídios culposos.

b) Nada obstante, a doutrina nacional, de forma majoritária, admite a possibilidade de haver coautoria nos delitos culposos.

Exemplo de HUNGRIA: X e **Y**, operários de uma obra, imprudentemente lançam, do alto de um prédio em construção, uma trave, que atinge e mata o transeunte **Z**.

c) Por fim, a doutrina nacional, predominantemente, rechaça a participação em crime culposo, sob o argumento de que toda e qualquer pessoa que tenha colaborado culposamente para o resultado deve por ele responder a título de autor.

Exemplo: X, condutor de veículo automotor, é estimulado por **Y** a dirigir em alta velocidade, incompatível com a legislação de trânsito. Nesse contexto, **X** atropela e mata o pedestre **Z**. Pergunta-se: **Y** é coautor ou partícipe de um homicídio culposo na direção de veículo automotor (art. 302 do CTB)? Nesse caso, segundo o entendimento majoritário, há coautoria em crime culposo.

GRECO (2012, p. 466), por sua vez, assevera que:

> *"Quando alguém (...) induz ou estimula outrem a imprimir velocidade excessiva, objetivando, geralmente, alcançar uma finalidade lícita, era-lhe possível, nas circunstâncias, que, anuindo ao pedido, a conduta do motorista poderia ocasionar o acidente. (...). <u>Autor será aquele que praticar a conduta contrária ao dever objetivo de cuidado; partícipe será aquele que induzir ou estimular alguém a realizar a conduta contrária ao dever de cuidado</u>.* (grifo nosso)

10. Concurso de pessoas, desistência voluntária e arrependimento eficaz:

O tema foi discutido no capítulo XIX, item 6, para onde remetemos o leitor.

11. Casos não caracterizadores de concurso de pessoas:

A doutrina apresenta diversos casos que não caracterizam concurso de pessoas, apesar de serem estudados dentro do tema. São os seguintes:

11.1. Participação negativa (ou conivência):

Dá-se a participação negativa quando o sujeito, não se encontrando na posição especial de agente garantidor (art. 13, § 2º, do CP), omite-se quanto à execução do crime, quando tinha plena condição de impedi--lo. Nesse caso, não há crime por parte do conivente. Trata-se, segundo NUCCI (2012, p. 385), de concurso absolutamente negativo.

Exemplo: X, não sendo agente garantidor, observa quando Y inicia a subtração da carteira de dinheiro de Z. X até podia evitar o furto, bastando que alertasse a vítima a respeito do que estava acontecendo. Mas optou por silenciar, não havendo crime algum.

11.2. Autoria colateral:

Ocorre a autoria colateral quando duas ou mais pessoas, cada qual desconhecendo a conduta da outra, realizam a conduta típica. Entre os agentes não há qualquer vínculo subjetivo. Por conseguinte, não há concurso de pessoas. Cada um deve responder pelo que realizou.

Exemplo: X e Y, cada um desconhecendo o propósito do outro, resolvem lesionar gravemente Z. Individualmente, planejam o crime e deliberam jogar ácido no rosto da vítima. Para tanto, aguardam, escondidos, a sua passagem. No momento preciso, lançam o líquido corrosivo, sendo que apenas Y consegue acertá-la. Como não existiu vínculo subjetivo, Y responde por lesão corporal grave qualificada pela deformidade permanente (art. 129, § 2º, IV, do CP), ao passo que X por tentativa do mesmo crime (art. 129, § 2º, IV, c/c art. 14, II, do CP).

11.3. Autoria incerta:

Ocorre a autoria incerta quando, num contexto de autoria colateral, não se identifica quem foi o causador do resultado. Raciocinando em relação ao exemplo anterior, se não fosse possível determinar, por exemplo, quem (X ou Y) lançou o líquido que efetivamente deformou o rosto da vítima, ambos deveriam ser responsabilizados apenas por tentativa de lesão corporal grave.

12. Circunstâncias incomunicáveis:

Segundo o art. 30 do CP, não se comunicam as circunstâncias e as condições de caráter pessoal, salvo quando elementares do crime, regra cuja interpretação demanda que se estabeleça, antes, a distinção entre circunstância pessoal e condição pessoal, e entre elementar e circunstância, o que faremos em seguida.

Segundo a lição de NUCCI (2012, p. 388):

> "*Circunstância de caráter pessoal* é a situação ou particularidade que envolve o agente, sem constituir elemento inerente à sua pessoa. Ex.: a confissão espontânea proferida por um coautor não faz parte da sua pessoa, tão pouco se transmite, como atenuante que é, aos demais concorrentes do delito.
> *Condição de caráter pessoal* é o modo de ser ou a qualidade inerente à pessoa humana. Ex.: menoridade ou reincidência. O coautor, menor de 21 anos, não transmite essa condição, que funciona como atenuante, aos demais, do mesmo modo que o partícipe reincidente, não transfere essa condição, que é agravante, aos outros". (grifo nosso)

Assim, elementar é tudo aquilo que se revela essencial para a configuração do tipo penal, sendo que a sua ausência ocasiona atipicidade (absoluta ou relativa). A circunstância, por sua vez, caracteriza-se por ser um dado que se encontra ao redor da figura típica, existindo com a função de aumentar (qualificadora, causa de aumento ou agravante genérica) ou diminuir (privilegiadora, causa de diminuição ou atenuante genérica) a pena. Por conseguinte, a ausência de uma circunstância não conduz à atipicidade (absoluta ou relativa).

As elementares e as circunstâncias podem apresentar caráter objetivo ou subjetivo. As objetivas referem-se a questões de tempo, lugar, meio, modo de execução, dentre outras. Subjetivas, por sua vez, são aquelas que se referem ao agente, suas qualidades pessoais, seu relacionamento com a vítima e os motivos determinantes da infração penal.

Segundo o previsto no art. 30 do CP, não se comunicam as circunstâncias e condições de caráter pessoal, salvo quando elementares do crime. Assim, é possível traçar o seguinte quadro:

Elementares (objetivas ou subjetivas) comunicam-se em caso de concurso de pessoas, desde que tenham ingressado na esfera de conhecimento do agente (comunicabilidade das elementares). A propósito, transcreve-se trecho do que restou decidido no HC nº 90.337/SP, STF, Primeira Turma, relatoria do Min. Carlos Britto, julgado em 19/06/2007:

> "(...). O particular pode figurar como coautor do crime descrito no § 1º do art. 312 do Código Penal (Peculato-furto). Isso porque, nos termos do artigo 30 do CP, 'não se comunicam as circunstâncias e as condições de caráter pessoal, salvo quando elementares do crime'. Se a condição de funcionário público é elementar do tipo descrito no artigo 312 do Código Penal, esta é de se comunicar ao coautor (particular), desde que ciente este da condição funcional do autor. (...)". (grifo nosso)

Circunstâncias objetivas comunicam-se em caso de concurso de pessoas, desde que tenham ingressado na esfera de conhecimento do agente. As subjetivas, por sua vez, não se comunicam.

Exemplo: no roubo, o emprego de arma por um dos agentes, por ser de natureza objetiva, autoriza a incidência da causa especial de aumento prevista no art. 157, § 2º, I, do CP a todos os concorrentes, mesmo aos que não tenham feito uso dela.

Exemplo: no dano, o motivo egoístico, por ser de natureza subjetiva, não autoriza a incidência da qualificadora prevista no art. 163, parágrafo único, IV, 1ª figura, do CP aos demais concorrentes.

12.1. A regra do art. 30 do CP e o crime de infanticídio:

Infanticídio, segundo o art. 123 do CP, consiste em matar, sob a influência do estado puerperal, o próprio filho, durante o parto ou logo após. Diante de tal redação, pergunta-se: a pessoa que induz, instiga ou auxilia (secundariamente) a mãe a matar, sob a influência do estado puerperal, o próprio filho, durante o parto ou logo após, responde como partícipe de infanticídio ou como autor de um homicídio?

Um dos entendimentos defendidos assevera que a influência do estado puerperal, embora elementar do tipo penal, apresenta natureza personalíssima. Assim, não se enquadra na regra moldada no art. 30 do CP, que faz referência à elementar de caráter pessoal. Por conseguinte, tal condição não se comunica em caso de concurso de pessoas, devendo o partícipe responder por homicídio. Não é, a nosso ver, o entendimento correto à luz do que dispõe o art. 30 do CP.

A corrente majoritária (NUCCI, 2012, p. 3910), extraindo a correta dicção do art. 30 do CP, afirma que a influência do estado puerperal, enquanto elementar de caráter pessoal, deve sim se comunicar em caso de concurso de pessoas. Consequentemente, a mãe e o terceiro respondem por infanticídio, como autora e partícipe, respectivamente.

Bibliografia

BATISTA, Nilo. *Introdução crítica ao direito penal brasileiro*. Rio de Janeiro: Revan, 1990.

BIANCHINI, Alice. *Pressupostos materiais mínimos da tutela penal*. São Paulo: RT, 2002.

BIERRENBACH, Sheila. *Teoria do crime*. Rio de Janeiro: Lumen Juris, 2009.

BITENCOURT, Cezar Roberto; MUÑOZ CONDE, Francisco. *Teoria geral do delito*. São Paulo: Saraiva, 2000.

BITENCOURT, Cezar Roberto. *Código penal comentado*. 4. ed. São Paulo: Saraiva, 2007.

BITENCOURT, Cezar Roberto. *Tratado de direito penal*. 16. ed. São Paulo: Saraiva, 2011. v. 1.

BRUNO, Aníbal. *Direito penal: parte geral*. 3. ed. Rio de Janeiro: Forense, 1978. t. I.

BRUNO, Aníbal. *Direito penal: parte geral*. 3. ed. Rio de Janeiro: Forense, 1967. t. II.

CAPEZ, Fernando. *Curso de direito penal: parte geral*. 16. ed. São Paulo: Saraiva, 2012. v. 1.

COSTA JUNIOR, Paulo José. *Curso de direito penal: parte geral*. 3. ed. São Paulo: Saraiva, 1995. v. 1.

COSTA JUNIOR, Paulo José. *Comentários ao código penal*. 6. ed. São Paulo: Saraiva, 2000.

CRUZ, Ione de Souza; MIGUEL, Claudio Amim. *Elementos de direito penal militar: parte geral*. 2. ed. Rio de Janeiro: Lumen Juris, 2009.

DELMANTO, Celso *et al. Código penal comentado*. 7. ed. Rio de Janeiro: Renovar, 2007.

DIAS, Jorge de Figueiredo. *Temas básicos da doutrina penal*. Coimbra: Editora Coimbra, 2001.

DINIZ, Maria Helena. *Compêndio de introdução à ciência do direito.* 12. ed. São Paulo: Saraiva, 2000.

DOTTI, René Ariel. *Curso de direito penal: parte geral.* 2. ed. Rio de Janeiro: Forense, 2005.

ESTEFAM, André. *Direito penal: parte geral.* 1. ed. São Paulo: Saraiva, 2010. v. 1.

ESTEFAM, André; GONÇALVES, Victor Eduardo Rios. *Direito penal esquematizado: parte geral.* 2. ed. São Paulo: Saraiva, 2013.

FRAGOSO, Heleno Cláudio. *Lições de direito penal: parte geral.* 17. ed. Rio de Janeiro: Forense, 2006.

FRANÇA, R. Limongi. *Hermenêutica jurídica.* 7. ed. São Paulo: Saraiva, 1999.

FRANCO, Alberto Silva et al. *Código penal e sua interpretação.* 7. ed. São Paulo: RT, 2001. v. 1.

FRANCO, Alberto Silva et al. *Código penal e sua interpretação: doutrina e jurisprudência.* 8. ed. São Paulo: RT, 2007.

GOMES, Luiz Flávio. *Erro de tipo e erro de proibição.* 2. ed. São Paulo: RT, 1994.

GOMES, Luiz Flávio; YACOBUCCI, Guillermo Jorge. *As grandes transformações do direito penal tradicional.* São Paulo: RT, 2005.

GOMES, Luiz Flávio. *Direito penal: parte geral.* São Paulo: RT, 2006.

GOMES, Luiz Flávio et al. *Direito penal: introdução e princípios fundamentais.* São Paulo: RT, 2007. v. 1.

GRECO, Rogério. *Direito penal do equilíbrio: uma visão minimalista do direito penal.* 2. ed. Rio de Janeiro: Impetus, 2006.

GRECO, Rogério. *Código penal comentado.* 3. ed. Rio de Janeiro: Impetus, 2009.

GRECO, Rogério. *Curso de direito penal: parte geral.* 14. ed. Rio de Janeiro: Impetus, 2012. v. 1.

GUARAGNI, Fábio André. *As teorias da conduta em direito penal.* São Paulo: RT, 2005.

HUNGRIA, Nélson. *Comentários ao código penal.* Rio de Janeiro, Forense, 1958. v. 1, t. I.

HUNGRIA, Nélson. *Comentários ao código penal.* Rio de Janeiro, Forense, 1958. v. 1, t. II.

JAKOBS, Günther. *Fundamentos do direito penal.* Tradução de André Luís Callegari. São Paulo: RT, 2003.

JESUS, Damásio evangelista de. *Código penal anotado.* 19. ed. São Paulo: Saraiva, 2009.

JESUS, Damásio evangelista de. *Direito penal: parte geral.* 33. ed. São Paulo: Saraiva, 2012. v. 1.

JUNQUEIRA, Gustavo; VANZOLINI, Patrícia. *Manual de direito penal.* São Paulo: Saraiva, 2013.

MARCÃO, Renato. *Tóxicos.* 7. ed. São Paulo: Saraiva, 2010.

MENDES, Gilmar Ferreira *et al.* *Curso de direito constitucional.* 4. ed. São Paulo: Saraiva, 2009.

MESTIERI, João. *Manual de direito penal: parte geral.* 1. ed. Rio de Janeiro: Forense, 2002. v. 1.

MIRABETE, Julio Fabbrini; FABBRINI, Renato N. *Manual de direito penal.* 27. ed. São Paulo: Atlas, 2011. v. 1.

MUÑOZ CONDE, Francisco. *Direito penal e controle social.* Tradução de Cíntia Toledo Miranda Chaves. Rio de Janeiro: Forense, 2005.

NORONHA, Magalhães. *Direito penal.* 31. ed. São Paulo: Saraiva, 1995. v. 1.

NUCCI, Guilherme. *Leis penais especiais comentadas.* 1. ed. São Paulo: RT, 2006.

NUCCI, Guilherme. *Código penal comentado.* 10. ed. São Paulo: RT, 2010.

NUCCI, Guilherme. *Manual de direito penal.* 8. ed. São Paulo: RT, 2012.

OLIVEIRA, Eugênio Pacelli de. *Curso de processual penal.* 10. ed. Rio de Janeiro: Lumen Juris, 2008.

PASCHOAL, Janaína Conceição. *Constituição, criminalização e direito penal mínimo.* São Paulo: RT, 2003.

PINTO, Paulo Brossard de Souza. *O impeachment.* São Paulo: Saraiva, 1992.

PRADO, Luiz Regis. *Bem jurídico-penal e constituição.* 3. ed. São Paulo: RT, 2003.

PRADO, Luiz Regis. *Curso de direito penal brasileiro.* 5. ed. São Paulo: RT, 2005. v. 1.

QUEIROZ, Paulo. *Direito penal: parte geral.* 6. ed. Rio de Janeiro: Lumen Juris, 2010.

REALE, Miguel. *Lições preliminares de direito.* 26. ed. São Paulo: Saraiva, 2002.

REALE JÚNIOR, Miguel. *Instituições de direito penal: parte geral.* 2. ed. Rio de Janeiro: Forense, 2004. v. 1.

REZEK, José Francisco. *Direito internacional público: curso elementar.* 9. ed. São Paulo: Saraiva, 2002.

ROXIN, Claus. *Funcionalismo e imputação objetiva no direito penal.* Tradução e introdução de Luís Greco. Rio de Janeiro: Renovar, 2002.

ROXIN, Claus. *Derecho penal: parte general.* Madrid: Thomson; Civitas, 2003. t. I.

ROXIN, Claus. *Estudos de direito penal.* Tradução de Luís Greco. Rio de Janeiro: Renovar, 2006.

ROXIN, Claus. *Strafrecht: Allgemeiner Teil.* München: Verlag C. H. Beck, 2006.

SALVADOR NETTO, Alamiro Velludo. *Tipicidade penal e sociedade de risco.* São Paulo: Quartier Latin, 2006.

SÁNCHEZ, Jesús-Maria Silva. *A expansão do direito penal: aspectos da política criminal nas sociedades pós-industriais.* São Paulo: RT, 2002.

SANTOS, Juarez Cirino dos. *Direito penal: parte geral.* Rio de Janeiro: Lumen Juris, 2006.

SANTOS, William Douglas Resinente dos. *Ensaios críticos sobre direito penal e direito processual penal.* Rio de Janeiro: Lumen Juris, 1995.

SARAIVA, Alexandre. *Código penal militar: comentado artigo por artigo.* 2. ed. São Paulo: Método, 2009.

SGARBI, Adrian. *Teoria do direito: primeiras lições.* Rio de Janeiro: Lumen Juris, 2007.

STRATENWERTH, Günter. *Derecho penal: parte general* I. Navarra: Thomson; Civitas, 2005.

SUXBERGER, Antonio Henrique Graciano. *Legitimidade da intervenção penal.* Rio de Janeiro: Lumen Juris, 2006.

TAVARES, Juarez. *Teoria do injusto penal.* Rio de Janeiro: Instituto Latino-Americano de Cooperação Penal, 1996.

TAVARES, Juarez. *As controvérsias em torno dos crimes omissivos.* Belo Horizonte: Del Rey, 2000.

TELES, Ney Moura. *Direito penal: parte geral.* São Paulo: Atlas, 2004. v. 1.

TOLEDO, Francisco de Assis. *Princípios básicos de direito penal.* 5. ed. São Paulo: Saraiva, 2001.

WELZEL, Hans. *O novo sistema jurídico-penal: uma introdução à doutrina da ação finalista.* São Paulo: RT, 2001.

ZAFFARONI, Eugenio Raúl; PIERANGELI, José Henrique. *Da Tentativa.* São Paulo: RT, 2005.

ZAFFARONI, Eugenio Raúl; PIERANGELI, José Henrique. *Manual de direito penal brasileiro: parte geral.* 7. ed. São Paulo: RT, 2007